U0513781

大戴禮記注補

［清］汪照　撰

馬曉玲　王春陽　點校

上海古籍出版社

全國高等院校古籍整理研究工作委員會直接資助項目

（批准編號 1531）

國家社會科學基金青年項目（批准編號 17CZW012）經費資助

南陽師範學院漢文化學科群建設專項經費資助

汪照像

大戴禮注補卷一

漢信都王太傅戴德撰

周尚書有僕射盧辯注

王言第三十九

孔子閒居

曾子侍

參今之君子

與大夫之言之閒也

出而死乎哀哉

嘉定汪照學

清嘉慶九年（1804）刻本《大戴禮注補》書影

點 校 説 明

　　本書原名《大戴禮注補》，十三卷，首《目録》一卷，尾《附録》一卷，清乾隆間嘉定人汪照所撰。汪照（1731—1788），"照"或作"詔""炤"，原名景龍，字緔青，又字少山，號岑華。祖籍新安，數世前遷居嘉定，經商爲業，自汪照始從事於學。乾隆十五年庚午科（1750）諸生，乾隆四十四年（1779）由廩生貢入成均。期間遊幕養學，與乾嘉學術大家王鳴盛、錢大昕、王昶、王杰、畢沅等交往頗多。乾隆五十一年（1786）丁母憂，乾隆戊申（1788）七月二十日感疾而卒，享年五十八歲。《蒲褐山房詩話》《湖海詩傳》《清史列傳·儒林傳下一》《光緒嘉定縣志》《嘉慶直隸太倉州志》《安亭志·寓賢》等六種史料載有汪照傳記。汪照死後，好友王鳴韶曾撰《少山汪先生哀詞》，是解讀汪照生平、著述、思想的重要資料，見湖南省圖書館所藏清人稀見別集之一的手稿本《鶴谿文稿》。

　　汪照少善詩詞，作品被選入《練川十二家詩》《練川五家詞》。長肆力於學，博雅多才，四庫館副總裁沈初評價說："於經史百家、詩古文辭，靡不探源竟委。又精於鑒古，凡名人書畫、法帖、銅、瓷、玉、石等器新舊、真贋、形式、款式,剖抉微細,辨別毫釐,余心折之。"

汪照著作傳世者有四種,除本書外,另有與王鳴盛女婿姚壎同輯《宋詩略》十八卷,乾隆三十五年(1770)竹雨山房刻本,今藏南京圖書館等地;詩集《陶春館吟稿》一卷,乾隆二十九年(1764)王鳴盛刻,王鳴盛、沈德潛序本,今藏日本京都大學人文科學研究所;詞集《月香綺業》《美人香草詞》《碧雲詞》,有清嘉慶間《練川五家詞》刻本,今藏上海圖書館,又《全清詞》僅收錄其《碧雲詞》。其著作見於書目記載而待考者,還有十四種:撰(或編)《毛詩訓詁考》八卷、《齊魯韓詩義證》六卷、《古石琅玕》二十卷、《東漢石刻》二十卷、《陶春館印譜》四卷、《竹器小譜》一卷、《天發神讖碑續考》一卷;《陶春館詩文集》二十卷、《十國宮詞》中吳和南唐兩部分宮詞,輯《國朝詞話》九卷、《四六叢說》四卷、《續玉臺新詠》二十四卷,編選寶山本地詩人詩作《東海濤音》三卷、吳淞一地詩人詩作《長笛滄波集》二卷等。

汪照家貧無兄弟,王鳴韶《少山汪先生哀詞》稱"時年二十餘,爲父母謀菽水,不得已遊人幕中,輒取故牘尾寫自所爲書"。《大戴禮注補》當爲遊幕期間所撰。王昶爲該書寫序時說"汪君縐青,恐微言之將墜也,作爲《解詁》。糾集同異,采擷前說,一字之誤,必折衷於至當,蓋竭力者三十餘年矣","序作於乾隆乙巳、丙午間,時汪君客余西安官署,手寫稿本既成,屬予點定",結合這兩條信息,顯然乾隆乙巳、丙午(1785、1786)間《大戴禮注補》已定稿,即便按照用力三十年算,不難推測,其開始撰寫的時間也不會晚於乾隆二十年（1755）。

《大戴禮注補》初名“大戴禮記解詁”，爲稿本，藏於家，未能鏤版（稿本今不得見）。王聘珍《大戴禮記解詁》、孔廣森《大戴禮記補注》、孫詒讓《大戴禮記斠補》、汪中《大戴禮記正誤》等後出校注，却先其刊布。相比於《大戴禮記》注釋的同類其他著作，汪照的《大戴禮注補》重要價值有三：一是最早注解《大戴禮記》全書，開啓清人《大戴禮記》詮釋之先河；二是方法創新，注文有意採用傳世經史子集文獻、出土金石碑刻文獻、輯佚文獻三大類，彰顯了“二重證據法”之先見和“傳世文獻、出土文獻、輯佚文獻三駕馬車並行”之卓識；三是以博贍見長，即便是最傳統的傳世經史資料，“矮紙細字，必加撮録”，又能參會衆説，申裨其意。

目前，汪照《大戴禮注補》有兩種傳本。清嘉慶九年（1804）在王昶、王鳴盛、錢大昕、畢沅、洪亮吉、錢大昭、金元鈺等 32 名好學之士的捐輸資助下，以“大戴禮注補”之名付梓印行，是爲嘉慶本。清光緒十四年（1834），王先謙《皇清經解續編》在江陰書院重新刊刻，是爲皇清經解續編本。兩者爲民國前舊刻本。2002 年，上海古籍出版社出版《續修四庫全書》，影印了北京大學圖書館藏嘉慶本。

此次點校，以嘉慶本爲底本，以皇清經解續編本爲校本。由於兩版本間正文差異較小，故所出校記較少，以頁下注形式標出，文内注碼置於被校字（或句）後。異體字徑改，一律不出校記，如簡、简、槩、概、衆、衆，揔、總等；字形相似致誤者徑改，如未、末，傳、傅，日、曰，唯、惟，干、于，杜、社，微、徵等。原書名《大戴禮注補》，現更改爲《大戴禮記注補》，以合今人習慣。書中汪照之名"照"字均作"炤"或"炤"，爲異體字，今俱改爲"照"，以利識讀。

　　原書引文，盡可能一一復核，若無必要，不出校記。由於學術水平所限，錯誤難免，不當之處，敬請方家指正。

馬曉玲

2022 年 11 月於南陽日新齋

目　　録

大戴禮記注補^①序

三代之禮因革損益，與時爲汙隆，聖王之大經大法於
此備焉。周衰禮廢，杞宋無徵，聖人適周問禮，因以知郁郁
之文。自諸侯滅去其籍，而周禮之放佚者多矣，蓋不俟秦
火之酷也。漢興，遺經間出，《六官》存五，《儀禮》存十七。
有志於考禮者，雖諸子百家，猶將采綴而輯録之，況二戴之
傳出於聖門之所記乎？今《小戴記》行而《大戴記》幾廢，是
學者所宜究心也。

小司馬言"《大戴禮》八十五篇，四十七篇亡，存三十八
篇"，《崇文總目》言"《大戴禮記》三十五篇，又一本三十三
篇"，《中興書目》《郡齋讀書志》皆言四十篇。今本乃實存
三十九篇。蓋各本或缺第六十七篇，或以七十二、七十三
爲兩篇，是以篇第有異耳。

予考《哀公問》《投壺》，篇名、經文皆與《小戴》同。又
《禮察》篇與《經解》同，《曾子大孝》篇與《祭義》同。《隋

---

① 原作"解詁"，兹依此點校本書名改爲"注補"。
王昶《春融堂集》卷三六亦載《汪少山〈大戴禮記解詁〉序》，然與該版本序
有多處不同，有明顯的增改痕跡，蓋早於汪照《大戴禮注補》刻本。參看王昶
《春融堂集》，《續修四庫全書》第 1438 册，據上海辭書出版社圖書館藏清嘉慶
十二年塾南書舍刻本影印，第 48 頁下—第 49 頁上。

書·經籍志》謂戴聖刪德之書爲四十九篇者，謬也。《踐
阼》篇諸銘見《太公陰符·金匱》之文，《文王官人》篇見《汲
冢周書》，《禮三本》《勸①學》兩篇見於《荀子》，《保傅》篇見
於《賈子新書》，《五帝德》《帝繫姓》司馬遷採以作《五帝本
紀》，且《夏小正》及《孔子三朝》《曾子》皆別爲書，今《三朝》
五篇、《漢書》：“《孔子三朝》七篇。”師古曰：“今《大戴禮》有其一篇。”
按：今本有《哀公問》《五議》二篇，又《小辨》《用兵》《少閒》三篇，皆公問
答語，疑即《三朝記》之五也。《曾子》十篇，俱見記中，其間多寡
不同，踳駁間出，要爲七十子之徒及周秦漢間老師宿儒所
傳無疑。《漢書》謂“戴德、戴聖、慶普皆后蒼弟子，三家立
於學官”，蓋指《士禮》言之。若《大戴禮》，未立於學，故《史
記》謂“《五帝德》《帝繫姓》，儒者或不傳”，而《索隱》言“二
者皆非正經，漢時儒者以爲非聖人之言，多不傳學也”。然
《詩》《書》之序，或疑其僞，《古文尚書》出自梅賾，皆得立於
學，而《大戴記》宋時列於“十四經”，先哲謂其探索陰陽，窮
析物理，推本性情，嚴禮樂之辨，究度數之詳，固已度越諸
子百家矣，與《小戴記》並行，宜也。

又考河間獻王所獻共百三十一篇，劉向得《明堂陰
陽記》三十三篇，又后氏、戴氏《古經》七十②篇。今自
《小戴記》四十九篇及《大戴記》三十九篇，去重複之外，

---

① 原作“勤”，皇清經解續編本同，王昶《春融堂集·汪少山〈大戴禮記解
詁〉序》作“勸”，據改。
② 原作“七十”，皇清經解續編本同，參《漢書·藝文志》所載“《禮古經》
五十六卷，《經》十七篇，后氏、戴氏。《記》百三十一篇，七十子後學所記也。
《明堂陰陽》三十三篇，古明堂之遺事”，“七十”疑作“十七”。

實八十四篇，遺佚已踰其半，可勿鄭重愛惜、疏通而證明之歟？

《大戴記》之注，傳世者，惟盧辯一家。而簡略無以發其博大精深，且傳寫日久，訛舛滋甚。予友盧學士文弨、戴太史震，曾釐正其文字，而注解未及爲。汪君紉青，恐微言之將墜也，作爲《解詁》。糾集同異，采擷前説，一字之誤，必折衷於至當，蓋殫力者三十餘年矣。後世有復“十四經”之舊者，大戴之書將立於學官，則君之《解①詁》，當與孔、賈之疏並行，豈不偉哉？青浦同學弟王昶序。

右序作於乾隆乙巳丙午間，時汪君客余西安官署，手寫稿本既成，屬予點定，因爲之序。未幾汪君辭去，予又宦游中外，垂十年始乞身歸里，而汪君下世已久，訪其遺書，幾不可復得。丙辰春，予主講婁東書院，兼修州志，網羅文獻，屬邑以詩文雜著送入藝文者頗多，而汪君之甥徐生杏，以是書來，質則楮墨如新，不勝人琴之感。隨命胥手繕録副本，藏諸家塾，未暇付梓也。去年四月，金生元鈺、錢生侗，以汪君爲其家鄉老宿，而撰述鮮傳；且《大戴禮》注，向無善本，奮然以募刻是書爲任。而遠近好學之士暨心儀汪君者，争輸貲捐助。不一年而事竣，復請予爲叙。余耄荒日甚，不能重讀是書，且其大旨已略具前序，可弗贅言。惟諸君募捐助刻，俾若滅若没之書，一旦傳布藝林，其敬恭桑梓之誼，有非流俗所能幾及者。太史公云：“藏之名山，傳

---

① 原作“釋”，皇清經解續編本作“解”，據改。

之其人。”若諸君者，非其人歟？余故書其緣起如此，爲好事者勸，并以慰汪君於九京云。嘉慶九年歲在甲子九月王昶書，時年八十有一。

大戴禮記注補參訂姓氏

　　青浦王昶述庵,嘉定王鳴盛西沚,嘉定錢大昕竹汀,鎮陽畢沅秋帆,江寧嚴長明道甫,陽湖洪亮吉稚存,陽湖孫星衍淵如,嘉定錢大昭可廬,嘉定王濤定山,武進莊炘似撰,嘉定錢坫獻之,嘉定蔡泳芝田,仁和趙魏晉齋,江寧王鑾鐵瓶,嘉定李鳳昌桐園,嘉定周式濤容齋,嘉定張灝華坪,涇縣朱怡,嘉定秦溯萱亦園,嘉定李景董桂巖,涇縣朱德懋,青浦王肇和淩谿,嘉定黃鐘損之,嘉定諸仁煦慎齋,嘉定金元鈺堅齋,嘉定胡起鳳質夫,嘉定秦鑑澡石,嘉定錢侗同人,嘉定李興仁壽雲,嘉定張家榮馨滋,嘉定徐杏魯壇,嘉定徐芝采三。

大戴禮記注補序録①

今卷之一

王言第三十九_{原注闕。}

《尚書》:"天子作民父母,以爲天下王。"

董氏仲舒曰:"古之造文者,三畫而連其中謂之王。三者,天、地、人也;而參通之者,王也。孔子曰:'一貫三爲王。'"

《禮記明堂陰陽録》:"王者,承天統物者也。"

《樂稽耀嘉》:"仁義所生爲王。"

《説文解字》:"王,天下所歸往也。"《六書刊定》:"中畫近上,王者,則天之義。"

干氏寶曰:"王,天子之號,三代所稱。"

《説文解字》:"直言曰言。"

《釋名》:"言,宣也,宣彼此之意也。"

武英殿校本曰:"'王'字,篇内凡十九見:曰'王言'者二,曰'明王'者十六,曰'霸王'者一。程本、朱本、沈本並訛

---

① 原作"大戴禮解詁目録",皇清經解續編本作"大戴禮注補目録",爲與此點校本新編"目録"區分,故改。

作‘主’，劉本、袁本、高安本‘昔者明王必盡知天下良士之名’此一處未訛，今據以訂正。攷鄭康成注《坊記》云：‘大夫有臣者稱之曰主，不言君，避諸侯也。’韋昭注《國語》於《魯語》云：‘大夫稱主，妻亦如之。’於《晉語》云：‘大夫妻稱主，從夫稱也。’《爾雅·釋詁》：‘林、蒸、天、帝、皇、王、后、辟、公、侯，君也。’‘主’字不得列其間。《曲禮》‘凡執主器’，注云：‘主，君也。’《疏》云：‘大夫稱主。今此言主，上通天子諸侯，下含大夫爲君者，故并曰主。’蓋《曲禮》稱‘凡執主器’，槩就爲臣者言，不遺其臣於大夫者。今此篇陳明王所以王天下之道，不得稱主，明矣。況霸、王對舉，謂霸者、王者，不可言霸主甚明。王肅私定《家語》，多勦襲此書，仍作《王言》篇。”

照案：“王”，各本訛作“主”，今據篇内及《孔子家語》訂正。其文與《家語》稍異。

哀公問五儀第四十原注闕。

《史記·魯周公世家》：“定公卒，子將立，是爲哀公。”案：《世本》“將”作“蔣”。

《周官·典命》：“掌諸侯之五儀。”案：“五儀”二字本此。然此篇言人有五等，非《周官》之“五儀”也。

楊氏倞曰：“言人之賢愚，觀其儀法有五也。”

照案：“儀”，各本作“義”，今據《荀子·哀公》篇“人有五儀”、《説文繫傳》“義者，事之宜，故言從人義”訂定。又案：鄭司農於《周禮注》云：“‘義’，讀爲‘儀’，古者書‘儀’但爲‘義’。”洪氏适《隸釋》云：“《周禮注》：‘儀、義二字，古皆音莪’。”吳氏棫《韻補》亦云：“知古者‘儀’‘義’通也。”此篇與《家語》《荀子》略相似。

哀公問于孔子第四十一_{原注闕。}

鄭氏《目録》："哀公問者,善其問禮。"

照案：前半篇至"莫爲禮也"句,與《家語·問禮》篇相似;"孔子侍坐"以下,與《家語·大昏》篇略同。

禮三本第四十二_{原注闕。}

《韓①詩外傳》："禮者,首天地之體,因人之情而爲之節文者也。"

《釋名》："禮,體也,得其事體也。"

《禮正義》曰："明禮之本意。"

照案：《荀子·禮論》篇有之,視此加詳。或云："此篇在《三朝記》中。"

今卷之二

禮察第四十六_{原注闕。}

《史記·禮書》"至察有以説",司馬貞《索隱》："言禮之至察,有以明隆殺損益,委曲情文。"

王氏應麟曰："賈誼'審取舍'之言,見《禮察》篇。"

夏小正第四十七_{正,如字,又音征。}

《禮運》："孔子曰：'我欲觀夏道,是故之杞,而不足徵

---

① 原作"諱",據皇清經解續編本改。

也，吾得夏時焉。'"鄭氏注曰："得夏四時之書也，其書存者有《小正》。"

《史記·禹本紀》："太史公曰：'孔子正夏時，學者多傳《夏小正》。'"

舊說："夏以十三月爲正息，卦受泰物之始，其色尚黑，以寅爲朔。"此《樂緯》《春秋緯》之文也，依鄭康成之例，稱曰舊說。

《北史》："魏孝武釋奠國學，詔中書舍人盧景宣講《大戴禮·夏小正》篇。"

《隋書·經籍志》："《夏小正》一卷，戴德撰。"王應麟曰："德取以爲記，云撰，誤矣。"《新唐書·曆志》曰："《夏小正》雖頗疏簡，失傳，乃羲和遺蹟。"

朱子發曰："二十四氣、七十二候，見於周公之《時訓》，呂不韋取以爲《月令》，其上則見於《夏小正》。"

《困學紀聞》："《大戴記》之《夏小正》，《管子》之《弟子職》，《孔叢子》之《小爾雅》，古書之存者，三子之力也。"

又："傅氏《夏小正序》：'鄭注《月令》引《小正》者八。'今按：《月令》'孟冬講武'注引《夏小正》'十一月，王狩'，凡引《小正》者九。《詩·七月箋》引《小正》者一。朱子發曰：'《夏小正》具十二月，而無中氣，有候應而無日數。'至《時訓》，乃五日爲候，三候爲氣，六十日爲節。豈《時訓》因《小正》而加詳與？"

《明堂大道錄》曰："案：《禮運》孔子先言大道之行而及禮，繼言夏殷之道而及《夏時》《坤乾》，蓋二書皆大道之寄也。夏有《大正》,有《小正》,《大正》者,即《周語》所稱之夏令;《小正》者,《大戴記》所載是也。戴氏《夏小正傳》曰:'何以謂之《小正》? 以小著名也。'又云'四月昴則見,初昏南門正',戴氏《傳》曰:'南門者,星也,歲再見。一正,蓋大正所取法也。四月值离,离,南方之卦。明堂取諸此,故云《大正》所取法也。'然則孔子所云夏時乃大正也。戴氏《傳》傳諸周秦先師,知當時有《大正》之書,漢時已亡。鄭氏據所見而言,故云'其書存者有《小正》'。言存,有不存者矣。"

照案:《夏小正傳》,或以爲卜子夏撰,未聞所據。先儒有不信《夏小正》者:祖沖之以夏歷七曜西行,特違衆法;劉向以爲後人所造;朱紫陽疑《夏小正》出迂儒之筆,非孔子所見《夏時》本文,而輯《儀禮》又取《夏小正》,而不取《時訓》。明寧海方氏孝孺以爲:"此果夏之遺書,孔子曷不編於《禹貢》《胤①征》之間? 孔子儻見此書,奚不曰得《夏小正》而曰得夏時?"其言甚辯。然較之《逸周書》之《周月解》,吕不韋之《月令》,《淮南子》之《時則訓》,尤爲古質,決非周秦間人所造。特祖龍灰燼,篆隸承訛,脫簡或所不免,其爲古書無庸疑也。舊本經傳參雜,今取諸家校定本及單行《夏小正》注本勘正,傳文皆低一格以別之。

---

① 原作"嗣",皇清經解續編本作"胤"缺末筆,避清雍正名諱,兹改回本字。

今卷之三

保傅第四十八

《漢書·昭帝紀》始元五年六月詔曰:"通《保傅傳》。"注:文穎曰:"賈誼作,在《禮·大戴記》。"案:蔡邕《明堂論》引《禮記·保傅》篇。《文選注》:"李周翰曰:傅、保,謂傅訓、保養者。"

朱子曰:"其言教太子、輔少主之道,與誼本傳《疏》語同。當時以列於《論語》《孝經》而進於君,蓋已有識其言之要者矣。"

《玉海·漢保傅傳序》:"《保傅傳》者,漢梁太傅誼所作也。漢朝之儒,惟賈生粹學淵識,通達治體。謂元良天下之本,本正而天下定。若昔大猷,保身傅德,罔匪正人。涵養薰陶,相觀而善用,夐遺後人休。迺乩往證今,參經訂史,摠眇論以詔萬世。孝昭嗣服,嚮學崇儒。是《傳》與《孝經》《論語》《尚書》迭隊旉夏。大義之通,見於始元五年六月之詔。煌虖休兹,毓德之淵源,典學之矩範也,庸鋪繹要旨?而爲序曰:'聖人觀洊雷之象,是以詒孫謀、燕翼子,蓋取諸《震》;觀山下出泉之象,是以選左右、蚤諭教,蓋取諸《蒙》。相古先民,丕若歷年,罔不在初。自貽哲命,禹戒湯訓,文謨武謀,啓迪後昆。兹率厥典,立之師保,謹輔道也;教之禮樂,順德性也。抗法以聳其善,齒胄以遜其志。敦學之志,《文王世子》備矣。是《傳》尤正于始,而謹于微。八歲入虎闈,束髮就太學,不待成人而教也。太子始生,舉必以禮,太師吹銅正聲,太宰持升正味,不待就傅而教也。胎教之道,書玉版、藏金匱,不待初生而教也。有道、有充、有弼、有承,史司過、工誦諫,巾車有教,膳宰有規。不惟三公三少,孝、仁、禮、義之道習也。始陳周秦之隆替,終論賢佐之得失,復以《詩》《禮》《易》《春秋》,明謹始敬終之義。曰《學禮》,曰《明堂之位》,曰《青史氏之記》,三代文獻,森然在目,如旦、佚之立前後,望、奭之翼左右。其末章曰鏡所以察形,古所以知今,誼之意深矣。傅亥匪人,嬴轍未遠,逸民翼惠,亦罔克壽。孝文初載,肇立元子。越六年,誼孰數於前,曰選端士,曰去邪人。然智囊之進,刑名之習,以規爲瑱,聽之藐藐。後九十餘年,昭帝始誦習之。業隆於襁褓,德侔於成后,誼之書有助焉。迺若大夫進諫,《白虎通》述之;帝入五學,邕宗元識之;鸞在衡,和在軾,穎達《詩疏》又稱之。僅與《王度記》《太初篇》《韓詩內傳》並言。班、史本傳,槩而未詳;嘉言丕彝,千載眇覯。愚謂著翼善之記,不如監是書而善自明;撰養德之傳,不如寶是書而德自進。青宮之紀博矣,讀是書知其寡要也;瑤山之則微矣,讀是書知其亡實也。輔翼之臣,有能采而獻之,可以衍幻①海之潤,增前皇之暉,萬年惟王永保民,蓋自兹始。敢著諛聞於篇端。'按:《新書》五十八篇,是傳分爲《傅職》《保傅》《容經》《胎教》四篇。文穎謂在《禮·大戴記》,今列於第四十八篇。"

---

　　① 原作"幼",據皇清經解續編本改。

鄭氏元祐曰:"《取舍》《保傅》等篇,雖見於賈誼政事書,然其增益三公三少之貴任與夫胎教,古必有其説,否則不應有是也。"

今卷之四

曾子立事第四十九

《隋書·經籍志》:"《曾參傳》一卷。"案:《唐書·藝文志》及《文獻通考》皆作二卷,所謂《曾參傳》,未知即《曾子》書否。

朱子曰:"世傳《曾子》書,乃獨取《大戴禮》之十篇以充之。其言語氣象,視《論》《孟》《檀弓》等篇所載,相去遠甚。"何氏焯曰:"疑曾子之書已亡,後人采《大戴禮記》爲之。"

王氏應麟曰:"《漢志》:'《曾子》十八篇。'今世所傳,視漢亡八篇矣,十篇見於《大戴禮》。景迂云:'世知讀曾子者,殆未見其人也。'"

朱文公云:"所記雖或甚踈,亦必切於日用躬行之實。"案:劉清之集録七篇《内篇》、《外篇》、《雜篇》各三。

王氏《漢藝文志攷證》:"隋唐《志》'《曾子》二卷'。參與弟子公明儀、樂正子春、單居離、曾元、曾華之徒,論述立身孝行之要,天地萬物之理。今十篇,自《修身》至《天圓》,皆見於《大戴禮》,於篇第爲四十九至五十八,蓋後人摭出爲二卷。"

晁氏《郡齋讀書志》:"《曾子》二卷,魯曾參撰。《漢藝文志》'《曾子》十八篇',《隋志》'《曾子》二卷,目一卷',《唐

志》'《曾子》二卷'。今世傳《曾子》二卷，十篇本也，有題曰
傳紹述本，豈樊宗師與？視隋亡目一篇，玫其書已見於《大
戴禮》。漢有《禮經》七十篇，后氏、戴氏《記》百三十一篇，
七十子後學者所記，是時未有大小戴之分，不知《曾子》在
其中與否也。予從父詹事公，嘗病世之人莫不尊事《孟
子》，而知子思《中庸》者蓋寡。知子思《中庸》者雖寡，而知
讀《曾子》者，殆未見其人也。是以文字回舛謬誤，乃以家
藏《曾子》與温公所藏《大戴》參校，頗爲是正，而盧注遂行
於《曾子》云。"

《書録解題》："《曾子》二卷，凡十篇，具《大戴禮》，後人
從其中録出別行，慈湖楊簡注。"

方氏孝孺曰："《曾子》十篇，其辭見《大戴禮》。雖非曾
子所著，然格言正論，雜陳其間，而於言者尤備。意者出於
門人弟子所傳聞，而成於漢儒之手者也，故其説閒有
不純。"

曾子本孝第五十

《爾雅》："善父母爲孝。"

《吕氏春秋》："務本莫貴於孝。"又曰："民之本教曰
孝。"高誘注："本，始也。"

曾子立孝第五十一

《淮南子》："曾子立孝，不過勝母之閭。"

照案：《論語》曰："本立而道生。孝弟也者，其爲仁之
本與?"《孝經》曰："夫孝，德之本也，教之所由生也。"皇氏

侃《疏》云:"若其本成立,則諸行之道悉滋生也。"又云:"以孝爲基,故諸衆德悉爲廣大也。""本孝""立孝"之義,殆本於此。

曾子大孝第五十二

照案:《小戴·祭義》有此而較詳。

曾子事父母第五十三

今卷之五

曾子制言上第五十四

顏氏師古曰:"成法曰制。"

照案:《説文》:"制,裁也。"曾子之言,裁度而合於制度也。

曾子制言中第五十五

曾子制言下第五十六

曾子疾病第五十七

《釋名》:"疾,病也,客氣中人急疾也。病,並也,與正氣並在膚體中也。"

曾子天圓第五十八

王氏應麟曰:"《曾子天圓》篇,言天地萬物之理,曾子之學博而精者也。"

照案:此篇與《淮南子·天文訓》有相同處。

今卷之六

武王踐阼第五十九

《史記》：“文王太子發之立，是爲武王。”

北齊邢子才議曰：“君位在阼階，故有《武王踐阼》篇。”

孔氏穎達曰：“踐，履也。阼，主人階也。”

洪氏□[①]曰：“武王銘諸物，不曰視爾所代，則曰溺不可救；不曰其戭將大，則曰社稷爲危。何其詞之嚴也？堯、舜性之也，湯、武身之也，身之則寧，過於檢防，求進乎性之之域也。”

真氏德秀曰：“湯、武學而知之。湯之學於伊尹，武王之問《洪範》、問丹書，即格物致知之事。湯之不邇聲色，不殖貨利，以義制事，以禮制心，銘盤以自警；武王於户、牖、楹、席、觴、豆、弓、矛，亦各有銘：皆誠意正心之事也。”

黃氏庭堅曰：“觀禮書得此銘，以鑒小人之影，去道遠矣，乃書於坐之左右，以爲息黥補劓之方。”

周氏□[②]曰：“武王畏聖人之言，傳之如此其敬，後人安得不畏乎！”

王氏應麟曰：“有周盛時大訓在西序，河圖在東序，三皇五帝之書，外史掌之。丹書，蓋前聖傳心要典也。《學記正義》謂：‘赤雀所銜丹書，乃《尚書帝命驗》。’讖緯不經之

---

① 原空一字，皇清經解續編本作“□”，據改。
② 原空一字，皇清經解續編本作“□”，據改。

言，君子無取焉。武王銘十有七章，蔡邕以爲十八章，豈有闕文與？《大戴禮》有盧辯①注，今列于前。鄭康成所引，黃太史所書，攷其文之異者，又采摭諸儒之説爲《集解》，《金匱》《陰謀》載武王銘書，附著於末。至於《虞箴》《飫歌》，見《春秋内外傳》。夫以聖王治己養心，表裏交正如此，況學者，可不勉與？有能左右觀省，朝夕習服，若衛武公日誦《抑戒》之詩；無有師保，如臨父母，庶其寡過矣乎？因書以自儆。”

又曰：“《踐阼》篇載武王十七銘，《後漢·朱穆傳》注引《太公陰謀》：‘武王衣之銘曰：桑蠶苦，女工難，得新捐故後必寒。鏡銘曰：以鏡自照見形容，以人自照見吉凶。觴銘曰：樂極則悲，沈湎致非，社稷爲危。’《崔駰傳》注引《太公金匱》：‘武王曰：吾欲造起居之誡，隨之以身。几之書曰：安無忘危，存無忘亡，熟惟二者，必後無凶。杖之書曰：輔人無苟，扶人無咎。’《太平御覽》諸書引《太公陰謀》：‘筆之書曰：毫毛茂茂，陷水可脱，陷文不活。筴之書曰：馬不可極，民不可劇。馬極則躓，民劇則敗。’又引《金匱》：‘其冠銘曰：寵以著首，將身不正，遺爲德咎。書履曰：行必慮正，無懷僥倖。書劍曰：常以服兵，而行道德，行則福，廢則覆。書車曰：自致者急，載人者緩，取欲無度，自致而反。書鏡曰：以鏡自照，則知吉凶。門之書曰：敬遇賓客，貴賤無二。户之書曰：出畏之，入懼之。牖之

---

① 原作“辨”，皇清經解續編本作“辯”，形似致訛，據改。

書曰：闕望審，且念所得，可思所忘。鑰之書曰：昏謹守，深察訛。硯之書曰：石墨相著而黑，照案：《藝文類聚》本無"而黑"二字。邪心讒言，無得汙白。書鋒曰：忍之須臾，乃全汝軀。書刀曰：刀利磑磑，無爲汝開。書井曰：原泉滑滑，連旱則絕；取事有常，賦斂有節。'蔡邕《銘論》謂：'武王踐阼，咨于太師，作席、几、楹、杖器械之銘十有八章。'參攷《金匱》《陰謀》之書，則不止于十八章矣。書于篇後，俾好古者有攷。"

又曰："武王東面而立，師尚父西面道丹書之言。皇氏曰：'王在賓位，師尚父在主位，此王廷之位。若尋常師徒之教，則師東面、弟子西面，與此異。"閻氏百詩云："案：古弟子北面。郭隗曰：'北面拘指，逡巡而退，以求臣，則師傅之材至矣。'一曰，詘指而事之，北面而受學，則百己者至。"

又曰："山谷以太公所誦丹書及武王銘，書于坐之左右，以爲息黥補劓之方。朱文公亦求程可久寫《武王踐阼》一篇，以爲左右觀省之戒。"《困學紀聞》原注："《儀禮》經傳明。且臣聞之，至必及其世，《大學或問》，因湯盤銘及武王之銘。"

又曰："黃氏曰：'此書世人罕有知者，東坡先生授余，因曰：自典謨訓告之後，惟此書可以繼之。'朱氏曰：'武王踐阼之初，受師尚父丹書之戒，退而於其几席、觴豆、刀劍、戶牖，莫不銘焉。今其遺語，尚幸頗見於禮書。願治之君，志學之士，皆不可以莫之攷也。'"

照案：是篇王伯厚作《集解》，今悉采之。照所引者，以"照補"二字別之。又案：前半篇與《六韜》同。

衛將軍文子第六十

《容齋隨筆》：“《前漢書·百官表》：‘將軍皆周末官，秦因之。’予按：《國語》：‘鄭文公以詹伯爲將軍。’又：‘吳夫差十旌一將軍。’《左傳》：‘豈將軍食之而有不足？’《檀公》：‘衛將軍。’《文子》：‘魯使慎子爲將軍。’然則其名久矣。”

《禮正義》曰：“案《世本》：‘靈公生昭子郢，郢生文子木及惠叔蘭，蘭生虎，爲司寇氏；文子生簡子瑕，瑕生衛將軍文氏。’然則彌牟是木之子。”

照案：與《家語·弟子行》篇略相似。

今卷之七

五帝德第六十二原注闕。

《家語》：“季康子問于孔子曰：‘舊聞五帝之名而不知其實，請問何謂五帝？’孔子曰：‘昔某也聞諸老聃曰：“天有五行，木、火、金、水、土，分時化育，以成萬物，其神謂之五帝。”古之王者易代而改號，取法五行，五行更王，終始相生，亦象其義。’”

《史記·三代世表》“五德之傳”，小司馬《索隱》曰：“謂帝王更王，以金、木、水、火、土之五德傳次相承，終而復始，故云‘終始五德之傳’也。”又“以五帝繫諜《尚書》”，《索隱》云：“按《大戴禮》有《五帝德》及《帝繫》篇，蓋太史公取此二篇之諜及《尚書》，集而紀黃帝以來爲《世表》也。”又《索隱》

曰:"太史公作《史記》,古今君①臣,宜應上自開闢,下迄當代,以爲一家之首尾。今闕三皇而以五帝爲首者,正以《大戴禮》有《五帝德》篇,又《帝系》皆叙自黄帝以下,故因以《五帝本紀》爲首。"又曰:"以黄帝爲五帝之首,蓋依《大戴禮·五帝德》。"又:"譙周、宋均亦以爲然。"

《白虎通》:"德合天地者稱帝。"

《風俗通》《易傳》《禮記》《春秋》《國語》《太史公記》,黄帝、顓頊、帝嚳、帝堯、帝舜,是五帝也。

《樂稽耀嘉》:"德象天地爲帝。"

《尚書正義》曰:"帝者,天之一名。帝者,諦也,言天蕩然無心,忘于物我,此亦能審諦。事審諦,故謂之帝也。五帝道同于此,亦能審諦,故取其名。"

王氏柏曰:"唐虞之上,加增三帝,曰黄帝,曰顓頊,曰帝嚳,論其世次,紀其風績,驚駭學者,以吾夫子之未及知也。"

帝繫第六十三原注闕。

《前漢·曆志》引《帝考德》,師古注曰:"考德者,考五帝德之書也。又有堯、舜、禹帝系之書。"

《毛詩·生民疏》:"《大戴禮·帝系》篇云'帝嚳卜其四妃之子,皆有天下'云云。《家語》《世本》,其文亦然。《毛傳》、司馬遷爲《五帝本紀》,皆依用焉。"

《册府元龜》:"夫結繩之初,樸略茫昧,莫獲而詳;書契

---

① "君"字原缺,皇清經解續編本同,據《史記索隱》補。

之後,辨姓受氏,可得而紀。太昊之前,譜牒蓋闕;帝鴻之後,世緒具存。司馬遷著之《史記》,以存系表,明乎受天命膺帝期者,蓋以祖宗實有茂德,所以後世承乎發祥。"

歐陽氏修《帝王世次圖序》:"司馬遷作《本紀》,蓋出于《大戴禮》《世本》諸書。"

王氏安石曰:"世之所出謂之繫。"案:"繫""系"古通。《爾雅》云:"系,繼也。"

照案:序次帝繫,與鄭康成、馬昭、張融等不合。《蜀志》秦宓"見《帝系》之文,五帝皆同一族,必辨其不然"。然唐虞以上世次,難以臆斷,存而不論可也。

勸學第六十四原注闕。

《易·文言》:"學以聚之。"

《白虎通》:"學以覺也,覺悟所不知也。"

《物理論》:"學者,植也。"

《困學紀聞》:"《説苑》引子思曰:'學所以益才也,礪所以致刃也。吾嘗處幽而深思,不若學之速;吾嘗跂而望,不若登高之博見。故順風而呼,聲不加疾,而聞者衆;登丘而招,臂不加長,而見者遠。故魚乘於水,鳥乘於風,草木乘於時。'與《大戴禮》《荀子·勸學》篇略同。隋唐《志》又有蔡邕《勸學篇》一卷。《易正義》引之云:'鼫鼠五能,不成一伎術。'原注:晉蔡謨讀《爾雅》不熟,幾爲《勸學》死,謂《勸學篇》也。《荀子》'梧鼠',《大戴》云'鼫鼠';'蟹六跪二螯',《大戴》云'二螯八足'。"

照案:與《荀子·勸學》篇略同,後半與《宥坐》篇亦有相似語。

今卷之八

子張問入官第六十五
照案：與《家語》略同。

《盛德》第六十六
武英殿校本："案：各本別'明堂者'以下爲《明堂》篇。據許慎《五經異義》《魏書·李謐傳》《隋書·牛宏傳》及劉昭注《續漢志》、杜佑《通典》所引，俱稱《盛德》篇，今據以訂正，仍合爲一篇，删去'明堂'之目。"

照案：蔡邕《明堂月令論》云："《禮記·盛德》篇曰明堂九室云云。"《北史·李孝伯傳》謂："《考工》得之于五室，而謬于堂之修廣；《盛德》得之於于户牖，失之于九室。"《詩·靈臺疏》："《大戴禮·盛德》篇明堂者云云。"李覯曰："《盛德記》九室，蔡伯喈之徒傳之。"知《明堂》本屬《盛德》，非另爲篇第也。又案：篇中與《家語·五刑》《執轡》二篇略相似。

今卷之九

千乘第六十七 原注闕。
何氏休曰："十井爲一乘，公侯封方百里，凡千乘。"
馬氏融曰："《司馬法》：'六尺爲步，步百爲畝，畝百爲夫,夫三爲屋,屋三爲井,井十爲通,通十爲城,城出革車一乘。'然則千乘之賦,其地千城也,居地方三百一十六里有奇,唯公侯之封乃能容之。"

包氏咸曰:"千乘之國者,百里之國也。古者井田,方里爲井,井十爲乘。百里之國者,適千乘也。"何氏晏《論語注》曰:"馬氏依《周禮》,包氏依《王制》《孟子》,義疑,故兩存焉。"

皇氏侃《論語疏》曰:"《司馬法》者,齊景公時司馬穰苴爲軍法也,其法中有此千乘之説也。凡人一舉足爲跬,跬,三尺也;兩舉足曰步,步,六尺也。云步百爲畮者,廣一步,長百步,謂之一畮也。畮,母也,既長百步,可種苗稼,有母養之功見也。云畮百爲夫者,每一畮則廣六尺,長百步,今云畮百爲夫,則是方百步也;謂爲夫者,古者賦田,以百畮地給一農夫也。夫所養人,自隨地肥墝及其家人多少耳。故《王制》云'制:農田百畮。百畮之分,上農夫食九人'是也。云夫三爲屋者,每夫方百步,今云夫三,則是方百步者是三也,若並而言之,則廣一里,一里長三百步也,而猶長百步也。謂爲屋者,義名之也。夫一家有夫婦子三者具,其屋道乃成,故合三夫目爲屋也。云屋三爲井者,向屋廣一里,長百步,今三屋並方之,則方一里也;名爲井者,因夫閒有遂水縱橫相通成井字也。何者畮? 廣六尺,長百步,用耜耕之,耜廣五寸,方兩耜爲耦,長沮、桀溺耦而耕是也,是耦伐廣一尺也,畮廣六尺,以一尺耕伐地爲溜通水流,水流畮畮然,因名曰畮也。而夫田首倍之,廣二尺,深二尺謂之爲遂,九夫爲井,井閒廣深四尺謂之爲溝。取其遂水相

通如井字,故鄭玄曰:'似井字,故謂爲井也。'遂,取其水始
遂也。溝,取其漸深有溝洫也。《釋名》云:'田間之水曰
溝。溝,搆也,縱橫相交搆也。'云井十爲通者,此十井之地
並之,則廣十里、長一里也。謂爲通者,其地有三十屋相
通,共①出甲士一人、徒卒二人也。云通十爲城者,其城地
方十里也。謂爲城者,兵賦法一乘成也。其地有三百屋,
出革車一乘、甲士十人、徒卒二十人也。云城出革車一乘
者,出一乘,是賦一成,故謂城也。云千乘之賦,其地千城
也者,有地方十里者千,即是千城也,則容千乘也。云居地
方三百一十六里有奇者,方百里者,有方十里者百,若方三
百里,三三爲九,則有方百里者九,合成方十里者九百也。
是方三百里唯有九百乘也,若作千乘,猶少百乘。百乘是
方百里者一也。今取方百里者一而六分破之,每分得廣
十②六里,長百里,引而接之,則長六百里,其廣十六里也。
今半斷,各長三百里,設法特埒前三百里南西二邊,是方三
百十六里也。然西南角猶缺方十六里者一。方十六里者
一,有方十里者二,又方一里者五十六里也,是少方一里者
二百五十六里也。然則向割方百里者爲六,分埒方三百里
兩邊,猶餘方一里者四百。今以方一里者二百五十六埒,
西南角猶餘方一里者一百四十四,又設法破而埒三百十六

---

① 原作"其",皇清經解續編本及皇侃《論語集解義疏》作"共",形近致
誤,據改。
② 原作"上",皇清經解續編本及皇侃《論語集解義疏》作"十",形近致
誤,據改。

里兩邊，則每邊不復得半里，故云方三百十六里有奇也。
云唯公侯之封乃能容之者，周制：上公方五百里，侯方四
百里，伯方三百里，子方二百里，男方百里。今千乘用地方
三百十六里有奇，故伯地不能容，所以唯公、侯封乃能容
也。包氏言：'百里之國者，此夏、殷法也。夏、殷大國百
里，次國七十里，小國五十里。故方百里國中令出千乘
也。'云古者井田，方里爲井者，此亦與周同也。云井十爲
乘者，此則與周異也。周家十井爲通，通十爲城，城出一
乘。今此一通使出一乘，則一城出十乘也。云百里之國適
千乘者，方百里者，有方十里者百；方十里者，有方一里者
百。今制方一里者十出一乘，則方十里者出十乘，方百里
者故出千乘也。云馬融依《周禮》者，馬氏所説是《周禮》制
法也。云包氏依《王制》《孟子》者，《孟子》及《王制》之言，
皆如包氏所説也。"《論語或問》："車一乘，甲士步卒合七十五人。"馬
氏之説，八百家出車一乘。包氏之説，八十家出車一乘，疑馬氏爲可據。

　　《困學紀聞》："《孔子三朝》七篇，《藝文志》注：'孔子對
魯哀公語也。三朝見公，故曰三朝。'《大戴禮記·千乘》
《四代》《虞戴德》《誥志》《小辨》《用兵》《少閒》，凡七篇。"

　　照案：劉向《別録》："孔子見魯哀公問政，比三朝退而
爲此記，並入《大戴禮》。"《漢志》"《論語》十二家，《孔子三
朝記》七篇"注，師古曰："今《大戴禮》有其一篇，蓋孔子對
魯哀①公語也。三朝見公，故曰三朝。"《蜀志·秦宓》曰：

---

① 原無"哀"字，據《漢書·藝文志第十》補。

“昔孔子三見哀公，言成七卷。”裴松之注：“案《中經部》有《孔子三朝記》八卷，一卷《目録》，餘者所謂七篇。”《史記》“黄帝紀”“漢高帝紀”，臣瓚引《三朝記》，“漢武紀元光元年”注亦引之，《爾雅疏》《穀梁疏》《文選注》俱引之。所謂《三朝記》，皆此書也。各本以是篇改作六十八，今訂正。

四代第六十八原注闕。

照案：四代，虞、夏、商、周也。各本改是篇作六十九，今訂正。

虞戴德第六十九原注闕。

照案：各本改作七十，今訂正。

誥志第七十原注闕。

《釋名》：“上勅下曰告。告，覺也，使覺悟己意也。”

《説文》：“誥，告也。”

《獨斷》：“制詔①者，王者之言必爲法制也。詔，猶告也，三代無其文，秦漢有也。”

《文選注》：“向曰：‘誥者，告也，告諭令曉。’”

《困學紀聞》：“《誥志》篇：‘孔子曰：古之治天下者必聖人。聖人有國，則日月不食，星辰不孛。’慈湖謂：‘堯、舜、禹之時，歷年多無日食。至太康失邦，始日食。歷家謂日月薄食，可以術推者，衰世之術也，而亦不能一一皆中。一行歸之君德，頗與孔子之言合。一行之術精矣，而有此

① 原作“誥”，皇清經解續編本同，《獨斷》作“詔”，據改。

論,則誠不可委之數。'"

　　照案: 各本改作七十一,今訂正。

今卷之十

文王官人第七十一

《毛詩·棫樸序①》:"文王能官人也。"

惠氏棟曰:"《文王官人》本載《周書》,大戴采之以爲記。"

　　照案:"官人",一作"觀人"。各本改作七十二,今訂正。

諸侯遷廟第七十二

《周禮·春官》守祧"掌守先王先公之廟祧"注謂:"太祖之廟及三昭三穆。遷主所藏曰祧。"

《小戴記》:"遷廟者,更營其廟而移故主焉。"

《尚書大傳》:"廟者,貌也,以其貌言之也。"

范氏寧曰:"親過高廟,則毀其廟,以次而遷。"

《禮記外傳》:"人君既葬之後,日中虞祭,即作木主,以存神廟。主用木者,木落歸本,有如之義。天子廟主長尺二寸,諸侯一尺,四向孔于達相通,葬後孝子心目無所睹,故用以主其神也。"

————————

　　① 原無"序"字,皇清經解續編本同,"文王能官人也"乃《毛詩序》文,故補之。

　　吳氏澄曰："《祭法》:'遠廟爲祧。'祧者,超然上去之意,遷廟是也。"

　　《經禮補逸》[①]:"愚案:諸侯廟制,二昭二穆,與太祖而爲五也,本諸《祭法》。曰考廟、曰王考廟、曰皇考廟,則皆月祭之;曰顯考廟、曰祖考廟,則不得月祭,唯四時祭之而已。若高祖之父,其廟既毀,藏主于祖考之廟中,若有祈禱,則出受壇祭,而不得四時之祭矣。至高祖之祖,其主亦藏祖考廟中,若有祈禱,則出受墠祭,而又不得在壇之祭矣。迨夫去墠而爲鬼者,雖有祈禱,而祭亦不及焉。蓋以親過高祖,則毀廟而迭遷之禮也。是故武宮之立,《春秋》譏之,則凡親盡不毀者,皆無合于先王《祭法》之正也。"

　　照案:是篇或改作七十三,或不改,故陳振孫言有兩七十二也。

諸侯釁廟第七十三

　　吳氏澄曰:"遷廟者,遷于始祖之祧廟也。釁廟者,廟新成而殺牲取血釁之。"

　　照案:釁廟之禮,小戴厠于《雜記》,大戴另立爲篇,故朱子集《儀禮經傳》取之,互有詳略。是篇或改作七十四,或不改,故吳澄云有兩七十三也。又案:《周禮·春官·天府》"上春,釁寶鎮及寶器",《注》云:"釁,謂殺牲以

---

　　① 原作"禮經補逸",皇清經解續編本同,然引文出自元代汪克寬(1304—1372)所撰《儀經補逸》,《四庫全書總目》稱"《經禮補逸》",明代程敏政《篁墩集》引亦作"經禮補逸",故知其以兩名行世,疑汪照誤記。引文見《經禮補逸》卷三"諸侯遷廟禮",今從《四庫全書總目》改。

血血之。鄭司農云：‘衈，讀爲徽。或曰衈鼓之衈。’”《疏》云：“殺牲取血衈之，若《月令》上春衈龜筴是也。云衈讀爲徽者，《周禮》先鄭皆讀衈爲徽，徽取飾義。或曰衈鼓之衈者，讀從‘定四年，祝佗云：君以軍行，祓社衈鼓’。衈皆以血血之也。”照謂是篇當讀興去聲，《説文》所謂血祭也。

今卷之十一

小辨第七十四

《家語·好生》篇：“孔子曰：‘小辨害義，小言害道。’”

照案：張揖《進爾雅表》以此篇爲在《三朝記》中。

用兵第七十五

《説文》：“兵，械也。”

少閒第七十六

《曲禮》：“侍坐于君子，若有告者曰：‘少閒，願有復也。’”鄭氏注：“言欲須少空閒。”

《吕氏春秋》高誘注：“閒，頃也。”

杜氏預《左傳注》：“閒，隙也。”

吕氏大臨曰：“閒，謂閒隙。《聘禮》‘賓曰俟閒’，亦①此意也。”

方氏回《續古今攷》：“設爲公曰之問，其魯哀公乎？”

---

① 原作“六”，皇清經解續編本作“亦”，形近致訛，據改。

照案：是篇在《三朝記》中，則所謂公曰者，必魯哀公也。

今卷之十二

朝事第七十七<small>原注闕</small>。

王氏應麟曰："《大戴禮·朝事》篇取《周官·典命·大行人》，朱子《儀禮經傳》以爲《朝事義》。"

吳氏澄《儀禮傳次序》曰："《大戴·朝事》一篇，實釋諸侯朝覲天子及相朝之禮。"

照案：自"聘義"至"諸侯務焉"，與《聘義》同。

投壺第七十八<small>原注闕</small>。

《經典釋文》："鄭云：'投壺者，主人與客燕飲，講論才藝之禮也，《别録》屬吉禮，亦實《曲禮》之正篇也。'皇云：'與射爲類，宜屬嘉禮。'或云宜屬賓禮也。"

《物原》："殷臣薛侯製投壺。"

司馬氏光《投壺格·序》①："投壺，細事，聖人取之以爲禮，用諸鄉黨，用諸邦國，其故何哉？鄭康成曰：'投壺，射之細也。君子射以觀德，爲其心平體正，端一審固，然後能中故也。'夫審度于此，而取中于彼，仁道存焉；疑畏則疏，惰慢則失，義方象焉；左右前却，過分則差，中庸著焉；得一

___

① 司馬光著有《投壺新格》，有明末刊本，見《哈佛燕京中文特藏》。古代書名多不固定，或許汪照所見版本原題"投壺格"，而非"投壺新格"，特此説明。

失二,成功盡棄,戒懼明焉。是故投壺可以治心,可以修身,可以爲國,可以觀人。古者壺矢之制,揖讓之容,今雖闕焉,然其遺風餘象,猶可仿彿也。"

照案:較《小戴記》稍略。

今卷之十三

公冠第七十九

《士冠禮》:"公侯之有冠禮也,夏之末造也。"敖氏繼公曰:"諸侯或有幼而嗣位者,爵已爲諸侯,其冠也不容不與士禮異,所以至夏末始作公侯之冠禮也。"

鄭氏康成曰:"自夏初以上,諸侯雖父死子繼,年未滿五十者,亦服士服、行士禮,五十乃命也。至其衰末,上下相亂,故作公侯冠禮以正君臣也。"

《困學紀聞》:"《公符》篇載《孝昭冠辭》,其《后氏曲臺》所記與? 原注:《後漢·禮儀志》注引《博物記》云。迎日辭,亦見《尚書大傳》。原注:三句與《洛誥》同。"

《復古編》:"冠,絭也,弁冕之揔名,从冂从元从寸,別作冠非,古丸切。"

照案:"冠",各本譌作"符",今訂正。《南史》沈文阿以比[1]篇爲成王冠儀。故篇末附成王冠周公使祝雍祝王之辭,並附《漢孝昭冠辭》。成王與昭帝,皆即位後始冠者也。

---

[1] "比",皇清經解續編本同,從句意看,"比"疑作"此"。

本命第八十

《春秋元命苞》:"命者,天之命也。"

照案:《通典》引《本命》篇作《逸禮》。《家語》有是篇而略。後半與《喪服四制》同。

易本命第八十一

王氏蕭曰:"易主天地,以生萬物,言受氣各有分,數不同。"

《困學紀聞》:"《易本命》篇與《家語》同,但《家語》謂'子夏問于孔子,孔子曰:然,吾昔聞老聃,亦如汝之言。子夏曰:商聞山書曰'云云,《大戴》以子曰冠其首。疑此篇子夏所著,而大戴取以爲記。"

大戴禮記注補卷一①

王言第三十九

孔子閒居，鄭氏目録曰："名孔子閒居者，善其無倦而不褻。退燕避人曰閒居。"《禮正義》曰："子者，男子有德之通稱也。"又："古人稱師曰子。"曾子侍。《史記·弟子傳》："曾參，南武城人，字子輿。"孔氏安國曰："曾子者，男子之通稱也，名參，其父曾點亦孔子弟子也。侍，承事左右，問道訓也。"鄭氏康成曰："卑在尊者之側曰侍。"《六書故》："侍，陪側也。"孔子曰："趙氏岐云："曰，辭也。"參！今之君子，《小戴·哀公問》："君子也者，人之成名也。"王氏肅《禮記注》："君上位，子下民。"惟士與大夫之言之閒也，《白虎通》："大夫之爲言大扶，進人也，進賢達能，謂之大夫。士者，事也，任事之稱，通古今、辨然否，謂之士。"案："閒"，古閑切，劉本、朱本、沈本作"聞"。據下文云"吾王言"，蓋對"今之君子所言不出士大夫之言之閒"，今從袁本、程本、高安本、方本。其至於君子之言者，甚希矣。於乎！吾王言其不出而死乎？哀哉！"鄭氏康成曰："吾，我也。"照案：王言，據《家語》，孔子言王者之道也。"吾王言其不出而死乎"，與《莊子·知北游》"夫子無所

發予之狂言而死矣夫"句相似，《家語》作"吾以王言之不出户牖而化天下"。《家語》①："化窮數盡謂之死。"《釋名》："死者，澌也，消澌也。"

曾子起曰："敢問何謂王言？"

孔子不應。曾子懼，肅然攝衣下席，《曲禮》："攝衣趨隅。"《哀公問》："孔子避席而對。"曰："弟子知其不孫也。案："孫""遜"古通用。《學記》："入學鼓篋，孫其業也。"注："猶恭順也。"得夫子之閒也難，案："閒"，古莧切，朱本、沈本訛作"聞"，下同，今從劉本、袁本、程本、高安本、方本。是以敢問也。"照案：敢者，冒昧之辭。孔子不應。曾子懼，退負序而立。鄭注《禮記》："負之言背也。"《儀禮注》云："堂之東西牆謂之序。"《爾雅》"東西廂謂之序"，郭氏曰："所以序別内外。"

孔子曰："參！女可語明王之道與？"《釋名》："語，叙也，叙己所欲説也。"《毛詩疏》："答難曰語。"

曾子曰："不敢以爲足也。得夫子之間也難，是以敢問。"

孔子曰："居，吾語女。《檀弓》曰："何居？我未之前聞也。"注云："居，讀爲'姬姓'之'姬'，齊魯之間語助也。"《列子·黄帝》篇關尹謂列子曰："姬！魚語女。"張湛曰："姬，音'居'。魚，當作'吾'。"《易·繫辭》："則居可知矣。"鄭云："居，讀爲'姬'。"案："居"字從方本訂定，他本脱此字。楊氏《先聖大訓》載此篇，亦作"居吾語女"。道者所以明德也，德者所以尊道也，是故非德不尊，非道不明。雖有國

---

① 原作"莊子"，皇清經解續編本同，"化窮數盡謂之死"語出《孔子家語·本命解》："分於道謂之命，形於一謂之性。化於陰陽，象形而發謂之生，化窮數盡謂之死。"《莊子·知北游》作："已化而生，又化而死，生物哀之，人類悲之。"今從《家語》改。

馬，案："馬"，各本訛作"焉"，今從《家語》及劉氏本訂正。《考工記》："國
馬之輈，深四尺有七寸。"鄭注："國馬謂種馬、戎馬、齊馬、道馬。"不教
不服，《毛詩箋》："服，中央夾輈也。"李氏善曰："服，服馬也。"不可以
取千里。案："取"，當依《集韻》讀昵輒切，音"聶"。舊注"'里'一本作
'理'"，乃校書者所加，非原注文。《家語》作"不可以取道理"，"里""理"
古通用，漢"地理志"亦有作"地里"者。雖有博地衆民，案："地"，一
作"施"。不以其道治之，案："道"，他本作"地"，今從《家語》及方氏
本。不可以霸王。《尚書中候》"諸侯曰霸"注："霸，把也，把天子之事
也。"賈氏逵曰："霸，猶把也，把持諸侯之權也。"《左傳》"五伯之霸也"
注："夏伯昆吾，商伯大彭、韋豕。"照案：霸者之稱，如《汲冢紀年》所云
"諸侯有勞王室，錫之茅土，俾專征伐"，而人服之，如文王爲西伯是也。
若齊桓晉文之事，孔子奚取焉!"是故昔者明王内修七教，《公羊
序》疏："鄭氏曰：'昔，古也。'"①《逸周書》："内則順意，外則順敬，内外不
爽，是曰明王。"外行三至。七教修焉可以守，三至行也可以
征。韋氏昭曰："征，正也，上伐下之稱。"七教不修，雖守不固；三
至不行，雖征不服。是故明王之守也，必折衝乎千里之外；
《國策》："百尺之衝，折之衽席之上。"《韓詩外傳》："身不出尊俎之閒，而
折衝千里之外。"注："衝，車也。謂敵人設此以臨城，大臣謀於廟堂，遥
以折之。"其征也，衽席之上還師。《坊記》："衽席之上，讓而坐下。"
是故内修七教而上不勞，外行三至而財不費，此之謂明王
之道也。"

　　曾子曰："敢問不費不勞可以爲明乎?"一作"爲明王乎"。

────────

　　①《公羊傳》之何休《序》"昔者，孔子有云"，唐代徐彦《疏》："古者《孝經》
云'昔者明王'，鄭注云：'昔，古也。'"

孔子愀然郭氏璞曰：“愀然，變色貌。”《一切經音義》：“愀，亦作‘湫’，謂顏色變動之貌。”揚麋曰：“案：舊注“‘麋’，一作‘眉’”，乃校書者語，非原注文。《小爾雅》：“揚、壽，舉也。”《説文》：“眉，目上毛也。”《列子》：“拭①眥，揚眉而望之。”《儀禮·士冠禮》：“眉壽萬年。”鄭注：“古文‘眉’作‘麋’。”《漢書·王莽傳》“赤麋聞之”，師古曰：“麋，眉也，古字通用。”《荀子》“伊尹之狀，面無須麋”，楊注：“‘麋’與‘眉’同。”《集古録》：“余家集録三代古器，銘有云‘眉壽’者皆爲‘麋’。蓋古字簡少通用，至漢猶然也。”參！女以明王爲勞乎？昔者舜左禹而右皋陶，不下席而天下治。案：此三句，是《尚書大傳》文，特“子曰參女以明主爲勞乎②”句小異，“皋陶”作“咎繇”。《説文》：“勞，劇也，從力熒省，用力者勞。”《路史》注：“皋陶爲士師，號曰庭堅。”孫卿子曰：“人主者守至約而詳，事至狹而切，垂衣裳不下簟席之上，而海内之民，莫不願得以爲帝王。”《淮南子》：“舜不降席，天下治。”夫政之不中，鄭司農曰：“夫，發聲也。”《説文繫傳》：“中日以出令也。中，所以記其中也。”君之過也。政之既中，“既”，一本譌作“不”。令之不行，職事者之罪也。明王奚爲其勞也！昔者明王關譏而不征，市廛而不稅，王氏肅曰：“譏，呵也，譏異服、識異言及市廛皆不賦稅，古之道也。”孔氏穎達曰：“關，境③上門。但呵禁非違，不稅行人之物，此夏殷之法。”《禮記》鄭注：“征，稅也。”《周禮》：“大市，日昃而市，百族爲主；朝市，朝時而市，商賈爲主；夕市，夕時而市，販夫販婦爲主。”又：“以廛里④任國中之地”。《方言》：“東齊海岱之間謂居曰廛。”《文選注》：“都邑之空地

---

① 原作“拂”，皇清經解續編本同，《列子·湯問》作“拭”，據改。
② 原作“曰”，皇清經解續編本同，正文“參女以明王爲勞乎”及《書序傳》作“乎”，蓋涉前“子曰參”之“曰”而譌也，據改。
③ 原作“禁”，皇清經解續編本同，據《禮記注疏》改。
④ 原無“里”字，皇清經解續編本同，據《周禮·地官·載師》補。

曰廛。"鄭氏康成曰："廛，市物邸舍也。税其舍，不税其物。譏異服，識異言。征，亦税也。"《毛氏詩傳》："税，斂也。"**税十取一**，《尚書大傳》："古者十税一。"顏氏師古曰："十分中，公取一也。"**使民之力**，顏氏曰："謂借人力也。"**歲不過三日**，《周禮·均人職》："凡均力政，以歲上下，豐年則公旬用三日焉，中年則公旬用二日焉，無年則公旬用一日焉。"《王制》："用民之力，歲不過三日。"**入山澤以時，有禁而無征**：案：此下舊注"入山澤以時而不禁，夫圭田無征"，亦校書者語，非盧氏原注。**此六者取財之路也。明王捨其四者而節其二者**，《釋文》："捨，釋也。"**明王焉取其費也？"**

曾子曰："敢問何謂'七教'？"

孔子曰："**上敬老而下益孝，上順齒則下益悌，上樂施則下益諒**，《王制》："明七教以興民德。"注："父子、兄弟、夫婦、君臣、長幼、朋友、賓客。"陳氏祥道曰："先王老吾老以及人之老，所以教天下之孝；幼吾幼以及人之幼，所以教天下之慈。"《樂記》"易直慈諒"之注"子諒"，朱子讀爲"慈良"。**上親賢則下擇友，上好德則下不隱**，案：舊注"'不隱'，一作'隱慝'"，亦校書者語。**上惡貪則下耻爭**，《孝經》："先之以敬讓，而民不爭。"**上強果則下①廉耻，民皆有別，則政亦不勞矣**。案："則政"二字，他本作"則貞則正"四字。就上文廉耻有別爲七教之一，此句乃總上文。因"政"訛作"正"，更衍"則貞"二字耳。今從方本。**此謂七教。七教者，治民之本也，教定則本正矣**。《家語》作"政教定，則本正矣"。案：朱本作"則正矣"，方本作"本正矣"，他各皆作"是正矣"，當是"則"

① 原脱"下"字，皇清經解續編本同，據《大戴禮記》及王聘珍《大戴禮記解詁》、孔廣森《大戴禮記注補》補。

“本”二字訛成一“是”字，今從朱本、方本合訂。上者，民之表也，《晉語》：“置茅蕝，設望①表。”注：“謂立本以爲表。”揚雄《覈靈賦》：“表立景隨。”表正則何物不正！是故君先立于仁，則大夫忠而士信，民敦，《書·伊訓》：“爲下克忠。”《正韻》：“信，愨也。”《五經文字》：“敦，厚也。”工璞，商愨，女憧，《尚書大傳》：“聖人在位，其工不作無用之器。”《白虎通》：“賈之言商，商其遠近，通四方之物以聚之也。”《説文》：“愨，謹也。”《淮南子》：“其民樸重端愨。”又：“工無淫巧。”又曰：“商樸，女重。”高誘注：“女重，貞正無邪也。”《五音集韻》：“憧，愚貌。”婦空空，《家語》：“婦人者，伏於人者也，故無專制之義，有三從之道。教令不出閨門，事在饋食之間而已。”揚子“倥侗顓蒙”，注：“未有所成也。”照案：《資治同文》：“‘倥’，本作‘空’，無能貌。”七者教之志也。七者布諸天下而不窕，《荀子·賦論篇》：“充盈太宇而不窕。”注：“窕，音‘篠’。”案：窱，細意。内諸尋常之室而不塞。案：“内”“納”古通用。《六書略》：“以其内也故可。内，音‘納’，因義借音也。”《淮南子》：“舒之天下而不窕，内之尋常而不塞。”高誘注：“八尺曰尋，倍尋曰常。在小能小，不塞急也。”《月令》“無有障塞”注：“無有所隔也。”是故聖人等之以禮，立之以義，《禮運》：“治國不以禮，猶無耜而耕也；爲禮不本諸義，猶耕而弗種也。”行之以順，而民之棄惡也如灌，《家語》作“如湯之灌雪焉”。案：《集韻》：“音管。‘灌’與‘盥’同，澡也，所以滌其不潔也。”

曾子曰：“弟子則不足，道則至矣。”

孔子曰：“參！姑止，又有焉。昔者明王之治民有法，《管子》：“法者，法天地之位，象四時之行。”必別地以州之，分屬而

① 原脱“望”字，皇清經解續編本同，《國語·晉語八》有“望”字，據《國語》補。

治之，《文子》：“列地而州之，分國而治之①，立大學以教之，此治之綱紀也。”《春秋説題辭》：“州之言殊也，合同類，異其界也。”《説文②》：“州，疇也，各疇其土而生之。”然後賢民無所隱，暴民無所伏。使有司日省如時考之，案：“如”，即作“而”，此書内皆此者，非一。《漢孟郁修堯廟碑》“無爲如治，高如不危”，《郭先生碑》“遇疾如終”，《武榮碑》“仁如不壽”；《莊子》：“孔子適楚，楚狂接輿游其門曰：‘鳳兮鳳兮，何如德之衰也。”皆“而”“如”通用。歲誘賢焉，《爾雅·釋詁》：“誘，進也。”《潛夫論》：“納卑賤以誘賢也。”《玉篇》：“誘，相勸也。”則賢者親，不肖者懼。案：他本脱“者”字，今從劉本。使之哀鰥寡，養孤獨，鄭氏曰：“丈夫六十無妻曰鰥，婦人五十無夫曰寡。”孔氏曰：“鰥者，愁悒不能寐，目常鰥鰥然。寡，倮也，倮然單獨。孤，顧也，顧望無所瞻見。獨，鹿也，鹿鹿無所依也。”衛氏《禮記集説》引《外傳》曰：“無妻曰鰥，無夫曰寡，無子曰獨，無父曰孤。此通言耳。四十無妻不爲鰥，三十無夫不爲寡，有室無父不爲孤，壯而無子不爲獨。聖人深意，先王制禮，憂民之極，則以老少年齒爲限也。”恤貧窮，《月令》：“賜貧窮。”《禮運》：“死亡貧苦，人之大惡存焉。”誘孝悌，選賢舉能。此七者修，則四海之内無刑民矣。上之親下也如腹心，則下之親上也如保子之見慈母也。案：“保”“緥”古通用。《韓詩外傳》：“若赤子之歸慈母。”上下之相親如此，《六韜》：“百姓戴其君如日月，親其君如父母。”然後令則從，施則行。因民既邇者説，遠者來懷③，《論

① 原脱“之”字，皇清經解續編本同，據《文子·上禮》補。
② 原作“釋名”，皇清經解續編本同。注文源於《説文》，而非《釋名》，且《説文》第二個“疇”前有“各”字，今均從《説文》改。
③ 原作“懷來”，皇清經解續編本同，據《大戴禮記》及王聘珍《大戴禮記解詁》、孔廣森《大戴禮記補注》改。

語》：“近者說，遠者來。”《説苑》：“子貢曰：‘葉公問政于夫子，夫子曰：政在附近而來遠。’”**然後布指知寸，布手知尺，舒肘知尋，**《春秋元命苞》：“指五者，法五行。”《説文》：“寸，十分也。”《釋名》：“手，須也，事業之所須也。”《説文》：“肘，臂節也，从肉从寸。寸，手寸口也。”徐曰：“寸口，手腕動脉處也。”何氏休曰：“側手爲膚，按指爲寸。”《漢書‧律曆志》：“度量衡皆起於黄鐘之律，一黍爲分，十分爲寸，十寸爲尺。”《獨斷》：“夏十寸爲尺，殷九寸爲尺，周八寸爲尺。”《通鑑外紀》：“禹十寸爲尺，湯十二寸爲尺，武王八寸爲尺。”陳氏曰：“先王制法，近取諸身，遠取諸物。指尺、黍尺，一也。後世之尺，或以黍，或以指，然黍有大小，絲有鉅細，指有長短，此步尺所以異也。”《周禮注》：“八尺曰尋。”**十尋而索。百步而堵，**戴氏校本曰：“古者以長百步闊一步爲畮，‘堵’字當是‘畮’字之譌。堵高一丈，闊六尺，非百步也。”照案：《前漢志》：“六尺爲步，步百爲畮。”則戴説是也。《説文》：“堵，垣也。一丈爲板，五板爲堵。”《韓詩説》：“八尺爲板，五板爲堵。”《春秋左氏傳事類始末》：“注：方丈曰堵。”則堵之説，諸家亦各異。考《秦始皇本紀》“六尺爲步”，《管子》《司馬法》皆同，譙周以爲步以人足，非獨秦制。又考《王制》古者以周尺八尺爲步，今以周尺六尺四寸爲步，古者百畮當今田百四十六畮三十步，古者百里當今百二十一里六十步四尺二寸二分。鄭氏注周尺之數，未詳聞也。案：禮制，周猶以十寸爲尺，蓋六國時多變亂法度，或言周尺八寸，則步更爲八八六十四寸。以此計之，古者百畮當今百五十六畮二十五步，古者百里當今百二十五里。《正義》古者八寸爲尺，周尺八尺爲步，則一步有六尺四寸。周尺六尺四寸爲步，則一步有五十二寸。又考周法，布指知寸，布手知尺，引肘知尋，以一指之廣爲一寸，兩手之廣爲一尺，引伸兩手爲一尋。古之積步皆起于車，周車廣六尺六寸，故以六尺六寸爲步；秦車六尺，亦以六尺爲步；漢車六尺四寸，亦以六尺四寸爲步：步廣則畮數少，步狹則畮數多。**三百步而里，**《韓詩外傳》：“廣三百步，長三百步，爲一里。”孔氏曰：“夫有百步，三夫爲一里。”**千步而井**，《周禮》：“九夫爲井。”案：井九百晦，其方三百步，積九萬步，不得云千也，“千步”二字當是“方里”之訛。王氏曰：“此説里數，不可以言井，井是方里之名，疑此誤。”**三井而句烈，三句烈而距；**《左傳》“越子爲左右句卒”注：“句卒，鉤伍相著①，別爲左右屯。”《通典·兵制》：“五人爲烈，烈有頭目。”案：《周髀算經》：“智出于句，句出于矩。”又《儀禮·少牢饋食禮》“長皆及俎拒”注：“拒，讀爲‘界距’之‘距’。”則知《家語》之“矩”當與“距”同也。**五十里而封，**案：《玉篇》引此，“而”作“爲”。**百里而有都邑，**《家語》：“周制，三百步爲里，千步而井，三井而埒，埒三而矩，五十里而都，封百里而有國。”《尚書大傳》：“古之②處師，八家而爲鄰，三鄰而爲朋，三朋而爲里，五里而爲邑，十邑而爲都，十都而爲師，州十有③二師焉。”注：“此蓋虞夏之數也。”**乃爲畜積衣裘焉，使處者恤**鄭氏衆曰：“恤，相愛也。”**行者有與亡。**案：“與”，他本訛作“興”，今從方本。惠氏棟曰：“‘與’字疑衍。‘有亡’，即‘有無’也。”《家語》作“恤行者之亡”。**是以蠻夷諸夏，雖衣冠不同，言語不合，**《左傳》：“戎子駒支曰：‘我諸戎飲食衣服，不與華同，贄幣不通，言語不達。’”**莫不來至，朝覲于王。**《商頌》：“莫敢不來王。”**故曰：無市而民不乏，無刑而民不違。畢弋田獵之得，不以盈宮室也；**《周禮·司弓矢》：“矰矢茀矢，用諸弋射。”《説文》：“畢，田罔④也。”韋氏曰：“畢，掩雉兔之網也。弋，繳射也。”孔氏曰：“田，獵也。‘田’與‘畋’同。”**徵斂于百姓，非以充府庫也。慢悷以補不足，**案：“慢”，各

---

① 此二句原作“句伍相著”，脱“卒”“鉤”二字，皇清經解續編本同，今據《左傳注》補。

② 原作“者”，皇清經解續編本同，《尚書大傳》作“之”，從《尚書大傳》改。

③ 原作“有十”，皇清經解續編本同，據《尚書大傳》乙正。

④ 原作“綱”，皇清經解續編本同，《説文》作“罔”，今從《説文》改。

本訛作“慢”。《家語》“慢”作“憯”。攷《楚詞·九章》曰“傷余心之懮
懮”，則“懮”字之義可見，今從楊本。《説文》：“懮，愁也，本作‘慸’，或作
‘懮’，通作‘憂’。”又：“怛，憯也。”《廣韻》：“悲，憯也。”禮節以損有
餘。故曰：多信而寡貌。其禮可守，其信可復，其跡可履。
其于信也，如四時春秋冬夏；《管子》曰：“如四時之信。”其博有
萬民也，如飢而食，如渴而飲；《説苑》：“聖人之于百姓，其猶赤子
乎！餒者食之，寒者衣之，將之養之，育之長之，惟恐其不至于大也。”下
土之人信之，如暑熱凍寒，案：“如”，他本訛作“夫”，今從方本。
《家語》作“如寒暑之必驗”，下句作“故視遠若邇”。遠若邇，非道邇
也，及其明德也。是以兵革不動而威，《一切經音義》：“軍旅之
事曰兵革。”《淮南子》：“所以知戰陣分争之非道不行也，知攻取堅守之
非德不強也。”用利不施而親，此之謂明王之守也。折衝乎千
里之外，此之謂也。”

　　曾子曰：“敢問何謂‘三至’？”

　　孔子曰：“至禮不讓而天下治，至賞不費而天下之士
説，《淮南子》：“至賞不費，至刑不濫。”至樂無聲而天下之民和。
《家語》：“孔子曰：‘夙夜基命宥密，無聲之樂也。’”王肅注：“夙夜，恭
也。基，始也。命，信也。宥，寬也。密，寧也。言以①行與民信，五教
在寬，民以安寧，故謂之‘無聲之樂’。”明王篤行‘三至’，故天下
之君可得而知也，天下之士可得而臣也，天下之民可得而
用也。”

　　曾子曰：“敢問何謂也？”

---

　　① 原作“已”，皇清經解續編本同，《孔子家語》王肅注作“以”，今從王肅
注改。

孔子曰:"昔者明王必盡知天下良士之名,案:"必",他本訛作"以",今從《家語》及方本。《泰誓》:"番番良士。"《禮記》鄭注:"名,令聞也。"既知其名,又知其數,既知其數,又知其所在。《吕覽》:"士其難知,惟博之爲可,博則無所遁矣。"明王因天下之爵以尊天下之士,此之謂至禮不讓而天下治;因天下之禄以富天下之士,《王制》:"任官然後爵之,位定然後禄之。"照案:即《孟子》所云"天位"與其"天禄"與食也。此之謂至賞不費而天下之士説;天下之士説,則天下之明譽興,案:明譽,猶顯譽也。此之謂至樂無聲而天下之民和。故曰所謂天下之至仁者,能合天下之至親者也;所謂天下之至知者,《文子》:"夫人君不出户而知天下者,因物以識物,因人以知人。"能用天下之至和者也;所謂天下之至明者,能選天下之至良者也。《潛夫論》:"惟聖知聖,惟賢知賢。"此三者咸通,然後可以征。是故仁者莫大于愛人,知者莫大于知賢,政者莫大于官賢。《皋陶謨》:"知人則哲,能官人。"《吕氏春秋》:"古之善爲君者,勞于論人而佚于官事,得其經也。"有土之君,修此三者,則四海之内拱而俟,《爾雅》:"九夷、八蠻、六戎、五狄謂之四海。"《説文繫傳》:"拱,斂手也。"《穀梁傳》:"俟,待也。"然後可以征。明王之所征,必道之所廢者也。彼廢道不行,然後誅其君,致其征,《家語》作"改其政"。弔其民,而不奪其財也。《吕氏春秋》:"克其國,不及其民,獨誅所誅而已矣。"又曰:"以鎮撫其衆,不私其財。"故曰明王之征也,猶時雨也,至則民説矣。《孟子》曰:"誅其君,弔其民,如時雨降,民大説。"是故行施彌博,得親彌衆,此之謂衽席之上乎還師。《周禮》鄭注:"衽席,乃單席也。"王氏曰:"言安安而無憂。"

哀公問五儀第四十

　　哀公問於孔子曰："吾欲論吾國之士，與之爲政，何如者取之？"

　　孔子對曰："生乎今之世，一本無"乎"字。志古之道，《説文》："古，故也。"楊氏倞曰："志，識記也。"居今之俗，服古之服，舍此而爲非者，楊氏曰："舍，去。謂古也。"不亦鮮乎？"

　　哀公曰："然則今夫章甫、句屨、紳帶而搢笏者，案："句"，《荀子》作"絢"。《家語》作"章甫絢履"，王氏肅注："章甫，冠也。絢履，履頭有絢餙也。"紳，大帶。搢，插也。笏，所以執書思對命。此皆賢乎？"

　　孔子曰："否！不必然。《説文》："否，相與語，唾而不受也。"今夫端衣玄裳冕而乘路者，王氏曰："端衣玄裳，齋服也。"《説文》："冕，大夫以上冠也。"《周禮·巾車》曰："玉路以祀；金路同姓以封；象路異姓以封；革路以封四衛；木路以封蕃國。"志不在於食葷，案："葷"，《家語》作"焄"。《倉頡篇》："葷，辛菜也。"斬衰菅屨，《檀弓》："縣子曰：'三年之喪如斬。'"《禮記外傳》："凡言斬衰者，以六寸之布，廣四寸爲衰，帖於心前，剪而不緝也。"《喪服記》："凡衰，外削幅；裳，内削幅。"杜預《喪服集要》："菅，菲也。菲，草屨。"《周禮·屨人》注："複下曰舄，單下曰屨。"聶氏《三禮圖》："菅屨，謂以菅草爲屨。外納，外其飾也，謂向外編之也。"案：正文"菅"，他本訛作"萠"，今從《荀子》及方本。杖而歠粥者，《白虎通》："所以必杖者，孝子失親，悲哀哭泣，三日不食，身體羸病，故杖以扶身，明不以死傷生也。"《説文》："歠，飲也。"《喪大記》："君之喪，子、大夫、公子、衆士皆三日不食。子、大夫、公子、衆士食粥，納財,朝一溢米,莫一溢米,食之無算;士疏食水飲,食之無算。《匡謬正俗》:"朝夕各一溢米,爲粥而已。"志不在於飲食。故生乎今之世,一本無"乎"字。志古之道,居今之俗,服古之服,舍此而爲非者,雖有①,不亦鮮乎?"

哀公曰:"案:此下《荀子》有"孔子曰:人有五儀,有庸人,有士,有君子,有賢人,有大聖。哀公曰敢問"凡二十六字,此文脱。何如則可謂庸人矣?"馮衍《顯志賦》曰:"非庸庸之所識。"注:"謂凡常無奇異也。"

孔子對曰:"所謂庸人者,口不能道善言,而志不邑邑;案:"邑""悒"古字通。不能選賢人善士而託其身焉,以爲己憂;動行不知所務,止立不知所定;日選於物,不知所貴;從物而流,不知所歸;五鑿爲政,心②從而壞。楊氏曰:"鑿,竅也,言五鑿雖似於正,而其心已從外物所誘而壞矣。"《説文》:"壞,敗也,籕文作'㽮'。"《字林》云:"自敗也。"若此,則可謂庸人矣。"《韓詩外傳》:"所謂庸人者,口不能道乎善言,心不能知先王之法,動作而不知所務,止立而不知所定,日選於物而不知所貴,不知選賢人善士而託其身焉,從物而流,不知所歸,五藏爲政,心從而壞,遂不反。是以動而形危,靜則名辱。"

哀公曰:"善! 何如則可謂士矣?"

孔子對曰:"所謂士者,《韻會》:"四民,士爲首。"雖不能盡道術,必有所由焉;《家語》作"必有率焉"。雖不能盡善盡一本無"盡"字③。美,必有所處焉。是故知不務多,而務審其所知;

① 原無"雖有"二字,皇清經解續編本同,據《大戴禮記》及王聘珍《大戴禮記解詁》、孔廣森《大戴禮記補注》補。

② 原作"必",皇清經解續編本同,據《大戴禮記》及王聘珍《大戴禮記解詁》、孔廣森《大戴禮記補注》改。

③ 原作"子",皇清經解續編本同,蓋"子""字"音近形似而訛,故改。

行不務多,而務審其所由;言不務多,而務審其所謂。王氏曰:"所務者,謂言之要也。"知既知之,行既由之,言既順之,"順",一作"謂"。王氏曰:"得其要也。"若夫性命肌膚之不可易也,楊氏曰:"言固守所見,如性命肌膚之不可以他物移易也。"富貴不足以益,貧賤不足以損。《孟子》曰:"富貴不能淫,貧賤不能移。"若此,則可謂士矣。"

哀公曰:"善! 何如則可謂君子矣?"

孔子對曰:"所謂君子者,躬行忠信,其"其",或作"而"。心不置;案:"置",他本譌作"買",考後卷《文王官人》篇有"施而不置",注云"不形于心色也",可證"其心不置"之義。今從劉本。又案:《荀子》注云:"不自以爲有德。"疑"惪"與"置"形近而誤。仁義在己,而不害不知;聞志廣博,而色不伐;思慮明達,而辭不爭。王氏曰:"無伐善之色也。"君子猶然如將可及也,而不可及也。如此,可謂君子矣。"

哀公曰:"善! 敢問何如可謂賢人矣?"案:他本脱"可"字,一本作"則可謂",今從朱本、沈本、屠本。《春秋繁露》:"氣之清者爲精,人之清者爲賢。"《風俗通》:"賢,堅也,堅中廉外也。"

孔子對曰:"所謂賢人者,好惡與民同情,取舍與民同統,行中矩繩而不傷於本,王氏曰:"本,身也。"言足法於天下而不害於其身,王氏曰:"言滿天下,無口過也。"窮爲匹夫而願富,案:《文選注》所引作"所謂賢人者,躬爲匹夫而不願富貴"。故各本"窮"亦作"躬",兹從方本。貴爲諸侯而無財。馬氏晞孟曰:"積而能散,以財發身也。"如此,則可謂賢人矣。"

哀公曰:"善! 敢問何如可謂聖人矣?"《尚書》:"睿作聖。"

《白虎通》："聖者，通也，道也，聲也。道無所不通，明無所不照，聞聲知情，與天地合德、日月合明、四時合序、鬼神合吉凶。"

　　孔子對曰："所謂聖人者，知通乎大道，應變而不窮，能測萬物之情性者也。大道者，所以變化而凝成萬物者也；情性也者，所以理然不然取舍者也。案：一本作"然不取舍者也"。楊氏曰："辨情性，乃能理是非之取舍而不惑。"故其事大，配乎天地，《管子》："聖人若天然，無私覆；若地然，無私載。"參乎日月，《莊子》："智似深淵、明如日月謂之聖。"雜於雲蜺，《説文》："雲，大澤之潤氣也。"《新唐書·五行志》："蜺者，斗之精。"總要萬物，穆穆純純，其莫之能循。王氏應麟曰："穆穆純純，其莫之能循。《荀子》云：'穆穆肫肫，其事不可循。'蓋古字通用。楊倞注'繆，當爲膠，肫與訰同'，非也。吕氏大臨曰：'北幽曰穆。'則穆穆者，雍容深厚之貌。"若天之司，莫之能職；百姓淡然，《廣雅》："淡，安也。"《文選注》："翰曰：'謂宴然無事。'"莫知其善。案："莫"，他本皆作"不"，今從《永樂大典》本。又案：《荀子》作"若天之嗣，其事不可議"，楊注："言聖人如天之繼嗣，眾人不能識其意。"又作"百姓淺然不識其鄰"，注曰："鄰，近也。"若此，則可謂聖人矣。"

　　哀公曰："善。"

　　孔子出，哀公送之。

哀公問于孔子第四十一

　　哀公問於孔子曰："大禮何如？孔氏穎達曰："以禮之所用廣大，故曰大禮。"君子之言禮，何其尊也？"

孔子曰："丘也小人，何足以知禮。"鄭氏康成曰："孔子謙，不答也。"

君曰："否，孔氏曰："否，止其謙也。"吾子言之也。"

孔子曰："丘聞之也，民之所由生，禮爲大。非禮，無以節事天地之神明也；《史記·樂書》"大禮與天地同節"，《正義》曰："天有日月，地有山川，高卑如形，生用各別。大禮辯尊卑、貴賤、等差、異別，是大禮與天地同節。"非禮，無以辨君臣、上下、長幼之位也；非禮，無以別男女、父子、兄弟之親，昏姻疏數之交也：方氏慤曰："君臣有貴賤之位，上下有尊卑之位，長幼有先後之位，故以位言之。男女、父子、兄弟皆門内之治，故以親言之。昏姻則二姓之所合，疏數則朋友之所會，故以交言之。"《釋名》："婦之父曰昏，言壻親迎用昏，又恒以昏夜成禮也。壻之父曰姻。姻，因也，言女往因媒也。"君子以此之爲尊敬。案：此下《小戴》有"然"字。夫然後以其所能教百姓，案：《小戴》無"夫"字，王氏肅曰："所能，謂禮也。"不廢其會節；王氏曰："會，謂男女之會；節，親疏之節也。"又曰："會，謂禮之所聚，而不可遺處；節，謂分之所限，而不可過處。"有成事，然後治其雕鏤文章黼黻以嗣；孔氏曰："聖人治理其雕畫刻鏤文章黼黻以嗣續其事，使每事有尊卑上下文采之異。"高氏誘曰："青與赤謂之文，赤與白謂之章，白與黑謂之黼，赤與黑謂之黻。"其順之，然後言其喪葬，案：《小戴》作"喪筭"。《小戴記》："葬者，藏也，欲得見也。"《檀弓》注："辟踊，哀之至也。有筭，爲之節文也。"備其鼎俎，設其豕腊，修其宗廟，方氏曰："鼎俎，祭器也。豕腊，祭物也。宗廟，祭所也。《周禮》：'凡獸入于腊人。'《説文》：'乾肉也，從殘肉，日以晞之。'"歲時以敬祭祀，以序宗族，則安其居處，案：《小戴》作"即安其居節"。醜其衣服，鄭氏曰："醜，類也。"卑其宮室，《論語》："卑宮室，而盡力乎溝洫。"

車不雕幾，器不刻鏤，《三倉》：“彫，飾也。”《淮南子》：“車輿極于雕琢。”孔氏曰：“雕，謂刻鏤，貴其質而已矣。”《通典》：“夏氏末代制輦，秦爲人君之乘，漢以雕玉爲之。”食不二味，以與民同利。鄭氏曰：“與之同利者，上下俱足也。”昔之君子之行禮者如此。”

公曰：“今之君子，胡莫之行也？”

孔子曰：“今之君子好色無厭，案：“色”，《小戴》作“實”，注：“猶富也。”淫德不倦，葉氏夢得曰：“莫非好也，從於無厭，亦謂之好；莫非德也，淫色不倦，亦謂之德。故好有邪正，德有吉凶。”荒怠敖慢，固民是①盡，忕其衆以伐有道，案：“忕”，《小戴》作“午”，王肅作“迕”。鄭氏曰：“固，猶故也。午其衆，逆其族類也。”求得當欲不以其所。鄭氏曰：“當，猶稱也。所，猶道也。”王氏曰：“言求得當其情欲而已。”古之用民者由前，案：“古”，《小戴》作“昔”。王氏曰：“用上所言。”今之用民者由後。王氏曰：“用下所言。”今之君子莫爲禮也。”

孔子侍坐於哀公。哀公曰：“敢問人道誰爲大？”

孔子愀然作色而對曰：“鄭氏曰：“作，變也。”君及此言也，《新序》：“孔子避席曰：‘吾君之問，乃聖君之問也。’”百姓之德也，鄭氏曰：“德，猶福也。”固臣敢無辭而對。案：固者，言鄙陋無所知也。陳氏澔②曰：“猶言豈敢無辭。”人道政爲大。”方氏曰：“人道敏政，故人道政爲大。”

---

① 原作“自”，皇清經解續編本同，據《大戴禮記》及王聘珍《大戴禮記解詁》、孔廣森《大戴禮記補注》改。蓋“自”“是”音近致誤，或“是”字殘缺爲“日”又訛誤爲“自”。

② 原作“皓”，皇清經解續編本同，引文見元代禮學名家陳澔《禮記集說》，“皓”當作“澔”，今改。

公曰:"敢問何謂爲政?"

孔子對曰:"政者,正也。君爲正,則百姓從政矣。鄭氏曰:"言君當務於正。"《釋名》:"政者,正也,下所以取正也。"君之所爲,百姓之所從也。《論語正義》曰:"言政教者,在於齊正也。若己能每事以正,則己下之臣民,誰敢不正也?"君所不爲,百姓何從?"

公曰:"敢問爲政如之何?"

孔子對曰:"夫婦別,父子親,君臣義,案:他本作"嚴",今從《永樂大典》本。三者正,則庶民從之矣。"案:"民",《小戴》作"物"。

公曰:"寡人雖無似也,鄭氏曰:"無似,猶言不肖。"願聞《祭義》作"問"。所以行三言之道,可得而聞乎?"

孔子對曰:"古之爲政,愛人爲大。所以治愛人,禮爲大;所以治禮,敬爲大;敬之至也,案:《小戴》作"至矣"。大昏爲大。鄭氏《昏禮目録》:"謂之昏者,娶妻之禮,以昏爲期,因名焉。必以昏者,取其陽往陰來之義,日入後二刻半爲昏。壻曰婚,妻曰姻,謂壻以昏時來,妻則因之而去也。"大昏至矣。鄭氏曰:"大昏,國君娶禮也。至,言大也。"大昏既至,冕而親迎,何氏休曰:"禮所以必親迎者,所以示男先女也。"《白虎通》:"天子下至士,必親迎授綏者何?以陽下陰也,欲得其歡心,示親之心也。"親之也。親之也者,親之也。《禮記疏》:"禮以敬爲主,若敬之至極,天子諸侯之大昏又爲大也。國君雖尊,服冕服以自迎,欲親此婦也。"是故君子興敬爲親,舍敬是遺親也。弗愛不親,弗敬不正,吕氏大臨曰:"御婦車,授綏,御輪三周,先俟于門外,則所以下之之禮盡矣。共①牢合卺,則所以親之之義見

_____

① 原作"其",皇清經解續編本及《禮記·昏義》作"共",據改。

矣。下之則有敬矣，親之則有愛矣。愛敬，禮之大體，而先敬後愛者，自異姓而合之，所以貴乎別也。"**愛與敬，其政之本與。**"鄭氏曰："本，猶幹也。"

公曰："寡人願有言。然鄭氏曰："疑似之意。"**冕而親迎，不已重乎？**"鄭氏曰："已，猶太也。"

孔子愀然作色而對曰："**合二姓之好，**《昏義》："昏禮者，將合二姓之好，上以事宗廟，而下以繼後世，故君子重之。"馬氏睎孟曰："二姓者，姓之所自出者異也。"**以繼先聖之後，**鄭氏曰："先聖，周公也。"**以爲天地社稷宗廟之主，**《李氏易解》："韓康伯：'人倫之道，莫大乎①夫婦，故夫子殷勤深述其義，以崇人倫之始。'"王氏曰："魯，周公之後，得郊天，故言以爲天下之主也。"朱子曰："天地，蓋通天子而言。"**君何謂已重乎？**"

公曰："**寡人固，**不固，焉得聞此言也。案："不固"，《永樂大典》本作"不問"。**寡人欲問，不得其辭，請少進。**"鄭氏曰："請少進，欲其爲言以曉己。"

孔子曰："**天地不合，萬物不生。**匡氏衡曰："聞之師曰：'匹配之際，生民之始，萬福之源。婚姻之禮正，然後品物遂而天命全。'"孔氏曰："天氣下降，地氣上騰，天地合配，則萬物生焉。"**大昏，萬世之嗣也，君何謂已重焉。**"《郊特牲》："夫昏禮，萬世之始也。"案："何"下，各本多衍"以"字，方本無。前"君何謂已重乎"，亦無"以"字。

孔子遂有言曰："案：《小戴》無"有"字。**内以治宗廟之禮，足以配天地之神明；出以治直言之禮，**鄭氏曰："直，猶正也。正言，謂出政教也。"照案：吳氏澄《儀禮逸經·昏義》曰："天地合而後萬物

_____
① 原無"乎"字，皇清經解續編本同，據《周易正義》韓康伯注補。

興焉。夫昏禮，萬世之師也，取于異姓，所以附遠厚別也。幣必誠，辭①無不腆。告之以直信，信事人也，信歸德也。"據此，則"直言"當是"直信"，或以形近而訛耳。或云當作"廟廷"，非。足以立上下之敬。王氏曰："夫婦正，則始②可以治正言禮矣，身正然後可以正人者也。"物恥足以振之，國恥足以興之。鄭氏曰："振，猶救也。國恥，君恥也。"為政先禮，禮者，政之本與。"

孔子遂言曰："昔三代明王之政，必敬其妻子也有道。妻也者，親之主也，敢不敬與？子也者，親之後也，敢不敬與？《論語正義》釋："《白虎通》云：'父者，矩也，以法③度教子。子者，孳也，孳孳無已。夫者，扶也，以道扶接。婦者，服也，以禮屈服也。'"君子無不敬也，敬身為大。身也者，親之枝也，敢不敬與？不能敬其身，是傷其親；傷其親，是傷其本；傷其本，枝從而亡。三者，百姓之象也。王氏曰："言百姓之所法而行。"身以及身，子以及子，配以及配。案："配"，《小戴》作"妃"。孔氏曰："前泛言，故云妻；此論人君治國政，故云妃也。"君子行此三者，案：《小戴》無"子"字。則愾乎天下矣。鄭氏曰："愾，猶至也。"王氏曰："愾，滿。"先王之道也案："先"，他本及《小戴》並作"大"，今從《永樂大典》本。鄭氏《孝經注》："禹，三王最先者。"如此，國家順矣。"案："國"上，《小戴》有"則"字。

公曰："敢問何謂敬身？"

---

① 原作"詞"，皇清經解續編本訛作"嗣"，據《禮記·郊特牲》改。
② 原作"汝"，皇清經解續編本同，據《孔子家語·大婚解》王肅注改。
③ 原無"法"字，皇清經解續編本同，據《白虎通》及《論語正義》引《白虎通》補。

孔子對曰："君子過言則民作辭,過動則民作則。鄭氏曰："則,法也。民者,化君者也。"君子言不過辭,動不過則,百姓不命而敬恭。如是,則能敬其身。能敬其身,則能成其親矣。"

公曰："敢問何謂成親?"

孔子對曰："君子也者,人之成名也。百姓歸之名,謂之君子之子,是使其親爲君子也。孔氏曰:"己能成,則百姓歸己善名,謂之君子之子,是己之修身使其親有君子之名,是成親也。"是爲成其親名也已。"案:"親"下,《小戴》有"之"字。

孔子遂言曰:"古之爲政,案:"之",他本作"人",今從方本。愛人爲大。不能愛人,不能有其身;案:他本脱"能"字,今從方本。鄭氏曰:"有,猶保也。"不能有其身,不能安土;朱子曰:"安土,謂安其所處之位。"不能安土,不能樂天;王氏曰:"天,道也。"不能樂天,不能成身。"鄭氏曰:"不能樂天,不知己過而怨天也。"

公曰:"敢問何謂成身?"

孔子對曰:"不過乎物。"鄭氏曰:"物,猶事也。"

公曰:"敢問君子何貴乎天道也?"案:高安本有"子"字,他本俱脱。

孔子對曰:"貴其不已。鄭氏曰:"已,止也。"如日月西東,《莊子》:"日出東方。"《論衡》:"儒者論日,旦出扶桑,暮入細柳。扶桑,東方之地;細柳,西方之地。"劉氏向曰:"日初光見西方。"相從而不已也,是天道也。鄭氏曰:"是天道者,言人君法之當如是也。"不閉其久也,案:《小戴》無"也"字。王氏曰:"不閉常①通而能久,言無極也。"

---

① 原作"當",據皇清經解續編本及《孔子家語》王肅注改。

朱子曰："'不閉其久',《家語》則'不閉而能久',當從《家語》。"是天道也。無爲物成,案:"爲"下,《小戴》有"而"字。劉氏彝曰:"不見其爲之迹。"已成而明,是天道也。"朱子曰:"《家語》作'夫其行己不過乎物,謂之成身;不過乎物,是天道也'。以上下文推之,當從《家語》。"

公曰:"寡人惷愚冥煩,案:"惷",《永樂大典》本、劉本俱作"蠢"。《説文》:"惷,愚也。愚,痴也。冥,幽也。"方氏愨曰:"惷,言迷而無寬;愚,言昧而不靈;冥則不辨于事,煩則不當于物。"子識之心也。"案:"識",《小戴》作"志"。鄭注:"讀爲識。識,知也。冥煩者,言不能明理此事。子之心所知,欲其要言使易行。"

孔子蹴然避席而對曰:"鄭氏曰:"蹴然,敬貌。"《文選注》:"向曰:'却退以避其席也。'"仁人不過乎物,孝子不過乎物,是故仁人之事親也如事天,事天如事親,案:他本脱"故"字,今從方本。是故孝子成身。"鄭氏曰:"事親事天,孝敬同也。"《孝經》曰:"事父孝[1],故事天明。舉無過事,以孝事親,是所以成身。"

公曰:"寡人既聞是言也,無如後罪何?"鄭氏曰:"此公聞言欲勤行之也。後罪,讓辭。"

孔子對曰:"君之及此言也,鄭氏曰:"此言,善言也。"是臣之福也。"

禮三本第四十二

禮有三本:天地者,生之本也;案:"生",《荀子》《史記》及沈本並作"生",程本、方本並作"性"。照玫:《周禮·地官·大司徒》"辨五

---

[1] 原作"母",據皇清經解續編本及《孝經》改。

地之物生”，注云：“杜子春讀‘生’爲‘性’。”又高誘注《吕覽·本生》篇云：“生，性也。”是“生”“性”古義通。《春秋繁露》：“天地者，先祖之所出也。”《禮統》曰：“天地者，元氣之所生，萬物之祖也。”**先祖者，類之本也**；《家語》：“孔子曰：‘萬物本于天，人本乎祖。’”楊氏倞曰：“類，種也。”**君師者，治之本也**。《書·泰誓》：“天降下民，作之君，作之師。”《韓詩外傳》：“禮者，則①天地之體，因人之情而爲之節文者也。無禮，何以正身？ 無師，安知禮之是也?”**無天地，焉生；無先祖，焉出？** 黄氏叔暘曰：“物非天不生，人非祖不生。”**無君師焉治，三者偏亡**，楊氏曰：“偏亡，謂闕一也。”**無安之人**。案：《史記》作“則無安人”。**故禮，上事天，下事地**，《王制》：“天子祭天地。”《路史》：“子曰：事父孝，故祀天明；事母②孝，故祀地察。人君之祀天地，正如人子之事父母。故知事父母，則知所以祀天地矣。”**宗事先祖而寵君師**，案：《史記》作“尊事先祖而隆君師”。**是禮之三本也。**

　　王者天太祖，《毛詩序》：“文武之功，起于后稷，故推以配天也。”《喪服小記》鄭注云：“始祖感天，神靈而生。”**諸侯不敢壞**，案：“壞”，他本作“懷”，今從《永樂大典》本、劉本、朱本、沈本。蓋諸侯以始封之君爲太祖。不敢壞，謂不祧也。楊氏曰：“謂不祧其廟，若魯周公。”又案：《史記·禮書》“諸侯不敢懷”，《索隱》云：“懷，思也，言諸侯不敢思以太祖配天而食也。又一解，王之子孫，不思祀其父祖③，故禮云‘諸侯不敢祖天子’是也。”**大夫士有常宗**，楊氏曰：“繼别子之後，爲族人所常宗，百世不遷之大宗也。别子，若魯三桓。”**所以别貴始，德之本也**。《史記·禮書》作“所以辨貴賤，貴賤治，德之本也”。楊氏曰：“言德之本在

---

① 原作“首”，皇清經解續編本同，據《韓詩外傳》改。
② 原作“父”，據皇清經解續編本及《路史》改。
③ 原作“母”，皇清經解續編本同，據《史記索隱》改。

貴始。”**郊止天子**,《史記·禮書》“郊疇乎天子”,《索隱》云:“疇,類也。天子類得郊天,餘並不合祭。今《大戴禮》作‘郊止乎天子’是也。‘止’,或作‘疇’。”**社至諸侯**,案:“至”,他本作“止”,今從《荀子》及方本。《白虎通》引《春秋文義》曰:“天子社廣五丈,諸侯半之,其色東方青,南方赤,西方白,北方黑,上冒以黄土。”《説文》:“社,地主也。”《孝經緯》:“社,土地之主也。土地闊,不可盡敬,故封土爲社,以報功也。”孔氏穎達曰:“《祭法》云:‘王爲群姓立社,曰大社。’《郊特牲》云:‘天子大社,必受霜露之氣也。’”**道及士大夫**,案:此下舊注“一本有荀子云”六字,乃校書者所加,非盧氏原注。“道”,《史記》作“嚋”,《索隱》引《大戴禮》作“導”。《獨斷》:“大夫以下成群立社曰置社①,大夫不得特立社,與民族②居。百姓以上則共一社,今之里社是也。”《周禮説》:“二十五家置一社,但爲田祖報求。《詩》云:‘乃立冢土。’又曰:‘以御田祖,以祈甘雨。’《左傳》:‘共工有子曰句龍,佐顓頊,能平九土,爲后土,故封爲上公,祀以爲社,非地祇。’”楊氏曰:“道,通也,言社自諸侯通及士大夫也。”**所以別尊者事尊,卑者事卑,宜距者距,宜小者小也**。案:“別”字下,各本有“尊卑”二字,今從《荀子》及方本。**故有天下者事七世**,楊氏復曰:“天子七廟,左昭右穆,世滿而迭毀。”**有國者事五世**,朱子曰:“諸侯五廟,在公宫之東南。”**有五乘之地者事三世**,鄭氏康成曰:“古者方十里,其中六十四井,出兵車一乘,此兵賦之法。”**有三乘之地者事二世**,《穀梁傳》:“天子至于士皆有廟,天子七,諸侯五,大夫三,士二。始封者必爲其太祖。”楊氏曰:“五乘之地,大夫有采地者,得立三廟也。”《祭法》曰:“天下有王,分地建國,置都立邑,設廟祧壇墠而祭之,乃爲親疏多少之數。是故王立七廟,一壇一墠,曰考廟,曰王考

---

① 原無“社”字,皇清經解續編本同,據《獨斷》補。
② 原作“俗”,皇清經解續編本同,據《獨斷》改。

廟，曰皇考廟①，曰顯考廟，曰祖考廟，皆月祭之。遠廟爲祧，有二祧，享嘗乃止。去祧爲壇，去壇爲墠。壇墠，有禱焉祭之，無禱乃止。去墠曰鬼。諸侯立五廟，一壇一墠，曰考廟，曰王考廟，曰皇考廟，皆月祭之。顯考廟，祖考廟，享嘗乃止。去祧爲壇，去壇爲墠。壇墠，有禱焉祭之，無禱乃止。去墠爲鬼。大夫立三廟一壇，曰考廟，曰王考廟，曰皇考廟。享嘗乃止。顯考祖考無廟，有禱焉。爲壇祭之，去壇爲鬼。適士二廟，曰考廟，曰皇考廟。享嘗乃止，顯考無廟，有禱焉。爲壇祭之，去壇爲鬼。官師一廟，曰考廟。王考無廟，而祭之，去王考爲鬼。庶人無廟，死曰鬼。”《隋書》七引王氏《禮記注》：“尊者尊統上，卑者尊統下，故天子七廟，諸侯五廟。其有殊功異德，非太祖而不毁，不在七廟之數。”《禮圖》：“諸侯五廟，諸侯止開南門。”**待年而食者**，案：待年，謂農夫力田者也。《荀子》作“持手”，《史記》作“有特牲”。**不得立宗廟**，《爾雅》：“宗，尊也。廟，貌也，先祖形貌所在也。”《小戴記》：“庶人祭于寢。”**所以別積厚者流澤廣，積薄者流澤卑也**。案：各本多重“積厚”二字，今從程本、高安本。“廣”字，各本作“光”，《永樂大典》本作“廣”。照考：《周語》“叔父若能光裕大德”，韋昭注：“光，廣也。”《釋名》：“光，廣也，所照廣遠也。”《周頌》“於緝熙”，《傳》云：“熙，廣也。”《箋》云：“廣，當爲光。”是“光”“廣”古字通。楊氏曰：“‘積’與‘績’同。功，業也。”陳氏祥道曰：“積厚者流澤廣，積薄者流澤狹，故天子七廟，諸侯五廟，大夫三廟，士一廟。廟而祭之，仁之至也。”又案：正文“也”字，各本多作“亦如之”，今從朱本、沈本。

　　大饗尚玄尊，《禮器》：“大饗，其王事與?”楊氏曰：“饗，與‘享’同，四時享廟也。”**俎生魚，先大羹，貴飲食之本也**。《樂記》：“大饗之禮，尚玄酒而俎腥魚，大羹不和，有遺味者矣。”鄭氏康成曰：“大享，

---

① 原無“曰皇考廟”四字，皇清經解續編本同，據《禮記·祭法》補。

袷祭先王,以腥魚爲俎,實不臑熟之也。"楊氏曰:"大饗,袷祭先王也。玄酒,水也。大羹,汁無鹽梅之味也。本,謂造飲食之物。"**大饗尚玄尊而用酒**,案:此下《荀子》有"醴"字。《吕氏春秋》:"大饗之禮,上玄尊而俎生魚,大羹不和,有進乎味者也。"高誘注:"大饗,饗上帝於明堂也。玄尊,酒水也。大羹,肉湇而未之和。貴本,古得禮也。"楊氏曰:"用酒,謂酌獻也。"**食先黍稷而飯稻粱,祭嚌大羹而飽乎庶羞**,楊氏曰:"祭,月祭也。嚌,至齒也。謂尸舉大羹但至齒而已,至庶羞而致飽也。"**貴本而親用也。**案:他本脱"也"字,今從《荀子》及方本。**貴本之謂文,親用之謂理,**楊氏曰:"文謂修飾,理謂合宜。"**兩者合而成文,以歸大一,夫是謂大隆。**王氏肅曰:"大一者,元氣也。"楊氏曰:"'大'讀爲'太'。古時雖備成文理,然猶不忘本,而歸於太一,是謂大隆於禮。"司馬氏貞曰:"貴本親用,兩者合而成文,以歸大一。大一者,天地之本也。得禮之文理,是合於大一也。隆者,盛也,高也,得禮文理,歸於大一,禮之盛者也。"孔氏穎達曰:"大一,謂天地未分,混沌之元氣。極大曰大,未分曰一。聖人制禮,用至善之大禮,以爲教本,是本於大一也。"**故尊之尚玄酒也,俎之生魚也,豆之先大羹也,一也。**案:各本脱"一也"二字,今從《荀子》《史記》及方本。皇氏侃曰:"玄酒,水也。上古未有酒,而始之祭,但酌水用之。至晚世,雖有酒,存古禮,尚用水代酒也。"司馬氏曰:"尊之尚玄尊,俎之尚生魚,豆之先大羹,三者如一,皆是本,故云一也。"**利爵之不卒也**,案:"爵",各本訛作"省",今從《荀子》《史記》及方本。卒,七内反,《荀子》作"醮",《儀禮》作"啐"。司馬氏曰:"案《儀禮》:'祭畢獻,祝西面告成,是爲利爵。祭初未行無算爵,故不啐入口也。'"**成事之俎不嘗也,**司馬氏曰:"成事俎不嘗,成事卒哭之祭,故《記》曰:'卒哭曰成事。'既是卒哭之祭,始從吉祭,故受胙爵而不嘗俎也。"**三侑之不食也**,司馬氏曰:

“禮,祭必立侑以勸尸,及三飯而止,每飯有侑一人,故有三侑。侑以勸尸,故不相食也。”照案:“侑”,《周伯映彝》及《小戴》俱作“又”,《春秋傳》作“宥”,《周禮》作“三宥”,《管子》作“三侑”,則“侑”“宥”“又”古通。**一也**。楊氏曰:“一,謂一于古也。祭禮必告利成,利成時,其爵不卒,奠于筵前也。成事,謂尸既飽,禮成不嘗其俎。尸又三飯,士佐食,受①尸牢、肺、正脊,加于肵。臭,謂歆其氣,謂食畢也。皆謂禮畢無文飾,復歸于朴。”**大昏之未發齊也**,《荀子·禮論》“大昏之未發齊也”注:“謂未有威儀節文,象太古時也。”司馬氏曰:“發齊,謂昏禮父親醮子而迎之前,故《曲禮》云‘齊戒以告鬼神’,是昏禮有齊也。”**廟之未納尸也,始卒之未小斂也**,《釋名》:“尸,舒也,骨節解舒,不復能自勝斂也。”服氏虔曰:“在牀曰尸,在棺曰柩。”《爾雅》:“卒,盡也。”《白虎通》:“天子、諸侯三日小斂,大夫、士二日小斂。”**一也**。案:各本多脫此二字,今從《荀子》及方本。**大路車**案:《漢書》無“車”字**之素幭也**,《公羊傳》:“乘大路,天子之禮也。”《小戴記》:“乘車,貴其質也。”《索隱》:“謂車蓋以素幃,亦質之也。”《詩傳》:“幭,覆式也。一作‘幦’,又作‘幎’。”**郊之麻冕也**,“冕”,一作“絻”。**喪服之先散帶也**,案:各本多脫“也”字,今從《荀子》及方本。《儀禮·士喪禮》:“始死,主人散帶,垂之三尺。”楊氏曰:“大路,祭天車,王者所乘也。麻冕,緝麻爲冕,所謂大喪而冕,不用袞龍之屬也。”**一也**。司馬氏曰:“大路已下三事,相似如一,故云一也。散麻取②其質無文飾,亦貴本也。”**三年之哭不文**案:“文”,《小戴》作“反”**也**,《清廟》**之歌一倡而三歎也**,鄭氏曰:“清廟,謂作樂歌《清廟》。倡,發歌句者。三歎,三人從③歎。”**縣一磬而尚拊搏**,案:《左

---

① 原無“受”字,皇清經解續編本同,《史記·禮書》有“受”字,據補。
② 原作“散取麻”,皇清經解續編本作“麻散取”,據《史記索隱》乙正。
③ 原作“同”,皇清經解續編本同,據《禮記·樂記》鄭玄注改。

傳》"室如縣磬",服虔讀"磬"爲"罄"。**朱弦而通越也**,案:各本脱
"也"字,今從方本。《史記·禮書索隱》曰:"大瑟而練,朱其弦,又通其
下孔,使聲濁且遲,上質而貴本,不取其聲也。"一也。楊氏曰:"不文,
謂無曲折也。《清廟》之歌,謂工以樂歌《清廟》之什也。一人倡,三人
歎,言和之者寡也。縣一鐘,比于編鐘,爲簡略也。尚拊之膈,未詳,或
曰:'尚,謂上古也。拊,樂器名。膈,擊也,即所謂戛擊鳴球,搏拊琴瑟
也。'尚古樂,所以示質也。朱弦通越,朱弦練。朱弦也練,則聲濁。越
瑟底孔,所以發越其聲,故謂之越。疏通之後,使聲遲也。"案:此楊氏倞
《荀子注》也,與《大戴》正文微有不同。然觀此亦足以知大略,故引之。
又案:鄭氏注:"禮云搏拊,枕敬也。"此云拊搏,想其義同也。《史記·禮
書》"縣一鐘,尚拊隔",《索隱》云:"隔,縣鐘格。拊,音'撫'。隔,不擊其
鐘而拊其格,不取其聲,亦質也。"鄒氏:"隔,音'膊',蓋依《大戴禮》也。"

　凡禮始於脱,成於文,終於隆。《禮書》"凡禮始乎脱",《索
隱》云:"脱,猶脱略也。始,初也。言禮之初,尚疏略也。成乎文,言禮
成就有文飾也。終乎税,《大戴禮》作'終於隆'。隆,謂盛也。"**故至備,
情文俱盡**;《韓詩外傳》:"禮者,因人之情而爲之文者也。"**其次,情
文迭興**;案:"迭",他本作"佚",今從劉本、高安本。"佚"與"迭"古通。
《禮書》"情文代勝",《索隱》曰:"音昇,又尸證反。或文勝情,或情勝文,
是情文更代相勝也。《大戴禮》作'迭興'也。"**其下,復情以歸大一。**
楊氏曰:"雖無文飾,但復情以歸其素,是亦禮也。"皇氏曰:"禮理起于太
一。"司馬氏曰:"言其次情文俱失,歸心混沌天地之初,復禮之本,是歸
大一也。"**天地以合,四時以洽**,《樂記》:"古者天地順而四時當。"
《春秋説題辭》:"禮得,則天下咸得厥宜,陰陽滋液,萬物調,四時和。"**日
月以明,星辰以行**,馬氏融曰:"星,二十八宿。辰,日月之所會也。"
江湖以流,萬物以倡,一作"昌"。**好惡以節,喜怒以當**。楊氏

曰:"言若無禮以分別之,則天時人事皆亂也。"以爲下則順,以爲上則明,案:明,謨郎切,音茫。萬變不亂,貸之則喪。案:《荀子》作"貳之則喪",楊注:"貳,謂不一而禮喪亡也。"張參《五經文字》云:"貸,相承,或借爲'貣'。"是"貸"與"貳"通。又案:《吕覽》《管子》《京氏易》《史記》皆以"貣"爲"忒"。

大戴禮記注補卷二

禮察第四十六

孔子曰："君子之道,譬猶防與?"《周禮》曰:"以防止水。"照案:"防",又作"坊",障也,隄也。夫禮之塞,亂之所從生也,猶防之塞,水之所從來也。故以舊防爲無用而壞之者,必有水敗;《吕氏春秋》:"若積大水,而失其壅隄。"以舊禮爲無所用而去之者,別本或脱"所"字。必有亂患。孔穎達曰:"防,謂隄防于水所從來之處,則豫防障之;防壞,則水必來敗乎産業也。禮本防亂,若謂舊禮無用而壞去之,必有亂患。"故婚姻之禮廢,《爾雅》:"壻之父爲姻,婦之父爲婚。"鄭康成曰:"壻曰婚,妻曰姻。"則夫婦之道苦,鄭氏曰:"苦,謂不至不答之屬。"孔《疏》:"不至,謂夫親迎而婦不至,如《詩·陳風》云'昏以爲期,明星煌煌'是也。不答,謂夫不答于婦,若《邶風·日月》莊姜傷己不見答于先君是也。"而淫辟之罪多矣。鄉飲酒案:《漢書》無"酒"字。之禮廢,鄭氏《目録》云:"名鄉飲酒義者,記鄉大夫飲賓于庠序之禮,尊賢養老之義,此于《别録》屬吉禮。"則長幼之序失,《漢書》作"亂"。而爭鬥之獄繁《漢書》作"蕃"。矣。聘射《漢書》作"朝聘"。之禮廢,則諸侯之行惡而盈溢之敗起矣。喪祭之禮廢,則臣子之恩薄,而倍死忘生之徒徒,他本訛作"禮"

衆矣。王通曰："冠禮廢,天下無成人矣;昏禮廢,天下無家道矣;喪禮廢,天下遺其親矣;祭禮廢,天下忘其禮矣。"長孫無忌曰："周公宏制斯文,吉、凶、軍、賓、嘉謂之五禮。故曰禮經三百,威儀三千。成康由之,而刑厝不用。自禮失樂壞,風凋俗弊,仲尼于是緝禮興樂,欲救時弊。顧道鬱不行,故曰:婚姻之禮廢,則淫辟之罪多;鄉飲酒之禮廢,則爭鬥之獄繁;喪祭之禮廢,則骨肉之恩薄;朝聘之禮廢,則侵凌之漸起。"照案:此下係賈誼"審取舍"之説。

凡人之知,能見已然,不能見將然。禮者,禁于將然之前,案:別本脱"于"字。而法者禁于已然之後,王氏云:"《記》曰:'禁于未發之謂豫。'王弼曰:'凡教在初而法在始,家瀆而後嚴之,志變而後治之,則悔矣。'"是故法之用易見,而禮之所爲至一本訛作"生"難知也。吳澄曰:"禮之導人爲善,每在善機方動之朝;禁人爲惡,亦在惡機未見之時。非若其他法令刑罪之屬,待其顯見而後勸,率懲過之也。"若夫慶賞以勸善,刑罰以懲惡,先王執此之正,堅如金石,行此之信,順如四時,處此之功,無私如天地爾,豈顧不用哉?然而曰禮云禮云,貴絶惡於未萌,而起教于微眇,《易》"妙萬物而爲言",王肅、董遇"妙"皆作"眇"。王應麟曰:"'妙',一作'眇'。《漢書》讀'眇'曰'妙'。"使民日徙善遠罪而不自知也。《經解》:"禮之教化也微,其止邪也于未形,故使人日徙善遠罪而不自知也。"孔子曰:"聽訟,吾猶人也,必也使無訟乎。"此之謂也。

爲人主計者,莫如先審取舍,"先",別本多作"安"。取舍之極定①于内,安危之萌應于外也。安者,非一日而安也;危者,非一日而危也,皆以積《易·文言》曰:"積善之家,必有餘

___

① 原作"安",皇清經解續編本同,據《大戴禮記》各版本及王聘珍《大戴禮記解詁》、孔廣森《大戴禮記補注》改。

慶;積不善之家,必有餘殃。"然,不可不察也。善不積不足以成名,惡不積不足以滅身,此《繫詞傳》之文也。而人之所行,各在其取舍。以禮義治之者,積禮義;以刑罰治之者,積刑罰。刑罰積而民怨倍,《論語》:"刑罰不中,則民無所措手足。"禮義積而民和親。《論語》:"導之以德,齊之以禮,有恥且格。"故世主欲民之善同,而所以使民之善者異,或導之以德教,或敺①之以法令。顏師古曰:"'敺'與'驅'同。"導之以德教者,德教行而民康樂;敺之以法令者,法令極而民哀戚。哀樂之感,禍福之應也。《左傳》:"禍福無門,惟人自召。"韋昭曰:"因人善惡而禍福之。"

我以爲秦王之欲尊宗廟而安子孫與湯武同,然而湯武能廣大其德,案:"然而",他本或作"然則如"。久長其後,行五六一本無"六"字百歲而不失,秦王亦欲至是而不能,持天下十餘年,即大敗之。賈誼曰:"秦滅四維而不張,故君臣乖亂,六親殃戮,姦人並起,萬民離叛,凡十三歲而社稷爲墟。"此無他故也,湯武之定取舍審,而秦王之定取舍不審也。《易》曰:"君子慎始,差若毫釐,繆以千里。"鄭氏曰:"言事之初始,差錯若毫釐之至小,後廣大錯繆,以至千里之大。"《漢書》孟康注:"毫,兔毫也。十毫曰釐。《三倉》:'氂,毛也。'"照案:《説苑》引《易》曰:"建其本而萬物理,失之毫釐,差以千里。"司馬遷引《易》曰:"差以毫釐,繆以千里。"東方朔引曰:"正其本,萬物理,失之毫釐,差以千里。"《文選注》引《乾鑿度》曰:

---

① 原無"或"字,皇清經解續編本同,據《大戴禮記》各版本及王聘珍《大戴禮記解詁》、孔廣森《大戴禮記補注》補。敺,原作"敺",皇清經解續編本同,據《大戴禮記》及王聘珍《大戴禮記解詁》、孔廣森《大戴禮記補注》改。下顏師古注及後正文"敺之以法令者"中"敺"字原皆作"敺",同改。

“正其本而萬物理,失之毫釐,差之千里。”諸家所引,小有不同。顏氏師古以爲《易》無此語,至王氏應麟、程氏迥、朱氏載堉皆以爲《易緯通卦驗》文。然緯書出于哀平之世,而已見于董子之論,其非出于緯書可知。或緯書亦引古語耳。又案:《經典異文補》云:“古《經解》。”取舍之謂也。然則爲人主師傅者,不可不“不”,或訛“以”日夜明此。

問:“爲天下如何?”曰:“天下,器也。今人之置器,置諸安處則安,置諸危處則危;而天下之情與器無以異,在天子所置爾。湯武置天下于仁義禮樂,而德澤洽禽獸草木,廣育被蠻貊四夷,累子孫十餘世,歷年久五六百歲,皇甫謐曰:“商之饗國也,自湯得位至紂,凡六百二十九年。自周克殷,至秦滅周,凡八百六十七年。”此天下之所共聞也。秦王置天下于法令刑罰,德澤無一有,而怨毒盈世,民憎惡如仇讐,禍幾及身,子孫誅絕,《吕氏春秋》:“昔上世之亡主,以罪爲在人,故日殺戮而不止,以至于亡而不悟。”此天下之所共見也。夫用仁義禮樂爲天下者,行五六百歲猶存;用法令爲天下者,十餘年即亡,是非明敩大驗乎?人言曰:‘聽言之道,必以其事觀之,則言者莫敢妄言。’惠棟曰:“元本無‘敢’字。”今或言禮義之不如法令,案:“今”字下,各本衍一“子”字,茲從《漢書》。教化之不如刑罰,人主胡不承殷周秦事以觀之乎?”

夏小正第四十七

正月。漢上朱氏曰:“夏建寅,故其書始於正月。”

啓蟄。《説文》:“蟄,藏也。”《淮南子》:“雨水,加十五日斗指甲,則雷驚蟄,音比林鐘。"《論衡》:"正月,陽氣發洩,雷聲始動。四時氣候,立春以後,天地二氣和同,雷欲發聲,萬物蠢出。"

　　言始發蟄也。 蔡邕《月令問答》:"問者曰:'既不用《三統》,以驚蟄爲孟春中,雨水爲二月節,皆《三統》法也。獨用之何?'曰:'孟春,《月令》曰蟄蟲始震,在正月也,中春始雨水,則雨水二月也。以其合,故用之。'"《後漢書注》引蔡氏《章句》曰:"孟春以立春爲節,驚蟄爲中。中必正其月,節不必正其月。據孟春之驚蟄在十六日以後,立春在正月;驚蟄在十五日以前,立春在往年十二月。"《月令正義》:"'蟄蟲咸動,啓户始出'者,户謂穴也,謂發所蟄之穴。蟄蟲早者,孟春乃出,則《左傳》'啓蟄而郊'是也;蟄蟲晚者,則二月始出。故云蟄蟲咸動,則正月未皆動。"孔氏穎達曰:"《律曆志》云:'正月立春節,雨水中;二月驚蟄節,春分中。'是前漢之末,劉歆作《三統曆》,改驚蟄爲二月節。鄭以舊曆正月啓蟄,即驚也。故云漢始亦以驚蟄爲正月中,但蟄蟲正月始驚,二月大驚。"《春秋正義》:"《夏小正》曰:'正月啓蟄。'其傳曰:'言始發蟄也。'故漢氏之始,以啓蟄爲正月中,雨水爲二月節;及太初以後,更改氣名,以雨水爲正月中,驚蟄爲二月節。"照案:周天三百六十五度四分度之一,分爲十二次,日月之所躔也。地有十二分,王侯之國也。每次三十二度三十三分之十四。日至其初爲節,至其中爲中氣。自危十度至壁八度,謂之豕韋之次,立春、驚蟄居之。萬物出乎震,震爲雷,故曰驚蟄,蟄蟲驚而走出也。《禮記疏》:"漢初驚蟄爲正月中,雨水爲二月節。及前漢之末,以雨水爲正月中,驚蟄爲二月節。"則夏時驚蟄,原係正月也。漢孝景帝名啓,避諱改爲驚蟄。

　　雁北鄉。《易通卦驗》"二月節云:候雁北",鄭氏康成曰:"雁自南方來,將北反其居。"《尚書疏》:"日行夏至漸南,冬至漸北,鴻雁九月而南,正月而北。"

　　先言雁而後言鄉者,何也? 見雁而後數其鄉也。鄉

者，何也？鄉其居也，雁以北方爲居，班固《西京賦》：“南翔衡陽，北棲雁門。”何以謂之？此下，各本或衍一“居”字，或衍“爲居”二字。生且長焉爾。《淮南子注》：“雁從彭蠡來，北過周雒，至雁門，孕卵毈也。”王氏應麟曰：“‘正月，雁北鄉’，《吕氏春秋》《淮南·時則訓》皆曰‘孟春之月，候雁來’。蓋雁以北方爲居，自北而南則謂之來，自南而北則謂之北。正月非來南之時也，其誤可見，當從《小正》。又云《小正》‘正月雁北鄉，九月遰鴻雁’，記其來以九月，歸以正月，如是而已。高誘注《吕覽》云：‘八月來者，其父母也；九月者，其子也。’推此則知季冬北鄉亦其大者，而正月則其小者也。”九月遰鴻雁，《唐韻》：“迢、遰，去也，避也，音遞。”案：《月令疏》：“‘鴻’當爲‘候’。”先言遰而後言鴻雁，何也？見遰而後數之，方氏矩曰：“數之，猶言詳視之也。”則鴻雁也。何不謂①南鄉也？案：傅氏崧卿本作“何不謂之南鄉也”。曰：非其居也，故不謂南鄉。案：傅氏本作“故不謂之南鄉”。記鴻雁之遰也，而不記其鄉，何也？曰：鴻不必當《小正》之遰者也。案：傅本作“《小正》之遰必者也”。

雉震雊。《春秋運斗樞》：“機星散爲雉。”蔡氏德晉曰：“震，聲之高也。”《説文》：“雊，雄雉鳴也。”照案：魏文帝樂府：“野雉群响。”《廣雅》：“雊，鳴呼也。”“雊”“响”古通用。

雊也者，鳴也。震也者，鼓其翼也。各本作“震也者，鳴也。响也者，鼓其翼也”。惠氏棟引張氏爾岐之説，當作“震也者，皷其翼也。响也者，鳴也”。然唐時徐堅《初學記》兩引此文，今從之。正月必雷，《淮南子》：“陰陽相薄爲雷。”《河圖帝通記》：“雷天之皷。”雷不必聞，

---

① 原作“爲”，皇清經解續編本同，據《大戴禮記》及王聘珍《大戴禮記解詁》、孔廣森《大戴禮記補注》改。

案:"聞",關氏本作"同"。**惟雉爲必聞之。**案:《藝文類聚》引作"正月必雷,雷不必聞,惟雉先聞之",《太平御覽》引作"雷震雉鳴。雉,鼓其翼也。正月必雷,不必聞,惟雉聞之"。蔡氏邕曰:"季冬,雷在地下,則雉應而雊。"《洪範五行傳》:"正月雷微而雉雊,雷通氣也。"《毛詩名物解》引《章句》曰:"雷在地中,雉性情剛,故獨獨知之,應而鳴也。"**何以謂之?**案:四字句絕,篇内凡三見,皆申上之辭。**雷則雉震雊,相識以雷。**案:關氏本作"何必謂之? 雷則震呴,相識以雷"。

魚陟負冰。金氏履祥曰:"魚冬則氣在腹,故降;春則氣在背,故升。負冰者,春冰薄,魚既升,背若負之也。"王氏應麟曰:"《月令》本于《吕氏春秋》,《吕氏》本于《夏小正》,而《小正》之文乃曰'魚陟負冰',《淮南》亦曰'魚上負冰'。上,猶陟也。《小戴》去一'負'字,於文爲闕。"

陟,升也。負冰云者,言解蟄也。《説文》:"陟,登也。"《爾雅·釋詁》:"陟,陞也。"高氏誘曰:"魚應陽而動①,上負水。"孔氏穎達曰:"魚當盛寒,伏于水下,逐其温暖。及正月,陽氣既上,故魚游水上,而近于冰。"

農緯厥耒。《易繫辭》:"揉木爲耒。"《説文》:"耒,手耕曲木也。"《釋文》:"耒,耜上句木也。"

緯,束也。束其耒云爾,此下各本衍"者"字。金氏履祥曰:"古者立春先時命農大夫咸勸農用。"案:農用,田器也。**用是見君之亦有耒也。**《月令》:"乃擇元辰,天子親載耒耜。"《祭義》:"天子爲籍千畝,躬②秉耒。"

初歲祭耒,始用暢也。照案:"暘""昜""暢"古字通用。傅氏崧卿曰:"關本作'暘',舊注音'韠'。"然案《説文》:"暘,不生也。"暢,訓

---

① 原作"勳",據皇清經解續編本及高誘《吕氏春秋注》改。
② 原作"窮",皇清經解續編本同,據《禮記·祭義》改。

達。竊疑從"暢"爲是。一本作"初歲祭用暢"。王氏應麟所引無"始用暢"句，此下舊注"'暢'，一作'暘'"，乃校書者所加，非盧注也。金氏履祥曰："祭始爲耒耜之人也。古者先立春，王將耕籍，則鬱①人薦鬯。鬯之爲言暢也，祭耒而用鬯也。"

其曰初歲云者，暢也者，終歲之用祭也，言是月始用之也。初者，始也。武英殿校本曰："此條，惟'初歲祭耒'四字是古經。經不僅曰'祭耒'，而必曰'初歲祭耒'，以祭必用暢，而用之自是始，故加'初歲'二字，以表此祭爲終歲用暢之始。'始用暢也'，正解經文，言'初歲'二字所兼含之意，下復申之曰'其曰初歲云者'，以暢是終歲之祭所皆用。'初歲'對'終歲'而言，各本或訛作'其用初云爾'。《儀禮經傳通解》作'其曰初云爾也者'，又移此句於'暢也者，終歲之用祭也'下，文理隔礙不可通。其列《夏小正》經文，增'始用暢'三字爲經，愈生紛糾矣。方本作'其曰初歲云者'，與下文一氣貫通。"

囿有見韭。案：各本脱"見"字，傅氏本有之。朱子定《小正》之文，并無此一句。顏氏師古曰："韭之言久也，一種久生。"《圖經本草》："韭，一種而久生，故謂之韭。一歲三四割，其根不傷，至冬壅培之，先春復生。"金氏履祥曰："韭，陽榮②，春有之。見，露也。"蔡氏德晉曰："有藩曰園，有墙曰囿。見，始生也。《豳風》：'四之日，獻羔祭韭。'祭禮，庶人春薦韭而祀，號韭曰豐本，則韭爲祀禮所重，故特誌其見也。"

囿也者，各本脱"者"字，傅氏本有之。園之燕者也。《三倉解詁》："種樹曰園，文園以樹果也。"或曰：祭韭也。案：此五字，諸家本多舛，置"初者，始也"之下，今訂正之。《周禮·醢人》："朝事之豆，其實韭菹。"

時有俊風。《易通卦驗》："正月中，猛風至。"注："猛風，動搖樹

① 原作"鄉"，據皇清經解續編本及《周禮·春官》《國語·周語上》改。
② 原作"菜"，據皇清經解續編本改。

木有聲者。”

俊者，大也。大風，南風也。照案：《吕氏春秋》所云“巨風”，即大風也，能轉嚴冬而爲陽春，故以大言。何大于南風也？曰：合冰必于南風，解冰必于南風，生必于南風，高氏誘曰：“離氣所生。”收必于南風，“收”，關氏本作“殺”。故大之也。

寒日滌凍塗。王氏應麟本無“寒日”二字。照案：徐堅以“滌凍塗”三字爲句。近秦氏《五禮考》以“寒日滌”三字爲句，謂：“日之寒者變而暄，土之凍者融而釋，二者皆陽和之應也。”王氏廷相曰：“滌，除也，如《豳風》‘十月滌場’之‘滌’。冬時雨雪著地皆冰，故塗凍。春時日暖，則凍釋而爲塗泥矣，故及寒日而除之。”

滌也者，變也，變而暖也。凍塗者，凍下而澤上多也。

田鼠出，《春秋運斗樞》：“玉衡星散而爲鼠。”徐氏巨源曰：“萬物之理，有盈則耗，有贏則絀，絀伏於未贏之前，而耗兆於爲盈之日。故有木則有蠹，有田則有鼠。孟春伊始，農方相率均田，而田鼠已出焉。先言鼠而後言均田，以著消息之理，明未兆之謀也。”

田鼠者，嗛鼠也，記時也。《説文》：“嗛，口有所銜也。”《爾雅疏》：“嗛是頰裏藏食之名。”照案：“嗛”，《爾雅》作“鼸”，又作“鼸”，高誘以爲即鼢鼠也。農率均田。《釋文》：“率，謂田正。”孔氏穎達曰：“農率，則田畯也。均田，則審端徑遂也。”《月令廣義》：“注：古田必均，所以修疆畔，分遂畝，不相侵越，同賴利澤也。”金氏履祥曰：“率，相率也。”

率者，循也。均田者，始除田也。言農夫急除田也。

獺祭魚。《説文》：“獺，如小狗，水居，食魚。”《爾雅翼》引蔡氏《章句》曰：“獺，毛蟲，西方白虎之屬，居水而殺魚者也。”高氏誘曰：“獺取鯉魚，置水邊，四面陳之，世謂之祭魚。”鄭氏康成曰：“此時魚肥美，獺將食之，先以祭也。”傅氏崧卿曰：“《戴禮》作‘獺祭魚’，以傳攷之，當作‘獺獸祭魚'。"案：別本多脱此三字。

獺祭魚，其必與之獻，何也？ 案："與"字，朱子曾疑作"謂"，舊注有"'與'疑作'謂'"四字，乃校書者所加，非盧氏原注。曰：非其類也。祭也者，得多也。善其祭而後食之。"善"，關氏本作"美"。十月豺祭獸謂之祭，獺祭魚謂之獻，一本作"謂之獸祭"。何也？豺祭其類，獺祭非其類，故謂之獻，一本作"獸"。大之也。

鷹則爲鳩。《易通卦驗》："鷹者，鷙擊之鳥。"《爾雅》："鳲鳩，鵠鶬也。"郭注："今之布穀也。"鄭氏康成曰："鳩，博穀也。"許氏慎曰："鷹化爲鳩，其喙正直，不復鷙搏也。"朱氏申曰："鷹以秋殺，仲春仁氣盛，故化爲鳩。"照案："鳩"，一名"秸鞠"，一名"穫穀"，一名"擊穀"。揚雄云："戴勝也。"

鷹也者，其殺之時也。鳩也者，非其殺之時也。照案：舊解云："仲春之時，林木茂盛，喙尚柔，不能捕鳥，瞪目忍飢如痴，故曰鳲鳩。"善變而之仁也，故其言之也。"其"，一作"具"。曰則，蔡氏德晉曰："謂之則者，明變化之速也。"盡其辭也。鳩爲鷹，變而之不仁也，故不盡其辭也。

農及雪澤。《氾勝之書》："雪，五穀之精。"《管子・乘馬》篇："正月令農始作，服于公田農耕，及雪釋，耕始焉，芸卒焉。"照案："釋""澤"古通用。

言雪澤之無高下也。王氏廷相曰："積雪之澤未消，則土田膏潤，可及時服農也。"

初服于公田。照案：服，事也。

古有公田焉者，古者先服公田，"者"字，各本多作"言"。《穀梁傳》："古者三百步爲里，名曰井田。井田者，九百畝，公田居一。"

而後服其田也。《詩》曰：“雨我公田，遂及我私。”照案：觀此，則夏時亦有公田。

采芸。案：一本下有“舊注云‘似邪蒿可食’”，疑是盧氏原注。《說文》：“芸，草也，似目宿。”《倉頡解詁》：“芸蒿，似邪蒿，香可食。”《急就篇注》：“芸，今芸蒿也，生熟皆可啗。”照案：芸，茈胡葉也。《本草經》“茈胡，《名醫》云：‘葉一名芸蒿，辛香可食’”，陶氏引《博物志》云：“芸蒿，葉似邪蒿，春秋有白蒻，長四五寸，香美可食。”

爲廟采也。照案：十一月芸始生，至此月采之，以薦寢廟也。

鞠則見。案：“鞠”，當作“蜀”。

鞠者，何也？星名也。《爾雅》：“蜀謂之柳。”毛氏《詩傳》：“三心五蜀，參伐昴留。”鄭氏《詩箋》：“蜀在東方，正月時也。”《春秋元命苞》：“柳，五星，解頤。”《新語》《元命苞》以柳爲五星，《天文志》《星經》以柳爲八星，後之明曆象者，皆以《元命苞》爲非。又，心以三月見于東，蜀以正月見于東。照案：《天文志》“柳謂鳥喙”，則喙者柳星也。以其鳥星之口，故謂之喙。天文書不見鞠星，當緣“喙”“鞠”緩讀之聲相近而遞訛也。

鞠則見者，歲再見爾。[1]

初昏參中。鄭氏康成曰：“凡記昏明中星者，爲人君南面而聽天下，視時候以授民事。”孔氏穎達曰：“昏參中者，案《三統曆》：‘立春昏畢十度中，去日八十九度，正月中昏井二度中，去日九十三度。’《元嘉曆》：‘立春昏昴九度中，月半昏觜觿一度中。’皆不昏參中者。《月令》：‘昏明中星。’皆大略而言，不與曆正同，但有一月之內有中者，即得載之。計正月昏參中，依《三統曆》在立春之後六日，參星初度昏得中也。”《新唐

____

[1] 原無“鞠則見者，歲再見爾”二句，皇清經解續編本同，據《大戴禮記》及王聘珍《大戴禮記解詁》、孔廣森《大戴禮記補注》補。

書·曆志》:"《大衍曆·日度議》曰:《夏小正》雖頗疏簡失傳,乃羲和遺跡。何承天循《大戴禮》之説,復用夏時,以正月甲子夜半合朔雨水爲上元,進乖夏曆,退非周正,故近代推《月令》《小正》者,皆不與古合。《開元曆》推夏時立春,日①在營室之末,東井二度中。古②曆以參右肩爲距,方當南正,故《小正》曰'正月,初昏,斗柄懸在下'。魁正參首,所以著參中也。季春,在昴十一度半,去參距星十八度,故曰'三月,參則伏'。立夏,日在井四度,昏角中。南門右星入角距四五度,其左星入角距東六度,故曰'四月,初昏南門正,昴則見'。五月節,日在輿鬼一度半。參去日道最遠,以渾儀度之,參體始見,其肩股猶在濁中。房星正中,故曰'五月,參則見。初昏,大火中'。'八月,參中則曙',失傳也。辰伏則參見,非中也。'十月,初昏南門見',亦失傳也。定星方中,則南門伏,非昏見也。"

蓋記時也。孔氏引《尚書考靈曜》云:"主春者鳥星,昏中可以種稷;主夏者心星,昏中可以種黍;主秋者虛星,可以種麥;主冬者昴星,昏中則入山,可以斬伐,具器械。王者南面而坐,視四星之中者,而知民之緩急,急則不賦力役,故敬授民時,觀時候授民事也。"

斗柄縣在下。孔氏穎達曰:"斗,謂北斗,循天而轉,行建一月一辰,辰三十度九十六分度之四十二。正月建寅,二月建卯,三月建辰,四月建巳,五月建午,六月建未,七月建申,八月建酉,九月建戌,十月建亥,十一月建子,十二月建丑。"

言斗柄者,所以著參之中也。王氏廷相曰:"斗魁枕參首,參中則斗柄在下矣。言斗柄在下,所以著參之中也。"

柳稊。《易·大過》:"枯楊生稊。"王氏弼曰:"楊之秀者也。"王氏廷相曰:"稊,芽也。"照案:"稊",一作"梯",一作"藕"。柯山毛居正《六

經正誤》云:"《大過》九二'枯楊生梯',作'稊'誤。'梯'字,从木从弟。梯,稚也,木根再生稚條也,音題,又他兮反,階梯也。"从禾者亦音題,稊稗之稊,《孟子》'五穀不熟,不如稊稗'是也。"則作"稊"亦是一義。近《格致鏡源》引《大戴禮》作"正月,柳莠發。莠,發葉也",義俱可通。

　　稊也者,發孚也。案:《太平御覽》引作"發葉也"。《釋名》:"甲孚也。"鄭注《月令》:"其日甲乙,萬物皆解孚甲,自抽軋而出。"

　　梅、杏、杝桃則華。《毛詩義疏》:"梅,杏類也,樹及葉皆如杏而黑耳。"《說文》:"杏,果名。"《格物叢話》:"杏實,味香于梅,而酸不及,核與肉自相離。"《典實》:"桃,五木之精,仙木也。"《易通卦驗》:"驚蟄大壯初九候,桃始華;不華,倉庫多火。"《氾勝之書》:"杏始榮華,趣耕。望杏落,落復耕之。"《雜陰陽書》曰:"大麥生於杏,小麥生於桃。"《爾雅》:"木謂之華。"

　　杝桃,山桃也。《爾雅》:"榹桃,山桃。"郭璞注:"實如桃而小,不解核。"傅氏崧卿曰:"關本'杝'作'柂',非是。柂,音移,木名也。"

　　緹縞。案:《爾雅》"緹"作"媞","縞"作"薃"。

　　縞也者,莎隨也。案:《說文》"縞"作"鎬",又作"薃侯",一名"侯莎"。《爾雅》作"莎�",郭璞注:"薃也者,莎薃。媞者,其實。"《爾雅翼》:"莖葉似三稜,根周匝多毛,謂之香附子,一名雀頭香。"《廣雅》:"地毛,莎薃也。"緹也者,其實也。案:《儀禮經傳通解》作"緹也者,莎隨也。縞也者,其實也"。又傅氏崧卿曰:"舊注:'緹,莎隨,莎草也。'《爾雅》:'縞,侯莎。'"《大戴禮》"隨也"以下文及正文,讀之當作"緹也者,莎隨也"。《名醫本草》:"莎草,一名薃,一名侯莎,其實名緹,生田野。"先言緹而後言縞者,何也?案:《儀禮經傳通解》移此十字於篇題下。緹先見者也。何以謂之?案:四字句絕,與前"雁北鄉"及"雉震呴"二條同例。《小正》以著名也。案:"何以謂之?《小正》以著名也"二句,據戴震云:"北宋本《大戴禮》無之,乃《爾雅疏》文,校書者誤編於此耳。”

雞桴粥。《春秋運斗樞》：“玉衡星散爲雞。”照案：“桴”，同“孚”。《說文》：“孚，卵孚也，從爪從子。”鳥抱卵，恒以爪反覆其卵也。桴粥，雞抱卵以粥子。孚，古作“采”，方遇切，育也。

粥也者，相粥之時也。案：一本作“相粥粥呼也”。惠氏棟曰：“‘粥’與‘祝’‘鬻’通。”或曰：桴，嫗伏也；粥，養也。

二月。

往繇黍，禫。案：關氏本“黍”作“柔”。一本“禫”作“彈”。

禫，單也。金氏履祥曰：“單衣也。”戴氏震曰：“繇黍，往繇其種黍之地也。先言繇黍而後言禫，何也？見農之力于田，春燠而先解褐也。”

初俊羔助厥母粥。蔡氏德晉曰：“大羔能食草木，而不食母乳，則羔母得以自養矣，故曰助厥母粥。”

俊也者，大也。粥也者，養也。言大羔能食草木，而不食於其母也。案：一本無“於”字。羊蓋非其子而後養之，案：“蓋”，各本訛作“羔”。善養而記之也。或曰：夏有暑祭，案：“夏”，各本訛作“憂”。“暑”，各本訛作“煮”。祭也者，用羔。是時也，不足喜樂，喜一作“善”。羔之爲生也而記之，謂羔羊腹時也。案：“謂羔羊”，他本或作“與牛羊”，又或訛爲“與羊牛”。

綏多女士。案：“綏”，舊本或作“緌”。“女士”，一作“士女”，今從賈氏公彥《士冠禮正義》所引。

綏，安也。冠子取婦之時也。金氏履祥曰：“《周禮》‘仲春會男女’，即此也。女有家，男有室，所以安之也。”

丁亥萬用入學。鄭氏康成曰：“命習舞者，順萬物始出地鼓舞也，將舞必釋菜于先師以禮之。”

丁亥者，吉日也。蔡氏德晉曰：“六丁以亥爲末，舉丁亥以例其餘。”秦氏蕙田曰：“古者擇以干，不以支，《月令》云上丁，固不必拘丁亥日也。”**萬也者，干戚舞也。**朱子曰：“萬者，舞之總名。武用干戚，文用羽籥。或曰：‘禹以萬人治水，故舞稱萬。’”何氏休曰：“湯武以萬人得天下，故干舞稱萬。”**入學也者，大學也。**高氏誘曰：“入學教國子，講習羽籥之舞。”《五經通義》：“三王教化之官，總名爲學。”**謂今時大舍采也。**《周禮》：“春入學，舍采合舞。”《匡謬正俗》：“古之經史，‘采’‘菜’相通。”照案：舍采，猶言釋菜。

　　祭鮪。《周禮》：“春薦鮪。”高氏誘曰：“鮪，似鯉而大。”成公子安《大河賦》：“鱣鯉王鮪，春暮來游。”陸璣《詩疏》：“鮪，今東萊、遼東人謂之尉魚，亦謂之仲明。仲明，樂浪尉也，溺死海中，化爲此魚。”孔氏穎達曰：“鮪，似鱣而長，鼻在頷下，體無鱗甲，大者爲王鮪，小者爲鮛鮪。”《文選·東都賦》注：“翰曰：‘山有穴曰岫。王鮪之魚，居穴中。’綜曰：‘王鮪，魚名，居山穴中。’長老言：‘王鮪之魚，由南方來，出此穴中，入河水，見日目眩，浮水上，流行七八十里。釣人見之，取之以獻，天子用祭。其穴，在河南小平山。’”

　　祭不必記，記鮪，何也？鮪之至有時，美物也。鮪者，魚之先至者也。而其至有時，謹記其時。鄭氏康成曰：“冬，魚之性定。春，鮪新來。”孔氏穎達曰：“冬則衆魚皆可薦，春惟獻鮪而已。”陸氏佃曰：“鮪，岫居，至春始出，而浮於陽。”

　　榮堇，采繁。《爾雅》：“草謂之榮。”《詩》：“堇荼如飴。”《傳》：“堇，菜也。”《説文》：“蘽，木堇，朝華暮落。”《爾雅》《苦堇》注：“堇，葵也。”《廣雅》：“堇，蘸也。”《淮南·時則訓》：“木堇榮。”鄭康成曰：“堇，王蒸也。”高誘曰：“木堇，朝榮暮落，樹高五六尺，其葉與安石榴相似。”又云：“可用作蒸也。”《唐本草》：“此菜野生，非人所種，俗謂之堇菜。榮，華也。”《本草衍義》：“木堇，如小葵，花淡紅色，五葉成一花。”《爾雅》：“繁，皤蒿。”《玉篇》：“白蒿也。”陸氏璣曰：“春始生，香美可蒸食，秋名曰蒿，可以爲菹。”照案：“繁”“蘩”字古通。

董，菜也。繁，由胡。案：《春秋正義》引作“繁，游胡”。由胡者，繁母也。繁，一作“繁母者”。旁勃也，陸氏璣曰：“一名游胡，北海人謂之旁勃。”皆豆實也，《周禮·醢人》：“四豆之實，皆有其菹。”孔氏曰：“菹在豆，故知以豆薦也。”照案：以爲豆實，《急就篇》所謂“園菜果蓏，助米糧者”是也。故記之。

昆小蟲抵蚳。《春秋考異郵》：“二九十八，主風，精爲蟲，八日而化，風沟波激，故其命從虫。虫之爲言屈申也。”

昆者，衆也，由魂魂也。案：“由”“猶”古通用。各本訛作“田魂螺”也。又舊本“昆”作“蚰”，“魂”作“贁”。魂蒐蒐也者，別本無“蒐蒐也”三字。動也，小蟲動也。《一切經音義》：“蒐蒐然，小蟲動也。”其先言動而後言蟲者，何也？萬物至是動，動而後著。別本脫“至”字、“動”字。抵，猶推也。蚳，螘卵也，韋氏昭曰：“未乳曰卵。”爲祭醢也。《群書要語》：“螘有翅，其子蚳。”韋氏昭曰：“蚳，蟻子也，可以爲醢，《小戴記》：‘蜃修蚳醢。’”取之則必推之，推之不必取，一本作“不必取之”，一本作“必不取”。故言推而不言取。案：“故言”，別本訛作“取必”。

來降燕，乃睇。案：宋本“睇”下有一“室”字。《春秋運斗樞》：“瑶光星散爲燕。”《埤雅》：“燕之往來避社，而嗛土不以戊己日。”

燕，乙也。《爾雅》曰：“燕燕，乙也。”《毛氏詩傳》：“玄鳥，鳦也。”降者，下也。言來者，何也？莫能見其始出也，故曰來降。蔡氏德晉曰：“燕高飛而來降，睇視人之堂宇，欲營巢而粥子也。”乃言睇，何也？睇者，盻也。《説文》：“睇，目小視也。”盻者，視可爲室者也。百鳥皆曰巢，突穴“突”，一作“室”。又謂之室，一本無

“又”字。何也？操泥而就家，入人内也。“入人”，別本訛作“人人”，或作“人入”。

剥鱓。案：“鱓”，一作“鼉”，“鱓”“鼉”古通用。

以爲鼓也。《詩·大雅》：“鼉鼓逢逢。”《吕氏春秋》：“帝顓頊令鱓先爲樂倡，鱓乃偃浸，以其尾鼓其腹。”其鱓，即鼉也。《説文》：“鱓，魚名，皮可爲鼓。”《博物志》：“‘鼉’，一名‘鱓’。”《續博物志》：“鼉，長一丈，其聲如鼓。”《埤雅》：“鼉鳴①應更，吴越謂之曰鼉更。”

有鳴倉庚。《埤雅》：“倉庚，鳴于仲春，其羽之鮮明在夏。”

倉庚者，商庚也。商庚者，長股也。陸氏璣《詩疏》：“黄鳥，黄鸝留也，或謂之黄栗留。幽州人謂之黄鶯，或謂之黄鳥。一名倉庚，一名商庚，一名鵹黄，一名楚雀。齊人謂之搏黍，關西謂之黄鳥。一作鸝黄，或謂之黄袍。”

榮芸。《春秋文耀鉤》：“春致其時，華實乃榮。”蔡氏德晉曰：“芸至是華也。”照案：無傳，疑佚也。

時有見秭，始收。案：王氏應麟引經，無“時有”二字。

有見秭而後始收，是《小正》序也。一作“小其序也”。《小正》之序時也，皆若是也。《三禮考注》：“正月有柳秭，又云見②秭，故以爲《小正》之序也。”秭者，所爲一本作“所以爲”豆實。金氏履祥曰：“秭者，草木始生之芽，可食者收之以爲豆實。”

三月。

參則伏。《説文》：“參，商星也。本作曑，從晶③㐱聲。”徐氏《繫傳》曰：“其上晶與星同義也，今文作參。”照案：三月日在參，穀雨時也。

---

① 原無“鳴”字，皇清經解續編本同，據《埤雅》補。
② 原衍一“見”字，據皇清經解續編本删。
③ 原無“晶”字，據皇清經解續編本及《説文》補。

伏者，非亡之辭也。案："亡"，各本訛作"忘"。星無時而不見，我有不見之時，故曰伏云。《玉篇》："伏，匿也。"

攝桑。《説文》："桑，蠶食葉。"徐氏鍇曰："叒，音若。日初出東方湯谷，所登榑桑。叒，木也，蠶所食神葉，故加木叒下，以別之。《月令》：'季夏之月，命野虞毋伐桑柘。'"《種樹書》："常以三月三日雨，卜桑之貴賤。"

攝而記之，急桑也。王氏廷相曰："攝，取也，取桑以飼蠶也。"《氾勝之書》："種桑法：桑至春生，一畝食三簿蠶。"

委楊。案：舊注"'委'，一作'萎'"，乃校書者所加，非盧氏原注。一本"萎"訛作"苑"。徐氏巨源曰："楊葉茂而下垂，委委然也。"

楊則花，而後記之。傅氏崧卿曰："'委'作'萎'，言楊之華落於地，或謂之飛絮也。"

羍羊。《集韻》："羍，羽鬼切，音韙。羍羍，羊相逐貌。"照案：《周書·王會》"渠羝"注："渠羝者，羊也。"疑"渠"與"羍"音近而訛。又案：羍之言圍也，謂其環聚也。

羊有相還之時，案："還""環"古通用。其類羍羍然，記變爾。舊注："'羍羍'，一作'羍羍'。"王氏廷相曰："羊性寒則散處，熱則環聚如圍。此時天將熱，乃環聚，故曰羍羊。"蔡氏德晉曰："羍，羊相環貌。陸農師以爲羊性善群，故於文羊爲群，獨爲犬也。"或曰：羍，羝也。《廣雅》："吳羊三歲曰羝。"《説文》："羝，牡羊也。"

螜則鳴。《爾雅》"螜，天螻"，郭注曰："謂螻蛄耳。"而《方言》以爲蝸，未詳其義也。《説文》："蠹，螻蛄。"照案："螜"，又作"蠹"；"螻蛄"，又作"螻蟈"。

螜，天螻也。《七修類稿》："立夏，四月節。夏，假也，物至此時皆假大也，螻蟈鳴。螻蟈，小蟲，生穴土中，好夜出，今人謂之土狗是也。

一名螻蛄，一名碩鼠，一名轂，各地方言之不同也。《淮南子》曰：‘螻蟈鳴，蚯蟥出，陰氣始而二物應之。’《古今注》又以螻爲鼫鼠，可知《埤雅》《本草》俱以爲臭蟲，鄭康成、陸德明以爲蛙，皆非也。”

頒冰。照案：“頒”，古本作“巹”。《周官·凌人》：“夏頒冰。”《左傳》：“古者日在北陸而藏冰，西陸朝覿而出之。”

頒冰者，分冰以授大夫也。鄭氏康成曰：“朝之禄位，賓、食、喪、祭，于是乎用之。”

采蘵。案：《爾雅》作“蔵，黄蓨也”。《廣雅》：“蒩，蔵也。”《唐韻》：“蔵，菜①名，葉似蕎麥，生於濕地。”

蘵，草也。照案：岑草，蔵也。《吳越春秋》：“范蠡乃令左右皆食岑草②，以亂③其氣。”《會稽賦注》：“擷之，小有臭氣，凶年民劚其根食之。”

妾子始蠶。《小戴記》：“及大昕之朝，君皮弁素積，卜三宫之夫人、世婦之吉者，使④入蠶于蠶室。”皇氏侃曰：“妾，謂外内命婦。子，謂外内子女。”《齊民要術》：“三月清明節，令蠶妾治蠶室，塗隙穴，具槌持箔籠。”

先妾而後子，何也？曰：事有漸也。言事自卑者始。“事”，别本訛在“自卑”下。照案：此傳文則妾卑於子矣，與皇氏之説不同。

執養宫事。

執，操也。養，長也。皇氏侃曰：“謂操持長養蠶宫之事。”

祈麥實。鄭氏康成曰：“于含秀，求其成也。”

---

① 原作“采”，皇清經解續編本同，《康熙字典》引《唐韻》作“菜”，據改。
② 原無“草”字，皇清經解續編本同，據《吳越春秋》補。
③ 原作“辭”，據皇清經解續編本及《吳越春秋》改。
④ 原無“使”字，皇清經解續編本同，據《禮記·祭義》補。

麥者,各本作“麥實者”。五穀之先見者,《爾雅翼》:“麥者,繼絕續乏之穀,夏時民乏食,麥最先登。”故急祈而記之也。董氏仲舒曰:“《春秋》他穀不書,至于麥禾不成則書之,可見聖人於五穀最重麥與禾。”

越有小旱。“越”,一作“粵”。案:“越”“粵”通。

越,于也。記是時恒有小旱。《書》“高宗肜日①,越有雊雉”,《傳》:“越,於也。”照案:“旱”,或作“草”,謂所以祈麥實者,恐或有小草也。然“四月,越有大旱”,則此處宜曰“小旱”,作“草”者非。

田鼠化爲鴽。“鴽”,一作“翟”。《逸周書》:“清明之五日,田鼠化爲鴽。”

鴽,鵪也。《説文》:“鵪,鶉屬也。”郭氏璞曰:“鶉也。青州呼爲鵪母。”變而之善,故盡其辭也。鴽爲鼠,變而之不善,故不盡其辭也。馬氏睎孟曰:“田鼠化爲鴽,陰類之懟,遷乎陽而性和也。”郎氏瑛曰:“形大如鼠,頭似兔,尾有毛,青黃色,好在田中食粟豆。”鮑氏云:“鼠,陰類。鴽,陽類。陽氣盛,故化爲鴽,蓋陰爲陽化也。”

拂桐芭。一本作“巴”。案:“芭”與“葩”通。《吕氏春秋》:“梧桐是月生葉。”蔡氏邕《章句》曰:“桐,木之後華者也。”

拂也者,拂也,桐芭之時也。或曰:言桐芭始生,貌拂拂然也。

鳴鳩。《爾雅》:“鶌鳩。”舍人曰:“今之斑鳩。”②郭璞曰:“似山雀而小,短尾,青黑色,多聲。”

言始相命也。先鳴而後鳩,何也? 鳩者,一本無“鳩者”二字。鳴而後知其鳩也。《月令》:“鳴鳩拂其羽。”注:“鳴鳩飛,且翼相

① 原無“肜日”二字,皇清經解續編本同,據《尚書·高宗肜日》補。
② “今之斑鳩”爲《左傳疏》引舍人言。

擊,趨農事也。”

四月。

昴則見。初昏,南門正。《爾雅》:“大梁,昴也。”《史記·封禪書》“北至于留”,《索隱》云:“留,即昴也。”《詩》毛傳亦云:“昴,留也。”

南門者,星也。歲再見,壹正,蓋大正所取法也。王氏希明曰:“南門,天之外門也。‘小正所取法’,舊本作‘大正’。”《明堂大道録》:“南門,大微星所在,故云‘大正所取法’。猶《説卦》之‘南面而聽天下’,蓋取諸《離》也。”

鳴札。《爾雅》:“蚻,蜻。”《疏》:“蚻,一名蜻蜻,如蟬而小。”《方言》云:“蟬小者,謂之麥蚻。”《廣雅》:“蛥蚗,蚻也。”

札者,寧縣也。案:“寧縣”,一作“虎縣”,“寧”又作“寍”。鳴而後知之,故先鳴而後札。

囿有見杏。《説文》:“從口有聲,苑有垣也。”《典①術》曰:“杏木者,東方歲星之精。”

囿者,山之燕者也。徐氏巨源曰:“杏,春華夏實,四月,則其實見矣。”

鳴蜮。照案:“蜮”“蟈”古通用。《周禮·秋官》“蟈氏”,鄭《注》云:“蟈,讀爲‘蜮’,蝦蟇也。”“蟈氏”,《注》:“齊魯之間謂鼃爲蟈,許慎以爲短狐。”《月令》“螻蟈鳴”,《注》曰:“蟈,今御所食蛙也。從虫,國聲。”

蜮也者,或曰屈造之屬也。照案:《淮南子》“鼓造避兵”,高誘謂“造,亦蝦蟇”。

王萯秀。《説文》:“萯,王萯也。”蔡氏邕《章句》:“萯,草名,生於陵。”《廣雅》:“王白,萯也。”《玉篇》:“萯,小豆也。”《太平御覽》“鳳凰生而王萯秀”,注:“瑞草也。”《本草》:“萯生田中,葉青,刺人,有實,七月采,陰

---

① 原作“曲”,皇清經解續編本同,據《太平御覽》果部五所引改。

乾。”《爾雅》：“不榮而實曰秀。’”惠氏校本曰：“‘秀’，舊本作‘莠’。”照案：《管子》云：“劇土之次，曰五沙。其種大菅、細菅，白莖青秀以蔓。”《漢書·宣帝紀》有“菅陽宫”，李裴曰：“菅，音倍。”然不言爲何草。考《三輔黃圖》：“菅陽宫，秦文王所起，在今鄠縣西南二十三里。”其地不聞生菅草。《詩》鄭箋“四月秀葽”引《小正》“四月，王菅秀葽”，其是乎？《吕氏春秋》作“王善生”。《唐書·渾瑊傳》“登王菅原”，《通鑑注》：“其地多王菅草，因以名原。”孔氏又疑王菅爲王瓜，未知孰是。案：此下失傳。

取荼。《豳風》：“采荼薪樗。”《爾雅·釋草》“薰，苦荼，即芳也”，《注》：“荼，苦菜，可食。”《月令》：“孟夏之月，苦菜秀。”鄭氏康成曰：“荼，茅莠也。”蔡邕《章句》：“荼，苦菜也。苦菜，苦蕒菜也。”照案：《名醫》云：“游冬，凌冬不死。”即《廣雅》所云：“游冬，苦菜也。”

荼也者，以爲君薦蔣也。蔡氏德晉曰：“《周禮·地官》有‘掌荼’：‘掌以時聚荼，以共喪事。’”

秀幽。案：王應麟本無此二字，此下又無傳，疑上下或有脱文。徐氏巨源曰：“幽者，‘葽’之訛也，即《詩》‘四月秀葽’是也。《廣雅》：‘葽，莠也。’《詩緝》：‘四月，陽氣極於上，而微陰已胎於下，葽感之而早秀。’”照案：《詩》“四月秀葽”，諸儒不詳其名，劉向、許慎之説皆以爲苦葽。《戰國策》云：“幽，莠之幼也，似禾。”又有謂《國策》之“幽莠”，即《夏小正》之“四月秀幽”；《小正》之“秀幽”，即《詩·七月》篇之“秀葽”。“幽”“葽”“莠”，乃一聲之轉，蓋本諸《廣雅》“葽，莠也”之語耳。曹氏粹中以《爾雅①》《本草》證之，知其爲“遠志”。未詳孰是。

越有大旱。《春秋考異郵》：“旱之言悍也，陽驕寒所致也。”

記時爾。照案：此亦偶記時事爾。

執陟攻駒。《周禮·校人》“春執駒”，鄭注：“執，猶拘也。”《淮南

_____

① 原作“本”，據皇清經解續編本改。

子》：“夫馬之爲草駒之時，跳躍揚蹄，翹足而立，人不能制。”高誘曰：“五尺已下爲駒，放在草中，故曰草駒。”鄭司農曰：“二歲曰駒。”顔氏師古曰：“馬子曰駒。”

執也者，始執駒也。執駒也者，離之去母也。陟，升也，各本脱此三字。執而升之君也。攻駒也者，教之服車，數舍之也。王氏應電曰：“執駒以熟其性，圍馬以就牢籠。然後馬之惡者可使馴，柔者可使良，而無夐駕驚奔之患。”

五月。

參則見。

參也者，伐星也，“伐”，或訛作“牧”。故盡其辭也。照案：《小正》四記參，故曰盡其辭。

浮游有殷。郭氏璞曰：“似天牛而小。”孔氏穎達曰：“此蟲，土裏所化。”

殷，衆也，浮游殷之時也。一本無此句。浮游者，渠略也，照案：“渠略”，一作“蝶蟹”，又作“蟲蟒”。《爾雅·釋蟲》：“蜉蝣，渠略。”《説文》：“秦晉之間謂蜉蝣。”陸氏璣曰：“蜉蝣，方土語也，通謂之渠略，似甲蟲，有角，大如指，長三四寸，甲下有翅能飛，夏月陰雨時地中出。”《詩疏》引舍人注：“浮蝣，一名渠略，南陽以東曰蜉蝣，梁宋之間曰渠略。”《藝文類聚》引樊光注“是糞中蟲”，《六書故》引樊光注曰“糞中蝎蟲”。朝生而暮死。《詩·曹風》注：“蜉蝣，渠略也，似蛣蜣，身狹而長，有角，黑黄色，朝生暮死。”蔡氏德晉曰：“《傳》以浮游爲朝生暮死，而《淮南子》謂‘浮游不飲不食，三日而死’，蓋死之速者，即在生之日；其遲者，亦不過三日也。”

稱有，何也？有見也。[1]

───────────

[1] 原無“稱有，何也？有見也”句，皇清經解續編本同，據《大戴禮記》及王聘珍《大戴禮記解詁》、孔廣森《大戴禮記補注》補。

鵙則鳴。

鵙者，百鷯也。一作“百勞”，鄭氏《詩箋》：“鵙，博勞也。”鳴者，相命也。《易通卦驗》：“夏至小暑，伯勞鳴。博[1]勞性好單棲，其飛揳，其聲嗅嗅。”其不辜“辜”，一本訛作“事”之時也，高誘《淮南子注》：“鵙，伯勞鳥也。五月陰氣生下，伯勞夏至應陰而鳴，殺蛇於木。”是善之，故盡其辭也。

時有養日。朱子曰：“《大戴》‘日’作‘白’。以十月養夜考之，作‘日’近是。”照案：五月將長至，故養日；十月將冬至，故養夜。

養，長也。照案：《詩》“江之永矣”，《韓詩》作“羕”，《文選·登樓賦》注引之曰“羕，長也”，蓋本諸《爾雅》。嘗攷《齊侯鎛鐘銘》“士女考壽，萬年羕保其身”，又“子子孫孫羕保是享”，是“羕”乃古“永”字。“永”，訓爲“長”，“羕”與“養”聲相近，故以“永”爲“養”也。一則在本，一則在末，戴氏震曰：“本末，猶初終。謂或在初，或在終。鄭注《月令》：‘辰角見，九月本也；天根見，九月末也。’”故其記曰“時有養日”云也。案：別本脫“有”字，“云”訛作“之”。

乃瓜。案：傅氏本作“乃衣瓜”。《說文》：“瓜，象形也。”王氏廷相曰：“案《曲禮》：‘爲天子削瓜者副之，巾以絺；爲國君者[2]華之，巾以綌。’《注》曰：‘削，刊也。副，析也。刊其皮而析爲四解，又橫解而以細葛巾覆之而進也。華，半破也。諸侯禮降，故破而不四析，亦橫斷之，用粗葛巾覆也。’”

乃者，急一作“治”瓜之辭也。瓜也者，始食瓜也。案：一本有“衣也者始創衣也”七字。惠氏棟曰：“黃本以瓜爲衣，末句作‘始創

---

① 原作“傅”，據皇清經解續編本改。

② 原無“者”字，皇清經解續編本同，據《禮記·曲禮》補。

衣也’。”

良蜩鳴。照案：《爾雅》作“蜋蜩”，《六書故》亦作“蜋蜩”。《月令》“蟬始鳴”，朱氏申曰：“蟬，陰類，感陰生而始鳴。”高氏誘曰：“蟬以翼鳴。”《詩疏》引舍人注：“方語不同，三輔以西爲蜩，梁宋以東謂蜩爲蝘，楚地謂之蟪蛄，《楚辭》‘蟪蛄鳴兮啾啾’是也，郭璞贊蟲之精潔可貴惟蟬。”孔氏穎達曰：“《方言》云：‘楚謂蟬爲蜩，宋衞謂之螗蜩，陳鄭謂之蜋蜩，秦晉謂之蟬。’是‘蜩’‘蟬’一物，方俗異名耳。”盧氏翰曰：“蟬，兩翼，喙長，在腹下，或以爲無口以脅鳴。有數種，蜩、螗皆大，蚻、蠽、螿皆小。”《格物論》：“蜩，蚻形大而黑，亦五月鳴。”

良蜩也者，五采具。《初學記》引孫炎注：“蜋，五采具。”

匽之興五日翕，望乃伏。案：《爾雅注》“匽”作“蝘”。《埤雅》：“‘螗’，一名‘蝘’。”《釋文》：“蝘，音偃，蟬屬也。”《草木蟲魚疏》云：“一名蚻蟟。青徐謂之螇螰，楚人名之蟪蛄，秦燕謂之蛥蚗，或名之蜓蚞。”郭云：“俗呼爲胡蟬，江南謂之唐蜩，又謂之螗蜺。”照案：匽，或謂之蝘蜓，考《爾雅》及揚雄《解嘲》、許慎《説文》、崔豹《古今注》所謂匽者，皆與蟬之説不類。

其不言生而稱興，何也？ 不知其生之時，故曰興。以其興也，故言之興五日翕也。望也者，月之望也。而伏云者，不知其死也，故謂之伏。五日也者，十五日也。翕也者，合也。伏也者，入而不見也。照案：燕避戊己，蝠伏庚申，此云翕以五日、伏以望，匽豈其類與？

啓灌藍蓼。《説文》：“藍，染草也。”《通志》：“藍有三種：蓼藍染綠；大藍如芥，染碧；槐藍如藍，染青。三藍皆可爲澱。”金氏履祥曰：“啓灌者，取其汁也。藍可以染者，五月取以爲澱。蓼，草名，取以爲麴。”《群芳譜》：“藍有數種，有蓼靛，花葉梗莖皆似蓼。”

啓者，別也，陶而疏之也。灌也者，叢生者也。“叢”，一作“聚”。蔡氏德晉曰：“啓，拔也。藍，染草。蓼，小藍也。藍蓼初種時，皆叢生，既長當移栽而疏植之，方得長茂。”熊氏曰：“灌，謂叢生也。”記時也。

鳩爲鷹。王氏廷相曰：“復化也。”照案：或疑句脱一“化”字，并疑傳佚者。不知句無脱字，亦無庸傳也。“正月，鷹則爲鳩，言則者，變而之仁，故盡其辭也”，鳩爲鷹，變而之不仁，故不盡其辭也，則傳已見前，不必再贅，非佚也。考《司裘》注“秋鳩化爲鷹”，京房《占》“七月鳩化爲鷹”，《小正》“鳩爲鷹”在五月，則周七八月，正夏五六月也。

唐蜩鳴。《爾雅》：“蜩，螗蜩。”鄭注：“此即四五月間小蟬，有文采，先諸蟬而鳴者。”《埤雅》：“其首方廣，有冠，鳴聲清亮。”《毛詩名物解》：“蜩蟬，五月鳴蜺也，譁以無理，則用口而已。然其聲調而如緝，故謂之蜩。五月鳴謂之蜩，以其聲也；七月鳴謂之蟬，以其生之寡特，形之單微也。蟪蛄所化，謂之蜩蟓。蜩有文，故謂之蜻蟓；無文，或謂之夷。”

唐蜩者，一本作“唐蜩鳴者”。匽也。照案：匽，俗呼爲胡蟬。

初昏，大火中。照案：一本作“初昏，大火中，種黍菽糜”，疑亦是也，讀下注“已在經中”句可見。

大火者，心也。《尚書》：“日永，星①火，以正仲夏。”心中，種一本作“種”。黍菽糜時也。高氏誘曰：“關西謂之䴸，冀州謂之𪎭。”《玉篇》：“𪎭，䴸也。”《氾勝之書》：“黍，暑也，種者必待暑。”金氏履祥曰：“菽，豆也。糜，赤粱粟也。”

煮梅。

爲豆實也。《周禮·籩人》：“饋食之籩，其實乾䕩。”鄭注：“䕩，乾梅也。”陸氏《詩疏》：“梅，杏類也。曝乾爲腊，置羹臛韲中，又可含以香口。”顧起經曰：“古者以梅實薦饋食之籩，《周官》所謂‘乾䕩’也。又

---

① 原作“心”，皇清經解續編本同，據《尚書·堯典》改。

梅實酸，故以爲和，《商書》所謂‘鹽梅’也。”

蓄蘭。《説文》：“香草也。”陸氏佃曰：“蘭草爲蘭，蘭不祥也。”

爲沐浴也。《説文》：“沐，濯髮也。浴，洒身也。”蔡氏德晉曰：“蘭，香草，能辟不祥，故蓄之。《楚辭》云‘紉秋蘭以爲佩’，是佩用蘭也，又云‘浴蘭湯兮沐芳’，是沐浴用蘭也。《荀子》云‘天子大路，側載睪芷’，又‘天子代睪而食’，然則蘭之爲用廣矣。”

菽糜。《尚書考靈曜①》：“夏火星昏中，以種黍菽。”照案：有疑“糜”爲衍文者，愚謂以菽爲糜而食之，非衍文也。

已在經中，又言之，照案：時食豆鬻，而又言之，非重出此文也。是何也？時食矩關而記之。照案：“矩關”，前人有謂是“豆鬻”二字之誤，又一説“矩”當爲“巨大”也，古字“規矩”“巨細”通作“巨”。經不復著種黍而詳菽糜，夏時以菽爲糜，乃時所食之大關，其義亦通。考傅氏本作“短關”，朱子本亦作“短關”，東魏《嵩陽寺碑》書“矩”爲“短”，是“短”“矩”可通用也。

頒馬。

分夫婦之駒也。案：傅氏本作“分大夫卿之駒也”。《吕氏春秋注②》：“是月牡馬懷姙已定，故放之則別其群，不欲駒蹄踰趨其胎育③，故繫之也。”

將閒諸則，照案：“閒”“閑”古字通。將閒諸則者，即《詩》所云“閑之維則”也。

或取蘺一作“驪”。駒納之則法也。照案：此下舊注“‘矩關’，一作‘短關’；‘夫婦’，一作‘夫卿’”，是校書者語，非原注文。考

---

① 考靈曜，原作“帝命期”，皇清經解續編本同，引文出自《尚書考靈曜》而非《尚書帝命期》，故改之。

② 原無“注”字，皇清經解續編本同，據高誘《吕氏春秋注》補。

③ 原作“欲”，皇清經解續編本同，據《吕氏春秋·仲夏》高誘注改。

《易·大畜》九三“良馬逐，利艱貞，曰^①閑輿衞”，馬、鄭並云：“閑，習也。”《尚書大傳》：“戰鬥不可不習，故于蒐狩閑之。”

六月。

初昏，斗柄正在上。案：關氏本注云：“‘柄’，一作‘杓’。”今從王應麟本作“柄”。

五月大火中，六月斗柄正在上，用此見斗柄之不正當心也，“正”，別本作“在”。蓋當依。依，尾也。案：此言六月昏尾中爾。

煮桃。

桃也者，杝桃也。杝桃也者，山桃也。《爾雅》：“旄，冬桃。杝，山桃。”《唐韻》：“杝桃也者，‘杝’當作‘梔’。”煮以爲豆實也。《釋名》：“桃，諸藏桃也。諸，儲也，藏以爲儲，待給冬月用之。”

鷹始摯。鄭氏康成曰：“得疾厲之氣也。”徐氏巨源曰：“正月鳩，三月鳴，五月鷹，六月摯，從善難而不仁易也。”

始摯而言之，何也？諱殺之辭也，故言摯云。照案：“摯”，亦作“鷙”，《淮南子》所謂“鷹乃學習”并“鷹隼早摯”也。

七月。

秀雚葦。《詩·豳風》“八月萑葦”，《疏》：“初生者爲葭，長大爲薍，成則爲萑。”《埤雅》：“幼曰蒹葭，長曰萑葦，萑小而葦大。”《九家易》曰：“萑葦，蒹葭也，根莖叢生，蔓衍相連。”《儀禮》鄭《注》：“萑，細葦也。”《説文》：“萑，薍也。葦，大葭也。”案：《漢上易》引鄭康成説，以萑葦爲竹類。

未秀則不爲雚葦，秀然後爲雚葦，故先言秀。照案：舊本“秀”作“莠”，朱子曰：“‘莠’，讀爲‘秀’。”又案：“雚”，疑當作“萑”。

---

① 原作“日”，皇清經解續編本同，《周易·大畜卦》第三爻作“曰”，據改。

《毛詩陸疏廣要》云：“葦未秀爲蘆，先儒以爲雈，似葦而細。”據《夏小正》云“七月秀雚葦，未秀則不爲雚葦，秀然後爲雚葦”，則曰雈曰葦，皆堅成後之名也。

　　狸子肇肆。

　　肇，始也。《爾雅疏》：“肇者，《説文》作‘肁’，始開也。”肆，遂也。《書·舜典》“肆類于上帝”，《傳》：“肆，遂也。”言其始遂也。或曰：一本“或曰”上有“其”字。肆，殺也。金氏履祥曰：“案：《字林》：‘狸，伏獸。’蓋至此時而始肆也。”

　　湟潦生苹。照案：《説文》：“潢，積水也。潦，雨水。”則“湟”字宜作“潢”。舊本注：“‘潦’，一作‘潰’。”《月令》“萍始生”、《周禮》“萍氏”，《注》：“萍之草無根而浮，取名於其不沉溺。”《淮南子》“萍樹根于水”，高誘《注》：“萍，大蘋也。”郭氏璞曰：“今水上浮萍也，江東謂之藻。”

　　湟，下處也。有湟然後有潦，潦而後有苹草也。案：下“潦”字，別本作“有潦”。

　　爽死。

　　爽也者，猶疏也。蔡氏德晉曰：“《周禮·太宰職》云：‘臣妾聚斂疏材。’《掌荼職》云：‘徵野疏材之物，以待邦事。’此時疏材既死，則可收斂矣。”

　　苹秀。案：苹，《爾雅》作“萍”。秦氏蕙田曰：“案：苹有三種。《爾雅》‘萍，蓱’，《注》云：‘水中浮萍，江東謂之藻。’此水生之萍，《月令》‘萍始生’、《夏小正》‘湟潦生苹’是也。《爾雅》又云‘萍，馬帚’，《注》：‘似蓍，可爲掃篲。’即此文‘苹秀’是也。《爾雅》又云‘苹，藾蕭’，《注》：‘今藾蒿也，初生亦可食。’《詩》‘呦呦鹿鳴，食野之苹’是也。此二種陸生，與湟潦所生者迥別。”

　　苹也者，此下各本衍“有”字。馬帚也。《説文》：“萍，馬帚也。”照案：今北人呼爲掃帚菜，又呼爲刺蓬，蓋“萍”“蓬”一聲之轉耳。

漢案户。《史記·天官書》：“漢者，金氣之精。”《埤雅》：“水氣在天爲雲，水象在天爲漢。”《河圖括地象》：“河精上爲天漢。”

漢也者，天漢也。此據《文選·西征賦》《月賦》所引。案户也者，直户也，案：《文選注》又作：“漢，天漢也。案户，日户也。”言正南“南”，或作“爲”北也。金氏履祥曰：“古者户皆南向，則是時初昏，天漢直南也。”

寒蟬鳴。《月令章句》：“寒蟬應陰而鳴，鳴則天凉，故謂之寒蟬也。”高氏誘曰：“寒蟬得寒氣，鼓翼而鳴。”

蟬也者，案：一本“蟬”上有“寒”字。蜺蟪也。照案：“蜺蟪”，一本作“螇鹿”，蓋本諸《方言》也。

初昏，織女正東鄉。案：“鄉”，一作“向”。《春秋佐助期》：“織女，神名，收陰。”《詩汜歷樞》：“立秋促織鳴，女工急促之候。”《星經》：“織女三星，在天市東，常以七月一日六七日見東方，色赤精明，女工善。”王氏廷相曰：“織女三星，在斗柄之東，斗柄南指，則織女正東也。”照案：此有經無傳。

時有霖雨。高氏誘曰：“是月，月麗于畢，恐雨滂沱。”照案：此亦無傳。

灌茶。照案：《爾雅》“藿蓊”，説者以爲應作“灌渝”。“渝”與“舒”音近，“茶”又有讀爲“舒”音者，疑即灌渝之義也。

灌，聚也。“聚”，一作“叢”。茶，藿葦之秀，爲蔣褚之也。“褚”，一作“楮”。《説文》：“蔣，菰也。”徐鍇《繫傳》：“蔣，苽蔣也。”《釋文》：“苽，草也，青謂之苽蔣，枯謂之菊茭。”《詩草木疏》：“葭、茭名薍，至秋成①則謂之藿。”藿未秀爲茭，葦未秀爲蘆。顔氏師古曰：“薍爲

①　原作“甚”，陸璣《毛詩草木蟲魚疏》“葭，一名蘆茭，一名薍。薍，或謂之荻。至秋堅成，則謂之藿”，據改。

萑,謂荻也,其新生者曰蒹。葭爲葦,謂蘆也。”

斗柄縣在下,則旦。案:是月,日在翼。王氏應麟本“柄”作“杓”,“縣”作“垂”。此亦無傳。

八月。

剝瓜。

剝瓜也者,案:別本脱此句。畜瓜之時也。案:《内則》“庶羞”有棗瓜、杏瓜。

玄校。顧氏起經曰:“凡染當及盛暑熱潤,三月而後可用,則玄校之衣染於六月,而用於八月者耳。”

玄也者,黑也。校也者,“校”,或作“黝”。若緑色然。“緑”,當作“緣”。婦人未嫁者衣也。

剝棗。《詩》“八月剝棗”,《疏》:“棗須就樹擊。”《爾雅》:“棘實謂之棗。”

剝也者,取也。《埤雅》:“棗實未熟,雖擊不落;已熟則爛,不擊自墮。”《齊民要術》:“棗全赤則收,撼而落之,乾則紅皺,復爲烏鳥之費,半赤而收者,肉未充滿,故於全赤之時剝而落之。”

栗零。案:“栗”,《説文》作:“桌,從木,其實下垂,故從卤。”《周禮·天官·籩人》:“饋食之籩,其實栗。”張氏《毛詩義疏》:“栗,五方皆有,周、秦、吳、揚特饒,惟漁陽、范陽栗甜美味長,他方不及也。倭、韓國土栗,大如雞子,亦范味不美。桂陽有栗,叢生,大如杼。”[1]

零也者,降也。照案:草曰零,木曰落。栗,木也,亦曰零,其義通也。零而後取之,故不言剝也。《蜀都賦》“楈栗罅發”,《注》:

---

[1] 該條疑問較大:“張氏《毛詩義疏》”不知所指。《農政全書》卷二十九引文作“陸璣《詩疏》”。又《農政全書》中,“倭、韓國土栗,大如雞子”中“土”作“上”,“范味不美”中“范”作“短”。留此存疑,姑待方家。

“栗皮折罅而發也。”《東觀書》：“栗駁蓬轉。”蓋今栗房秋熟罅發，其實驚躍如爆，去根甚遠，故謂栗駁。

丹鳥羞白鳥。《月令》“群鳥養羞”，鄭氏康成曰：“羞，謂所食也。”

丹鳥也者，謂丹良也。案：皇氏以丹良爲螢火，孔氏以《爾雅·釋蟲》、郭氏等諸釋皆不云螢火，疑皇氏爲無據。照案：《古今注》：“螢，一名耀夜，一名景天，一名熠燿，一名丹良燐，一名丹鳥，一名夜光，一名宵燭。”白鳥也者，此處從《月令》注所引，與諸家本稍異。謂蚊蚋也。《說文》：“秦謂之蚋，楚謂之蚊。”《太平御覽》引《月令》曰：“丹鳥羞白鳥。白鳥，即蚊也。丹鳥，螢也。”《金樓子》：“白鳥，蚊也。”其謂之鳥者，何也？案：別本脫“何也”二字。重其一本此處有“所”字養者也。孔氏疏：“丹良是蟲，乃謂之鳥，是重其所養之物不盡食之，雖蟲而謂鳥也。”有翼者爲鳥。《御覽》所引，句上有一“凡”字。羞也者，孔《疏》：“丹鳥以白鳥爲珍羞。”進也，不盡食也。《御覽》無此四字。照案：各本“丹鳥羞白鳥”，具在八月，惟鄭康成所引在九月。又説者以丹鳥爲蝙蝠，未詳孰是。

辰則伏。王氏鳴盛曰：“辰也者，心也。伏也者，日所在也。八月，日在心，秋分在氐末房初，秋分後在心。”案：或以爲，句上應有“九月”字，入八月疑誤。

辰也者，房星也。案：各本脫“者”字，今從《通解》本。“房”，各本訛作“謂”，今從《初學記》所引。伏也者，入而不見也。秦氏蕙田曰：“《爾雅·釋天》云：‘大辰，房心尾也。’又云：‘大火謂之大辰。’《尚書大傳》云：‘若參辰之錯行。’揚雄《法言》云：‘吾未睹參辰之相比也。’以大辰爲東方之宿，參爲西方之宿，故常不並見也。夏時八月，日在大火，以日之所在，故伏而不見。”

鹿人從。案：“人”，一本作“入”。金氏履祥曰：“鹿人者，古山虞掌獸之官。從，從禽也，謂始從禽也。”

鹿人從者，案：別本脱此句。從群也。鹿之養也①離，群而善案：此下各本衍“而”字之。離而生，非所知時也，故記從不記離。君子之居幽也不言。或曰：人從也者，案：各本重一“人”字。大者于外，小者傅氏本“者”下有“放”字于内，率之也。

駕爲鼠。照案：“三月，田鼠化爲駕”，《傳》：“駕爲鼠，變而之不善，故不盡其辭也。”傳已見前，則此處無傳矣。

參中則旦。畢氏沅曰：“初昏，辰伏，則參旦中矣。”照案：無傳。

九月。

内火。照案：“内”“納”古字通。金氏履祥曰：“古者三月大辰旦見，故出火。八月辰伏，故九月納火。”徐氏巨源曰：“《周禮》‘季春出火，季秋納火’，即此謂也，蓋因子夏。”鄭司農謂：“以三月本時昏，心見于辰，使民出火；九月本黄昏，伏于戌，使民納火。故《春秋傳》曰：‘以出納火。’”心爲大火，火見而出，火伏而納。”

内火也者，大火。惠氏棟曰：“一本有‘也’字。”大火也者，心也。

遰鴻鴈。照案：《易古義·大有》九四象：“明辨遰也。”鄭康成《注》云：“遰，讀如明星晳晳。”《史記·賈生傳》“風漂漂兮高遰”，《注》：“音逝。”

遰，往也。楊氏慎曰：“鴻鴈之鳥，木②落南翔，冰泮北徂，知時之

---

① 原無“也”字，皇清經解續編本同，據《大戴禮記》及王聘珍《大戴禮記解詁》、孔廣森《大戴禮記補注》補。

② 原作“本”，據皇清經解續編本改。

鳥也。然其行有先後，八月鴻鴈來，乃大鴈也，雁之父母；九月鴻鴈來賓，小鴈也，鴈之子也；十二月鴈北鄉，亦大鴈，鴈之父母；正月候鴈北，亦小鴈，鴈之子也。”

主夫出火。傅氏崧卿曰：“‘夫’，當作‘火’。”案：或云此三月之文，誤入九月。

主夫也者，主以時縱火也。秦氏蕙田曰：“主夫者，主火之夫，《周禮》司爟、司烜之屬是也。”案：“司烜以夫遂取明火于日”，則夫者疑即夫遂。

陟玄鳥蟄。

陟，升也。玄鳥者，燕也。先言陟而後言蟄，何也？陟而後蟄也。金氏履祥曰：“古人重玄鳥，當其至而祠之，故其來也書降，其去也書陟，皆貴之也。蟄者，玄鳥去，則蟄於海島間土穴中。”

熊、羆、貔、貉、貙、鼬則穴，案：《爾雅注》引“貙鼬則穴”，各本訛作“鼬貍則大”。《周禮》“穴氏”，鄭《注》曰：“穴，搏蟄獸所藏者也。”《列子》：“禽獸之智，違寒就溫。”

言蟄也。照案：王氏應麟本以“若蟄而”三字爲經文，故諸本以傳爲“若蟄而”。兹從方氏本。《一切經音義》：“蟄，藏也。獸之淺毛，若熊羆等，亦皆蟄也。”《月令廣義》：“注：此《周官》所謂蟄獸也。”

榮鞠。照案：別本有“樹麥”二字。《月令》：“鞠有黃華。”《爾雅翼》引《章句》曰：“菊，草名也。黃華者，土氣之所成也。”

鞠，草也。鞠榮而樹麥，《管子》：“令以九月種麥。”時之急也。周處《風土記》：“其花煌煌，霜降之時，此草甚茂。俗尚九日而用候時之草也。”

王始裘。《月令》：“十月，天子始裘。”鄭氏康成曰：“九月授衣，至此可以加裘。”

王始裘者，何也？此句從《通解》本增。衣裘之時也。

辰繫于日。秦氏蕙田曰：“夏時九月，日在析木之津，將旦，辰始見東方，如繫于日然。”照案：此處有經無傳。王氏應麟引經并無此句。

雀入于海爲蛤。《月令》“雉入大水爲蜃”，注：“大蛤曰蜃。”

蓋有矣，非常入也。

十月。

豺祭獸。《月令》“豺乃祭獸”，《疏》：“案：《月令》‘九月，豺乃祭獸’，《夏小正》‘十月豺祭獸’，則是九月末①十月之初。豺祭獸之後，百姓可以田獵。”張氏宓曰：“豺性貪，祭獸知有先矣。”

善其祭而後食之也。

初昏，南門見。案：此月南門二星朝見于東南隅，非昏見也，“初昏”二字疑衍。

南門者，星名也，及此再見矣。

黑鳥浴。案：“鳥”，各本作“烏”。

黑鳥者，何也？烏也。案：各本脫“黑鳥”二字及下“也”字。浴也者，飛乍高乍下也。照案：黑者，十月之色。十月雖氣寒，日暖，鳥乘暄而浴也。

時有養夜。

養者，長也，若日之長也。

玄雉入于淮爲蜃。薛君《韓詩章句》：“雉，耿介之鳥也。”《易》：“離爲雉。”《通卦驗》：“小雪雉入水爲蜃。”干氏寶曰：“蜃，蛤類。”杜氏子春曰：“蜃，蚌也。”

---

① 原作“未”，據皇清經解續編本改。

蜃者,蒲盧也。照案：古語隨變而成者曰蒲盧。

織女正北①鄉,則旦。案：王氏應麟所引無"則旦"二字。

織女,星名也。

十有一月。

王狩。《周禮·夏官·大司馬》"遂以狩田",《注》："冬田爲狩,言守取之無所擇也。"《月令》："天子乃厲飾,執弓挾矢以獵。"《月令注》："凡田之禮,惟狩最備。《夏小正》：'十一月,王狩。'"

王狩者,案：各本脱"王"字。言王之時田也。案：各本脱"也"字。冬獵爲狩。《爾雅》："冬獵爲狩。"

陳筋革。

陳筋革者,省兵甲也。蔡氏德晉曰："案：《考工記·弓人》'夏治筋,春液角',而函人鍛革,不詳其時。則此陳筋革,蓋因田獵用獸之後,取所多餘之筋革,陳列而相察之,將以爲甲爲弓耳,非于是月即用筋革也。函人察革,弓人相筋,殆於此時與?"

嗇人不從。照案：嗇人,嗇夫。不從,不從禽也。

不從者,弗行。惠氏棟曰："當作'不從狩也'。"案：此下疑有脱文。于時月,萬物不通。照案：所謂閉塞而成冬也。

隕麋角。《説文》："麋,鹿屬也,以冬至時而解角也。"《月令疏》："麋爲陰獸,情淫而遊澤,冬至陰方退,故解角。"②

隕,隊也。日冬至,陽氣至始動,諸向生皆蒙蒙符矣。故麋角隕,記時焉爾。照案：陽氣,生物之始也,物生必蒙,故曰蒙。

---

① 原作"正"字,皇清經解續編本同,據《大戴禮記》及王聘珍《大戴禮記解詁》、孔廣森《大戴禮記補注》改。

② 原無"爲陰獸情淫而遊澤冬至陰方退故解角"十六字,據皇清經解續編本補。

山獸爲鹿,澤獸爲麋。鹿屬陽,得陰氣而解角,以夏至;麋屬陰,得陽氣而解角,以冬至。

十有二月。

鳴弋。照案:“弋”,當作“鳶”,古字通。《周書》:“大雪之日,鶡鳥鳴。”後字形“鶡”轉爲“鳶”,又轉爲“鳶”,又省爲“弋”。《詩》“匪鶉匪鳶”,亦作“匪鳶”。又一説作“霜風剛勁時,獵禽鳴弦之聲”。

弋也者,禽也。先言鳴而後言弋者,何也? 鳴而後知其弋也。

玄駒賁。

玄駒也者,螘也。《方言》:“螘,齊魯之間謂蚼蠪,西南梁益之間謂之玄駒。”《古今注》:“牛亨問曰:‘螘名玄駒者,何也?’答曰:‘河内人並河而見人馬數千萬,皆如黍米,游動往來,從旦至暮。家人以火燒之,人皆是蚊蚋,馬皆是大蟻。故今人呼蚊蚋曰黍民,蟻曰玄駒也。’”《廣志》:“有飛蟻,有水蟻,古曰玄駒者也。”顧氏起經曰:“玄駒,是螘之大者。以其色黑,故謂之玄,以其體健,故謂之駒。俗云馬蚚蚍也。”賁者,何也? 走于地中也。照案:“賁”,古與“奔”音相近,疑此借“賁”爲“奔”也。

納卵蒜。《説文》:“蒜,葷菜也。”孫炎注《爾雅》:“帝登蒿山,遭猶芋草毒,得蒜,乃嚙之解毒,乃收植之。能殺蟲魚之毒,攝諸腥羶。”《古今注》:“蒜,卵蒜也,俗謂之小蒜。”顏氏師古曰:“辛而葷。”《干禄字書》:“蒜,一作‘䔉’,音歷。”照案:《字書》:“䕚,百合蒜也。”《説文》:“䕚,音煩,小蒜也。”

卵蒜也者,本如卵者也。蔡氏德晉曰:“其根如卵。”納者何也? 納之君也。金氏履祥曰:“納者,收藏之。”

虞人入梁。蔡氏德晉曰:“虞人,澤虞也。梁,絶水以取魚者。

入梁,始漁也。”

虞人,官也。梁者,主設罔罟者也。《詩》“魚麗于罶”,《毛傳》:“罶,曲梁也。”

隕麋角。

蓋陽氣且睹也,“且”,別本作“旦”。故記之也。傅氏崧卿曰:“《月令》‘仲冬,麋角解’,與《小正》十一月記隕麋角合,十二月又記之,蓋衍文。戴氏因誤爲之傳,失之矣。”照案:此處經傳似屬重出,然氣候有早晚,《月令疏》云:“若節氣早,則麋角十一月解;若節氣晚,則十二月麋角解。”經故又記之。且古人重陰陽之義,或因陽氣且睹,而重言以申明之,自有取義爾,恐傅氏所云未爲定論也。

大戴禮記注補卷三

保傅第四十八

　　殷爲天子三十餘世而周受之，原注：“凡三十一世。”照補：皇甫謐曰：“商之饗國也，三十一王。自見居位者，實三十王，而言三十一者，兼數太子丁也。自湯得位至紂，凡六百二十九年。成湯一，外丙二，仲壬三，太甲四，沃丁五，太庚六，小甲七，雍己八，太戊九，仲丁十，外壬十一，河亶十二，祖乙十三，祖辛十四，沃甲十五，祖丁十六，南庚十七，陽甲十八，盤庚十九，小辛二十，小乙二十一，武丁二十二，祖庚二十三，祖甲二十四，廩辛二十五，庚丁二十六，武乙二十七，太丁二十八，帝乙二十九，紂三十。”周爲天子三十餘世而秦受之，原注：“凡三十七世。”照補：皇甫氏曰：“自克殷至秦滅周之歲，凡三十七王，八百六十七年。武王一，成王二，康王三，昭王四，穆王五，恭王六，懿王七，孝王八，夷王九，厲王十，宣王十一，幽王十二，平王十三，桓王十四，莊王十五，釐王十六，惠王十七，襄王十八，頃王十九，匡王二十，定王二十一，簡王二十二，靈王二十三，景王二十四，悼王二十五，敬王二十六，元王二十七，貞定王二十八，哀王二十九，思王三十①，考王三十一，威烈王三十二，安王三十三，烈王三十四，顯王三十五，慎靚王三十六，赧王三十七。”秦爲天子，二世而亡。皇甫氏曰：“自昭襄王滅周至子嬰，凡四

---

　　① 原作“王”，皇清經解續編本作“三”，據改。

王二帝,合四十九年。昭襄王一,孝文王二,莊襄王三,始皇帝四,胡亥五,子嬰六。"人性非甚相遠也,原注:"孔子曰:'性相近。'"何殷周有道之長而秦無道之暴?原注:"暴,卒疾也。"其故可知也。

古之王者,太子迺生,原注:"古,即殷周時也。"照補:《尚書洪範五行傳》曰:"心之大星,天王也。其前星,太子也;後星,世子也。"《白虎通》:"何以知天子之子稱太子?《尚書》曰'太子發升于舟'是也。"方回曰:"此偽《泰誓》也。《初學記》引《韓詩外傳》曰:'五帝官天下,三王家天下。家以傳子,官以傳賢。'故自唐虞以上經傳,無太子稱號。夏殷之王,雖則傳嗣,其文略矣。至周,始有文王世子之制。"顏師古曰:"迺,始也。"因舉以禮,"因",各本作"固"。案:賈誼《新書》作"因",《魏書·李彪傳》引亦作"因",與《新書》合①。使士負之。原注:"卜其吉也。"照補:桓公六年《左傳》:"九月丁卯,子同②生,以太子之禮舉之,接以太牢,士負之,士妻食之。"有司齋肅端冕,"齋肅",別本作"參夙",或作③"參職",今據《李彪傳》所引。見之南郊,見之天也。原注:"齋肅,謂三月朝也。端,正也,冕服之正。"過闕則下,原注:"敬君典法之處。"過廟則趨,原注:"迺闕故下,望廟則趨。"孝子之道也。故自爲赤子時,劉奉世曰:"嬰兒體赤色,故曰赤子。"教固已行矣。

昔者周成王幼,在襁緥之中,原注:"武王崩,成王十有三也。而云襁緥之中,言其小。"照補:《史記》:"周武王太子誦立,是爲成王。"賈誼《新書》:"成王者,武王之子也,文王之孫也。"《春秋元命苞》:"文王造之而未遂,武王遂之而未成,周公旦總少主而成之,故曰成王。"《說文》:"幼,小也。"《史記·魯世家》:"成王少,在强葆之中,周公恐天下

---

① 原作"食",據皇清經解續編本改。
② 原作"回",據皇清經解續編本及《左傳》改。
③ 原作"負",據皇清經解續編本改。

畔,乃踐阼,代成王攝行政當國。"高誘曰:"繦,緥褓上繩也。"李奇曰:
"緥,小兒大藉也。"《博物志》:"繦,織縷爲之,廣八寸,長丈二。"案:《史
記》作"强葆",《索隱》云:"强葆,即緥褓,古字少,假借用也。"師古曰:
"褓,即今之小兒繃也。"孟康曰:"緥,小兒被也。"《復古編》:"褓,從衣、
强。緥,從糸、保。別作'繦褓',非。"召公爲太保,《史記索隱》:"召
者,畿内采地。奭始食于召,故曰召公。或説者以爲文王受命取岐周,
故墟周、召地分爵二公,故《詩》有周、召二南,言皆在岐山之陽,故言南。
後武①王封之北燕,在今幽州薊縣故城是也。亦以元子就封,而次子留
周室代爲召公。"照案:《燕世家》召公奭與周同姓,孔安國、鄭康成皆云
爾,譙周以爲周之支族,《穀梁傳》以爲周之分子,皇甫謐竟以爲文王庶
子,《白虎通》以爲文王子,王充以爲周公之兄,《左傳》富辰言文之昭十
六國無燕也,則非文王子明矣。周公爲太傅,《史記索隱》:"周,地名,
在岐山之陽,本太王所居,後以爲周公之采邑,故曰周公。即今之扶風
雍東北,故周城是也,謐曰周文公。"太公爲太師。《史記索隱》:"太公
望吕尚者,譙周曰:'姜姓,名牙,炎帝之裔,伯夷之後。掌四岳有功,封
之于吕,子孫從其封姓,尚其後也。'按:後文王得之渭濱,云吾先君太公
望子久矣,故號太公望。蓋牙是字,尚是其名,後武王號爲師尚父也。"
《周禮》:"保氏掌諫王惡。"應劭《漢官》曰:"保,養也。"又曰:"太傅,古官
也。"《漢書音義》:"師,訓也。"韋昭曰:"太保、太師,天子三公,佐王論
道。"蕭子顯曰:"太師、太保、太傅,周之舊官。"照案:羅喻以爲太師、太
保、太傅,此太子之三公,非天子之三公。保,保其身體;原注:"保,
謂安守之。"傅,傅之德義;原注:"傅,猶敷也。"師,導之教訓,原
注:"師、傅之教大同也,師主于訓導,傅即受而述之。《書序》曰:'周公
爲師,召公爲保,相成王爲左右也。'"此三公之職也。原注:"今《尚

書》説三公，司馬、司徒、司空也。古《尚書》及《周禮》説，義與此同，故先儒論者，多依此爲説也。"照補：《説苑》："伊尹曰：'三公者，知通于大道，應變而不窮，辯于萬物之情，通于天道者也。其言足以調陰陽、正四時、節風雨，如是者，舉以爲三公。'"于是爲置三少，皆上大夫也，原注："卿也，謂之孤也。"曰少保、少傅、少師，是與太子宴者也。原注："記者，因成王幼稚，周公居攝，又以王少漸聖賢之訓，長終封禪之美，故據其成事，同于太子，而始末序之，取明殷周之隆師友爲先也。"照補：熊安生曰："太傅審慎其道，行之于身以示法，此身教也；少傅奉以觀其德行，詳審言之，使通曉，此言教也。"朱子曰："三公三孤，本無職事，亦無官屬，但以道義輔佐天子而已。三公三少，只是加官。"顏師古曰："宴，謂安居。"故孩提，《新書》"孩提"下，有"有識"二字。原注："三少又親近，故孩提而教之。"照補：顏氏曰："孩，小兒也。提，謂提撕之。"三公三少，《書·周官》："立太師、太傅、太保，兹惟三公，論道經邦，爕理陰陽。少師、少傅、少保曰三孤。"《北堂書鈔》引《五經異義》曰："今《尚書》夏侯、歐陽説，天子三公，一曰司徒，二曰司馬，三曰司空，九卿，二十七大夫，八十一元士，凡①百二十。在天爲山川。古《周禮》説，天子立三公，曰太師、太傅、太保，無官屬，與王同職，故曰坐而論道，謂之三公；又立三少，以爲之副，曰少師、少傅、少保，是爲三孤；冢宰、司徒、宗伯、司馬、司寇、司空，是爲六卿之屬；大夫、士、庶人②在官者，凡萬二千石。"案：周公爲傅，召公爲保，太公爲師，無爲司空、司徒文，知師、保、傅三公官名也。五帝三王不同物，此周之制也。固明孝仁禮義，以導習之也。逐去邪人，不使見惡行。于是比"比"，《新書》作"皆"。選天下端士孝悌、閑博、一作"博聞"有道術者，以輔翼

---

① 原無"凡"字，皇清經解續編本同，據《北堂書鈔》補。
② 此處原有"凡"字，皇清經解續編本同，據《北堂書鈔》刪。

之,使之與太子居處出入。故太子乃日見正事,一作"太子乃生而見正事"。《白虎通》:"天子之太子,諸侯之世子,皆就于外者,尊師重先王之道也。"聞正言,行正道,左視右視前後皆正人。夫習與正人居,不能毋正也,《釋文》:"毋,音無。《説文》云:'止之詞,其字從女,内有一畫,象有姦之形,禁止之,勿令姦。古人言毋,猶今人言莫也。'"猶生長于齊,不能不齊言也;習與不正人居,不能毋不正也,猶生長于楚,不能不楚言也。故擇其所嗜,必先受業,乃得嘗之;擇其所樂,必先有習,乃得爲之。原注:"恐其懈惰,故以所嗜好而誘之。"孔子曰:"少成若天性,别本脱"天"字。習貫之爲常。"原注:"言人性本雖無善,少教成之,若天性自然也。《周書》曰:'習之爲常,自氣血始。'"照補:《國語》:"少而習焉,其心安焉,不見異物而遷焉。"此殷周之所以長有道也。原注:"其太子幼,擇師友亦然。"

及太子少長,知妃一作"好"色,《白虎通》:"妃者,匹也。妃匹者,何謂也? 相與偶焉。古者天子後宮,嫡庶皆曰妃。"顔氏曰:"妃色,妃匹之色。"則入于學。學者,所學之官也。各本作"入于小學",今從《新書》及《漢書》。原注:"古者太子八歲入小學,十五歲入大學也。"照補:顔氏曰:"官,謂官舍。"《學禮》曰照案:《學禮》,蓋古《禮經》也,今失傳。:"帝入東學,上親而貴仁,則親疏有序,而恩相及矣;帝入南學,上齒而貴信,《吕①覽·尊師》篇曰:"天子入太學,祭先聖,則齒嘗爲師者弗臣。"則長幼有差,而民不誣矣;帝入西學,上賢而貴德,蔡邕《明堂論》曰:"祀先賢于西學,所以教諸侯之德也,即所以顯行國禮之處也。"照案:説與《祭義》同。則聖智在

---

① 原作"昌",據皇清經解續編本改。

位,而功不匱矣;"匱",一作"遺"。《説文》:"匱,乏也。"**帝入北學,上貴而尊爵,則貴賤有等,而下不踰矣**;原注:"成王年十五,亦入諸學,觀禮布政,故引天子之禮以言之。四學者,東序、瞽宗、虞庠及四郊之學也。春氣温養,故上親;夏物盛,小大殊,故上齒;秋物成實,故貴德;冬時物藏于地,惟象于天半①見也,故上爵也。"照案:此文見于賈誼《新書》、《漢書·賈誼傳》、《尚書大傳》,惟"踰"作"隃",故師古注曰:"'隃',與'踰'同,謂越制也。""成王年十五",《玉海》作"年十三即位",盧氏于"成王幼"句下小注原云"武王崩,成王年十有三",此處作"十五",疑是各本傳寫誤也。又案:《三禮義宗》云:"一學之制,與明堂同體,五室四堂,共一基之上。東堂謂之東學,南堂謂之南學,西堂謂之西學,北堂謂之北學,中央謂之太學。"又云:"凡立學之法,有四郊及國中。在東郊謂之東學,南郊謂之南學,西郊謂之西學,北郊謂之北學,在國中謂之太學。"據此,則學有二説也。**帝入太學**,魏文侯《孝經傳》曰:"太學者,中學明堂之位也。"蔡邕《明堂月令論》曰:"《易傳·太初》篇曰:'天子旦入東學,晝入南學,暮入西學。太學在中央,天子之所自學也。'"照案:當有"夜入北學"句,傳寫者偶脱耳。**承師問道**,《小戴記》:"師也者,教之以事,而諭諸德者也。"**退習而端于太傅**,"端",《大傳》作"攷"。**太傅罰其不則而達其不及,則德智長而理**"理",《大傳》作"治"。**道得矣。**"程子曰:"舜、禹、文、武之聖,亦有從學,後世師傅之職不修,友臣之義未著,所以尊德樂道之風未成于天下。"此五義者,"義",《大傳》作"學"。**既成于上,則百姓黎民化輯于下矣。**"輯",舊注"一作'緝'",乃校書者所加。顔氏曰:"輯,和也。"**學成治就,此殷周之所以長有道也。**原注:"成王學,並正于三公也,獨云太傅,舉中言。"

———————

① 原作"牛",據皇清經解續編本改。

　　及太子既冠成人，免于保傅之嚴，則有司過之史，《新書》作“司直”。《呂氏春秋》“湯有司過之士”注：“正其過闕。”有虧膳之宰。案：王應麟所引作“徹膳”。原注：“太子齒于學，有榎楚威。成王雖幼，固與成人等，且王既冠。”太子有過，史必書之，顏氏曰：“有過則記。”史之義不得不書過，不書過則死。《小戴記》：“動則左史書之，言則右史書之。”過書而宰徹去膳。此句從《太平御覽》所引：“《禮記·古大明堂之禮》曰：‘膳夫是相禮，日中出南闈，見九侯及門子；日昃出西闈，視五國之事；日入出北闈，視帝節獸。’”鄭康成曰：“膳之言善也。今時美物曰珍膳。”宰之義，不得不徹膳，不徹膳則死。于是有進善之旌，原注：“堯置之，令進善者，立於旌下也。”照案：《管子》《前漢·文帝詔》《後漢·申屠剛傳》俱作“進善之旌”。一本又作“令”。有誹謗之木，原注：“堯置之，使書政之愆失也。”照補：《尸子》曰：“堯立誹謗之木。”韋昭云：“慮政有闕失，使書于此，堯時然也。後代因以爲飾，今宮外橋梁頭四植木是也。”有敢諫之鼓，原注：“舜置之，使諫者擊之，以自聞也。”照補：《中華古今注》：“程雅問曰：‘堯設誹謗木，何也？’答曰：‘今之華木也。以橫木①交柱頭，狀如華也，形如桔槔，大路交衢悉施焉。或謂之表，以表王者納諫也，亦以表識衢路。秦乃除之，漢始復修焉，今西京謂之交午柱也。’”《淮南子》：“堯置敢諫之鼓，舜造誹謗之木。”《呂氏春秋》：“堯有欲諫之鼓，舜有誹謗之木。”《鄧析子》：“堯置欲諫之鼓，舜立誹謗之木。”《劉子·貴言》篇：“堯置招諫之鼓，舜植誹謗之木。”文雖小異，其實一也。師古曰：“進善者立于旌下，譏惡者書之于木，欲顯諫者則擊鼓。”鼓夜誦詩，原注：“賈誼云：‘瞽史誦詩。’然‘瞽’與‘鼓’聲誤也，‘夜’‘史’爲字誤。”工誦正一作

---

①　“橫木”二字原模糊不清，據皇清經解續編本補。

“箴”。諫，大夫進諫，原注：“工，樂人也。瞽，官長。誦，謂隨其過，誦詩以諷。大夫諫之以義，後于瞽史。”照補：顏氏曰：“瞽，無目者也。工，習樂者也。”李奇曰：“古有誦詩之士，記過之史，常在君側也。”士傳民語。習與智長，故切而不攘；原注：“量知授業，故雖勞能受也。”照案：“攘”，《漢書》作“媿”，師古曰：“每被切磋，故無大過可耻媿之事。”化與心成，故中道若性，原注：“觀心施化，故變善如性也。”是殷周所以長有道也。

三代之禮，天子春朝朝日，秋暮夕月，原注：“祭日東壇，祭月西坎，以別内外，以端其位。”照補：《國語》：“天子大采朝日，少采夕月。”《祭義》：“祭日于壇，祭月于坎，以別幽明，以制上下。祭日于東，祭月于西，以別内外，以端其位。”顏氏曰：“朝日以朝，夕月以暮，皆迎其初出也。”所以明有別也。原注：“教天下之別也。”照案：“別”，各本或作“臣”，或作“敬”，今從《永樂大典》本。春秋入學，坐國老，執醬而親饋之，原注：“仲春舍菜合儛，仲秋班學合聲，天子視學而遂養老。”照補：《文王世子》“凡大合學，必遂養老”，注：“謂大合學舍采合舞，秋頒學合聲。”《樂記》：“食三老五更于太學，天子袒而割牲，執醬而饋，執爵而酳。”《禮記義疏》：“‘執醬而饋，執爵而酳’，蓋因食禮之正飯加飯，正饌庶羞，所謂設饌也。”《孝經援神契》曰：“天子尊事三老。”陳祥道《禮書》曰：“天子之于老也，歲養之也三，仲春也，季春也，仲秋也。”顏氏曰：“進食曰饋。”案：親之者，所以優老也。所以明有孝也。原注：“教天下之孝也。”照補：葉夢得曰：“天子一入學，而所教者三：釋奠以教重道，合樂以教崇德，養老以教致孝。”行中鸞和，步中《采茨》，此下舊注“一作‘齊’”，乃校書者語。照案：《周禮》作“薺”，《小戴》作“齊”。趨中案：古本《周禮》“趨”作“跱”《肆夏》，原注：“車亦應樂節步，又中珮聲，互言之也。《爾雅》曰：‘堂上謂之行，門外謂之趨。’《周禮》及《玉鸞》曰：‘行以《肆夏》，趨以《采茨》。’此云‘步中《采茨》，趨中《肆夏》’，又云‘行以《采茨》，趨以《肆夏》’，則于大寢之內奏《采茨》，朝廷之中奏《肆夏》與？《周禮》文誤也。”照補：《周禮》：“凡馭輅，儀以鑾和爲節。”鄭氏曰：“鑾在衡，和在軾，皆以金鈴也。”鄭衆曰：“《肆夏》《采薺》，皆樂名，謂人君步趨以爲節。”顔氏曰：“鸞、和，車上鈴也。《采齊》，樂詩名也。《肆夏》，亦樂詩名。趨，疾步也。凡言中者，謂與節相應也。”《釋文》：“《國語》云：‘金奏《肆夏》《樊遏》《渠》。’杜遂分爲三《夏》之別名。吕叔玉云：‘《肆夏》，《時邁》也。《樊遏》，《執競》也。《渠》，《思文》也。’”劉彝曰：“車行有緩急，和鸞之聲，動則相應。”**所以明有度也。**原注：“教天下之儀也。”**于禽獸，見其生不食**—作“忍”**其死，聞其聲不嘗其肉，故遠庖廚，**原注：“《玉鸞》曰：‘凡血氣之類，弗身踐。’”照補：《孟子》曰：“見其生，不忍見其死；聞其聲，不忍食其肉。是以君子遠庖廚也。”**所以長恩且明有仁也。**原注：“皆先正于己。”**食以禮，**原注：“謂俎豆傳列及食之等。”**徹以樂，**原注：“于飲食之間，又不忘禮樂。”**失度則史書之，工誦之，三公進而讀之，宰夫減其膳，是以**—本無“以”字。**天子不得爲非也。**原注：“失孝敬禮樂之度也。”《明堂之位》曰：“照案：所引皆太學事，而稱明堂之位者，太學統于明堂也。此古《禮》逸篇也。**篤仁而好學，多聞而道慎，天子疑則問，應而不窮者，謂之道。道者，導天子以道者也，常立于前，是周公也。誠立而敢斷，**原注：“言能忠誠有立，而果于斷割。”**輔善而相義者，謂之充。充者，充天子之志者也，**一本無“者”字。**常立于左，是太公也。潔廉而切直，匡過而諫邪者，謂之弼。弼者，拂天子之過者也，常立于右，是召公也。博聞而强記，**一本無“而”字。**接給而善對者，謂之承。承者，承天子之遺忘者也，常立于後，是史佚也。”**原注：“接給，謂應所問而給也。史佚，周太史尹佚也。立道于前，承于後，置充于左，列諫于右，順名義也。道者，有疑則問，故或謂之疑。充者，輔善，故或謂之輔。"照補：《尚書大傳》："古者天子必有四鄰，前曰疑，後曰承，左曰輔，右曰弼。天子有問無以對，責之疑；可志而不志，責之承；可正而不正，責之輔；可揚而不揚，責之弼。"**故成王中立而聽朝，則四聖維之，是以慮無失計，而舉無過事，**《淮南子》："心知規，而師傅諭導；口能言，而行人稱辭；足能行，而相者先導；耳能聽，而執政進諫。是故慮無失策，謀無過事，言爲文章，行爲儀表于天下。"《漢書·谷永傳》："四輔既備，成王靡有過事。"陳氏《禮書》："出入前後，罔非正人，則目不閱淫色，耳不聞優笑，居不近庸邪，玩不備珍異，則所見者正事，所聞者正言，所行者正道，所以教諭而德成。"**殷周之所以長久也，**"所"，別本訛作"前"。**其輔翼天子，有此具也。**《小戴禮》："保者，慎其身以輔翼之。"案："天子"，《漢書》作"太子"。

　及秦不然，其俗固非貴辭讓也。所尚者告得也，原注："賈誼云'所上者告訐也'，然'得'字之誤也。"照補：訐，謂面相斥罪也。**固非貴禮義也。所尚者刑罰也，故趙高傅胡亥，**原注："趙高，宦者，秦中車府令。胡亥者，始皇少子二世也。"**而教之獄，**《説文》："獄，謂之牢。"**所習者，非斬劓人，**《書·盤庚》："我乃劓殄滅之，無遺育。"《爾雅》："斬，殺也。"《説文》："劓，刖鼻也。"**則夷人三族也。**《左傳》杜注："夷，殺也。"《國語》賈逵注："夷，毀也。"《廣雅》："夷，滅也。"《史記·李斯傳》："斯具五刑。"《漢書·刑法志》："漢興之初，尚有夷三族之令。令曰：'當三族者，皆先黥、劓、斬左右止、笞殺之，梟其首，菹其骨肉于市。其誹謗詈詛者，又先斷舌。'故謂之具五刑。彭越、韓信之屬，皆受此誅。"**暴秦之爲禍也，烈矣。**《漢書》："秦用商鞅之法，造參夷之誅。"《周禮疏》："三族，謂父、子、孫。"《儀禮注》："父昆弟、兄昆弟、子昆弟爲三族。"《漢書注》："父族、母族、妻族。"**故**

今日即位，明日①射人，忠諫者謂之誹謗②，深爲計者謂之
訞誣，原注：“昔伊尹諫夏桀，桀笑曰：‘子爲訞言矣。’莊辛諫襄王，襄王
曰：‘先生爲楚國訞與？’是也。”照補：顔氏曰：“‘訞’，同‘妖’，《集韻》作
‘訞’。”徐鉉曰：“誣，以無爲有也。”《玉篇》：“欺罔也。”其視殺人，若
刈草菅然。顔氏曰：“菅，茅也。”豈胡亥之性惡哉？彼其所以
習導非其治故也。鄙語曰：“不習爲吏，如視已事。”原注：
“觀前成事也，古諺云：‘前事之不忘，後事之師也。’鄙，猶今言俗語然
也。”又曰：“前車覆，後車誡。”照案：“前車覆”二句，《晏子春秋》
《吳越春秋》俱引，《説苑》以爲《尚書》逸經《泰誓》篇，賈誼《新書》以爲周
諺，《韓詩外傳》以爲鄙語。夫殷周所以長久者，其已事可知也，
然而不能從，是不法聖智也；秦世所以亟絶者，其轍迹可見
也，顔氏曰：“亟，急也。車跡曰轍。”然而不辟一作“辟”。者，是前
車覆而後車必覆也。夫存亡之變，此句從《漢書》，與別本稍異。
治亂之機，其要③在是矣。

　　天下之命，縣于天子，天子之善，在于早諭教與選左
右，顔氏曰：“與，猶及也。”心未疑而先諭教，一作“教諭”。則化易
成也。原注：“心未疑，謂未有所知時也。”夫開于道術，知義理之
指，則教之功也；若夫服習積貫，則左右已。胡越之人，生
而同聲，嗜慾不異，及其長而成俗也，絫數譯而不能相通，
案：別本訛作“參”。《説文》：“譯，傳四夷之語者。”《韓詩外傳》：“成王之
時，越裳氏重九譯而至。”晉灼《漢書注》：“遠國使來，因九譯言語而通

_____

　　① 原作“目”，據皇清經解續編本改。
　　② 原作“誘”，據皇清經解續編本改。
　　③ 原無“要”字，皇清經解續編本同，據《大戴禮記》及王聘珍《大戴禮記
解詁》、孔廣森《大戴禮記補注》補。

也。"行雖有使不能相爲者，蘇林曰："言其人之行，不能易事相爲處。"教習然也。原注："生而同聲，及其長也，重譯而曉之，不能使言語相通。嗜慾不異，至于成俗，其所行，雖有死之可畏，猶不相放爲者，皆教習使之然也。"故曰選左右早諭教最急。夫教得而左右正，左右正一本不重"左右正"三字。則天子正矣，天子正而天下定矣。原注："《孟子》曰：'君正，莫不正也，君正而國定也。'"《書》曰：'一人有慶，萬民賴之。'此《周書·呂刑》之辭也。"此時務也。原注："時，猶是也。"

天子不諭先聖王之德，"諭"，別本或作"論"，今從《漢書》。不知國君畜民之道，不見禮義之正，不察應事之理①，不博古之典傳，不閑于威儀之數，詩書禮樂無經，學業不法，凡是其屬，太師之任也。天子無恩于親戚，一作"父母"。不惠于庶民，無禮于大臣，不中于刑獄，舊注"'無'，一作'輕'"，乃校書者所加，非原注文。"刑"，別本或作"制"。無經于百官，不哀于喪，不敬于祭，不信于諸侯，不誠于戎事，不誠于賞罰，不厚于德，不强于行，賜與侈于近臣，遜愛于疏遠卑賤，案："遜""吝"古通用。不能懲忿窒慾，原注："言不勝其情。《易》曰：'君子以懲忿窒慾。'"不從太師之言，凡是其屬，"其"，一本訛作"之"。太傅之任也。天子處位不端，受業不敬，言語不序，聲音不中律，原注："聲有準，乃中律。"進退節度無禮，原注："'節度'，或爲'即席'。"升降揖讓無容，周旋俯仰視瞻無儀，妄顧咳唾，"'妄'，別本訛作'安'。《莊子》：'幸聞咳唾之音。'"趨行不得，原注："'趨'，

① 原作"聖"，據皇清經解續編本改。

或爲‘走’.”色不比順,隱琴瑟,一作“隱琴肆瑟”。案:《新書》亦作
“肆瑟”。原注:“隱,據也,言案禮樂之器.”凡此其屬,太保之任也。
天子宴瞻其學,原注:“少師,與天子宴者也.”照案:《新書》作“燕辟
廢其學”。左右之所習反其師,原注:“左右所習,不順于師也.”照
案:左右與師反,故遠之。答遠方諸侯,不知文雅之辭,應群臣
左右,不知已諾之正,簡聞小誦,不傳一作“博”不習,凡此其
屬,少師之任也。天子居處出入不以禮,冠帶衣服不以制,
御器在側不以度,此下別本衍一“縱”字。上下雜采不以章,原
注:“惑于朱紫,不以典章.”忿怒説喜不以義,賦與集讓《經傳通
解》云:“‘集’,當作‘譙’.”不以節,凡此其屬,少傅之任也。天
子宴私,安而易,原注:“自放縱也.”樂而湛,原注:“湛以樂也.”
《經傳通解》作“過于樂也”。飲酒而醉,食肉而餕,案:“餕”,《新書》
作“飽”。原注:“過其性也.”飽而强,原注:“强,勉强也.”饑而怵,原
注:“怵,貪殘也.”暑而喝,案:宋元本並作“喝”,又別本作“渴”。原
注:“喝,傷暑也.”寒而嗽,《周禮·天官·疾醫》:“冬時有嗽上氣疾.”
寢而莫宥,坐而莫侍,行而莫先莫後,天子自爲開門户,自
取玩好,《周禮》:“凡式貢之餘財,以供玩好之用.”《穀梁傳》曰:“不親
小事.”自執器皿,亟顧環面,原注:“環,旋也.”御器之不舉不
藏,凡此其屬,少保之任也。號呼歌謡聲音不中律,宴樂雅
誦案:古字“誦”“頌”通迭樂序,“迭”,或訛“迸”。凡此其屬,詔工
之任也。[①] 原注:“輕用雅誦也。凡禮不同,樂各有秩,苟從所好,亂其
次。聲樂之失,任在太史者,樂應天也。《國語》曰:‘吾非瞽史,焉知天

---

　　① “凡此其屬詔工之任也”九字其他注本所無,乃汪照所加,可謂卓識,
其後王念孫論之甚詳。

道也。'"照補：《周禮》："太史掌六律六同，以合陰陽之聲。"不知日月之時節，不知先王之諱與大國之忌，別本作"國之大忌"。原注："《周禮・小史職》曰'若有事，則詔王之忌諱'也。"照補：《王制》："太史典禮，執簡記，奉諱惡。"鄭康成曰："諱，先君名。惡，忌日，若子、卯。"鄭衆曰："名爲諱，死日爲忌。"不知風雨雷電之眚，凡此其屬，太史之任也。孔穎達曰："太史之官，典掌禮事。國之得失，是其所掌。"王應麟曰："《王制》：'太史典禮，執簡記，奉諱惡。'《保傅傳》謂：'不知日月之時節，不知先王之諱與大國之惡，不知風雨雷電之眚，太史之任也。'愚謂人君所諱言者，災異之變；所惡聞者，危亡之事。太史奉書以告君，召穆公所謂史獻書也。"

《易》曰："正其本，萬物理。失之毫釐，差之千里。"故君子慎始也。原注："據《易說》言也。"《春秋》之《元》，《詩》之《關雎》，《禮》之《冠》《昏》，《易》之《乾》《巛》，皆慎始敬終云爾。原注："元者，氣之始也；夫婦，化之始也；冠昏，人之始也；《乾》《巛》，物之始也。獲麟，《春秋》終也；《頌》者，《詩》之終也；吉禮，禮之終也；《未濟》，《易》之終也。此其重始令終之義也，以言人道當謹始而貴終也。"照補：《左傳》："元年春，公即位。"杜氏注："凡人君即位，欲其體元以居正。"《春秋元命苞》曰："元年者何？元宜爲一。謂之元，何？曰君之始年也。"又云："孔子曰：'某作《春秋》，始于元，終于麟，王道成也。'"《春秋胡氏傳》曰："即位之一年，必稱元年者，明人君之用也。大哉《乾》元，萬物資始，天之用也；至哉《坤》元，萬物資生，地之用也。成位乎其中，則與天地參。故體元者，人主之職；而調元者，宰相之事。元，即仁也。仁，人心也。《春秋》深明其用，當自貴者始，《毛詩》序《關雎》之化、王者之風也。"《說文》："從土從申，土位在申，古作巛，以象坤畫六斷也。"素成。此二字，下文"故曰素成"句錯簡在此。別本作"素誠"，或作"繁成"，因譌致衍也。謹爲子孫娶妻嫁女，必擇孝悌、世世有行別本此處衍一"仁"字**義者，如是則其**一本脱"其"字。**子孫慈孝，不敢媱暴**，《白虎通》："謹爲子孫嫁娶，必擇世有仁義者。禮，男娶女嫁，何？陰卑不得自專，故曰：陽倡陰和，男行女隨，男不自專娶，女不自專嫁，必由父母，須媒妁，何？遠恥，防淫佚也。"**黨無不善，三族輔之。**原注："父族、母族、妻族。"**故曰：鳳凰生而有仁義之意**，《韓詩外傳》："鳳象備五德：首若鸁青，戴仁也；嬰若白堊，抱義也；背若赤丹，負禮也；胸若石墨，蕴智也；足若絤黄，履信也。"**虎狼生而有貪戾之心，兩者不等，各以其母。嗚呼，戒之哉！無養乳虎，將傷天下。**原注："謂古有是言。"**故曰素成。胎教之道，書之玉板，藏之金匱**，《史記•太史公自序》："石室、金匱之書。"如淳曰："刻玉版，畫爲文字也。金匱，猶金縢。"師古曰："以金爲匱，以石爲室，重緘封之，保慎之義。"《索隱》云："石室、金匱，皆國家藏書之處。"《文選注》引《七略》："太公金版玉匱。"**置之宗廟，以爲後世戒。**原注："斯王業隆替之所由也，當重而秘之，故置于宗廟，藏以金匱也。"

　　《青史氏之記》曰：舊注"一曰《青史子》"，乃校書者語，非盧注也。《漢書•藝文志》小説家："《青史子》五十七篇，古史官紀事也。"《隋書•經籍志》："《青史子》，一卷。"案：《風俗通》《文心雕龍》俱引之。**古者胎教，王后腹之七月而就宴室。**原注："宴室，郊室，次于寢也，亦曰側室。自王后以下有子月辰，女史皆以金環止御。王后以七月就宴室，夫人婦嬪則以三月就其側室，皆閉房而處也。王后以七月爲節者，君聽天下之内政。自諸侯以下妻同之也。"**太師持銅而御户左，**"師"，各本訛作"史"，兹據《經傳通解》訂正。案：《尚書大傳》："雞鳴，太師奏《雞鳴》于階下。"則知侍于后夫人房外者，乃太師也。**太宰持斗而御户右。**原注："太師，瞽者，宗伯之屬，下大夫。太宰，膳夫也，冢宰之屬，上士二人。言太宰，因諸侯之稱也。樂爲陽，故在左；飲食爲陰，故在右。斗，所以斟。”照補：惠棟曰：“斗，即‘斗’字，舊本作‘升’，形近而誤。”照案：《新書》作“荷斗”。**比及三月者，王后所求聲音非禮樂，則太師緼瑟而稱不習；**原注：“謂逆序，若淫聲。”**所求滋味者非正味，則太宰倚斗而言曰：“不敢以待王太子。”**原注：“謂非秩，若不時。緼瑟倚斗，示不用。”**太子生而泣，太師吹銅曰：“聲中某律。”**原注：“貴中月管。”照補：惠氏曰：“當作‘中某月管。’”《漢書》①：“凡律度量衡用銅者，所以同天下、齊風俗也。”《索隱》云：“古律用竹，漢末用②銅。”劉昶《壁記》：“今正聲之庫，有銅律三百五十六。”賈公彥曰：“太師吹律爲聲，使其人作聲而合之，與律吕之聲合謂之音。”**太宰曰：“滋味上某。”**原注：“上某時味。”**然後卜名，上無取于天，**原注：“謂昊旻之事。”**下無取于墜，**原注：“謂神州及社稷。”**中無取于名山通谷，無拂于鄉俗，**原注：“言不苟易于鄉俗也。”**是故君子名難知而易諱也。此所以養恩之道。**原注：“謂避後之諱。”

古者年八歲而出就外舍，一作“小學”。**學小藝焉，履小節焉；束髮而就大學，**《白虎通》：“天子太子、諸侯世子，皆就師于外，尊師重先王之道也。”阮峻《禮記滫除》曰：“《保傅》篇‘八歲出就外舍，束髮入大學’，指學官言，音當從‘太’。”《玉海》：“注：大學，在王宮之東，此太子之禮。”**學大藝焉，履大節焉。**原注：“外舍、小學，謂虎闈、師保之學也。大學，在王宮之東者。束髮，謂成童。《白虎通》曰‘八歲入小學，十五入大學’是也，此太子之禮。《尚書大傳》曰：‘公卿之太

---

① 原作“史記”，皇清經解續編本同。按，引文不見於《史記》，見於《漢書·律曆志》，蓋涉下文《史記索隱》而訛，故改。

② 原作“同”，皇清經解續編本同。《史記索隱》原文曰：“古律用竹，又用玉。漢末以銅爲之。”蓋“同”爲形似致訛，據改。

子,大夫、元士之嫡子,年十三,始入小學,見小節而履小義;二十而入大學,見大節而踐大義。'此世子入學之期也。又曰'十五入小學,十八入大學',謂諸子性晚成者,至十五入小學,其早成者,十八入大學。《内則》曰'十年出就外傅,居宿于外,學書記'者,謂公卿以下教子于家也。"照補:賈誼《新書》引逸《禮》文稱《容經》曰:"小學,蹾小節,業小道焉;大學,蹾大節,業大道焉。朱子云"虎闈,見《周禮》",一作"庠門"者,非是。

居則習禮文,行則鳴佩玉,升車則聞和鸞之聲,是以非僻之心無自入也。在衡爲鸞,在軾爲和,鄭康成曰:"鸞在衡,和在軾,皆以金鈴也。"《太平御覽》引蘇子曰:"衡以隱聽,鸞以抑馳。"朱子曰:"和、鸞,鈴也,在軾曰和,在鑣曰鸞。"陸佃曰:"青鳳爲鸞,鸞雌曰和,後世作和鸞以相之。"馬動而鸞鳴,鸞鳴而和應,《荀子》:"錯衡以養目,和鸞之聲以養聽。"《後漢・輿服志》引《魯訓》曰:"和,設軾者也。鸞,設衡者也。"聲曰和,和則敬,此御之節也。上車以和鸞爲節,下車以佩玉爲度,上有雙衡,下有雙璜。原注:"衡,平也。半璧曰璜。"照案:《周禮疏》"半璧曰璜"者,逸《禮記》文。又《周禮疏》引此三句,謂是《韓詩》。《國語注》引《詩傳》作"上有蔥珩"。聶崇義曰:"舊圖:上有雙衡,長五寸,博一寸;下有雙璜,徑三寸。"衝牙、一本無此二字玭珠以納其間,原注:"衝在中,牙在旁,納于衝璜之間。"照案:一本作"衡璜衝牙之間"。《小戴記》:"凡帶必有佩,佩玉有衝牙居中央,以前後觸也。"鄭氏曰:"衝牙長三寸。"皇侃曰:"衝居中央,牙是兩邊之璜。"《説文》:"玭,珠也。"《復古編》:"玭,從玉比,或作'蠙',別作'玭',非。"琚瑀以雜之。原注:"總曰玭珠,而赤者曰琚,白者曰瑀。或曰:琚,美玉;瑀,石,次玉。"照補:《朱子》曰:"上橫曰珩,下繫三組,貫以玭珠。中組之半,貫一大珠曰瑀。末懸一玉,兩端皆銳,曰衝牙。兩旁組半,各懸一玉,長博而方,曰琚,其末各懸一玉,如半璧而内向,曰璜。又以兩組貫珠,上繫珩兩端,交貫于瑀,而下繫于兩端,行則衝牙觸璜而有聲也。”行以《采茨》，趨以《肆夏》，《爾雅》：“堂上謂之行，堂下謂之步，門外謂之趨，中庭謂之走。”鄭司農曰：“《采茨》《肆夏》，皆樂名。或曰皆逸《詩》。”鄭康成曰：“《采茨》，路門外之樂節；《肆夏》，登堂之樂節。”步環中規，折環中矩，朱子曰：“周旋是直去却回來，其回轉處，欲其圓如規也。折旋是直去了復横去，如曲尺相似，其横轉處，欲其方如矩也。”進則揖之，此下舊注“揖，一作‘厭’”，乃校書者語。退則揚之，然後玉鏘鳴也。鄭氏曰：“鏘，聲貌。”陳祥道《禮書》：“古之君子必佩玉，其色有蒼、白、赤之辨，其聲有角、徵、宮、羽之應，其象有仁、智、禮、樂、忠、信、道德之備。或結或垂，所以著屈申之理。或設或否，所以適文質之儀，此所以純固之德不内遷，非僻之心無自入也。”古之爲路車也，《釋文》：“車，音居。”《釋名》云：“古者曰車，聲如居，所以居人也。今曰車，音尺奢反。”韋昭曰：“古皆音尺奢反，後漢以來始有居音。”蓋圓以象天，二十八橑以象列星，原注：“橑，蓋弓也。”軫方以象地，三十輻以象月。故仰則觀天文，俯則察地理，前視則睹鸞和之聲，《周禮·巾車》：“掌玉輅，凡駚輅之儀，以鸞和爲節。”側聽則觀四時之運，原注：“謂視輪也，車爲月。”此巾車教之道也。原注：“巾車，宗伯之屬，下大夫二人。自‘青史氏’以下，太子之事也。”照補：《周禮》“巾車掌玉輅”，注：“巾，猶衣也。巾車，車官之長。車皆有衣以爲飾，故名。”

　　周后妃任成王于身，《帝王世紀》：“武王妃，太公之女，曰邑姜。修教于内，生太子誦。”立而不跂，此下舊注“跂，一作‘跛’”，乃校書者語。坐而不差，獨處而不倨，雖怒而不詈，胎教之謂也。原注：“太任孕文王，目不視惡色，耳不聽淫聲，口不起惡言，故君子謂太任爲能胎教也。古者婦人任子之禮，寢不側，坐不邊，立不蹕，不食邪味，割不正不食，席不正不坐，目不視邪色，耳不聽淫聲，令瞽誦詩道正事,如此則生子形容平正,才過人矣。任子之時,必慎所感,感于善則善,感于惡則惡也。"照補:《博雅》:"人三月而胎。"《說文》:"胎,婦孕三月也。"成王生,仁者養之,原注:"謂乳母也。"孝者緥之,原注:"謂保母也。"四賢榜之。原注:"謂慈母及子師。"成王有知,而選太公爲師,周公爲傅。此前有與計,原注:"謂諸公也。"而後有與慮。一本此下有"也"字。是以封泰山而禪梁甫,朝諸侯而一天下。原注:"《白虎通》曰:'王者易姓而起,必升封太山,報告之義。天以高爲尊,地以厚爲德,故尊泰山之高以報天,附梁甫之厚以報地,明以功成事就,有益于天地,若高者加高而厚者增厚矣。'《尚書中候》曰:'昔者聖王功成道洽符出,乃封太山。'《禮緯》曰:'刑法格藏,世作頌聲。封于泰山,攷績柴燎。禪于梁甫,刻石紀號。英炳巍巍,功平世教。'《白虎通》又曰:'王始起,日月尚促,德化未宣,獄訟未息,近不治,遠不安,故太平巡狩也。'案:古受命之君,太平然後行巡狩封禪之事者,諒有義也。故管夷吾記,凡封禪之君七十二家。至于三代,唯夏禹、殷湯、周成王而已。其封山之禮要于岱,禪地之禮別以云繹。其故何也? 以岱宗東方之嶽,非所易者,其于衆山,可因義取尚。故《白虎通》以繹繹者爲無窮之意,亭亭者爲德法審著。凡封禪之禮,周于恒霍及繼體之君,獨①言泰山及受命者,舉其始也。封,謂負土石于泰山之陰,爲壇而祭天也。禪,謂除地于梁甫之陰,爲墠以祭地也。變墠爲禪者,神之也。"由此觀之,王一作"立"。左右不可不練也。《越絕書》:"願②君王公選于衆,精練左右。"《潛夫論·牧守》:"大臣者,誠盛衰之本原也,不可不選練也。"王逸《楚詞注》:"練,簡也。"《文選注》:"翰曰:'練,擇也。'"

　　昔者禹以夏王,桀以夏亡;湯以殷王,紂以殷亡;《孟子》

---

① 原作"嚅",據皇清經解續編本改。
② 原作"顧",皇清經解續編本同,據《越絕書》改。

逸篇："紂貴爲天子，死曾不如匹夫。"闔廬以吳戰勝無敵，夫差以見禽于越；原注："夫差内不納子胥之忠諫，外結怨于諸侯，無德罷百姓，故終縊于句踐也。"照補：《越絶書》："越追之至餘杭山，禽夫差。"《吳越春秋》："員不忍稱疾辟易，乃見王之爲禽。"又曰："越王之崇吳，吳將爲所禽。大夫種曰：'吳爲無道，今幸禽之。'"案："禽""擒"古通。文公以晉國霸，而厲公以見殺于匠黎之宫；原注："厲公有鄢陵之勝，而驕暴無道，及遊于匠黎氏之家，爲樂書、中行偃刼而幽之，諸侯百姓不哀救，三月而死也。"照補：《史記》注引賈逵説曰："匠驪氏，公外嬖大夫在翼者。"案：《吕氏春秋》亦作"匠驪"。"黎"與"驪"音相似，古人遂通用也。威王以齊强于天下，而簡公以弑于檀；此下或有一"槀"字，或衍一"臺"字。因注有"檀臺"字，"臺"遂訛爲"槀"而衍也。原注："檀，臺名也。簡公，悼公之子齊侯壬也。威王，陳敬仲之後，田常之六世孫，田和之孫也。田常弑簡公，至和爲齊侯，其孫號稱王，大强于天下。"照案：惠棟校本曰："'威王'乃'威公'之誤，即桓公也。"而注乃以爲田和孫，似非也。穆公以秦或脱"秦"字。顯名尊號，二世以刺于望夷之宫：原注："穆公，秦伯任好也，德公之少子，宣公之季弟。其孫孝公曰：'昔我穆公，自岐雍①之間，修德行武，東平晉亂，以河爲界，西霸戎翟，地廣千里，天子致伯，諸侯畢賀。'顯名尊號謂此也。望夷宫，在長陵西北，長平觀東，臨涇水作之，以望北夷。二世嘗夢白虎齧其左驂，殺之，心不樂，乃問占夢者，卜言涇水爲祟，二世就望夷之宫而祠焉。趙高爲丞相，二世以天下兵寇之事而責之，高懼誅，遂使其壻閻樂，將士卒殺之望夷宫之内。"照補：張晏曰："趙高譖殺李斯而代其位，乃使其壻閻樂攻二世于望夷宫。乞爲黔首，不聽，乃縊而死。"《三輔黄圖》："望夷宫在

———————

① 原無"雍"字，皇清經解續編本同。"自岐之間"顯有脱字，《史記·秦本紀》作"自岐雍之間"，據補。

涇陽縣界。"其所以君王同而功迹不等者,所任異也。原注:
"君,謂齊、晉。王,謂夏、殷。"故成王處繦抱之中案:繦抱,即襁褓
也。朝諸侯,周公用事也;武靈王五十而弒沙丘,任李兌也。
原注:"武靈王,肅侯之子趙武王也。舍其太子章,而立王子何,自號爲
主父。後有太子難,李兌圍之于沙丘,終餓于沙宫也。沙丘,今在趙郡
鍾臺之南。"齊桓公得管仲,九合諸侯,原注:"《國語》曰:'兵車之
會六,乘車之會三。'"照補:《釋文》謂五年會戚,又會城棣救陳,七年會
鄇,八年會邢丘,九年盟于葵,十年會桓,又伐鄭戍虎牢,十一年同盟亳
城北,又會蕭魚。又,《史記》兵車之會三,乘車之會六。《穀梁傳》云:
"衣裳之會十一。"范甯注云:"十三年會北杏,又會柯,十四年會鄄,十五
年又會鄄,十六年會幽,二十七年又會幽。僖元年會檉,二年會貫,三年
會陽穀,五年會首戴,七年會甯母,凡十一會。"鄭不取北杏及陽穀爲九
也。照案:"九"與"糾"同,否則如九有九國之類,似是春秋時語。《左
傳·襄十一年》:"晉侯以樂之半賜魏絳曰:'子教寡人和諸戎狄,以正諸
華,八年之中,九合諸侯。'"杜注與九數不合,《疏》引服虔云:"八年,從
四年至十一年,九合之數雖同,而《晉語》説此事云:'于今八年,七合諸
侯。'"孔晁云:"不叙救陳與戍虎牢,餘爲七也。"則或九或七,皆以意爲
增減,恐不免于鑿矣。一匡天下,原注:"匡,正也。謂陽穀之會,施四
教于諸侯。"再爲義王,原注:"陽穀與召陵也。"失管仲,任豎刁、狄
牙,身死不葬,而爲天下笑。一人之身,榮辱具施焉者,在
所任也。原注:"葬之爲言藏也。管仲死,桓公任豎刁、狄牙,使專國
政。桓公卒,二子各欲立其所傅之公子,而諸子並爭,國亂無主。桓公
屍在牀六十七日,十二月乙亥,其子無詭立,乃棺赴焉。七月辛巳夜殯,
至九月而後葬矣。"故魏有公子無忌,而削地復得;原注:"公子無
忌,信陵君也。時魏地多爲秦所并削,安釐王二十六年,秦昭王卒,信陵
君率五國之兵攻秦而敗之,復得其地。"趙得藺相如,而秦不敢出;

原注："藺相如,趙惠文王之相也。嘗以和氏之璧使于秦,完璧而歸。及澠池之會,又偪秦王爲趙王擊缶,是以秦人憚焉。故曰趙有藺相如,强秦不敢闚兵井陘。"安陵任周瞻,而國人獨立;原注:"諸記多爲'唐雎'。又《賈子·胎教》與此同。'安'或爲'鄢'。故云:秦破韓滅魏,而鄢陵君獨以五十里國存者,周瞻、唐雎之力①也。"楚有申包胥,而昭王反復;原注:"昭王爲闔廬敗于柏莒,而越在草莽。包胥裹糧跣走,請救于秦,遂得甲車千乘,步卒十萬,敗吳師于濁上,王反而國存。"齊有田單,而襄王得其國。原注:"襄王,閔王之子法章也。初,齊之敗,楚使淖齒將兵救齊,因相閔王,淖齒遂殺閔王。其子法章變易姓名,爲莒太史家庸。齒去,莒中齊亡臣相聚,求閔王之子,欲立。于是莒人共立法章,是爲襄王也,以保莒城,而布告齊國曰:'王既立,在于莒也。'襄王五年,而田單卒以即墨之師攻破燕,迎襄王于莒,入臨淄。齊故地盡復屬齊,封田單爲安平君。"由是觀之,無賢佐俊士而能成功立名、安危繼絶者,未之有也。

是以國不務大,而務得民心;佐不務多,而務得賢臣。得民心者,民從之;有賢佐者,士歸之。文王請除炮烙之刑,而殷民從;原注:"昔紂爲長夜之飲,百姓怨望,諸侯有叛之者。紂乃重刑辟,有炮烙之法。文王出牖里,求以洛西之田,請除炮烙之刑,紂乃許之。"照補:《吕氏春秋》:"文王非惡千里之地,以爲民請炮烙之刑,必欲得民心也。"《列女傳》:"紂膏銅柱,下加炭,令有罪者行,輒墮炭中,妲己乃笑。"鄒誕生曰:"烙,一音'閣'。"又云:"見蟻布銅,升足廢而死,于是爲銅烙,炊炭其下,使罪人步其上。"江鄰幾曰:"紂作炮烙之刑。"陳和叔云:"《韓詩》作'烙',《漢書》作'格'。"湯去張網者之三面,而二垂至;原注:"湯嘗出田,見野張網四面,祝曰:'自上下四方,皆入吾

---

① 原作"立",據皇清經解續編本改。

網。'湯曰：'噫！盡之矣。'乃去其三面，而祝曰：'欲左左，欲右右，不用命者，乃入吾網。'諸侯聞之曰：'湯德至矣！乃及禽獸。'于是朝商者三十國。二垂，謂天地之際，言感通之遠。《淮南子》曰：'文王砥德修政，二垂至。'"照補：《呂氏春秋》："湯見網置四面，湯收其三面，置其一面，祝曰：'昔蛛蝥作網罟，今之人學紓，欲高者高，欲下者下，吾取其犯命者。'漢南之國聞之曰：'湯德至禽獸。'四十國歸之。"越王不積舊冢，而吳人服，原注："蓋句踐也。"照補：《吳地記》："閶門外女墳與虎丘，俱免發掘。"《復古編》："積，秃貌，從秃貴，別作'頹'，非，杜回切。"以其所爲順于人也。原注："皆得民心也。"故同聲則異處而相應，意合則未見而相親，賢者立于本朝，而天下之豪相率而趨之也。原注："從其類也，故《詩》有伐木之歌，《易》有拔茅之喻也。"何以知其然也？管仲者，桓公之讐也。原注："乾時之役，管仲射桓公，中其鈎。"照補：《呂氏春秋》："齊桓公告魯曰：'管夷吾，寡人之讐也，願得之而親加手焉。'魯君許諾，乃使吏鞹其拳，膠其目，盛之以鴟夷，置之車中。至齊境，桓公使人以朝車迎之，祓以爟火，釁以犧豭焉，生與之如國。命有司除廟筵几而薦①之。"鮑叔以爲賢于己而進之桓公，七十言説乃聽，遂使桓公除仇讐之心，而委之國政焉。桓公垂拱無事而朝諸侯，原注："垂拱，言無所指麾者也。"鮑叔之力也。《韓子》曰："晉平公問叔向曰：'齊桓公九合諸侯，臣之力耶？君之力耶？'"管仲之所以北走桓公而無自危之心者，同聲于鮑一本有"叔"字也。原注："齊在魯北。"照案：《史記·貨殖傳》："其陽則魯，其陰則齊，蓋緣泰山而分陰陽也。"趙岐《孟子注》："山南曰陽。"管仲自魯至齊，故曰北走。

---

① 原作"范"，皇清經解續編本同，據《呂氏春秋》改。

衛靈公之時，蘧伯玉賢而不用，迷子瑕不肖而任事。原注：“‘彌’，當聲誤爲‘迷’也。”照案：《周禮·眡祲》“十煇，七曰彌”注：“故書‘彌’作‘迷’。”則“彌”“迷”古通用字。史鰌患之，數言蘧伯玉賢而不聽，病且死，謂其子曰：“我即死，原注：“言死于今。一曰：即，就。”治喪于北堂。吾生不能進蘧伯玉而退迷子瑕，是不能正君者，死不當成禮。《補逸禮傳》作：“是不能正君也。不能正君者，死不當成禮。”而置屍于北堂，原注：“而，猶汝也。”于吾足矣。”靈公往弔，問其故，其子以父言聞。靈公造然失容，原注：“造然，驚慘之貌。”曰：“吾失矣。”立召蘧伯玉而貴之，原注：“進之爲卿。”召迷子瑕而退之，別本脫“之”字。徙喪于堂，成禮而後去。原注：“成禮，復正室。”衛國以治，史鰌之力也。原注：“因言賢者歿，猶得士也。”照案：此注各本在“迷子瑕不肖”句下，意義未顯，故移置于此。夫生進賢而退不肖，死且未止，又以屍諫，可謂忠不衰矣。原注：“故《論語》曰：‘直哉！史魚。’”

紂殺王子比干，而箕子被髮陽狂；原注：“比干諫而死，箕子曰：‘知不用而言，愚也；殺其身以彰君之惡名，不忠也。二者不可，然且爲之，不祥莫大焉。’解衣被髮，爲狂而去之。”照補：馬融曰：“箕，國名。子，爵也。箕子、比干，紂諸父。箕子佯狂爲奴，比干以諫見殺。”司馬彪《莊子注》：“箕子，名胥餘。”案：《家語》云：“比干，是紂之諸父。”《宋世家》云：“箕子者，紂之親戚也。”言親戚，不知爲諸父諸兄。鄭玄、王肅皆以箕子爲紂之諸父，服虔、杜預皆以爲紂之庶兄，經書並無確據。靈公殺泄冶，而鄧元去陳以族從。“從”，一作“徙”。原注：“凡諸侯之卿大夫有功德者，則命之立族，使其子嗣之，以守宗廟。鄧元知陳之必亡，故以族去。昔宮之奇諫虞不從，亦以族行也。”照補：宣公九年《左傳》：“陳靈公與孔寧、儀行父通于夏姬，皆衷其衵服，以戲于朝。洩冶諫

曰:'公卿宣淫,民無效焉,且聞不令,君其納之。'公曰:'吾能改矣。'公
告二子,二子請殺之,公弗禁,遂殺洩冶。"《困學紀聞》曰:"鄧元事惟見
于此,當考。"自是之後,殷并于周,陳亡于楚,以其殺比干與
洩冶而失箕子與鄧元也。原注:"紂以文王十二年殺比干,十三年
爲武王滅。陳靈公以魯宣公九年殺洩冶,十一年而楚子縣焉。"照補:
《韓詩外傳》:"申屠狄曰:'昔桀殺龍逢,紂殺比干,而亡天下;吳殺子胥,
陳殺洩冶,而滅其國。'"燕昭王得郭隗,而騶衍、樂毅自齊魏至,
"自",別本譌作"以",又脱"魏"字,兹從《新書》訂正。原注:"昭王,易王
之子,燕王平也,能師事郭隗,而爲之立宮室,于是修先君之怨于齊,以
求士也。《韓詩外傳》云:'以魏、齊至之。'"照補:《説苑》:"郭隗曰:'王
誠欲興道,隗請爲天下之士開路。'于是燕王常置郭隗上坐,南面。居三
年,蘇子聞之,從周歸燕;鄒衍聞之,從齊歸燕;樂毅聞之,從趙歸燕;屈
景聞之,從楚歸燕。四子畢至,果以弱燕并强齊。"于是舉兵而攻齊,
棲閔王於莒。原注:"閔王,威王之孫,齊王地也。閔王三十年,昭王
與晉楚合謀而伐齊,齊師大敗。樂毅爲上將,遂入臨淄。閔王出奔于
衛,衛不安,去之鄒魯,又不納焉,遂去于莒也。"照案:莒,今爲山東沂州
府莒州。燕度地計衆,不與齊均也,然而所以能申意至于此
者,由得士也。原注:"度,猶計也。昭王曰:'孤極知燕小,力不足以
報之,然得賢士,與之共國,以雪先恥,孤之願也。'"故無常安之國,
無恒治之民,"恒",別本作"宜"。得賢者安存,失賢者危亡,
《越絶書》:"得士者昌,失士者亡。"自古及今,未有不然者也。原
注:"故《韓詩外傳》曰:'賢者之所在,其君未嘗不尊,其國未嘗不
安也。'"

　　明鏡者,所以察形也;《淮南子》:"鏡便于照形。"往古者,所
以知今也。原注:"《詩》云:'殷鑒不遠,在夏后之世。'"今知惡古之

危亡，不務襲迹于其所以安存，則未有異于却走而求及于前人也。太公知之，故興微子之後，而封比干之墓。原注："興微子之後，封比干之墓，見于《本紀》。《樂記》云：'太公者，公襄之也。'"照補：哀公九年《左傳》："陽貨筮，遇《泰》之《需》，曰：'微子啓，帝乙之元子也。'"《吕氏春秋》："紂之母生微子。"《古今人表》曰："微子，紂兄。"閻若璩曰："微，畿内國名。"林之奇曰："孔子曰：'微子去之。'則微子雖去商，亦遜于荒野而已，未適他國也，及武王既克紂，痛社稷之無主，於是始抱祭器以歸周。微子既歸于周，但以殷之封爵，居其舊位而已。"《帝王世紀》："武王命閎夭封比干之墓。"高誘曰："崇封其墓，以章賢也。"夫聖人之于當世存者乎，其不失可知也。照案：此處疑有脱文。賈誼《新書》曰："夫聖人之于聖者之死，尚如此其厚也，況當世存者乎？其弗失可知矣。"

大戴禮記注補卷四

曾子立事第四十九

曾子曰：君子攻其惡，<small>原注：“計其失也。”</small>求其過，<small>原注：“省其身也。”</small>彊其所不能，去私欲，從事於義，可謂學矣。

君子愛日以學，及時以行，難者弗辟，易者弗從，惟義所在。日旦就業，夕而自省思，以殁其身，亦可謂守義<small>一作“業”</small>矣。

君子學必由其業，<small>原注：“故業必請之。”</small>問必以其序，問而不決，承問觀色而復之，<small>原注：“復，白也。”</small>雖不説亦不彊爭也。<small>原注：“雖不説未解，不彊爭。”</small>

君子既學之，患其不博也；<small>《中庸》曰：“博學之，審問之。”《荀子》：“君子博學①而日參省乎己。”</small>既博之，患其不習也；既習之，患其無知也；既知之，患其不能行也；既能行之，貴其能讓也。<small>原注：“貴不以己能而競於人。”照補：《曲禮》：“博聞强識而讓，敦善行而不怠。”</small>君子之學，致此五者而已矣。<small>原注：“五者，謂患其不博、不習、無知、不能行、能以讓。”</small>

---

① 原無“學”字，皇清經解續編本同，《荀子·勸學》篇作“博學而日參省乎己”，據補。

君子博學而孱守之，原注：“孱，小貌，不務大。”照補：《揚子》曰：“多聞則守之以約。”五峯胡氏曰：“學欲博，不欲雜。”微言而篤行之，行必先人，言必後人，原注：“君子欲訥於言而敏於行。”君子終身守此悒悒。原注：“悒悒，憂念也。”

行無求數有名，事無求數有成。原注：“數，猶促速。”身言之，後人揚之；身行之，後人秉之。原注：“非法不言，言則爲人誦之；非德不行，行則爲人安之。”君子終身守此憚憚。原注：“憚憚，憂惶也。”

君子不絕小、不殄微也，原注：“殄，亦絕也。”行自微也，不微人。人知之則願也，人不知，苟吾自知也。君子終身守此勿勿也。原注：“勿勿，猶勉勉。”

君子禍之爲患，辱之爲畏，見善恐不得與焉，見不善者恐其及己也，原注：“《論語》曰：‘見善如不及，見不善如探湯。’”照案：一本作“見惡如探湯”。是故君子疑以終身。原注：“疑善之不與、惡之及己也。”

君子見利思辱，見惡思詬，原注：“詬，恥也。”嗜慾思恥，忿怒①思患，原注：“故愚惑者，一朝之忿忘其身。”君子終身守此戰戰也。

君子慮勝氣，原注：“血氣勝，則害身，故君子有三戒。”案：惠氏棟曰：“舊本‘害’作‘周’，形近致訛，下‘危害於身’亦同。”思而後動，論而後行，行必思言之，原注：“貴其可談言。”言之必思復之，原注：“《論語》曰：‘信近於義，言可復也。’”思復之必思無悔言，原注：

---

① 原作“恕”，皇清經解續編本同，據《大戴禮記》及王聘珍《大戴禮記解詁》、孔廣森《大戴禮記補注》改。

"無不可復。"案：他本作"思唯可復"。亦可謂慎矣。

人信其言，從之以行，原注："以言不虛。"人信其行，從之以復，原注："《易》曰：‘終日乾乾，反復其道。’"復宜其類，原注："《詩》云：‘宜爾室家，樂爾妻孥。’"類宜其年，原注："《詩》云：‘樂只君子，萬壽無期。’"亦可謂外内合矣。

君子疑則不言，未問則不言，兩問則不行其難者。案：一本有"道遠日益矣"句。君子患難除之，財色遠之，流言滅之。孔氏穎達曰："流言者，宣布其言，使人聞之若流水然。"禍之所由生，自孅孅也，《説文》："孅，鋭細也。"與"纖"通。是故君子夙絶之。

君子己善，亦樂人之善也；己能，亦樂人之能也；己雖不能，亦不以援人。君子好人之爲善，而弗趣也，原注："不促速之，恐其倦也。"惡人之爲不善，而弗疾也。疾其過而不補也，原注："補，謂改也。"照補：《易》曰："君子以善補過。"飾其美而不伐也，原注："顔淵曰：‘願無伐善。’"伐則不益，補則不改矣。盧氏文弨曰："案：上文云‘疾其過而不補也’，注云：‘補，謂改也。’則此不當云‘不改’，蓋當作‘補則不復矣’，形近而訛。下文云‘其下復而能改也’，知當作‘復’字無疑。"

君子不先人以惡，不疑人以不信，原注："謂不億。不信，不逆詐。"不説人之過，成人之美，原注："説，解説也。"案：此注元本無，程本有。存往者，在來者。原注："在，猶存也。"朝有過，夕改則與之；夕有過，朝改則與之。《論語》曰："與其潔也。"

君子義則有常，善則有鄰，原注："德不孤。"照補：《晏子》："君子居必擇鄰，遊必就士，可以避患也。"見其一，冀其二，見其小，冀其大，苟有德焉，案："德"，當讀爲"得"。亦不求盈於人也。原注:"言器之也。"

君子不絶人之歡,不盡人之禮,原注:"通飲食之饋,序其歡也;簡服物之禮,令其忠也。"來者不豫,往者不嗔也,原注:"慎故於物,來者不猶豫,往者無所嗔。"案:正文"嗔",他本作"慎",今從方本。去之不謗,原注:"以義去之。"就之不賂,原注:"以道往也。"亦可謂忠矣。

君子恭而不難,安而不舒,遜而不諂,寬而不縱,惠而不儉,直而不徑,原注:"徑,行夷狄之道。"亦可謂知矣。

君子入人之國,不稱其諱,不犯其禁,原注:"諱,國諱。禁,國禁。"照補:高氏誘曰:"諱,猶避也。"孔氏曰:"主人祖先君名,宜先知之,欲爲避之也。"方氏慤曰:"范獻子聘於魯,而不知先君之諱,則可以不問其諱乎?"鄭氏康成曰:"禁,謂政教。"吕氏大臨曰:"禁者,若《孟子》言'問國之大禁,然後敢入'是也。"不服華色之服,原注:"服法服。"不稱懼惕之言,故曰:與其奢也,寧儉;與其倨也,寧句。原注:"倨,猶慢也。句,以喻敬。"可言而不信,寧無言也。

君子終日言,不在尤之中;薛君《韓詩章句》:"尤,非也。"《孔子家語①》:"子曰:'終日言,不遺己之憂;終身行,不遺己之患。惟智者有之。'"小人一言,終身爲罪。

君子亂言而弗殖,原注:"夙絶之。"神言弗致也,原注:"怪、力、亂、神,子所不語。"道遠日益。案:此下各本衍"云"字,今從馬驌《繹史》所引訂正。衆信弗主,霚言案:"霚",古"陰"字,各本訛作"靈",今從方本弗與,原注:"道遠日益,積習之也。不主,謂僉議所同,

---

① 原作"説苑",皇清經解續編本同,引文出自《孔子家語·六本》篇,據改。

不爲主。"人言不信不和。原注:"不合忠信之道。"案:"合",元本作"台"。

　　君子不唱流言,不折辭,原注:"言不苟折窮人辭也。"不陳人以其所能。言必有主,行必有法,原注:"依前言往行也。"親人必有方。原注:"方,猶常也。"多知而無親,原注:"無所親行。"博學而無方,好多而無定者,君子弗與也。

　　君子多知而擇焉,博學而算焉,案:"算",當讀如"選"。朱子曰:"博學當以其大而急者爲先,不可雜而無統也。"多言而慎焉。原注:"多言者,謂時事須繁也,言雖多而皆慎焉。"案:別本"繁"作"殺",又脱"焉"字。博學而無行,進給而不讓,好直而徑,儉而好佺者,一作"好儉而佺者"。君子不與也。原注:"佺,塞也。言好直則太徑,爲儉又太逼塞於下也。"夸而無恥,彊而無憚,好勇而忍人者,君子不與也。亟達而無守,原注:"亟,數也,數自達而無所守。"好名而無體,原注:"無容體。"忿怒而無惡,原注:"不以爲惡。或曰:無惡而怒。"案:正文別本作"忿怒而爲惡"。足恭而口聖,而無常位者,君子弗與也。巧言令色,能小行而篤,難於仁矣。嗜酤酒,好謳歌,巷遊而鄉居者乎?吾無望焉耳。原注:"無可望也。《尚書大傳》曰:'古者聖帝之治天下也,五十以下非蒸社不敢遊飲,惟六十以上遊飲也。'"出入不時,言語不序,安易而樂暴,懼之而不恐,説之而不聽,雖有聖人,亦無若何矣。臨事而不敬,原注:"惰於從事。"居喪而不哀,祭祀而不畏,原注:"不畏其神。"朝廷而不恭,則吾無由知之矣。

　　三十四十之間《意林》本無"之間"二字而無藝,張子曰:"藝,業也,謂事業也。"則無藝矣;五十而《意林》本無"而"字不以善聞,

《楚詞》曰：“老冉冉其將至兮，恐修名之不立。”則無聞矣；原注：“終可知。”案：各本脱“則無聞”三字，今從舊本《曾子》書所引補。七十而無德，雖有微過，亦可以勉矣。原注：“言其過不足論也。”照案：不足論，猶不足責也。他本作“言其過不大也”，非。又案：正文“勉”與“免”同，下文“勉於罪”之“勉”，亦當作“免”。其少不諷誦，其壯不議論，其老不教誨，亦可謂無業之人矣。《荀子》：“孔子曰：‘少而不學，長無能也；老而不教，死無思也。是故君子少思長則學，老思死則教。’”

　　少稱不弟焉，恥也；壯稱無德焉，辱也；老稱無禮焉，罪也。過而不能改，傆也；原注：“傆，傾病人。”照案：“傆”，與“倦”同，揚子《方言》：“瘽、傗，傆也。”行而不能遂，恥也；原注：“謂不能終也。”慕善人而不與焉，辱也；弗知而不問焉，固也；原注：“固，專固也。”説而不能，窮也；喜怒異慮，惑也；不能行而言之，誣也；非其事而居之，矯也；道言而飾其辭，虛也；原注：“謂道聽求言，文飾其詞也。”無益而食厚禄，一作“厚受禄”。竊也；好道煩言，亂也；殺人而不戚焉，賊也。

　　人言不善而不違，原注：“色順之也。”近於説其言，原注：“‘説’，古通以爲‘悦’字。”説其言，殆於以身近之也。原注：“殆，危也，言危於以身近之。”殆於以身近之，殆於身之矣。原注：“危害於身。”案：上注云“危於以身近之”，“危”與“殆”皆可作幾然之詞。此注未免謬解。“殆於身之”，謂幾於身爲之耳。人言善而色葸焉，《玉篇》：“葸，畏懼也。”《唐韻》：“胥里切。”近於不説其言，原注：“葸焉，不説繹之貌。”不説其言，殆於以身近之也，原注：“‘近’當字誤爲‘遠’。”照案：別本作“遠”，當字誤爲“近”。恐此係校書者語，非盧氏注文。惠氏校本曰："玩此注，則正文'近'字本作'遠'，而注以爲誤也。或改作'近當爲遠字誤'，此非是。"觀上注以'危'解'殆'字之義，則此處不應自相矛盾，且與前後注文勢亦不一例。**殆於以身近之，殆於身之矣。**案："身之"誤，當作"反之"。

　　故目者，心之浮也。《國語》："耳目，心之樞機也。"**言者，行之指也，作於中則播於外也。**原注："心行見於言目也。"案：惠氏曰："正文'則'字，元本作'而'，今從宋本改正。"**故曰：以其見者，占其隱者。**原注："謂心目也。"**故曰：聽其言也，可以知其所好矣。觀説之流，可以知其術也。**原注："流，謂部分。術，謂心術。"**久而復之，可以知其信矣。觀其所親愛，可以知其人矣。臨懼之而觀其不恐也，怒之而觀其不惛也，喜之**①**而觀其不誣**一作"輕"**也，**原注："惛，亂也。誣，妄也。"照案：此段與《文王官人》篇同意。人喜則意態輕浮，故曰觀其不輕。《官人》篇"喜之以物，以觀其不輕"，是其"誣"，"輕""誣"字形相近致誤，注文非也。**近諸色而觀其不踰也，飲食之而觀其有常也，利之而觀其能讓也，居哀而觀其貞也，**原注："文王曰：'省其喪哀，觀其貞良也。'"**居約而觀其不營也，**《韓詩外傳》："不爲安肆志，不爲危易行。"**勤勞之，**"勤"，他本譌作"動"。**而觀其不擾人也。**《吕氏春秋》："凡論人，通則觀其所禮，貴則觀其所進，富則觀其所養，德則觀其所行，止則觀其所好，習則觀其所言，窮則觀其所不受，賤則觀其所不爲。喜之以驗其守，樂之以驗其僻，怒之以驗其節，懼之以驗其持，哀之以驗其仁，苦之以驗其志。'八觀''六驗'，此賢主之所以論人也。"

　　① 原作"而"，皇清經解續編本同，據《大戴禮記》及王聘珍《大戴禮記解詁》、孔廣森《大戴禮記補注》改。

君子之於不善也，身勿爲能也，色勿爲不可能也，原注：
“無奈形於色也。”色也一本無“也”字勿爲可能也，心思勿爲不可
能也。太上樂善，原注：“太上，德之最上者，謂其心不爲也。”其次
安之，原注：“其次，德之次者，謂其色不爲也。”其下亦能自彊。原
注：“謂其身不爲。太上謂五帝，其次謂三王，其下謂五霸。《孟子》曰：
‘堯舜性之，湯武身之，五霸假之。”仁者樂道，原注：“上者，率其性
也。”智者利①道，原注：“次者，利而爲之。”愚者從，弱者畏。不
愚不弱，執誣以彊，亦可謂棄民矣。原注：“自執而誣於善。”案：
“誣”，一作“輕”。太上不生惡，原注：“無爲過之意也。”其次案：別
本此處有“生”字而能夙絕之也，原注：“有意而隨絕之。”其下復而
能改也。原注：“既爲而能改之。”復而不改，隕身覆家，大者傾
覆社稷。是故君子出言以鄂鄂，原注：“鄂鄂，辨屬也。《論語》
曰：‘其言之不作，其後爲之難。’”案：惠氏曰：“以‘作’解鄂鄂，與今《論
語》異。”行身以戰戰，亦殆勉於罪矣。是故君子爲小由爲大
也，原注：“常思正也。”居由仕也，原注：“故曰父母爲嚴君，子孫爲臣
民也。”備則未爲備也，原注：“恒謙虛也。”而勿慮存焉。原注：“不
忘危也。”事父可以事君，事兄可以事師長，使子猶使臣也，
使弟猶使承嗣也。原注：“承嗣，謂冢子也。”能取朋友者，《論語》
鄭氏注：“同門曰朋，同志曰友。”《廣雅》：“友，親也，愛也。”《說文》：“同
志爲友，從二、又，相交友也。”亦能取所予一作“與”從政者矣。賜
與其宮室，亦猶慶賞於國也；忿怒其臣妾，亦猶用刑罰於萬
民也。是故爲善必自内始也，内人怨之，雖外人亦不能立

① 原作“稱”，據皇清經解續編本、《大戴禮記》及王聘珍《大戴禮記解
詁》、孔廣森《大戴禮記補注》改。

也。原注:"《大學》曰:'欲治其國者,先齊其家。'居家治,則移官亦理也。"

居上位而不淫,臨事而栗者,鮮不濟矣。原注:"淫,大。"先憂事者後樂事,先樂事者後憂事。昔者天子日旦思其四海之内,戰戰惟恐不能乂;原注:"乂,治也。"諸侯日旦思其四封之内,戰戰惟恐失損之;大夫士①日旦思其官,戰戰惟恐不能勝;庶人日旦思其事,戰戰惟恐刑罰之至也。是故臨事而栗者,鮮不濟矣。原注:"禍福惟人,宜其慎也。是以《易》有'履虎'之言,《詩》有'臨淵'之誡。"

君子之於子也,愛而勿面也,原注:"不形於面。"使而勿貌也,原注:"不以貌勞俠之。"導之以道而勿强也。宮中雍雍,外焉肅肅,兄弟憘憘,朋友切切,原注:"《論語》曰'朋友切切偲偲,兄弟怡怡'也。"照補:鄭氏康成曰:"切切,勸競貌。"遠者以貌,近者以情,友以立其所能,而遠其所不能。苟無失其所守,亦可與終身矣。

曾子本孝第五十

曾子曰:忠者,其孝之本與?《祭統》:"忠臣以事其君,孝子以事其親,其本一也。"孝子不登高,不履危,原注:"敬父母之遺體,故跬步未敢忘其親。"庫亦弗憑,不苟笑,不苟訾,隱不命,原注:"人有隱僻,不訐之也。"照補:鄭氏康成曰:"登高臨深,苟訾苟笑,爲近

---

① 原無"士"字,皇清經解續編本同,據《大戴禮記》及王聘珍《大戴禮記解詁》、孔廣森《大戴禮記補注》改。

危辱也。"臨不指,原注:"凡居上,不爲惑衆。"故不在尤之中也。包氏咸曰:"尤,過也。"孝子惡言死焉,原注:"死且不行。"照補:楊氏倞曰:"死,猶盡也。"流言止焉,美言興焉,故惡言不出於口,煩言不及於己。

故孝子之事親也,居易以俟命,原注:"處安易之道,以聽命也。"不興險行以徼倖。《中①庸》:"君子居易以俟命,小人行險以徼幸。"孝子游之,暴人違之。原注:"就其常也。《春秋左傳》曰其。"案:此下有脱文。出門而使,不以或爲父母憂也。原注:"不爲事,或貽憂於父母也。"照補:《釋名》:"父,甫也,始生己也。母,冒也,含生己也。"險塗隘巷,不求先焉,以愛其身,以不敢忘其親也。原注:"身者,親之枝也,可不敬乎?"

孝子之使人也不敢肆,行不敢自專也。父死三年,不敢改父之道,原注:"故曰:三年無改於父之道,可謂孝矣。"照補:鄭氏曰:"孝子在喪,哀戚思慕,無所改於父之道,非心所忍爲。"又能事父之朋友,又能率朋友以助敬也。原注:"使敬其父母也。"

君子之孝也,以正致諫;原注:"謂卿大夫。"士之孝也,以德從命;《廣雅》:"父者,矩也,以法度威嚴於子,言能與子作規矩。"庶人之孝也,以力惡一作"任"食;原注:"分地任力致甘美。"任善不敢臣三德。原注:"謂王者之孝。三德,三老也。《白虎通》曰:'不臣三老,崇孝。'"

故孝子之一本脱"子之"二字親也,生則有義以輔之,原注:"喻於道。"死則哀以莅焉,原注:"莅,臨。"祭祀則莅之以敬,如此而成於孝子也。

---

① 原作"伸",據皇清經解續編本改。

曾子立孝第五十一

　　曾子曰：君子立孝，其忠之用，《孝經》：“君子之事親孝，故忠可移於君。”禮之貴。原注：“有忠與禮，孝道立。”故爲人子而不能孝其父者，不敢言人父不能畜其子者；爲人弟而不能承其兄者，不敢言人兄不能順—作“訓”其弟者；爲人臣而不能事其君者，不敢言人君不能使其臣者也。原注：“不可以己能而責人之不能，況以所不能。”照補：《孝經》：“君子之教以孝也，非家至而日見之也。教以孝，所以敬天下之爲人父者也；教以弟，所以敬天下之爲人兄者也；教以臣，所以敬天下之爲人君者也。”賈誼《新書》：“事君之道，不過於事父，故不肖者之事父也①，不可以事君；事長之道，不過於事兄，故不肖者之事兄也，不可以事長；使下之道，不過於使弟，故不肖者之使弟也，不可以使下。”故與父言，言畜子；與子言，言孝父；與兄言，言順—作“訓”弟；與弟言，言承兄；與君言，言使臣；與臣言，言事君。原注：“《士相見禮》曰‘與君言，言使臣；與大夫言，言事君；與老者言，言使弟子；與幼者言，言孝父兄；與衆言，言慈祥；與莅官者言，言忠信’也。”案：一本作“與幼者言，言孝弟於父兄”。補注：《國語》：“今夫士群②萃而州處，燕閒則父與父言義，子與子言孝，其事君者言敬，其幼者言弟。”又：“父勉其子，兄勉其弟。”

　　君子之孝也，忠愛以敬，反是亂也。盡力而有禮，莊敬而安之，微諫不倦，《坊記》：“微諫不倦，勞而不怨。”聽從而不怠，歡欣忠信，咎故不生，可謂孝矣。盡力無禮，則小人也，原

---

　　① 原作“者”，皇清經解續編本同，據《新書》改。
　　② 原作“聚”，皇清經解續編本同，據《國語·齊語》改。

注：“豈小人而已哉？乃犬馬之養。”致敬而不忠，則不入也。是故禮以將其力，敬以入其忠，飲食移味，原注：“隨所欲也。”居處溫愉，著心於此，濟其志也。孔子、曾子每讀《喪禮》，泣下霑襟。嘗以一夕五起，視衣之厚薄，枕之高卑。王氏應麟曰：“荆公曰：‘古之善事親者，非事其親之謂也，事其心而已矣。’”“事其心”，出《人間世》。

子曰：“可入也，一本作“不可”，“入”作“人”。吾任其過；原注：“吾知其能自取過。”不可入也，一本無“不”字。吾辭其罪。”《詩》云“有子七人，莫慰母心”，子之辭也。原注：“《衞詩·凱風》之末章也，七子自責任過之辭。”照補：鄭氏康成曰：“‘睍睆’以興顏色說①也。‘好其音’者，興其辭令順也，以言七子不能如也。”“夙興夜寐，無忝爾所生”，言不自舍也。原注：“《小雅·小宛②》之四章也，申可以入之義也。”不耻其親，君子之孝也。

是故未有君而忠臣可知者，孝子之謂也；未有長而順下可知者，弟弟之謂也；原注：“《孝經》曰：‘以孝事君則忠，以敬事長則順。’”未有治而能仕可知者，先修之謂也。故曰孝子善事君，弟弟善事長。君子一孝一弟，可謂知終矣。

曾子大孝第五十二

曾子曰：“孝有三：大孝尊親，其次不辱，其下能養。”方氏愨曰：“用力則能養矣，用勞則弗辱矣，不匱則可以尊親矣。”

---

① 原作“怡”，皇清經解續編本同，按，《詩經·衞風·凱風》“睍睆黃鳥，載好其音”鄭玄箋作“說”，據改。
② 原作“莞”，據皇清經解續編本及《詩經·小雅》改。

公明儀問於曾子曰："夫子可謂孝乎?"原注："公明儀,曾子弟子。"

曾子曰："是何言與? 是何言與? 君子之所謂孝者,先意承志,諭父母於道。原注："凡言於事親,未意則先善舉之。親若有志,則敬而奉之。"案："諭父母於道","於"字各本作"以",宋本《曾子》引此作"於"。補注:孔氏穎達曰："先意,謂父母將欲發意,孝子則預先逆知其意而爲之也。承志,謂父母已有其志,己當奉承而行之。諭父母於道,謂或在父母意先,或在父母意後,皆曉諭父母歸於正道也。"參,直養者也,安能爲孝乎? 身者,親案:"親"字,《小戴》作"父母",《吕覽》亦同之遺體也。《孝經》曰："身體髮膚,受之父母,不敢毁傷,孝之始也。"行親之遺體,敢不敬乎? 故居處不莊,非孝也;事君不忠,非孝也;莅官不敬,非孝也;朋友不信,案:"信",《吕覽》作"篤"。非孝也;戰陳無勇,非孝也。五者不遂,孔氏安國曰："人生稟父母之血氣,情性相通,分形異體,能自保全,而無刑傷,則其所以爲孝之始者也。是以君子之道,謙約自持,居上不驕,處下不亂,推敵能讓,在衆不爭,故遠於咎悔,而無凶禍之災也。"鄭氏康成曰："遂,猶成也。"災及乎身,案:"乎",各本作"其",今從劉本。舊注"'身',一作'親'",乃校書者所加,非盧注也。敢不敬乎! 故烹熟鮮香,案:"鮮"下舊注"一作'饘'",亦校書者所加。嘗而進之,非孝也,養也。孔氏曰："言烹熟鮮香之美,先自口嘗,而後薦之父母,此非孝也,唯是供養。"君子之所謂孝者,國人皆稱願焉,方氏曰："稱者,曰稱其所爲願者,志願其如此。"曰'幸哉! 有子如此',所謂孝也。《説苑》:"子曰:'人之行,莫大於孝。孝行成於内,而嘉號布於外。'"民之本教曰孝,原注:"《孝經》曰:'夫孝,德之本也,教之所由生也。'"其行之曰養。原注:"謂致衣食,省安否。"養可能也,敬爲難;敬可能也,安爲難;原注:"以忠禮將也。"照補:揚子曰:"孝莫大於寧親。"高氏誘曰:"安寧其親,難也。"安可能也,久爲難;久可能也,案:《祭義》無此七字,《吕覽》亦同。卒爲難。高氏誘曰:"卒,終也。"父母既殁,慎行其身,案:"慎"下舊注"一作'順'",亦校書者所加。不遺父母惡名,《孝經緯》曰:"名毀行廢,玷辱其先。"可謂能終①也。"原注:"謂能卒也。"照補:《孝經》曰:"立身行道,揚名於後世,以顯父母,孝之終也。"

　　夫仁者,仁此者也;孔氏曰:"言欲行仁於外,必須行仁恩於父母也。"義者,宜此者也;孔氏曰:"言欲行義於外者,必須得宜於此孝也。行孝得宜,乃可施義於外。"忠者,忠此者也;案:"忠此",各本作"中此",今從方本。信者,信此者也;孔氏曰:"言欲行誠信於外,須誠信於孝道。"禮者,體此者也;孔氏曰:"言欲行禮於外者,必須履踐此孝者也。"行者,行此者也;《申鑒》:"仁也者,慈此者也。義也者,宜此者也。禮也者,履此者也。信也者,守此者也。智也者,知此者也。"足利本《孟子》:"仁也者,仁也。義也者,宜也。禮也者,履也。智也者,知也。信也者,實也。"彊者,彊此者也。孔氏曰:"言欲强順於外者,必須强盛於孝道。"樂自順此生,刑自反此作。孔氏曰:"若能順從孝道,則身和樂;若違反孝道,則刑戮及身。"

　　夫孝者,天下之大經也。夫孝置之而塞於天地,衡之而衡於四海,原注:"置,猶立也。衡,猶横也。"案:正文"衡"字,《祭義》作"溥"。施諸後世,而無朝夕,原注:"言常行也。"照補:《淮南子》:"植之而塞於天地,横之而彌於四海,施之而無窮而無朝夕。"鄭氏曰:"言常行無輟時也。"孔氏曰:"謂施此孝道於後世,無一朝一夕而不行

_____

　　① 原作"忠",據皇清經解續編本改。

也。"推而放諸東海而準，推而放諸西海而準，推而放諸南海而準，推而放諸北海而準。原注："九夷、八蠻、七戎、六狄，謂之四海。放，猶至也。準，猶平也。"照補：孔氏曰："推而至於四海以爲準乎，而法象之無所不從也。"《詩》云'自西自東，自南自北，無思不服'，此之謂也。原注："《大雅·文王有聲》之六章也。"照補：唐玄宗《孝經注》曰："義取德教流行，莫不服義從化也。"

孝有三：大孝不匱，原注："《詩》云'孝子不匱，永錫爾類'也。"中孝用勞，原注："勞，猶功也。"小孝用力。孔氏曰："庶人思父母慈愛，忘己躬耕之勞，可謂用力矣。"博施備物，可謂不匱矣；孔氏曰："博施，謂德教加於百姓，刑於四海。備物，謂四海之內，各以其職來助祭。"《五經要義》曰："天子籍田千畝，所以先百姓而致孝敬也。"尊仁安義，可謂用勞矣；慈愛忘勞，可謂用力矣。父母愛之，喜而不忘；父母惡之，懼而無怨；《尸子》："曾子曰：'父母愛之，喜而不忘；父母惡之，禮而無咎。'"父母有過，諫而不逆。原注："當柔聲下氣也。"照補：《白虎通》："諫，間也，更也，是非相間隔，更其行也。"鄭氏曰："諫而不逆，順而諫之也。"《論語正義》："'事父母幾諫'者，幾，微也，父母有過，當微納善言以諫於父母也。'見志不從，又敬不違'者，見父母有不從己諫之色，則又當恭敬，不敢違父母意而遂己之諫也。"父母既歿，以哀祀之加之，案：一本無"加之"二字，疑衍文也。如此案：一本"如此"下有"之"字。謂禮終矣。"原注："哀，謂服之三年。祀，謂春秋享之。"照補：《孝經》曰："擗踊哭泣，哀以送之。"又："春秋祭祀，以時思之。"

樂正子春下堂而傷其足，《廣韻》："堂，堂除。"傷瘳數月不出，猶有憂色。《方言》："疾愈，或謂之了，或謂之瘳。"門弟子問曰："夫子傷足，瘳矣，數月不出，猶有憂色，何也?"樂正子春曰："善如爾之問也。案：《吕覽》作"善乎而問之"。吾聞之曾子，曾子聞諸夫子曰：'鄭氏曰："述曾子所聞於孔子之言。"天之所生，地之所養，人爲大矣。孔氏曰："天地生養萬物之中，無如人最爲大。"父母全而生之，子全而歸之，可謂孝矣，原注："《孝經》曰：'天地之性，人爲貴。人之行，莫大於孝也。'"照補：朱子曰："父母之生我也，四支百骸，無一不全，必能全其身之形，斯爲不忝於父母。"不虧其體，可謂全矣。'故君子頃步之不敢忘也。原注："'跬'，當聲誤爲'頃'。"照補："頃"，當爲"跬"，聲之誤也。顏氏師古曰："跬，半步也，言一舉足也。"今予忘夫孝之道矣，予是以有憂色。"案：《吕覽》作"予忘孝道，是以憂"。故君子一舉足不敢忘父母，一出言不敢忘父母。一舉足不敢忘，故道而不徑，原注："不由徑也。"照補：鄭氏曰："徑，步邪趨疾也。"王氏逸曰："徑，邪道也。"舟而不游，《詩》曰："就其深矣，泳之游之。"孔氏曰："言渡水必依舟船，不浮游水上。"不敢以先父母之遺體行殆也。原注："殆，危也。"一出言不敢忘父母。是故①惡言不出於口，忿言不及於己。案："不及於己"，《祭義》作"不反於身"。《風俗通》："今之見辱者，必有以招之，身自取焉，何尤於人？"然後不辱其身，不憂其親，案："憂"，《小戴》作"羞"。則可謂孝矣。"

　　草木以時伐焉，禽獸以時殺焉。《汲冢周書》："山林非時不升斤斧，以成草木之長；川澤非時不入網罟，以成魚鼈之長；不麛不卵，以成鳥獸之長。"夫子曰："原注："夫子，孔子。"照補：鄭氏曰："曾子述其言以云。"伐一木，殺一獸，不以其時，非孝也。"《文子》曰："鷹

---

① 原作"以"，皇清經解續編本同，據《大戴禮記》及王聘珍《大戴禮記解詁》、孔廣森《大戴禮記補注》改。

隼未擊,羅網不得張谷;草木未落,斧斤不得入山林。"方氏曰:"君子親親而仁民,仁民而愛物,故斷一樹,殺一獸,不以其時,非孝也。"

曾子事父母第五十三

單居離問於曾子曰:"事父母有道乎?"_{原注:"單居離,曾子弟子也。"}曾子曰:"有。愛而敬。父母之行,若中道則從,若不中道則諫,諫而不用,行之如由己。_{原注:"且俯從所行,而思諫道也。"案:正文"如",當讀爲"而"。或云:"由己","由"字乃"思"字之誤。}從而不諫,非孝也;_{原注:"同父母之非,不匡諫。"}諫而不從,亦非孝也。_{原注:"徒以義諫,而行不從。"}孝子之諫,達善而不敢爭辨。爭辨者,作_{一本無"作"字。}亂之所由興也。_{原注:"《内則》曰:'父母有過,下氣怡色,柔聲以諫。諫若不入,起敬起孝,説則復諫。'"}由己爲無咎則寧,_{原注:"謂順諫。"}由己爲賢人則亂。_{原注:"謂爭辨,賢與無咎互相足。"}孝子無私樂,_{一作"無私憂,無私樂"。}父母所憂憂之,父母所樂樂之。孝子惟巧變,故父母安之。若夫坐如尸,立如齋,_{鄭氏康成曰:"如尸,視正貌。如齋,磬且聽也。"}弗訊不言,_{原注:"齋,謂祭祀時。訊,問也。"}言必齋色,_{原注:"嚴敬其色。"}此成人之善者也,_{案:一本無"者"字。}未得爲人子之道也。"_{原注:"父之事。"}

單居離問曰:"事兄有道乎?"曾子曰:"有。尊事之以爲己望也,_{原注:"謂儀象也。"}兄事之_{案:"兄事之"三字,疑衍。既爲吾之兄,何得云兄事之乎?}不遺其言。_{原注:"奉其所令。"}兄之行若中道,則兄_{此"兄"字疑衍文}事之;兄之行若不中道,則養之。

原注:"養,猶隱之。"養之内,不養於外,則是越之也;養之外,不養於内,則是疏之也。是故君子内外養之也。"

單居離問曰:"使弟有道乎?"曾子曰:"有。嘉事不失時也。原注:"謂冠娶也。"照補:《周禮·大宗伯》"以嘉禮親萬民"注:"嘉,善也。"弟之行若中道,則正以使之;原注:"正以使之,以弟道。"弟之行若不中道,則兄事之。原注:"且以兄禮敬之。"詘事兄之道,若不可,然後舍之矣。"原注:"屈事兄之道,然猶不變,則怒罰之。"照補:楊氏倞曰:"'詘'與'屈'同。"

曾子曰:"夫禮大之由也,不與小之自也。原注:"言大者得。自,由也。"飲食以齒,原注:"以長幼也。"照補:何氏休曰:"兄先弟後,天之倫次。"力事不讓,辱事不齒,執觴觚杯豆而不醉,和歌而不哀。原注:"觚,器也,實之曰觴。杯,盤盞盆盞之總名也。豆,醬器,以木曰豆,以瓦曰登。"案:舊本作"以木曰登",係脱誤。夫弟者,不衡坐,不苟越,不干逆色,趨翔周旋,俛仰從命,不見於顏色,未成於弟也。"

大戴禮記注補卷五

曾子制言上第五十四

　　曾子曰："夫行也者,行禮之謂也。夫禮,貴者敬焉,老者孝焉,幼者慈焉,少者友焉,賤者惠焉。此禮也,行之則行也,立之則義也。今之所謂行者,犯其上,危其下,衡道而彊立之,<small>原注:"衡,橫也。"</small>天下無道故若,<small>原注:"且自如也。"</small>案:若,順也。天下有道,則有司之所求也。<small>原注:"言爲法吏所收誅也。"</small>"故君子不貴興道之士,而貴有耻之士也。若由富貴興道者,與貧賤,吾恐其或失也;<small>原注:"或,猶惑也。"</small>若由貧賤興道者,與富貴,吾恐其贏驕也。夫有耻之士,富而不以道則耻之,貧而不以其道則耻之。

　　"弟子無曰'不我知也',鄙夫鄙婦相會于廧陰,可謂密矣,明日則或揚其言矣。<small>原注:"《中庸》曰:'莫見乎隱,莫顯乎微,故君子慎其獨也。'"照補:《管子》:"廧有耳者,微謀外泄之謂也。"案:《意林》引作"廧之陰"。</small>又"明日或有知之",故云"執仁與義",莫不同也。故士執仁與義而明行之,未篤故也,胡爲其莫之聞也?殺六畜不當,及親,吾信之矣;<small>原注:"凡殺有時,禮也。"</small>使民不時,失國,吾信之矣。

　　"蓬生麻中,《説文》:"蓬,蒿也。"《埤雅》:"其葉散生,末大于本。"《説文》:"檾麻,枲屬。檾,音頃。"黄氏一正曰:"麻,高四五尺,葉如荏而圓鋭,皮可爲布。"不扶自直;白沙在泥,案:"泥",《意林》作"涅"。與之皆黑。原注:"古語云。言扶化之者衆。"案:四句係古語,《史記》《風俗通》俱曾引之。是故人之相與也,譬如舟車然,相濟達也,案:《類函》作"相逐走也"。己先則援之,彼先則推之。是故人非人不濟,馬非馬不走,土非土不高,水非水不流。《逸周書》:"土非壤不高,水非水不流。"

　　"君子之爲弟也,行則爲人負,原注:"分重合輕,斑白不任,弟達於道路也。"無席則寢其趾,原注:"寢,猶止也,言裁自容也。"使之爲夫人則否。原注:"夫人,行無禮也。"近市無賈,原注:"無廛邸也。"在田無野,原注:"田無廬也。"行無據依,原注:"守直道,無所私。"案:"依",各本作"旅",今從劉本。苟若此,則夫杖"杖",一作"材"可因篤焉。原注:"言行如此,則其所杖者,皆可因厚焉。"富以苟,不如貧以譽;原注:"貧則常也,義不可無。"生以辱,不如死以榮。原注:"見危致命,死之榮也。"辱可避,避之而已矣;及其不可避也,君子視死若歸。原注:"不苟免也。"父母之讎,不與同生;原注:"生辱之,不可避也。《曲禮》曰:'父之讎,弗與共戴天。'"照補:《三倉》:"怨耦曰讎。"《檀弓》曰:"父母之讎,寢苦枕干。"鄭氏康成曰:"必求殺之,乃止。"兄弟之讎,不與聚國;原注:"《檀弓》曰:'昆弟之讎,仕不與共國。其從父兄弟,則不爲魁也。'"照補①:孔氏穎達曰:"不同國者,謂不共五等一國之中也。"朋友之讎,不與聚鄉;原

---

　　① 原無"照補"二字,皇清經解續編本同,據汪照注例,原注后汪所補注文前有"照補",今補之。

注:"《曲禮》曰:'朋友之讎不同國,失厚矣。'"族人之讎,不與聚鄰。
原注:"族人,謂絕屬者。"照補:《周禮·地官·調人》:"掌司萬民之難而
諧和之。凡和難,父之讎避諸海外,兄弟之讎避諸千里之外,從父兄弟
之讎不同國,君之讎視父,師長之讎視兄弟,交友之讎視從父兄弟。"《申
鑒》:"兄弟之讎,避諸異郡五百里;從父從兄弟之讎,避諸異縣百里。"游
氏桂曰:"聖人之意以為無故而殺人者,君誅之;君誅之不得,則子報之;
子報之不得,則兄弟報之;兄弟報之不得,則交游報之。古者於五典之
中,而為之朋友,非苟然也。"良賈深藏若虛,君子有盛教如無。"
原注:"言珍寶深藏若虛,君子懷德若愚也。"照案:《史記·老子傳》:"良
賈深藏若虛,君子盛德,容貌若愚。"

　　弟子問於曾子曰:"夫士,何如則可以為達矣?"邢氏昺曰:
"士,有德之稱。問士行何如可謂通達也。"曾子曰:"不能則學,疑則
問,欲行則比賢,雖有險道,循行達矣。今之弟子病下人,不
知事賢,恥不知而又不問,原注:"好責於人,而不知自反也。"欲作
則其知不足,是以惑闇,惑闇終其世而已矣,是謂窮民也。"

　　曾子門弟子或將之晉,曰:"吾無知焉。"曾子曰:"何必
然,往矣。有知焉謂之友,原注:"曰友之也。"無知焉謂之主。
原注:"且客之而已。"且夫君子執仁立志,先行後言,千里之
外,皆為兄弟。原注:"故曰:君子何患乎無兄弟?"苟是之不為,
則雖汝親,庸孰能親汝乎?"原注:"庸,用也。孰,誰也。"

曾子制言中第五十五

　　曾子曰:"君子進則能達,退則能靜。豈貴其能達哉?
貴其有功也;豈貴其能靜哉? 貴其能守也。《孟子》曰:"窮不

失義，達不離道。"夫唯進之何功？退之何守？原注："問君子進退，其功守如何。"是故君子進退，有二觀焉。原注："言有二等可觀。"故君子進則能益上之譽，而損下之憂；原注："謂其功也。"不得志，不安貴位，不懷厚祿，案：《永樂大典》本作"不懷"，別本作"不博"。負耒而行道，凍餓而守仁：原注："謂其守也。"案：此四字各本訛作"正文"。則君子之義也。其功守之義，案：一本"其"上有"謂"字，程氏校本以此句作注文。有知之，則願也；莫知之，苟吾自知也。

　　"吾不仁其人，雖獨也，吾弗親也。原注："人而不仁，不足友也。故周公曰：'不如我者，吾不與處，損我者也；與吾等，吾不與處，無益我者也。吾所與處者，必賢於我。'"案：汪氏校本"故周公曰"以下，皆作正文。王氏校本云："'吾所與處'二句，疑是注文。"故君子不假貴而取寵，原注："不因人之貴，苟求寵愛也。"不比譽而取食。原注："不校名譽，以求祿也。"直行而取禮，原注："行正，則見禮也。"比說而取友。原注："言修己以事人。"案：正文"取"，一作"交"。注文"以"，一作"可"。有說我則願也，莫我說，苟吾自說也。原注："'說'，讀爲'悅'字。"故君子無悒悒於貧，《說文》："悒，不安也。"《玉篇》："憂也。"無忽忽於賤，《晏子春秋》："忽忽兮若之何。"案："忽忽"，各本訛作"勿勿"，今從方本。無憚憚於不聞，原注："憚憚，憂惶也。"布衣不完，疏食不飽，蓬戶穴牖，《儒行》："篳門圭窬，蓬戶甕牖。"《淮南子》："蓬戶甕牖，揉桑以爲樞。"日孜孜上仁，"孜孜"，一作"孳孳"。案：《史記》："孳孳得民和。"《正義》曰："孳，息也，益①也。"師古曰："字與'孜孜'同，言不怠也。"知我，吾無訢訢；不知我，吾無

---

① 原作"盖"，據皇清經解續編本及《史記正義》改。

悒悒。

　　"是以君子直言直行，不宛言而取富，不屈行而取位。仁之見逐，案："仁"，各本作"畏"，今從方本。智之見殺，固不難；詘身而爲不仁，《史記·魯仲連傳》："與富貴而詘於人，寧貧賤而輕世肆志焉。"《漢書·孫寶傳》："道不可詘，身詘何傷？"《玉篇》："詘，枉曲也。"宛言而爲不智，則君子弗爲也。原注："小人在朝，多逐害於仁智者。君子之人，不枉言行而懷其禄也。"君子雖言不受必忠，曰道[1]；雖行不受必忠，曰仁；原注："謂發施言行於君子之前。實善而君不納，然猶忠誠勉行，可謂仁道也。"雖諫不受必忠，曰智。原注："猶忠誠而諫之。"天下無道，循道而行，衡塗而僨，原注："衡，衡也。僨，僵也。"手足不掩，四支不被。原注："手足，即四支。説者申慇懃耳。《詩》云：'行有死人，尚或墐之。'"照案：注文"手足"二句，宋元舊本並作正文，"即"訛"節"，今從惠本。"詩云"二句，各本亦作正文，今從戴本。此則非士之罪也，案："此則"，各本作"則此"，今從《永樂大典》。有土"土"，各本訛作"士"者之羞也。

　　"是故君子以仁爲尊。天下之爲富，何爲富？則仁爲富也。天下之爲貴，何爲貴？則仁爲貴也。案：舊注一作"君子天下之爲仁，則以仁爲尊也。天下之爲富，則以仁爲富也。天下之爲貴，則以仁爲貴也"，乃校書者語，非盧氏注文。昔者舜匹夫也，土地之厚，則得而有之，人徒之衆，則得而使之，舜惟仁得之也。案："仁"，各本作"以"，今從《永樂大典》本。又別本作"以仁得之也"。是故君子將説富貴，必勉於仁也。昔者伯夷、叔齊死

---

　　[1] 原無"曰道"二字，皇清經解續編本同，據《大戴禮記》及王聘珍《大戴禮記解詁》、孔廣森《大戴禮記補注》補。

于溝澮之間，其仁成名於天下。原注："伯夷叔齊，孤竹君之子，初因父命，交讓其國，遂退北海之濱，而終死於首陽。"夫二子者，居河濟之間，《尚書大傳》："雖退而巖居河濟之間、深山之中。"非有土地之厚、貨粟之富也，戴延之《西征記》："洛東北，去首陽山二十餘里，山上有夷齊祠。"或云餓死此山。今河東蒲坂南，又有首陽山，亦有夷齊祠。未詳餓死所在。王氏應麟曰："《史記正義》：'首陽山有五。'顏師古注《漢書》云伯夷歌'登彼西山'，當以隴右爲是。石曼卿謂首陽在河東蒲坂，乃舜都也。余嘗考之《曾子》書，以爲夷齊死於濟澮之間，其仁成名於天下。又云二子居河濟之間，則曼卿謂首陽在蒲坂，爲得其實。"《四書釋地》《史記正義》首陽山凡五所，王伯厚考《曾子》書以爲在蒲坂舜都者，得之。余謂莫徵信於酈注，然已兩説互存，既云河北縣雷首山，今之蒲州有夷齊廟。酈道《十三州志》曰："山一名獨頭山，夷齊所隱也。山南有古冢，陵柏蔚然，攢茂丘皐，俗謂之夷齊墓。"又云："平縣故城有首陽山，今之偃師縣，《春秋》所謂首戴也。夷齊之歌所矣，曰登彼西山，上有夷齊之廟，蓋莫能定耳。"照案：蒲州南五十里有夷齊墓，偃師縣亦有夷齊墓。馬融曰："首陽山，在河東蒲坂縣華山之北，河曲之中。"《淵鑑類函》："案：云夷齊之廟，在蒲之蒲坂首陽山之南。馬融、顏師古之説同，而高誘以爲洛東南去二十里之首陽山，杜預、阮籍咸以爲然，即今二山咸有夷齊冢，《九域志》兩從之。"照又案：王氏曰："澮，水名，左氏所謂汾澮。"則深寧所見舊本非"溝澮"，乃"濟澮"也。言爲文章，行爲表綴於天下。照案："表"，坊本訛作"裘"。考王僧孺《徐府君集序》"行稱表綴，言成模楷"，是其證也。戴氏震曰："《孔子三朝記》云'所以爲儀綴於國'，《曾子制言》云'行爲表綴於天下'，綴者，懸綴於高，民所瞻望。"是故君子思仁義，晝則忘食，夜則忘寐，日旦就業，夕而自省，以殁其身，"殁"，各本訛作"役"，今從方本。亦可謂守業矣。"

曾子制言下第五十六

曾子曰："天下有道,則君子訢然以交同;許氏慎曰："訢,古'欣'字。"《孟子》:"終身訢然,樂而忘天下。"賈山《至言》:"天下訢訢焉。"《樂記》:"天地訢合,陰陽相得。"注:"訢,讀爲熹。"天下無道,則衡言不革。原注:"衡,平也,言不苟合也。"照補:孔氏安國《尚書注》曰:"衡,平也,言平常之言也。彼言不革,此言革,言亂之甚也。"諸侯不聽,則不干其土;聽而不賢,則不踐其朝。是以君子不犯禁而入人境,原注:"及郊問禁請命。"案:此六字,各本譌作正文。不避患而出危邑,原注:"師敗不苟免也。"案:各本"避"譌作"通","邑"譌作"色",今從方本。則秉德之士不諂矣。《説文》:"諛也。"《玉篇》:"佞也。"鄭氏康成曰:"謂傾身以自下也。"照案:正文"不諂"二字,與上文意義不貫,疑因下句"不諂富貴"而衍,或句中有脱誤字。故君子不諂富貴,以爲己説;不乘貧賤,以居己尊。凡行不義,則吾不事;不仁,則吾不長。奉相仁義,原注:"相,助也。"則吾與之聚群;嚮邇寇盜,則吾不與慮。案:各本脱"不"字,今從方本。國有道,則鳹若入焉;原注:"《詩》云'鳹彼晨風,鬱彼北林'也。"案:鳹,疾飛貌,各本譌作"突",今從方本。國無道,則鳹若出焉,原注:"如大鳥奮翼而去也。"如此之謂義。

"夫有世義者哉?原注:"義,宜也。"仁者殆,案:別本"仁"上有"曰"字。恭者不入,原注:"殆,危也。仁者危之,恭者又不受也。"慎者不見使,正直者則邇於刑,弗違則殆於罪。原注:"邇,近。違,去。"是故君子錯在高山之上,深澤之汙,《説文》:"濁水不流也。"聚橡栗《周禮》注:"謂之象斗,實可食。"《天官·籩人》:"饋食之籩,其實栗。"《小爾雅》:"柞之實謂之橡。"《列子》:"夏食薐芰,冬食橡栗。"《説苑》:"莒穆公有臣朱厲,附事穆公,不見識焉,冬處於山林,食橡栗。"藜藿而食之,原注:"藜藿,藿豆。"生耕稼,以老十室之邑。《論語》:"十室之邑①。"是故昔者禹見耕者五耦而式,過十室之邑則下,爲秉德之士存焉。"原注:"不侮之也。"照補:《禮》"入里必式",注云:"不侮十室。"《正義》曰:"《論語》云'十室之邑,必有忠信如某者焉',是不侮十室。"《荀子》:"禹見耕者耦立而式,過十室之邑必下。"《董子》:"禹見耕者五耦而式,過十室之邑而下。"馬氏晞孟②曰:"禹見耕者則式,過十室之邑則下;孔子見負版凶服者則式,見楚狂接輿則下;武王式商容之廬;魏文侯式段干木之門。君子凡在所敬者,奚嘗不式且下哉?"

曾子疾病第五十七

　　曾子疾病,原注:"疾困曰病。"曾元抑首,曾華一作"申"抱足。原注:"元、華,其子。"曾子曰:"微乎!吾無夫顏氏之言,吾何以語汝哉? 然而君子之務,蓋有之矣。案:"蓋",各本訛作"盡",今從《永樂大典》本。夫華繁而實寡者,天也;言多而行寡者,人也;鷹鶉以山爲卑,而增巢其上,案:"增",一作"曾",又作"橧"。《説文·立部》有"竲"字,云"北地高樓無屋者。"魚、鼈、黿、鼉以淵爲淺,而蹶穴其中,卒其所以得之者,餌也。原注:"求生

---

　　① 原作"十室之邑",皇清經解續編本同,疑有脱文,《論語·公冶長》作"十室之邑,必有忠信如丘者焉,不如丘之好學也"。
　　② 原無"孟"字,皇清經解續編本同,據前文注所引"馬氏晞孟"補。

之厚,動之死地也。"照補:《莊子注》:"陰以利誘人曰餌。"《倉頡篇》:"餌,食也。"師古曰:"餌,謂爲其所吞食。"《漢書‧王符傳》:"夫鳥以山爲卑,而增巢其上;魚以淵爲淺,而穿穴其中。卒所以得之者,餌也。"注云:"《曾子》之文,亦見《大戴禮》。"是故君子苟無以利害義,則辱何由至哉?

"親戚不悅,不敢外交;近者不親,不敢求遠;小者不審,不敢言大。《説苑》:"孔子曰:'親戚不悅,無務外交;事無終始,無務多業。'"故人之生也,百歲之中,有疾病焉,有老幼焉,故君子思其不可復者而先施焉。案:各本脱"可"字,今從《永樂大典》本。親戚既没,雖欲孝,誰爲孝? 年既耆艾,鄭氏康成曰:"艾,老也。"孔《疏》曰:"髮蒼白,色如艾。"呂氏大臨曰:"六十曰耆。耆者,稽久之稱,稽久則將入於老。"雖欲弟,誰爲弟? 故孝有不及,弟有不時,其此之謂與?

"言不遠身,言之主也;行不遠身,行之本也。言有主,行有本,謂之有聞矣。原注:"知身是言行之基,可謂聞矣。"案:此十一字,他本皆誤作正文。君子尊其所聞,則高明矣;行其所聞,則廣大矣。董氏仲舒曰:"行其所知,則光大矣。"高明廣大,不在於他,在加之志而已矣。

"與君子遊,芯乎如入蘭芷之室,久而不聞,則與之化矣;《易‧繫辭》:"同心之言,其臭如蘭。"《文子》:"蘭芷不爲莫服而不芳。"《説文》:"芯,馨香也。"《唐韻》:"毘必切。"與小人遊,膩乎如入鮑魚之次,案:"膩",各本訛作"貸",今從《永樂大典》本。《文選注》"膩"作"臭","次"作"肆"。《意林》作"戲乎如入鮑魚之室"。《釋名》:"鮑,腐也,埋藏奄使腐臭也。"《集韻》:"魚敗曰鮑。"《韓詩外傳》:"鮑魚不與蘭芷同笥而藏。"《圖經》:"鮑魚,形類鱓魚,生溪中,極臭。"劉孝標

《辨命論》:"鮑魚芳蘭,入而自變。"《論語譔考讖》:"漸於蘭則芳,漸於鮑則臭。"《釋文·序》:"處鮑居蘭,翫所先入。"《文選注》:"向曰:'言凡人以所學爲是,以己習爲安,猶久處鮑魚之市,不覺其臭。'"久而案:"而",《意林》作"亦"不聞,則與之化矣。原注:"《離騷①》曰經鮑魚之肆而失香也。"案:《意林》作"而亦化矣"。是故君子慎其所去就。

"與君子遊,如長日案:《意林》作"如日之長"加益,而不自知也;原注:"如日之長,雖日加益而不自知也。"案:"如日"之"日",一作"身"。與小人遊,如履薄冰,每履而下,幾何而不陷乎哉?董氏曰:"積善在身,如長日加益,而人不知也;積惡在身,猶火銷膏,而人不見也。"案:《意林》作"幾乎而不行陷乎"。

"吾不見好學盛而不衰者矣,吾不見好教如食疾子者《永樂大典》本有"者"字,他本俱脱矣,原注:"言未見好教,欲人之受,如餔疾子也。"惠氏棟曰:"元本'敬人之愛',一本'愛'作'受',疑當作'欲人之受'。"吾不見日省而月考之其友者矣,吾不見孜孜而與來而改者矣!"原注:"謂擇善而改非也。"

曾子天圓第五十八

單居離問於曾子曰:"天圓而地方者,誠有之乎?"《呂氏春秋》:"天道圜,地道方,聖王法之,所以立上下。何以説天道之圜也?精氣一上一下,圜周復雜,無所稽留,故曰天道圜。何以説地道之方也?

---

① 此處原有"經"字,皇清經解續編本同,《大戴禮記》及王聘珍《大戴禮記解詁》、孔廣森《大戴禮記補注》均無"經"字,據删。《離騷》作"聯蕙芷以爲佩兮,過鮑肆而失香"。

萬物殊類殊形,皆有分職,不能相爲,故曰地道方。"《淮南子》:"天圓而無端,故不可得而觀;地方而無垠,莫能窺其門。"《河圖括地象》:"天地,元氣之所生,天謂之乾,地謂之坤。天圓而色玄,地方而色黄。"

曾子曰:"離! 而聞之云乎?"原注:"而,猶汝也。汝聞,則言之也。"

單居離曰:"弟子不察,以此敢問也。"《永樂大典》本作"以此",他本俱作"此以"。

曾子曰:"天之所生上首,地之所生下首,原注:"人首圓足方,繫之天地。"上首之謂圓,下首之謂方,原注:"因謂天地爲方圓也。《周髀》曰:'方屬地,圓屬天,天圓地方也。'《淮南子》曰:'天之圓不中規,地之方不中矩。'《白虎通》曰:'天,鎮也,其道曰圓;地,諦也,其道曰方。'一曰,圓謂水也。"如誠天圓而地方,則是四角之不揜也。

"且來! 吾語汝。參嘗聞之夫子曰:天道曰圓,地道曰方,原注:"道方圓耳,非形也。"照補:《考靈曜》曰:"天以圓覆,地以方載。"方曰幽,而圓曰明。原注:"方者陰義,而圓者陽理,故以名天地也。"明者,吐氣者也,《釋名》:"氣,猶忾也,忾然有聲而無形也。"是故外景;原注:"'景',古通以爲'影'字。外景者,陽道吐施也。"照補:《釋名》:"景,境也,明所照處有境限也。"鄭氏《毛詩箋》:"景,明也。"《文選注》:"景,光景也。"幽者,含氣者也,是故内景。原注:"内景者,陰道含藏也。"故火曰外景,原注:"火氣,陽也。"案:他本脱此注。而金水内景。原注:"金質,陰也。"照補:《范子計然》曰:"日者,火精也;火者,外景。日主晝居,晝而爲明處,照而有光。[1]"又曰:"月,水精,内景。"《淮南子》曰:"大道含吐陰陽,而章三光。"《春秋元命苞》:"月精

---

[1]　"日主"三句原作"生居晝而明明處照而有光",皇清經解續編本同,據《范子計然》改。

在内,故金水内景。"王氏應麟曰:"《曾子天圓》篇:'火日外景,金水内景。'薛士龍云:'嘗聞《曾子》書,金火中外明,圓方遞含施,二景參黄庭。'愚謂《周髀》云:'日猶火,月猶水,火則外光,水則含景。'其説本於《易》之《坎》《離》。《坎》内陽外陰,故爲水爲月;《離》内陰外陽,故爲火爲日。"吐氣者施而含氣者化,原注:"施,賦也。化,體生。"案:别本"賦"作"施"。是以陽施而陰化也。陽之精氣曰神,陰之精氣曰靈。神靈者,品物之本也,原注:"神爲魂,靈爲魄。魄者,陰陽之精,有生之本也。及其死也,魂氣上升於天爲神,體魄下降於地爲鬼,各反其所自出也。"照補:《越絶書》:"神生者,出入無門,上下無根,見所而功自成,故曰神。神主生氣之精。"而禮樂仁義之祖也,原注:"樂由陽來,禮由陰作,仁近樂,義近禮,故陰陽爲祖也。"而善否治亂所興作也。案:别本作"所由興作也"。陰陽之氣,各從其所案:"從",各本訛作"盡",今從高安本。則静矣;"静",或作"盡"。偏則風,原注:"謂氣勝負。"照補:鄭氏康成曰:"風,土氣也。"《五經通義》:"陰陽散爲風。"王氏安石曰:"雲,陰中之陽;風,陽中之陰。"俱則雷,交則電,原注:"自仲春至仲秋,陰陽交泰,故雷電也。"照補:《穀梁傳》:"陰陽相薄,感而爲雷。"《春秋元命苞》:"陰陽合爲雷。"《五經通義》:"電爲雷光。"陸佃《埤雅》:"陰陽激耀,與雷同氣,發而爲光者也。雷從回,電從申,陰陽以回薄而成雷,電以申洩而爲電故也。"案:《太平御覽》引《曾子書》作"陰陽交則電"。亂則霧,和則雨。原注:"偏則風,而和則雨,此謂一時之氣。至若春多雨,則時所宜也。"照補:①董氏仲舒曰:"陰陽氣上薄爲雨,下薄爲霧。"《元命苞》:"霧,陰陽之氣。陰陽怒而爲風,亂而爲霧。"《釋名》:"雨,羽也,如鳥羽動則散。"《説文繫傳》:"霧,地氣,天不應也,從雨,務聲。臣鍇曰:《釋名》云:'霿,冒也,今

---

① 原無"照補"二字,皇清經解續編本同,依本書體例補。

俗作霧。'《爾雅》：'霧謂之昧。昧，一作晦。'"陽氣勝，則散爲雨露；陰氣勝，則凝爲霜雪。陽之專氣爲雹，陰之專氣爲霰。霰雹者，一《御覽》本無"一"字氣之化也。原注："陽氣在雨，温暖如湯，陰氣薄之，不相入，摶而爲雹；陰氣在雨，凝滯爲雪，陽氣薄之，不相入，散而爲霰。故《春秋穀梁説》曰：'雹者，陰脅陽之象；霰者，陽脅陰之符也。'"照補：《五經通義》："和氣精液凝爲露，露從地生。"《説文》："雨，水從雲下也。一象天，冂象雲，水霝其間也。"又："露，潤澤也。"又："霜，喪也，成物者也。"又："雪，凝雨説物者也。"又："霰，積雪也。"《繫傳》："臣鍇以爲雪之著物，積久而不流，其浸潤深以解説物也。雹，臣鍇案：《西京雜記》：'陰氣脅陽爲雹。'霰，稷雪也，臣鍇案：《詩》曰：'如彼雨雪，先集惟霰。'郭璞以爲雨雪雜下也。《薛君章句》：'霰，霙也。'《宋書·符瑞志》：'霰，英也。'"

　　"毛蟲毛而後生，羽蟲羽而後生，《爾雅》："有足謂之蟲，無足謂之豸。"《説文》："從三虫，象形，凡蟲之屬皆從虫。"毛羽之蟲，陽氣之所生也。介蟲介而後生，鱗蟲鱗而後生，介鱗之蟲，陰氣之所生也。原注："言陰陽所生者，舉其多也。"惟人爲倮匈而後生也，原注："倮匈，謂無毛羽與鱗介也。"陰陽之精也。原注："人受陰陽純粹之精，有生之貴也。凡倮蟲，則亦並陰陽氣所生也。"照補：《漢書》："人，有生之最靈者也。"毛蟲之精者曰麟，羽蟲之精者曰鳳，介蟲之精者曰龜，鱗蟲之精者曰龍，倮蟲之精者曰聖人。原注："龜、龍、麟、鳳，所謂四靈。"龍非風不舉，《淮南子》："人不見龍之飛舉而能高者，風雨奉之也。"龜非火不兆，《周禮·卜師》："凡卜事眡高，揚火以作龜，致其墨。又掌開龜之四兆，一曰方兆，二曰功兆，三曰義兆，四曰弓兆。太卜掌三兆之法，一曰玉兆，二曰瓦兆，三曰原兆。"鳳非梧不棲，《春秋演孔圖》："鳳生丹穴，非梧桐不棲，非竹實不食，非醴泉不飲。”**麟非藪不止**，案：“鳳”“麟”二句正文，各本俱脱，今從《永樂大典》增。《禮運》：“鳳凰麒麟在郊椒。”**此皆陰陽之際也。**原注：“龜龍爲陰，風火爲陽，陰陽會也。”**兹四者，所以聖人役之也。**原注：“謂爲之瑞。”案：各本作“役聖人之精也”，惠本作“所以役於聖人也”，今從方本。**是故聖人爲天地主，爲山川主，爲鬼神主，爲宗廟主。**原注：“鬼神，百神也，因外祀，故在宗廟之上也。”

　　“**聖人慎守日月之數，以察星辰之行，**《元命苞》：“日左旋，周天二十三萬里。”徐整《長曆》：“月徑千里，周圍三千里，下於天七千里。”《釋名》：“星者，散也，言列位布散也。”《六經天文編》：“星者，日所舍；辰者，星所次。以其得陽之精，故謂之星；以其所次有時，故謂之辰。”**以序四時之順逆，謂之曆；**原注：“審十二月分數於昏旦，定辰宿之中見與伏，以驗時節之愆否。”照補：《漢書》：“曆譜者，序四時之位①，正分至之節，會日月五星之辰，以考寒暑殺生之實，故聖王必以曆數定三統服色之制。”**截十二管，以察八音之上下清濁，**案：“察”，各本訛作“宗”。今從《永樂大典》本。**謂之律也②。**原注：“八音，八卦之音，以律定八風之高下清濁，而準配金石絲竹也。”照補：《爾雅》：“律謂之分。”《左傳》：“六律、七音、八風、九歌以相成也，清濁、大小、短長、疾徐、哀樂、遲速、高下、出入、周疏以相濟也，君子聽之以平其心。”《小戴記》：“正月律中太蔟，二月律中夾鐘，三月律中姑洗，四月律中仲吕，五月律中蕤賓，六月律中林鐘，七月律中夷則，八月律中南吕，九月律中無射，十月律中應鐘，十一月律中黄鐘，十二月律中大吕。”**律居陰而治陽，**原注：“因地主氣。”**曆居陽而治陰，**原注：“因天主事。”**律**

---

　　① 原無“位”字，皇清經解續編本同，據《漢書》補。後“故聖王必以曆數定三統服色之制”，《漢書》作“故聖王必正曆數，以定三統服色之制”，有異。
　　② 原無“也”字，據王聘珍《大戴禮記解詁》、孔廣森《大戴禮記補注》補。

曆迭相治也，原注：“曆以治時，律以候氣。”照補：劉氏覜曰：“曆動而右移，律動而左轉。”其間不容髮。原注：“其致一也。”照補：王氏曰：“《史記・律書》引之，作‘律曆更相治，間不容翲忽’。”

　　“聖人立五禮以爲民望，原注：“五禮，其別三十六，生民之紀在焉。”制五衰以別親疏；和五聲之樂以導民氣，原注：“致樂以治心也。”合五味之調以察民情；原注：“察，猶別也。”案：“別”，他本作“利”。正五色之位，成五穀之名，原注：“五穀，黍、稷、麻、麥、菽也。”序五牲之先後貴賤。原注：“五牲，牛、羊、豕、犬、雞。先後，謂四時所尚也。”諸侯之祭牲，牛曰太牢；原注：“天子之大夫，亦太牢。太牢，天子之牲角握，諸侯角尺，大夫索牛也。”照補：《國語》“國君有牛享”注：“諸侯以太牢也。”《禮器》：“君子太牢而祭謂之禮，匹士太牢而祭謂之攘。”案：牢，詩召反。大夫之祭牲，案：一本無“牲”字。羊曰少牢；原注：“天子之士，亦少牢也。”士之祭牲，特豕曰饋食。原注：“不言特牲，其文已著，又與大夫互相足也。”照補：《儀禮》“特牲饋食之禮”，《注》：“祭祀自孰始曰饋食。饋食者，食道也。”《疏》：“孝子於親，雖死事之若生，故用生人食道饋之也。”又案，《疏》：“羊豕曰少牢，三牲具爲太牢，但非一牲即得稱牢，若一牲即不得牢名。故郊特牲與士特牲皆不言牢也。”無禄者稷饋，原注：“庶人無常牲，故以稷爲主。”照補：《曲禮疏》：“稷曰明粢者，稷，粟也。明，白也。”稷饋者無尸，無尸者厭也。陳氏《禮書》：“祭有尸而薦無尸。”《通典》：“尸，神象也。祭所以有尸者，鬼神無形，因尸以節醉飽，孝子之心也。”宗廟曰芻豢，原注：“牛羊曰芻，犬豕曰豢。”山川曰犧牷，原注：“色純曰犧，體完曰牷，宗廟言豢，山川言牷，互文也。山川，謂岳瀆。以方色，角尺，其餘用麗索也。”照案：“麗索也”三字，他本作“用庝索之”，今從戴氏本。補注：《月令》：“季冬之月，宰歷卿大夫至於庶民土田之數，而賦犧牲，以其山林名川之祀。"**割、列、攘、瘞**，原注："割，割牲也。列，飌辜也。攘，面攘也。瘞，埋也。"照補：《周禮·夏官》"小子凡沈辜候攘飾其牲"，注："鄭司農云：'沈謂祭川。'《爾雅》：'祭川曰浮。'沈辜，謂磔牲以祭也。《月令》：'九門磔攘，以畢春氣。'候攘者，候四時惡氣攘去之也。"惠氏曰："'飌'，他本譌作'編'。"面攘，見《周官·春官·雞人》。**是有五牲。此之謂品物之本、禮樂之祖、善否治亂之所由興作也。"**

大戴禮記注補卷六

武王踐阼第五十九

武王踐阼三日，原注："既王之後。"《集解》："《皇極經世》：'己卯，周武王伐商，敗之於牧野，還歸在豐，踐天子位。'《通鑑外紀》：'武王元年己卯。'吕氏曰：'踐，履也。阼，東階也。'真氏曰：'阼者，君之階，故人君即位，謂之踐阼。'"召大夫士而問焉，曰："惡有藏之約、行之行萬世可以爲子孫恒者乎?"原注："惡，猶於何也。言於何有約言而行之，乃行萬世而猶得其福。"《集解》："愚謂守約而施博者，善道也，傳之萬世可以爲子孫常法。《説文》：'恒，常也。'"照案：《通鑑外紀》作"行之恒，可以爲子孫常"。"恒"，各本以避諱作"常"，兹從《儀禮經傳通解》及王氏本。諸大夫對曰："未得聞也!"然後召師尚父而問焉，《集解》："朱氏曰：'師尚父，太公望，爲太師，而號尚父也。'劉向曰：'師之，尚之，父之。'"曰："昔帝顓頊之道存乎?《集解》："《五帝德》曰：'黄帝，少典之子也，曰軒轅。顓頊，黄帝之孫、昌意之子也，曰高陽。'"案："昔"，各本作"黄"。鄭注《學記》云："昔黄帝、顓頊之道。"《疏》云："今檢《大戴禮》惟云'帝顓頊之道'，無'黄'字。或鄭見古本不與今同，或後人足'黄'字耳。"意亦忽不得見與?"原注："言忽然不可得見。"《集解》："孔氏曰：'其道超忽已遠，亦恍惚不可得見。與，語辭。'"案：舊本原注作"言忽然，謂不得可見"。師尚父曰："在丹書，

《玉海》：“丹書，赤雀所銜丹書也。”王欲聞之，則齊矣。”

　　王齊三日，案：各本脱“王齊”二字。《學記注》引此文作“王齊三日”，《疏》不言有異同，則唐時本亦未脱也。端冕。一本作“絻”。奉書而入，案：各本作“王端冕，師尚父亦端冕”。《學記注》無“王”字，《疏》云：“‘師尚父亦端冕’，攷《大戴禮》無此文，鄭所加也。”胡渭《洪範正論》曰：“丹書，顓帝之所作也。武王初未之聞，其後乃受之於太公。”負屏而立。原注：“端，正也。樹謂之屏。”《集解》：“孔氏曰：‘端冕，謂袞冕也，其衣正幅，與玄端同，故云端冕。凡冕服，其制皆正幅，袂二尺二寸，祛尺二寸。’皇氏曰：‘武王端冕，謂袞冕也。《樂記》魏文侯端冕，謂玄冕也。’《爾雅》‘屏謂之樹’，《注》：‘小墙當門中。’《疏》曰：‘屏，蔽也。天子外屏，在路門之外，而近應門。’”王下堂，南面而立。師尚父曰：“先王之道，不北面！”《集解》：“《學記》：‘大學之禮，雖詔於天子，無北面，所以尊師也。’”王行折而東面。案：各本作“王行西，折而南，東面而立”。《學記注》所引同，《疏》云：“《大戴禮》惟云‘折而東面’。”方氏本與《疏》所言者合。師尚父西面道書之言曰：“《集解》：“皇氏曰：‘王在賓位，師尚父在主位，此王廷之位。若尋常師徒之教，則師東面，弟子西面。與此異也。’”照補：王氏曰：“武王東面而立，師尚父西面道丹書之言。”閻氏詠曰：“案：古弟子北面。郭隗曰：‘北面拘指，逡巡而退以求臣，則師傅之材至矣。’一曰：‘詘指而事之，北面而受學，則百己者至矣。’”敬勝怠者强，怠勝敬者亡，案：各本“强”作“吉”，“亡”作“滅”。《學記疏》云：“《大戴禮》：‘敬勝怠者强，怠勝敬者亡。’”《瑞書》“强”作“吉”，“怠”作“亡”。然則各本乃改從《瑞書》，非也。義勝欲者從，欲勝義者凶。《集解》：“真氏曰：‘武王之克商也，訪《洪範》於箕子；其始踐阼也，又訪《丹書》於太公，可謂急於問道者矣。而太公望所告，不出敬與義之二言。蓋敬則萬善俱立，怠則萬善俱廢，義則理爲之主，欲則物爲之主，吉凶存亡之所由分，上古聖人已致謹於此矣。武王聞之，惕若戒懼，而銘之器物，以自警焉。蓋恐斯須不存，而怠與欲得乘其隙也。其後，孔子贊《易》，於《坤》之六二曰："敬以直內，義以方外。"先儒釋之曰："敬立而內直，義形而外方。"蓋敬則此心無私邪之累，內之所以直也；義則事事物物各得其分，外之所以方也。自黃帝而武王，自武王而孔子，其皆一道與？'程氏曰：'敬義夾持直上，達天德自此。'朱氏曰：'敬便豎立，怠便放倒。以理從事是義，不以理從事是欲。敬義是體用，與《坤》卦說同。'《太公金匱》曰：'武王問師尚父曰：五帝之戒，可得聞乎？師尚父曰：黃帝居民上，惴惴若臨深淵；舜居民上，矜矜如履薄冰；禹居民上，慄慄如不滿日；湯居民上，翼翼乎懼不敢息。敬勝怠則吉，義勝欲則昌。日慎一日，壽終無殃。'《六韜‧明傳》篇：'義勝欲則昌，欲勝義則亡，敬勝怠則吉，怠勝敬則滅。'《荀子‧議兵》篇：'敬勝怠則吉，怠勝敬則滅；計勝欲則從，欲勝計則凶。'蓋出於此。"凡事不強則枉，原注："凡事不能自強，而執於此，則枉也。"《集解》："朱氏曰：'強者以力自矯之，謂若狥其所偏，不自矯揉，則終於枉而已。'"不一本作"弗"敬則不正，枉者滅廢，敬者萬世。《集解》："《史記正義》《尚書帝命驗》'弗敬'作'不敬'，'滅廢'作'廢滅'。"藏之約、行之行可以爲子孫恒者，此言之謂也。原注："問先帝之道，庶聞要約之旨，故對此而已。"且臣聞之，以仁得之，以仁守之，其量百世；以仁得之，以不仁守之，其量十世；原注："以仁得之，以仁守之；以仁得之，以不仁守之，皆謂創基之君。十百世，謂子孫無咎譽者，於十百之外，天命則有興改，其廢立大節依於此。"照案：各本作"以不仁得之，以仁守之"，注文亦同，今從《禮記疏》訂定。又案：注文"十百世"，各本作"於百姓"。"有興改"，各本作"即善與民"。茲從戴氏本。以不仁得之，以不仁守之，必及其世。"原注："謂止於其身也。"《集解》："《尚書帝命驗》作'不及其世'。《通鑑外紀》《學記正義》作'必傾其世’。愚謂,《孟子》言師道之傳,太公望見而知之。於此可攷。‘必及其世’,秦、隋是也。”照案:原注別本作“得之守之,皆謂創基之君。及其世,謂止於其身也”。兹從惠氏本。

王聞書之言,惕若恐懼,《禮記疏》作“惕然若懼”。退而爲戒書。原注:“託於物以自警,戒不忘也。”照案:別本作“戒也”。於席之四端爲銘焉,於几爲銘焉,照補:《周禮·春官·司几筵》:“掌五几五席之名。”《説文》:“几,踞几也。”《玉篇》:“案也,亦作机。”李尤《几銘序》曰:“黄帝軒轅仁智,恐事有闕,作輿几之法。”《字林》:“銘,題勒也。”案:“几”,別本譌作“機”。於鑑爲銘焉,照補:《左傳》“王以后之鞶鑑予之”,注:“鑑,鏡也。”於盥槃爲銘焉,照補:《内則》:“適父母舅姑之所,少者奉槃,長者奉水,請沃盥。”《説文》作“桮”。《稗史類編》:“夏世已有槃制,而湯始銘之。”或曰:“槃盂,黄帝臣孔甲造。”仁山金氏曰:“盤,沐浴之器也。頭曰沐,身曰浴。禮,沐用盤,盥漱亦以盤,則盤木器也。”於楹爲銘焉,照補:《説文》:“楹,柱也。”徐楷曰:“楹,言盈盈對立之狀。”於杖爲銘焉,照補:《説文》:“杖,所以扶行也。”於帶爲銘焉,照補:《説文》:“帶,紳也。”徐鉉曰:“卌,其帶上連屬固結處。”《釋名》:“帶,蒂也,著①於衣,如物之繫蒂也。”於履一本無“履”字。履爲銘焉,照補:《合璧事類》:“單底爲履,以木置履下爲舄,用麻爲之曰屨,亦曰屝。”於觴豆爲銘焉,照補:《説文》:“觶實曰觴。”又:“豆,古食肉器也。”《詩疏》:“一升曰爵,二升曰觚,三升曰觶,四升曰角,五升曰散,總名曰爵,其實曰觴。觴者,餉也。”《韻會》:“觴,酒卮總名。”《爾雅》:“木豆謂之豆。”於户爲銘焉,照案:各本脱此句。下文有户銘,則此五字似宜增補。今從袁本、惠本。於牖爲銘焉,照補:《説文》:

───────────

① 原作“箸”,皇清經解續編本同,據《釋名》改。

"在墙曰牖。"**於劍爲銘焉**,照補:《攷工記》:"桃氏爲劍。"《説文》:"人所帶兵也。"《釋名》:"劍,檢也,所以防檢非常。"**於弓爲銘焉**,照補:《吴越春秋》:"陳章曰:'黄帝作弓。'"《釋名》:"弓,穹也,張之穹隆然。"案:漢石刻成王、周公畫像,其間張幕設案,有總角垂裳而中立者,成王也;冕而跪於東者,周公;西則召公;立於二公之後者六人,并其西三人,皆無標題,各有所執,如弓矢之屬,一馬在其後,則當時儀度,可想見也。**於矛爲銘焉**。《集解》:"朱氏曰:'銘,名其器以自警之辭也。武王諸銘有切題者,如鑑銘是也,亦有不可曉者,想古人述戒懼之意,而隨所在寫記,以自警省爾,不似今人區區就一物上説。蔡邕《銘論》曰:'武王踐阼,咨於太師,作席、几、楹、杖器械之銘,十有八章。'《鄧析子》曰:'武有戒慎之銘。'"照補:孔氏曰:"矛,如鋋而三廉也。"

席前左端之銘曰:"安樂必敬。"原注:"安不忘危。"《集解》:"魏氏曰:'安樂必敬,爲銘之首。敬者,所以主此心而根萬善也。'"**前右端之銘曰:"無行可悔。"**原注:"當恭敬朝夕,故以懷安爲悔也。"**後左端之銘曰:"一反一側,亦不可以忘。"**《集解》:"'以忘',一作'不忘'。"原注:"言雖反側之間,不可以忘道也。"**後右端之銘曰:"所監不遠,視邇**案:《集解》本作"爾"**所代。"**原注:"周監不遠,近在有殷之世。"《集解》:"真氏曰:'爾,武王自謂也。代,謂周代商。安樂則易怠,怠則必有悔,故《孟子》謂生於憂患而死於逸樂。當寝而安逸,欲易作,一反一側,敬不可忘,淫戲自絶。視彼殷商,銘席四端,爲心之防。'"

几之銘曰:"皇皇惟敬,口生㖞,原注:"㖞,耻也,言爲君子榮辱之主,可不慎乎?"照案:別本又有"㖞,㖞罶也"句,一注兩釋,疑後人所加。**口戕口。"**原注:"言口能害口也。几者,人君出令所依,故以言語爲戒也。"《集解》:"《太公金匱》:'武王曰:"吾欲造起居之誠,隨之以身。几之書曰：安無忘危，存無忘亡，孰惟二者，必後無凶。”’”照補：《書‧大禹謨》：“唯口出好興戎。”《鬼谷子》：“口可以食，不可以言。”傅玄《口銘》：“病從口入，禍從口出。”

鑑之銘曰：“見爾前，慮爾後。”《集解》：“真氏曰：‘鑑雖甚明，見面而不見背，猶吾一心有所明，亦有所蔽。患常伏於照察所不及，過常生於意慮所不周。故雖聖人，懍乎隱憂。’《太公陰謀》：‘武王鏡銘曰：以鏡自照者見形容，以人自照者見吉凶。’”

盥槃之銘曰：“與其溺於人也，寧溺於淵，溺於淵，猶可游也，溺於人，不可救也。”原注：“日知所無，學者之功；溺於民庶，大人之禍。故或以自新取戒，或以游溺爲鑑也。”《集解》：“朱氏曰：‘注云自新取戒，蓋指湯之盤銘而言也。盥盤銘，因水起意。’真氏曰：‘盥沐之盤，朝夕自潔，因而爲銘，與湯一轍。溺人溺淵，因水生戒。蓋溺於深淵者，猶可以浮游而出，一爲姦邪小人所惑，則陷於危亡而不自知，故不可救。憸夫壬人，所以陷溺其君者，千智百態，使君沉迷於旨酒厚味，顛倒於艷色淫聲，方恬安而莫覺倏禍，患之遄興，斯其爲患，詎止於溺淵而已乎？’”

楹之銘曰：“毋曰胡殘，《集解》：“毋，音無，猶今人言莫也。”其禍將然；毋曰胡害，其禍將大；毋曰胡傷，其禍將長。”原注：“夫爲室者慎其楹，君天下者難其相也。”《集解》：“朱氏曰：‘此亦泛言，未必指楹爲相也。’真氏曰：‘殘，害也。斯銘凡三反復，蓋人情每忽於窈微，而禍也常生於隱伏，銘之於楹，朝夕見之，以敬以戒，保於未危。’”

杖之銘曰：“惡乎危？於忿疐。惡乎失道？於嗜慾。惡乎相忘？於富貴。”原注：“惡乎，何也。忿者，危之道，怒甲及乙，又危之。杖扶危，故以危戒也。杖依道而行之，言身杖相資也。因失道相忘，乃嗜慾安樂之戒也。”照案：各本原注“故以危戒也”句止，無下四句，今從《玉海》本。《集解》：“真氏曰：‘忿疐，怒也。大《易》所貴，懲忿窒欲。逞忿者,有危身之憂;縱欲者,有失道之辱。杖之爲物,於以自扶,操之則安全有賴,舍之則顛踣可虞。富貴奢淫,易忘兢畏,於杖爲銘,是或此義。"《太公金匱》:'杖之書曰:輔人無苟,扶人無咎。'案:"咎",一作"容"。"

帶之銘曰:"火滅修容,慎戒必恭,恭則壽。"原注:"雖夜懈息,其容不可以苟。帶於寐先釋,故因言之也。"《集解》:"朱氏曰:'恭主容,敬主事。恭見於外,敬主乎中。'愚謂,非禮勿動,闇不欺也;莊敬日强,壽之基也。《太公陰謀》:'武王衣之銘曰:桑蠶苦,女工難,得新捐故,後必寒。'"

履屨之銘曰:"慎之勞,勞則富。"原注:"行慎躬勞,躬勞終福,諭慎履,亦財不費也。履在下,尤勞辱,因此爲戒。'勞'與'富',音義兩施,互取焉。"《集解》:"吕氏曰:'勤勞者,立身爲善之本,不勤不勞,萬事不舉。'《太公金匱》:'書履曰:行必慮正,無懷僥倖。'"

觴豆之銘曰:"食自杖,食自杖。戒之憍,憍則逃。"原注:"無求醉飽,自杖而已。"《集解》:"《太公陰謀》:'觴銘曰:樂極則悲,沈湎致非,社稷爲危。'憍,居妖反,逸也。"

戶之銘曰:"夫名難得而易失,無懃弗志,而曰我知之乎? 無懃弗及,而曰我杖之乎? 原注:"志,識也。杖立不能懲其篤怠,而自謂杖成功無可就,故終失其名也。"擾阻以泥之,盧氏文弨曰:"此句不可解。竊疑'擾'乃'獿'字之訛。服虔注揚雄賦云:'獿,古之善塗墍者。'王伯厚校此篇云'一本無阻字',則當作'獿以泥之'無疑。蓋'擾'亦本作'獿',形近易訛也。"若風將至,必先搖搖,原注:"搖搖,無所託,言有風則先困。"雖有聖人,不能爲謀也。"原注:"諭人行亦然。"《集解》:"一本無'阻'字。朱氏曰:'"無懃弗志"至"擾阻以泥之",皆所未詳,要必有害於戶者,若風將至,此謂戶不固閉而動搖也。'《太公金匱》:'門之書曰:敬遇賓客,貴賤無二。戶之書曰:出畏之,入懼之。鑰之書曰：昏謹守，深察訛。’”

牖之銘曰：“隨天之時，各本脱“之”字，《儀禮經傳通解》有。以地之財，敬祀皇天，敬以先時。”原注：“隨，任也。財，質也。先祭時而敬齊。”《集解》：“朱氏曰：‘牖下，齊祭之處也。《詩傳》：室前東户西牖，牖下則室中東南隅，所謂奥也。’真氏曰：‘天實生時，地實生財，而君用之，敢昧自來。祀以報本，亦必先時，匪物是貴，敬以將之。齊明盛服，對越上帝。於牖爲銘，朝夕是戒。’《太公金匱》：‘牖之書曰：闚望審，且念所得，可思所忘。’”

劍之銘曰：“帶之以爲服，動必行德，行德則興，倍德則崩。”原注：“以順誅也。”《集解》：“‘倍’與‘背’同，音佩。真氏曰：‘崩，傾壞也。劍之爲服，以示威武，然德實威本，威迺德輔。惟德是行，無思不服，一於用威，祇取顛覆。頷頷獨夫，所恃者劍，終以自燔，千古之鑑。’《太公金匱》：‘書劍曰：常以服兵，而行道德，行則福，廢則覆。’”

弓之銘曰：“屈申之義，廢興之行，無忘自過。”《集解》：“愚謂屈申之義以弓言，廢興之行以身言。修身在知其過。”

矛之銘曰：“造矛造矛，少間弗忍，終身之羞。原注：“重言‘造矛’，見造矛之不易也。言少間之不忍，則爲終身羞，以君子於殺之中，禮恕存焉。”真氏曰：“少間，謂須臾也。兵者，凶器，聖人所重，苟非拯民，其忍輕用一矛之造，謹之戒之。況於兵端一啓，伏尸百萬，流血千里，戕生靈之命，奸天地之和者，皆斯須不忍實爲之，寧王以此戒其子孫萬世，人主可違斯言？”《太公金匱》：“書鋒曰：‘忍之須臾，乃全汝軀。’書刀曰：‘刀利皚皚，毋爲汝開。’”予一人所聞，以戒後世子孫。”原注：“‘貽厥孫謀，以燕翼子’，武王之詩也。”

衛將軍文子第六十

衛將軍文子原注：“文子，衛卿也，名彌年。”問於子貢曰：“原

注："子貢，端木賜也，衛人，衛之相也。"照補：《史記·弟子傳》："端木賜，字子貢，衛人，少孔子三十一歲。"鄭氏康成曰："子貢，姓端木，名賜。"吾聞夫子之施教也，先以《詩》，原注："《論語》曰：'先進於禮樂，野人也；後進於禮樂，君子也。'"照案：注語所引，與正文不相比附，疑有錯誤。又案：正文"先以詩"句，一本作"先之以詩"，一本作"先以詩書"。世道者孝悌，案：此句似有誤，《家語》作"而導之以孝悌"。説之以義，而觀諸體，一作"禮"。成之以文德。蓋受教者，七十有餘人，原注："言能受教者，謂七十二子也。"照補：《史記·仲尼弟子列傳》："孔子曰：'受業身通者，七十有七人。'"案：《家語》亦"七十七人"，惟《文翁孔廟圖》作"七十二人"。聞之孰爲賢也？"

子貢對，辭以不知。

文子曰："吾子學焉，何謂不知也。"

子貢對曰："賢人無妄，王氏肅曰："言舉動不妄。"知賢則難，故君子曰'智莫難於知人'，此以難也。"原注："《書》曰：'知人則哲，惟帝其難之。'"

文子曰："若夫知賢，人莫不難。吾子親游焉，是以敢問也。"案：各本脱"以"字，今從方本。

子貢對曰："夫子之門人，蓋三就焉。原注："謂大成、次成、小成也。"照案：王氏校本曰："蓋三千就焉，言其多也，故下云'不得徧知'。"考《家語》作"三千就焉"，是其證。是"三"字下，脱"千"字。又案：就者，來就夫子也。下注"謂先就夫子"云，即指此而言，未嘗以"成"訓"就"。若大成、次成、小成，顯與下注相背，疑後人妄加。賜有逮及焉，有未及焉，不得辯知也。"原注："未及者，謂先就夫子，而或止或退，未得及己見也。或以子貢違夫子之後，有新來者也。"照案：辯，徧也。

文子曰：“吾子之所及，請問其行也。”

子貢對曰：“夙興夜寐，諷詩崇禮，_{案：“詩”，別本作“誦”。}行不貳過，_{王氏曰：“貳，再也。”邢氏昺曰：“人皆有過憚改，顔回有不善，未嘗不知，知之未嘗復行。”}稱言不苟，_{王氏曰：“舉言典法，不苟且也。”}是顔淵_{一作“回”。}之行也。_{原注：“顔回，魯人也，字子淵。”照補：《史記·弟子傳》云：“少孔子三十歲。年二十九，髮盡白，蚤死。”}孔子説之以《詩》，_{一本有“曰”字。}《詩》云：‘媚茲一人，應侯順德。永言孝思，孝思惟則。’_{原注：“《詩·大雅·下武》之四章也。媚茲一人，謂御於天子而蒙寵愛。應侯順德，逢國君能成其德。孝思惟則，此文在前章，兼以説之，故連言之也。”照補：王氏曰：“一人，天子也。應，當也。侯，惟也。言顔淵之德，足以媚愛天子，當於其心，惟順德。永言，言能長是孝道，足以爲法則也。”}故國_{一作“回”}一逢有德之君，世受顯命，不失厥名，以御于天子以申之。_{原注：“於諸侯受爵命，未盡其能。”}

“在貧如客，_{原注：“言安貧也。”照補：王氏曰：“言不以貧累志，矜莊如爲客也。”}使其臣如藉，_{原注：“藉，借也，如借力然也。”照補：王氏曰：“言不有其臣，如借使之也。”}不遷怒，不探_{一作“深”}怨，不録舊罪，是冉雍之行也。_{原注：“冉雍，魯人也，字仲公。”}孔子曰：‘有土君子，有衆使也，有刑用也，然後怒；匹夫之怒，_{王氏曰：“言有土地之君，有衆足使，有刑足用，然後可以稱怒。冉有，非有土之君，故使其臣如借，而不加怒也。”}惟以亡其身。’_{原注：“使，舉也。夫子因其性不好怒，故説妄怒之敗也，《書》曰‘惟辟作威’也。”照謂有土君子，若怒匹夫之所怒，則足以亡身，不知寬大也。《詩》云‘靡不有初，鮮克有終’以告之。原注：“《大雅·蕩》首章也。}

言冉雍能終其行也。”

“不畏彊禦，不侮矜寡，其言曰性，原注：“其言惟陳其性，不苟虛妄。”照補：王氏曰：“循其性也，而言不誣其情。”都其富哉，原注：“仲由優於政事，故能備治其都也。”任其戎，王氏曰：“戎，軍旅也。”是仲由之行也。原注：“仲由，衛人也，字子路，一字季路，大夫也。”照補：《史記·弟子傳》：“仲由，字子路，卞人也，少孔子九歲。子路性鄙，好勇力，志抗直，冠雄雞，佩豭豚，陵暴孔子。孔子設禮稍誘子路，子路後儒服委質，因門人請爲弟子。”夫子未知以文也。原注：“節其勇也。”惠氏校本曰：“此夫子，即指仲由，故云‘未知以文’。或作‘知未以文’，誤。”照案：別本又作“夫子和之以文曰”。《詩》云：‘受小共大共，爲下國恂蒙。案：《荀子》作“駿蒙”。何天之寵，傅奏其勇。’原注：“《殷頌·長發》之五章也，頌湯伐桀除災之事。恂，信也，言下國信蒙其富。《詩》爲‘駿厖’，或古有二文，或以義賦。‘寵傅’，又爲‘龍敷’。”照補：王氏曰：“敷陳奏薦。”夫强乎武哉，文不勝其質。惠氏曰：“此句屬上文。”王氏曰：“言子路强勇，文不勝其質。”

“恭老恤孤，不忘賓旅，王氏曰：“賓旅，謂寄客也。”好學省物別本作“好學博藝省物”。而不案：“不”字衍。憖，是冉求之行也。原注：“物，猶事也。事省則不勤也。冉求，字子有，冉雍之族，季氏宰。”照補：《史記》：“冉求，字子有，少孔子二十九歲。”鄭氏康成曰：“魯人。”案：“省物而憖”，猶言憖於省物耳。《家語》有“省物而憖”句，此作“不憖”，或因上文“不忘賓旅”而衍，原注恐非。惠氏曰：“正文‘也’，惟朱本有。”孔子因而語之曰：‘好學則智，恤孤則惠，恭老則近禮，克篤恭以天下，案：《家語》作“堯舜篤恭，以王天下”。其稱之也，宜爲國老。’原注：“言爲國之尊也，言任爲卿相也。”照補：王氏曰：“國老助宣德教。”案：注文“言爲”，“言”字，別本作“宜”。

　　"志通而好禮，擯相兩君之事，篤雅其有禮節也，是公西赤之行也。原注："公西赤，魯人也，字子華。"照補：鄭氏曰："少孔子四十二歲。"馬氏曰："公西華有容儀，可使爲行人。"孔子曰：'禮儀三百，可勉能也①，原注："禮經三百，可勉學而能知。"威儀三千，則難也。'原注："能躬行三千之威儀則難，而公西赤能躬行也。"照補：顏氏師古曰："威儀三千，蓋《儀禮》是也。"葉氏時曰："《禮器》云：'經禮三百，曲禮三千。'經禮，制之凡也；曲禮，文之目也。故《中庸》云：'禮儀三百，威儀三千。'先王之世，二者蓋皆有書藏於有司，祭祀、朝覲、會同，則太史執之以蒞事，小史讀之以喻衆，而卿大夫受之以教萬民，保氏掌之以教國子，亦此書也。周衰二者皆亡，惟孔子知之，故謂之執禮。"公西赤問曰：'何謂也？'孔子曰：'貌以擯禮，禮以擯辭，是之謂也。'原注："禮待貌而行，辭得禮而發。言貌，所以擯贊三千之儀也。"主人原注："言行此主在於人。"案：別本作"主言行比在於人"。聞之以成。原注："公西赤聞之以成。《家語》云'衆人聞之爲成'。'主'，或聲誤也。"照案：盧氏校本云："此不見何字爲聲誤，疑自《家語》以下，後人妄增入。"愚謂：上文"主人"，別本作"衆人"，疑"主"與"衆"，或有一誤。孔子之語人也，曰：'當賓客之事則通矣。'王氏曰："當賓客之事則達，未盡達於治國之本體也。"謂門人曰：'二三子欲學賓客之禮者，別本"者"字下有"其"字。於赤也。'

　　"滿而"而"讀同"如"。不滿，實如虛，過之如不及，惠氏曰："'過'，舊作'通'，以形近而誤。"先生難之，原注："云先生猶有難之，亦所謂先子之所畏也。"照補：賈誼《新書》："先生，先醒者也。"王②氏

　　① 原無"可勉能也"句，皇清經解續編本同，據《大戴禮記》及王聘珍《大戴禮記解詁》、孔廣森《大戴禮記補注》補。

　　② 原作"正"，皇清經解續編本作"王"，據改。

曰:"盈而如虛,過而不及,是先王之所難,而曾參體其行。"照案:《家語》作"先王"。不學案:《家語》作"博無不學"其貌,竟"竟",一作"恭"其德,敦其言,於人也無所不信,其橋大人也,原注:"橋,高也,高大之人也。"照補:王氏曰:"大人,富貴者也。"常以皓皓,是以眉壽,原注:"皓皓,虛曠。無長生久視之意,是長生久視之術。"照補:王氏曰:"皓然志大,不慕富貴,安静虛無,所以謂之富貴。"是曾參之行也。原注:"曾參,魯之南武城人也,字子輿。齊聘以相,楚迎以令尹,晉迎以上卿,皆不應其命也。"照補:《史記》:"曾參,少孔子四十六歲。孔子以爲能通孝道,故授之業,作《孝經》。"孔子曰:'孝,德之始也;原注:"天道曰至德,地道曰敏德,人道曰孝德。《四代》曰:'有天德,有地德。'夫學天地之德者,皆以無私爲能也。動而樂施者,天德也;安而待化者,地德也。故天之德,有廣狹矣。自餘禮義忠信以下,皆爲人德。因事則爲禮,厚其行則爲孝也。"弟,德之序也;王氏曰:"悌以敬長,是德之次序也。"信,德之厚也;忠,德之正也。參也,中夫四德者矣哉。'以此稱之也。

"業功不伐,貴位不善,惠氏曰:"當作'不喜'。"不侮可侮,不佚可佚,原注:"不侮可侮者,不佚可佚者,仁之至也。"照補:王氏曰:"侮、佚,貪功慕勢之貌。"不敖無告,原注:"天民之窮無所告者,不陵敖之也。"照補:王氏曰:"鰥、寡、孤、獨,此四者,天下之窮民而無告者也。子張之行,不敖此四者。"是顓孫之行也。原注:"顓孫師,陳人也。子張,字也。"照補:《史記》:"顓孫,少孔子四十八歲。"孔子言之曰:'其不伐,則猶可能也,其不弊百姓者,一本無"者"字。則仁也。王氏曰:"不弊愚百姓,即所謂不敖之也。"《詩》云:愷悌君子,民之父母。'原注:"《大雅・泂酌》之首章也。"照補:王氏曰:"愷,樂也。悌,易也。樂以强教之,易以悦安之,民皆有父之尊、母之親也。"

夫子以其仁爲大也。

　　“學以深,原注:“能深致隱賾也。”照補：王氏曰:“學而能入其深義也。”厲以斷,原注:“性嚴厲而能斷決,七十①篇說子夏云：‘爲人性不宏,好精微,時人無以尚也。’”送迎必敬,王氏曰:“迎送賓客,常能敬也。”上友下交,銀乎如斷,案:“乎”,或訛作“手”。是卜商之行也。原注:“卜商,衛人,字子夏,爲魏文侯師。銀,廉鍔也。如斷,言便能。子張曰:‘子夏之門人,洒掃應對,進退出入可也。’”照補:《史記》:“卜商,少孔子四十四歲。”盧氏曰:“注文‘便能’當作‘使能’,以形近而誤。”孔子曰:‘《詩》云：式夷式已,無小人殆。原注:“《小雅·節》之四章。殆,近也。”照補：王氏曰:“式,用。夷,平也,言用平則已也。殆,危也,無以小人至於危也。”而商也其可謂不險也。’原注:“言其鄰於德也。”照補：王氏曰:“險,危也,言子夏常厲以斷之,近小人斯不危。”

　　“貴之不喜,賤之不怒,苟於民利矣,原注:“惟在利民。《春秋左傳》曰:‘上思利民,忠也。’”廉於其事上也,照案:《家語》作“廉於行己”,若作“廉於事上”,文義不可解。以佐其下,原注:“佐,助也。”是澹臺滅明之行也。原注:“澹臺滅明,魯之東武城人也,字子羽,爲魯大夫。”照補:《史記》:“滅明,少孔子三十九歲,狀貌甚惡,欲事孔子,孔子以爲材薄。既已受業,退而修行,名施乎諸侯。孔子聞之曰:‘吾以貌取人,失之子羽。’”孔子曰:‘獨貴獨富,君子恥之,夫也中之矣。’王氏曰:“夫,謂滅明。中,猶當也。”

　　“先成其慮,及事而用之,是故不妄,案：各本訛作“忘”,今

　　① 此處原衍“子”字,皇清經解續編本同,據《大戴禮記》盧辯注各版本、王聘珍《大戴禮記解詁》、孔廣森《大戴禮記補注》删。“七十篇”當指《史記》七十列傳《仲尼弟子列傳》也。

從方本。是言偃之行也。原注:"言偃,吳人也,字子游,爲武城宰。"
照補:《史記》:"言偃,吳人,少孔子四十五歲。"《家語》作"三十五歲"。
許氏《説文》"偃"作"㲃","象旌旗之游"。字子游,石經《論語》"子游"作
"子斿"。孔氏安國曰:"子游,姓言名偃。"案:各本注作"魯人",傳寫誤
也。孔子曰:'欲能則學,欲知則問,欲行則訊,案:"行",各本
訛作"善",今從《永樂大典》本。"訊",別本作"詳"。欲給則豫①,王
氏曰:"事欲給而不礙,則莫若於豫。"當是如"而""如"古通。偃也得
之矣。'

　　"獨居思仁,公言言義,其聞《詩》也,案:各本作"其聞之詩
也",今從《周禮·司儀》注所引。一日三復白圭之玷,是南宮縚
之行也。原注:"南宮縚,魯人也,字子容。"夫子信其仁,以爲異
姓。原注:"謂以兄之子妻之也。《周禮·司儀職》曰:'時揖異姓,土揖
庶姓。'《家語》曰'以爲異士',言殊異之士,似妄也。"照案:《家語》:"南
宮縚,魯人也,字子容。"陸氏《經典釋文》:"南宮閱,一名縚。"《史記索
隱》:"南宮括,《家語》作南宮縚,是孟僖子之子仲孫閱。"則諸説並以南
宮适與括與縚與仲孫閱俱爲一人。皇氏侃云:"姓南宮,名縚,又名閱。"
夏洪基曰:"南宮适之爲敬叔,非也。案:《史記》:'南宮括,字子容。'初
未嘗云是孟僖子之子、孟懿子之兄也,而《索隱》注遽云是孟僖子之子仲
孫閱。《論語集註》亦云:'謚敬叔,孟懿子之兄。'史無其文也,可疑一
也。'适',見《家語》,一名'縚',是适已有二名矣。而《左傳》孟僖子云
'必屬説與何忌於夫子',《索隱》又云仲孫閱,是又二名。天下豈有一人
而四名者乎? 可疑二也。孔子在魯,族姓頗微,而南宮敬叔,公族元子,
遣從孔子時定已娶於强家矣,豈孔子得以兄子妻之? 可疑三也。《禮
記·檀弓》載:'南宮敬叔反,必載寶而朝。孔子曰:喪不如速貧之爲愈

---

　　① 原作"裕",據皇清經解續編本改。

也。’若而人豈能抑權力而伸有德，謹言語而不廢於有道之邦耶？愚以敬叔之與南宮适，皎然二人矣。”朱氏彝尊曰：“案：《史記》‘南宮括，字子容’，《論語》‘括，作适’，《家語》‘南宮縚，字子容’，鄭康成注《檀弓》稱‘南宮縚，孟僖子之子。南宮閱也，字子容，其妻孔子兄女’，又稱‘南宮敬叔，魯孟僖子之子仲孫閱也’。《左氏傳·昭公七年》‘孟僖子屬說與何忌於夫子，使事之’，杜預注云：‘說，南宮敬叔，僖子之子。’然則括也、适也、縚也、說也、閱也，一子容而名有五也。夏洪基輯《孔門弟子傳略》，以南宮縚、括、适字子容爲一人，以仲孫說閱諡敬叔者爲一人。至於《說苑》所載南宮邊子，謂是‘适’字之訛。然《漢書·古今人表》既有南容，又有南宮敬叔，又有南宮邊子。顏師古注于南容則云南宮縚也，于敬叔則名南宮适也。是縚與适，适與邊子，均未可混而爲一矣。”李氏鍇《尚史》云：“‘案：《春秋名號歸一圖》：仲孫，即閱；南宮敬叔，孔子弟子。’初不言括、縚，則南宮括別是一人。”孔氏安國曰：“白圭之玷，尚可磨也；斯言之玷，不可爲也。南容讀《詩》至此，三反覆之，是其心慎言也。”《正義》：“《詩·大雅·抑》篇，刺厲王之詩也。”邢《疏》：“孔子知其賢，故以其兄之女子妻之。”**自見孔子**，案：“自”，劉本作“目”。**入戶未嘗越屨**，原注：“凡在于室，卑者之屨，皆陳于戶外，故雖後至而不越焉。”照案：一本作“凡尊者在于室”。**往來過人不履影**，原注：“不越人之屨，不履人之影，謙慎之至也。”

　　“開蟄不殺，方長不折，王氏曰：“春分當發蟄，蟲啓戶咸出，於此時不殺生也。春夏生長養時，草木不折。”**執親之喪，未嘗見齒，是高柴之行也。**原注：“高柴，齊人也，字子羔。”照補：鄭氏曰：“衛人，少孔子三十歲。”照補①：《論語注》云：“《左傳》亦作‘子羔’，《家語》作‘子高’，《小戴》作‘子皋’，三字不同，其實一也。”王氏應麟曰：

---

① 原無“照補”二字，皇清經解續編本同，據本書體例補。

"衛高柴①，爲孔子弟子，後居於魯。《家語》作'齊人，少孔子四十歲'。《檀弓》《韓非子》作'子皋'。"按：朱彝尊《孔子弟子考》曰："《左傳》作'季羔'。"與古注異。豈所見之本有不同與？孔子曰：'高柴執親之喪，則難能也；開蟄不殺，則天道也；方長不折，則恕也，恕則仁也。湯恭以恕，是以日躋也。'原注："北事於葛，恭也；教網者祝，恕也。《詩·殷頌》曰：'聖敬日躋。'"照補：王氏曰："躋，升也。成湯行恭而能恕，出見搏鳥焉，四面施網，乃去其三面。《詩》曰：'湯降不遲，聖敬日躋。'言湯疾行下人之道，其聖敬之德日升聞也。"

"此賜之所親覩也，吾子有命而訊，王氏曰："訊，問也。"賜則不足以知賢。"

文子曰："吾聞之也，國有道則賢人興焉，中人用焉，王氏曰："中庸之人，爲時用也。"百姓歸焉。若吾子之語審茂，則一諸侯之相也，亦未逢明君也。"原注："茂，盛也。一，皆也。"

子貢既與衛將軍文子言，適魯，見孔子曰："衛將軍問二三子之行於賜也，不一而三。賜也辭不獲命，以所見者對矣，原注："見其行也。"未知中否，請嘗以告。"原注："請嘗以所對者告也。"

孔子曰："言之。"子貢以其質告。

孔子既聞之，笑曰："賜，汝偉爲知人，賜！"原注："質，由實也。偉爲知人，言大爲知人也。再言賜者，善之。"

子貢對曰："賜也焉能知人，此賜之所親覩也。"

---

① 原作"柴高"，皇清經解續編本同，乃"高柴"倒文，據正文乙正。

孔子曰：“是女所親也①。吾語女耳之所未聞，目之所未見，思之所未至，智之所未及者乎？”_{原注：“言未至未及者，謂其德廣厚也。”}

子貢曰：“賜則願得聞之也。”_{案：各本作“賜得則願聞之也”。}

孔子曰：“不克不忌，不念舊惡，蓋伯夷、叔齊之行也。_{原注：“克，好勝。忌，有惡於人也，《論語》曰‘伯夷、叔齊不念舊惡，怨是用希也’。”照補：《春秋少陽》篇曰：“伯夷，姓墨，名允，字公信。伯，長也。夷，謚。叔齊，名智，字公達，伯夷之弟。齊，亦謚也。”}

“晉平公問於祁徯曰：‘羊舌大夫，晉國之良大夫也，其行何如？’_{原注：“平公，悼公之子晉侯彪也。祁徯，祁午之父也。羊舌肸，羊舌職之子。”照補：高誘注《吕覽》：“祁徯，高梁伯子祁黄羊也。”又云：“黄羊，祁奚字。”案：別本作“祁徯，祁午也”；“羊舌職之子”，“子”作“父”。}祁徯對，辭曰：‘不知也。’公曰：‘吾聞女少長乎其所，女其闔知之。’_{原注：“言居處之同者，桓爲相也。”}祁徯對曰：‘其幼也，恭而遜，耻而不使其過宿也。_{王②氏曰：“心常有所耻惡，及其有過，不令更宿輒改。”}其爲侯大夫也，悉善而謙其端也。_{原注：“主於善，謙而正。”照補：王氏曰：“盡善道而謙讓，是其正也。”}其爲公車尉也，信而好直其功也。_{原注：“公車尉，公行也。《詩》曰：‘殊異乎公行也。’”照補：王氏曰：“言其功直。”}至於其爲和容也，_{原注：“和容，主賓客也。”}温良而好禮，_{邢氏昺曰：“敦柔潤澤謂之温，行}

① 原無“孔子曰是女所親也”八字，皇清經解續編本同，據《大戴禮記》及王聘珍《大戴禮記解詁》、孔廣森《大戴禮記補注》補。

② 原作“正”，據皇清經解續編本改。

不犯物謂之良。"博聞而時出王氏曰:"時出,以其出之,誨未及之,是其志也。"其志也。'公曰:'嚮者問女,女何曰弗知也?'祁傒對曰:'每位改變,未知所止,是以不知。'蓋羊舌大夫之行也。畏天而敬人,服義而行信,孝乎父而恭於兄,好從善而敦往,蓋趙文子之行也。原注:"晉大夫趙武也。"

"其事君,不敢愛其死,原注:"不苟免於難也。"然亦不忘其身,原注:"不死於不義也。"謀其身不遺其友,君陳則進,不陳則行而退,原注:"陳,謂陳其德教。"照補:王氏曰:"陳,謂陳列於君,爲君之使用也。"蓋隨武子之行也。原注:"晉大夫也,世掌刑官,後受隨,范會,名也;季,字也;武,謚也。"

"其爲人之淵泉也,多聞而難誕也,不内辭足以没世,國家有道,其言足以生;案:"生",《家語》作"治",《史記集解》所引"生"作"興"。國家無道,其默足以容,蓋桐提伯華之行也。原注:"晉大夫羊舌赤也,邑於桐提。"照案:《史記》作"銅鞮"。《説苑》:"孔子閒居,喟然而歎曰:'銅鞮伯華無死,天下其有定矣。'子路曰:'願聞其爲人也。'子曰:'其幼也,敏而好學;其壯也,勇而不屈;其老也,有道而能下人。'"杜氏《左傳注》:"銅鞮,晉别縣,在上黨,後爲羊舌赤之邑。"案:今在沁州南十里。

"外寬而内直,自設於隱栝之中,原注:"能以理自靜直也。孔子曰:'隱栝之旁多曲木也。'"照補:王氏曰:"隱栝,所以自極。"直己而不直人,案:劉本作"不直于人"。以善存,亡汲汲,案:《韓詩外傳》作"直己不直人,善廢而不悒悒",《家語》作"汲汲于人,以善自終"。蓋蘧伯玉之行也。原注:"衛大夫蘧瑗也。"照補:高氏曰:"伯玉,衛大夫,蘧莊子無咎之子瑗,謚曰成子。"

"孝老慈幼,案:"老",各本譌作"子",今從方本。《史記集解》作

“孝恭仁慈”。**允德稟義，約貨去怨**，王氏曰：“夫利，怨之所聚，故約省其貨，以遠去其怨。”**蓋柳下惠之行也**。原注：“魯士師展禽也，食采於柳下。惠，諡也。”

“**其言曰‘君雖不量於臣**，王氏曰：“謂不度量其臣之德器也。”**臣不可以不量於君。是故君擇臣而使之，臣擇君而事之，有道順君，無道橫命’**，王氏曰：“君有道，則順從其命。衡，橫也，謂不從其命而隱居者也。”**晏①平仲之行也**。原注：“齊大夫晏嬰也。”照補：周生烈曰：“齊大夫。晏，姓；平，諡；名，嬰也。”

“**德恭而行信，終日言不在尤之内**，原注：“在尤之外。”照案：此四字，各本訛作正文。攷《史記索隱》所引：“蹈忠而行信，終日言不在尤之内。國無道，處賤不悶，貧而能樂。”王應麟《漢書藝文志考證》：“老萊子著書十五篇，言道家之用，與孔子同時。《大戴禮》云：‘德恭而行信，終日言不在尤之内，貧而能樂，蓋老萊子之行也。’”可見，古本正文無此四字，方氏本亦無之。**貧而樂也，蓋老萊子之行也**。原注：“楚人，隱者也。”照補：《國策》：“不聞老萊子之教孔子事君乎？示之其齒之堅也，六十而盡相靡也。”劉向《別録》：“老萊子，古之壽者。”《高士傳》：“老萊子，楚人，耕于蒙山之陽，葭葭爲墻，蓬蒿爲屋，板木爲牀，蓍艾爲席。或言楚王，楚王遂至老萊子之門曰：‘寡人愚陋，獨守宗廟，先生幸臨之。’老萊子曰：‘僕山野之人，不足以守政。’”

“**易行以俟天命，居下位而不援其上**，王氏曰：“易，治。雖在下位，不攀援其上以求進。”**觀於四方也，不忘其親**，王氏曰：“雖有觀四方之樂，嘗念其親。”**苟思其親，不盡其樂，以不能學爲己終身之憂**，王氏曰：“凡憂，憂所知。不能則學，何憂之有？”**蓋介山**

---

① 原作“宴”，皇清經解續編本同，《大戴禮記》及王聘珍《大戴禮記解詁》、孔廣森《大戴禮記補注》均作“晏”，據改。下原注、照補内“宴”字同改。

子推之行也。”原注:“晉大夫介之推也。《離騷》曰:‘封介山而爲之禁兮,報大德之優游。’”照案:各本作“火滋曰封,介山封而爲之禁,輟號火德之”,傳寫訛誤,致不可讀。顏師古曰:“介之推,姓王,名光。《晉太康地記》:‘平陽郡皮氏縣有介山,子推所逃隱於是。’《并州記》:‘介山,一名橫嶺。’”王應麟曰:“介山在河中府萬泉縣,漢河東汾陰縣南。又《唐志》,汾州介休縣亦有介山。《春秋大事表‧僖二十四年》:‘介之推隱而死,晉侯求之不獲,以緜上爲之田。’杜注:‘在西河介休縣南,今山西汾州府介休縣東東南二十五里有介山,以介之推得名。’”

大戴禮記注補卷七

五帝德第六十二

宰我問于孔子曰："昔者予聞諸榮伊，"伊"，《太平御覽》引作"君"。言黄帝三百年。《風俗通義》："黄者，光也，厚也，中和之色。德四季，與地同功，故先黄以別之也。"《白虎通》："黄帝始作制度，得其中和，萬世常存，故稱黄帝也。"《春秋合誠圖》："黄帝德冠帝位。"《册府元龜》："有上德之瑞，故號黄帝，一號帝鴻氏，亦曰歸藏氏。在位百年，年百一十歲，或云壽三百歲。"請問黄帝者，《禮疏》引無"者"字。人邪①? 抑非人邪? 案：《樂記疏》《史記索隱》《太平御覽》"邪"皆作"也"。何以至於三百年乎?"

孔子曰："予! 禹、湯、文、武、成王、周公，可勝觀邪? 夫黄帝尚矣，《史記索隱》："尚，上也，言久遠也。"女何以爲? 先生難言之。"王肅曰："言禹、湯以下不可勝觀，乃問上世黄帝，將爲先生長老難言之，故問。"鄭康成曰："先生，老人教學者。"

宰我曰："上世之傳，隱微之説，《春秋緯》曰："開闢至獲麟，二百七十六萬歲，分爲十紀，大率一紀二十七萬六千年。"《六藝論》："燧

---

① 原作"耶"，據皇清經解續編本改。下"抑非人邪""可勝觀邪"等，"邪"原也作"耶"，同改。

人至伏羲，一百八十七代。”卒業之辨，闇忽之意，王氏曰：“卒，終也。辨，説也。闇忽，久遠不明。”照案：舊本“闇”字下有“昏”字，疑是“闇”字之注，鈔書者偶誤作正文耳。非君子之道也，則予之問也固矣。”王氏曰：“固，陋，不得其問。”

　　孔子曰：“黄帝，少典之子也，《史記索隱》：“少典者，諸侯國號，非人名也。”《國語》：“少典娶有蟜氏女，而生黄帝。”曰軒轅。皇甫謐曰：“黄帝生于壽丘，長于姬水，因以爲姓，居軒轅之丘，因以爲名，又以爲號。”師古曰：“黄帝，姓公孫氏。”生而神靈，弱而能言，《抱朴子》：“黄帝生而能言。”《史記索隱》：“弱，謂幼弱時也，蓋未合能言之時而即言，所以爲神異也。”幼而慧齊，《史記索隱》曰：“《大戴禮》作‘叡齊’。一本作‘慧齊’。《書》曰：‘聰明齊聖。’《左傳》曰：‘子雖齊聖。’謂盛德齊蕭也。”照案：《史記》作“徇齊”，《家語》作“叡齊”，古本《史記》作“濬齊”。“叡”“慧”，皆智也。濬，深也。又，“暳”“惠”“慧”三字，古假借通用也。長而敦敏，成而聰明。治五氣，王氏曰：“五氣，五行之氣。”《史記索隱》：“五氣，謂春甲乙木、夏丙丁火氣之屬也。”《書經彙纂》：“五行有以質言者，有以氣言者。氣與質相因①，舍氣無以爲質，舍質無以見氣之運行。”設五量，《吕氏春秋》：“黄帝使伶倫作黄鍾之律，因律以爲量。”王氏曰：“五量，權衡、升斛、尺丈、里步、十百。”撫萬民，度四方，王氏曰：“度四方而撫安之。”教熊、羆、貔、貅、貙、虎，別本或脱“貅”字。“貙”，或作“豹”，兹從《御覽》所引及《史記》訂正。《書》曰：“如虎如貔。”《爾雅》：“貔，白狐。貙，獌，似狸。又羆，如熊，黄白文。”《吴越春秋注》：“貔，猛獸。”陸璣曰：“似虎，或曰似羆。貙，似狸，能捕獸祭天。”陸佃曰：“虎五指爲貙。”照案：此六者，猛獸，可以教戰，即《家語》所云“馴擾猛獸”也。以與赤帝戰於阪泉之野。《史記》作

---

① 原作“周”，據皇清經解續編本改。

“炎帝”，《後漢志》所引作“赤帝”。王氏曰：“炎帝，神農氏之後也。”《説文》：“戰，鬥也。”服虔曰：“阪泉，地名。”皇甫謐曰：“在上谷。”《括地志》：“阪泉，今名黃帝泉，在媯州懷戎縣東。出五里，至涿鹿東北，與涿水合。”《晉太康地志》：“涿鹿城東一里有阪泉，上有黃帝祠。”三戰然後得行其志。《史記正義》：“謂黃帝克炎帝之後。”黃黼黻衣，《禮瑞命紀》：“黃帝服黃服，戴黃冠。”《拾遺記》：“軒轅服冕垂衣，故有衮龍之頌。”王氏曰：“白與黑謂之黼，若斧文；黑與青謂之黻，若兩已相戾。”大帶，黼裳，《家語》：“黃帝始垂衣裳，作黼黻。”《釋名》：“帶，蒂也，著于衣，如物之繫蒂也。”陳氏《禮書》：“凡裳，前三幅，後四幅。”賈公彦曰：“前爲陽，後爲陰，前三後四，象陰陽也。”乘龍扆雲，案：“扆”，《御覽》作“駕”。以順天地之紀，陳氏雅言曰：“紀者，如綱紀之紀。”幽明之故，死生之説，存亡之難。《史記索隱》：“存亡，猶安危也，《易》曰‘危者安其位，亡者保其存’是也。難，猶説也。凡事是非未盡，假以往來之詞，則曰難。又上文有‘死生之説’，故此云‘存亡之難’，所以韓非著書有《説林》《説難》也。”時播百穀草木，王氏曰：“時，是也。”《史記正義》：“言順四時之所宜，而布種百穀草木也。”淳化鳥獸昆蟲，案：“淳化”，他本或訛作“教化”。王氏曰：“淳化，廣被及之。”鄭康成曰：“昆，明也。明蟲者，陽而生，陰而藏。”《爾雅》：“有足曰蟲。”歷離日月星辰，極畋土石金玉，“歷離”，《史記》作“旁羅”，《索隱》云：“今案：《大戴禮》作‘歷離’。離，即羅也。言帝德旁羅日月星辰，及至土石金玉。謂日月揚光，山不藏珍，皆是帝德廣被也。”鄭氏曰：“星，謂五緯。辰，謂日月所會十二次。”蔡邕曰：“言使日月星辰出以其節，入以其期。”《拾遺記》：“軒轅考定歷紀。”《帝王世紀》：“黃帝推分星次，以定律度。”《續漢志》：“黃帝始授《河圖》，闓苞授規日月星辰之象。”《後漢志》：“黃帝造歷，元起辛卯。”《抱朴子》：“黃帝精推步術，則訪山稽、力牧；講占候，則詢風后。”照案：日月星辰，即《堯典》所言“歷象”，《洪範》所言“五紀”者是。**勤勞心力耳目**，《史記》作“勞勤”，他本脱一“勤”字，兹據《路史注》所引。**節用水火材物。**《史記正義》：“節，時節也。水，陂障決洩也。火，山野禁放也。材，木也。物，事也。言黄帝教民，江湖陂澤、山林原隰，皆收採禁捕以時，用之有節，令得其利也。”《國語》：“黄帝能成命百物，以明民共財。”**生而民得其利百年**，《樂記疏》引此作“利其德百年”。《尚書大傳》：“水火者，百姓之所飲食也。金木者，百姓之所興作也。土者，萬物之所資生也，是爲人用。”**死而民畏其神百年**，《正義》引《列仙傳》云：“軒轅自擇亡日，與群臣辭。還葬橋山，山崩，棺空，唯有劍舄在棺焉。”**亡而民用其教①百年，故曰三百年。”**《説文繫傳》：“黄帝，聖人之真也。民利其教百年；而死，人畏其神百年；而亡，人由其教百年而移：故曰黄帝三百年。”

　　宰我曰：“一本脱“曰”字。**請問帝顓頊。”**《風俗通義》：“顓者，專也；頊者，信也。言其承文，易②之以質，使天下蒙化，皆貴貞慤也。”《白虎通》：“顓者，專也。頊者，正也。能專正天人之道也。”

　　孔子曰：“**五帝用説**，一作“記”。**三王用度，**王氏曰：“五帝久遠，故用説；三王邇，則有成法度。”**女欲一日辨聞古昔之説**，案：“辨”“徧”古通用。**躁哉！予也。”**

　　宰我曰：“**昔者予也聞諸夫子曰：‘小子無有宿問。’”**王氏曰：“有所問當問，無令更宿也。”

　　孔子曰：“**顓頊，黄帝之孫，昌意之子也，曰高陽。**《拾遺

---

　　① 原作“數”，皇清經解續編本同，《大戴禮記》及王聘珍《大戴禮記解詁》、孔廣森《大戴禮記補注》均作“教”字，據改。
　　② “文易”原作“易文”，皇清經解續編本同，王利器先生《風俗通義校注》據《太平御覽》引乙正作“文易”，今從之。

記》：“帝顓頊，高陽氏，黃帝孫，昌意之子。”宋衷曰：“顓頊，名高陽，有天下號也。”張晏曰：“高陽者，所興地名也。”洪淵以有謀，疏通而知事；養財以任地，《索隱》：“言能養材物以任地。《大戴禮》作‘養財’。”履時以象天，《索隱》：“言行四時以象天。履，踐而行也。”《竹書紀年》：“顓頊十三年而作歷象。”《漢志》：“《顓頊曆》二十卷，《五星曆》十四卷。”《後漢志》：“顓頊造曆，元用乙卯。”蔡邕曰：“《顓帝①曆術》曰：‘天元己巳朔旦立春，俱以日月起于天廟，營室五度。’”依鬼神以制義；《索隱》：“鬼神聰明正直，當盡心敬事，因制尊卑之義，故禮曰‘降于祖廟之謂仁義’是也。”治氣以教民，《索隱》：“謂理四時五行之氣，以教化萬人也。”潔誠以祭祀。乘龍而至四海；《路史》：“黃帝撫萬靈，度四方，乘龍而四巡。”北至于幽陵，馬融曰：“幽陵，北裔也。”高誘曰：“古之幽都，在雁門以北。”《堯典》“幽都”注：“日行至是，則淪于地中，萬象幽暗，故曰幽都。”朱祖義曰：“即幽州也。”南至于交趾，黃度曰：“案：漢初置交趾郡，後置交州。杜氏《通典》曰：‘復禹舊號，曰南交。’是則本名‘交’，後世增益之也。”《地理今釋》：“南交，今安南國。”西濟于流沙，照案：《通典》：“沙州，石流沙地，其沙隨風流行，故名。”《地理今釋》：“在今陜②西嘉峪關外，索科鄂模以北。”東至于蟠木。《海外經》曰：“東海中有山焉，名曰度索。上有大桃樹，屈蟠三千里。東北有門，名曰鬼門，萬鬼所聚也。天帝使神人守之，一名鬱壘，主閱領萬鬼。若有害人之鬼，以葦索縛之，射以桃弧，投虎食也。”動静之物，大小之

---

①　“帝”字，皇清經解續編本作“同”，《後漢書·志·律曆中》注引蔡邕之言作“頊”，且“天元”後有“正月”二字。案：顓頊曆，又稱顓帝曆，則作“頊”“帝”皆可通，仍之。

②　原作“作”，皇清經解續編本及清代蔣廷錫《尚書地理今釋》作“陜”，據改。

神,日月所照,莫不砥礪。"孔安國曰:"砥,磨石也。"裴駰曰:"砥,平也。"《索隱》曰:"依王肅,音止蜀①。據《大戴禮》作'砥礪'。"《拾遺記》:"顓頊居位,奇祥衆祉,莫不總集。不稟正朔者,越山航海而皆至也。"

宰我曰:"請問帝嚳。"《風俗通》:"嚳者,考也,成也。言其考明法度,醇美嚳然,若酒之芬香也。"《白虎通》:"嚳者,極也。言其能施行,窮極道德也。"

孔子曰:"玄囂之孫,《索隱》:"玄囂,帝嚳之祖。"蟜極之子也,《史記正義》:"蟜極,帝堯之祖。"曰高辛。宋衷曰:"高辛,地名,因以爲號。"張晏曰:"少昊之前,天下之號象其德。顓頊以來,天下之號因其名。高陽、高辛,皆所興之地名,顓頊與嚳皆以字爲號,上古質故也。"生而神靈,《竹書紀年》:"高辛氏生而駢齒,有聖德。"自言其名。《帝王世紀》:"帝嚳生而神異,自言其名曰夋。"博施利物,不於其身。聰以知遠,明以察微。順天之義,知民之急②。仁而威,惠而信,修身而天下服。取地之財而節用之③,撫教萬民而利誨之,歷日月而迎送之,明鬼神而敬事之。其色穆穆,其德俟俟。案:《史記》"穆"作"郁","俟"作"嶷"。《索隱》曰:"郁郁,猶穆穆也。嶷嶷,德高也。今《大戴禮》'郁'作'穆','嶷'作'俟'。"其動也時,其服也士。《索隱》:"舉動應天時,衣服服士服,言其公且廉也。"春夏乘龍,秋冬乘馬,黃黼黻

---

① 原作"屬",皇清經解續編本同,《史記索隱》作"蜀",今從《索隱》改。

② 原作"隱",皇清經解續編本同,據王聘珍《大戴禮記解詁》、孔廣森《大戴禮記補注》改。

③ 此句原無,皇清經解續編本同,據《大戴禮記》及王聘珍《大戴禮記解詁》、孔廣森《大戴禮記補注》補。

衣，執中而獲天下：《書》曰：“允執厥中。”日月所照，風雨所至，莫不從順。”

　　宰我曰：“請問帝堯。”《風俗通》：“堯者，高也，饒也。言其隆興煥炳，最高明也。”《白虎通》：“堯，猶嶤嶤也，至高之貌。清妙高遠，優游博衍，衆聖之主，百王之長也。”

　　孔子曰：“高辛之子也，曰放勳。《索隱》：“堯，謚也。放勳，名。帝嚳之子，姓伊祁。”《孟子注》：“放勳，堯號也。”李校書曰：“放者，大而無所不至也。”其仁如天，其知如神，就之如日，《索隱》：“如天之函養，如神之微妙，如日之照臨，人咸依就之，若葵藿之傾心以向日也。”望之如雲。《尚書璇璣鈐》：“帝堯煥炳，隆興可觀。”《索隱》：“如雲之覆渥，言德化廣大而浸潤生人，人咸仰望之。”富而不驕，貴而不豫。照案：《家語》作“貴而能降”，《史記》作“不舒”。黃黼黻衣，丹車白馬。伯夷主禮，《國語》：“伯夷，能禮于神以佐堯者也。”韋昭《注》：“伯夷，堯秩宗，炎帝之後，四岳之族也。《書》‘典朕三禮’，謂天神、人鬼、地祇之禮。”《説苑》：“堯時，伯夷爲秩宗。”李善曰：“伯夷，唐虞時明禮儀之官也。”龍夔教舞，王氏曰：“舜時夔典樂，龍作納言。然則堯時，龍亦典樂者也。”舉舜、彭祖而任之，包咸曰：“彭祖，殷賢大夫也。”四時先民治之。流共工于幽州，鄭氏曰：“共工，水官名。”《竹書紀年》：“帝堯十九年，命共工治河。”以變北狄；《索隱》曰：“變，謂變其形及衣服，同于夷狄也。”放驩案：“驩”，《古文尚書》作“鵬”。兜于崇山，《周禮疏·序》引鄭《注》：“堯末時，義和之子皆死，庶績多闕而官廢。當此之時，驩兜、共工更相薦舉。”馬融曰：“崇山，南裔也。”《荆州記》：“崇山，在澧陽縣南七十五里。”以變南蠻；殺三苗于三危，《國語》：“三苗復九黎之德。”韋昭《注》：“三苗，九黎之後也。高辛氏衰，三苗爲亂，行其凶德，如九黎之爲也。堯興而誅之。”馬融曰：“三苗，國名。

縉雲氏之後爲諸侯,蓋饕餮也。三危,西裔也。”高誘曰:“三苗,遠國,在豫章之彭蠡。”《岳陽風土記》:“岳州,南鄰蒼梧之野,古三苗國地。”《淮南子》:“三危,在樂民西。”《括地象》曰:“三危,在鳥鼠西南。”以變西戎①;殛鯀于羽山,《竹書紀年》:“帝堯六十九年,黜崇伯鯀。”鄭氏曰:“鯀非誅死,放居東裔,至死不得反于朝耳。”《連山易》:“有崇伯鯀,伏于羽山之野。”高誘曰:“羽山,東極之山也。”以變東夷。其言不貳,其德不回,四海之内,舟輿所至,莫不説夷。”王氏曰:“夷,平心。説,古通以爲‘悦’字。”

宰我曰:“請問帝舜。”《風俗通》:“舜者,推也,循也。言其循堯緒也。”《白虎通》:“舜,猶僻僻也。言能推信堯道而行之。”皇甫謐云:“舜,字都君。”《索隱》曰:“舜,諡也。”

孔子曰:“蟜牛之孫,《史記》作“橋”。瞽瞍之子也,孔安國曰:“無目曰瞽。舜父有目,不能分別好惡,故時人謂之瞽。”曰重華。《尚書中候注》:“重華,舜名。”好學孝友,聞于四海,陶漁事親,王氏曰:“爲陶器,躬捕魚,以養父母。”寬裕温良。敦敏而知時,畏天而愛民,恤遠而親近。承受大命,依於倪皇;《竹書紀年》:“帝堯七十一年,命二女嬪于舜。”《尸子》曰:“妻之以媓,媵之以娥。”王氏曰:“堯妻舜以二女,舜動静謀之于二女。”照案:倪皇,即娥皇。“倪”“娥”聲近。《世紀》云:“妻舜二女,蓋娥皇、女英也。”叡明通知,《尚書》“叡”作“聖”。馬融曰:“叡,通也。”薛綜曰:“叡,聖也。”爲天下王:使禹敷土,主名山川,《書》曰:“禹敷土,隨山刊木,奠高山大川。”以利於民;使后稷播種,務勤嘉穀,以作飲食;《吳越春秋》:“堯聘

---

① 此句原無,皇清經解續編本同,據《大戴禮記》及王聘珍《大戴禮記解詁》、孔廣森《大戴禮記補注》補。

棄，使教民山居，隨地造區，研①營種之術。三年餘，行人無飢乏之色。乃拜棄爲農師，封之台，號爲后稷。”羲和掌歷，敬授民時；《書》曰：“乃命羲和，欽若昊天，歷象日月星辰，敬授人時。”鄭氏曰：“高辛氏之世，命重爲南正，司天；犁爲火正，司地。堯育重、犁之後，羲氏、和氏之子賢者，使掌舊職。”照案：羲和，官名，羲仲、羲叔、和仲、和叔。其言仲叔者，官之次第也。或以有仲叔，無伯季，疑爲羲和氏兄弟四人者，非。使益行火，以辟山萊；《孟子》：“舜使益掌火，烈山澤而焚之。”《五帝本紀》：“益主虞，山澤辟。”伯夷主禮，以節天下；《尚書大傳》：“伯夷降典禮。”王充耘曰：“伯夷降典，以辨上下之分。”夔作樂，以歌籥舞，和以鐘鼓；《帝王世紀》：“伯夷爲秩宗，三禮不闕。夔爲樂正，神人以和。”皋陶作士，《竹書紀年》：“帝舜三年，命皋陶作刑。”馬融曰：“士，獄官之長。”鄭氏曰：“士，察也，主察獄訟之事。”忠信疏通，知民之情；契作司徒，《孟子》：“使契爲司徒。”《史記正義》曰：“契，殷之祖也。”教民孝友，敬政率經。其言不惑，其德不懘，案：懘，爽也。舉賢而天下平。南撫交趾、大教，“大”字下舊注“一作‘放’”，乃校書者語。鮮支、渠搜、氐羌，“鮮支”上當有一“西”字。照案：“鮮支”，即“析支”，亦即《漢書·西羌傳》之“賜支”也。“鮮”“析”“賜”，聲變而異也。應劭曰：“析支、渠搜，屬雍州，在金城壺關之西。”鄭氏曰：“析支、渠搜，皆山名。”孔鼂《周書注》：“渠搜，西戎之別名也。”《異物志》：“古渠搜國，當大宛北界。豬野，今姑藏界豬野是。”《地理今釋》：“析支，今西番，在陝西臨洮府河州西。”《隋書·西域傳》：“撥汗國，都蔥嶺之西五百餘里，有古渠搜關。”臣瓚《漢書注》：“渠搜，在朔方。”《竹書紀年》：“帝堯十六年，渠搜氏來賓。”高誘曰：“氐與羌，二種夷民。”北山

---

① 原作“妍”，皇清經解續編本同，據《吳越春秋》改。

戎、發、息慎，《索隱》：“‘山戎’下少一‘北’字。北發，是北方國名。”照案：發，發人也。《漢書》及晉灼、李善俱以北發爲國名。臣瓚《漢書注》：“北發渠搜，南撫交趾。”此舉北以南爲對。師古曰：“北發，非國名也，言北方，即可徵發渠搜而役屬之。”所見異也。晉灼曰：“肅慎，今挹婁地是也，在夫餘之東北千餘里大海之濱。”東長夷、鳥夷羽民。“長”字下別本脫“夷”字，今從《史記索隱》。鄭注《禹貢》：“鳥夷，東北之民賦食鳥獸者。”照案：外國之名，古書不必皆同，如“析支”又作“枝”，“渠搜”又作“叟”，“肅慎”爲“息慎”又作“稷真”，“鳥夷”又作“島夷”，讀者因文會義可也。舜之少也，惡頟勞苦，如耕歷山，漁雷澤，陶河濱，作什器於壽丘，就時於負夏是也。二十以孝聞乎天下，三十在位，嗣帝所，“所”字下，一本有“爲”字。五十乃死，葬於蒼梧之野。”《書》曰：“舜南巡，將陟方乃死。”《山海經》：“南方蒼梧之丘，有九疑山焉，舜之所葬。”《竹書紀年注》：“鳴條有蒼梧之山，帝崩，遂葬焉。”《皇覽》曰：“舜冢在零陵營浦縣。其山九谿皆相似，故曰九疑。”照案：九疑，在道州寧遠縣南六十里，亦名蒼梧山。

　　宰我曰：“請問禹。”

　　孔子曰：“高陽之孫，鯀之子也，《夏本紀》：“禹之父曰鯀，鯀之父曰帝顓頊。”曰文命。《索隱》曰：“《尚書》云‘文命敷於四海’，孔安國云‘外布文德教命’，不云是禹名，太史公皆以放勳、重華、文命爲名。孔又云‘虞氏，舜名’，則堯、舜、禹、湯皆名矣。蓋古質，帝王之號皆以名，後代因其行追而爲諡，其實禹是名。”敏給克濟，其德不回，其仁可親，其言可信；聲爲律，《索隱》：“禹聲音應鍾律。”身爲度，王氏曰：“以身爲法度。”稱以上士；案：此句當從《史記》作“稱以出”。《索隱》：“言上文聲與身爲律度，則權衡亦出於其身，故云‘稱以出’也。”亹亹穆穆，爲綱爲紀。巡九州，《書序》：“禹別九州。”黃度曰：“肇十二州,禹并爲九州。"《春秋説題辭》:"州之言殊也。"通九道,通九州之道。陂九澤,《尚書傳》:"澤障曰陂。"《國語》:"澤水之鍾也。"度九山。《索隱》:"汧、壺口、砥柱、太行、西傾、熊耳、嶓冢、内方、岐,是九山也。"《國語》:"封崇九山,陂障九澤。"韋昭曰:"凡此諸①言九者,皆謂九州之中,山川藪澤。"爲神主,王氏曰:"禹治水,天下既平,然後百神得其所。"爲民父母;左準繩,右規矩;王氏曰:"左、右,言帝用也。"《索隱》:"規,圓也。矩,曲尺也。"履四時,王氏曰:"所行不違四時之宜。"據四海;平九州,戴九天,《淮南子》:"中央曰鈞天;東方曰蒼天;東北,閔天;北方,玄天;西北,幽天;西方,皓天;西南,朱天;南方,炎天;東南,陽天也。"明耳目,治天下。舉皋陶與益以贊其身,舉干戈以征不享、不庭、無道之民,四海之内,舟車所至,莫不賓服。"

孔子曰:"予!大者如説,民説至矣。此句疑有脱誤。予也,非其人也。"

宰我曰:"予也不足誠也,王氏曰:"言不足以明五帝之德也。"敬承命矣!"

他日,宰我以語人,有爲道諸孔子之所。孔子曰:"吾欲以顔色取人,於滅明邪改之;吾欲以語言取人,於予邪改之;吾欲以容貌取人,於師邪改之。"《家語》:"孔子曰:里語云:'相馬以輿,相士以居。'弗可廢矣。以容取人,則失之子羽;以辭取人,則失之宰予。"照案:三"邪"字,讀若"也",古字"邪""也"通用。

宰我聞之,懼不敢見。

_____

① 原作"語",皇清經解續編本同,韋昭注作"諸",據改。

帝繫第六十三

少典産軒轅,是爲黄帝。《索隱》曰:"少典者,諸侯國號,非人名也。案:《國語》云'少典娶有蟜氏女,而生炎帝'。然則炎帝亦少典之子。炎黄二帝雖則相承,如①《帝王代紀》,中閒凡隔八帝,五百餘年。若以少典是其父名,豈黄帝經五百餘年而始代炎帝後爲天子乎? 何其年之長也? 又案:《秦本紀》云'顓頊氏之裔孫曰女修,吞玄鳥之卵而生大業,大業娶少典氏而生柏翳',明少典是國號,非人名也。黄帝,即少典後代之子孫。賈逵亦以《左傳》高陽氏有才子八人,亦謂其後代子孫而稱爲子是也。"《三皇本紀》:"神農納奔水氏之女曰聽詙,爲妃,生帝哀,哀生帝克,克生帝榆罔,凡八代五百三十年,而軒轅氏興焉。"《三代世表》:"黄帝號有熊氏。"《索隱》曰:"號有熊者,以其本是有熊國君之子故也。都軒轅之丘,因以爲名,又以爲號。又據《左傳》,亦號帝鴻氏也。'《拾遺記》:'軒轅出自有熊之國,母曰昊樞,以戊己之日生,故以土德稱王,時有黄星之祥。'皇甫謐曰:'黄帝姓公孫,長居姬水,因改姬姓。'"《正義》曰:"黄帝母曰附寶,之祁野,見大電繞北斗樞星,感而懷孕,二十四月而生黄帝於壽丘。壽丘,在魯東門之北,今在兗州曲阜縣東北六里。生日角龍顔,有景雲之瑞,以土德王,故曰黄帝。"照案:《帝王世紀》:"附寶孕二十月而生黄帝。"張晏以黄帝作軒轅之服,故謂之軒轅。其説微異,大抵上古之事,繫諜無徵,總括群書,考其世次,多有不合,不敢強爲附會,亦不可臆爲駁難也。

黄帝産玄囂,《三代世表》:"黄帝生玄囂。"《史記集解》:"《索隱》曰:'玄囂,帝嚳之祖。案:皇甫謐及宋衷皆云玄囂,青陽,即少昊也。

今紀下云玄囂不得在帝位，則太史公意，青陽非少昊，明矣。又云玄囂是爲青陽，當是誤也，謂二人皆黄帝子，並列其名，所以前史因誤以玄囂、青陽爲一人耳。宋衷又云，玄囂、青陽是爲少昊繼黄帝立者，而史不叙，蓋少昊金德王，非五運之次，故叙五帝不數之也。’”**玄囂産蟜極，**《古今人表》：“蟜極，元囂子。”案：“蟜”，一作“橋”，又作“僑”。**蟜極産高辛，是爲帝嚳。**《三代世表》：“蟜極生高辛，高辛生帝俈。”《索隱》曰：“黄帝元孫。宋衷曰：‘高辛，地名，因以爲號。嚳，名也。’皇甫謐云：‘帝嚳，名夋也。’”案：《五帝本紀》：“高辛者，黄帝之曾孫也，名夋，曰帝嚳。”高辛氏，姬姓，名嚳，或曰妘姓，或曰房姓。“嚳”，一作“俈”，《山海經》作“俊”，《世紀》作“夋”或作“逡”。《丹鉛續録》云：“俊，即古‘舜’字。”《路史》云：“嚳，字亡斤。”《帝王紀》云：“高辛初生，自言其名曰夋。嚳、夋音相近。**帝嚳産放勳，是爲帝堯。**《謚法》曰：“翼善傳聖曰堯。”《索隱》曰：“堯，謚也。放勳，名。帝之子，姓伊祁氏。皇甫謐云：‘堯初生時，其母在三阿之南，寄於伊長孺之家，故從母所居爲姓也。’”《名疑》曰：“陶唐氏，姬姓。堯，名。一曰姓祈，一曰姓伊，一曰姓伊祈，或作伊耆。’”《路史》云：“伊祁，堯母家姓。堯，古文作‘炪’，一作‘垚’。”

　　黄帝産昌意，昌意産高陽，是爲帝顓頊。《名疑》曰：“高陽氏，名顓頊，姬姓。或云妘姓，或曰風姓。號黑帝，又號玄帝。”**顓頊産窮蟬，**《索隱》曰：“《系本》作‘窮係’。宋衷曰：‘窮係，謚也。’”**窮蟬産敬康，**照案：《古今人表》作“顓頊産敬康”。**敬康産句芒，**案：《史記》作“句望”。**句芒産蟜牛，**案：《史記》作“橋牛”。**蟜牛産瞽叟，**《三蒼》：“無目謂之瞽。”《釋名》：“瞽目者，瞑瞑然，目平合如鼓皮也。”**瞽叟産重華，是爲帝舜，及産象，傲。**《續博物志》引此無“産”“敖”二字，今據《祭法疏》所引《謚法》“受禪成功曰舜”。又“仁義盛明曰舜”，皆是道德充滿之意。周處《風土記》：“舜，東夷之人，生姚丘。”《孝經援神契》：“舜生於姚墟。”《括地志》：“姚墟，在濮州雷澤縣東十三里。”孔安國曰：“華，謂文德也，言其光又重合於堯。舜生姚墟，故姓姚。”《五帝本紀》：“瞽叟盲而舜母死，瞽叟更娶妻而生象，象傲。”照案：帝舜，有虞氏。《史記》：“舜名重華。”《真源賦》云：“舜，字重華。”皇甫謐云：“舜，字都君。”張守節云：“重華，字都君。”小司馬云：“舜，謚也。”説各不同。考《册府元龜》云：“上古帝王，敦尚質朴，名號雖建，制度未備，故堯、舜則有放勳、重華之名，而禹、湯又去唐虞之文，從高陽之質，以名爲號。”先儒之説，或以爲名，或以爲字，或以爲謚。而《尚書》所紀，即皆褒德之稱，蓋傳述之異也。《説文》舜作“𦳝”，古文作“𡐦”“炎”，又作“俊”，俗作“𦮁”。　顓頊産鯀，王逸注《楚詞》引《帝繫》曰：“顓頊後五葉而生鮌。”《索隱》曰：“《漢書》顓頊五代而生鮌，《三代世表》及《帝繫》皆云顓頊生鮌，是古文闕其代系也。”《復古編》曰：“鮌，魚也，又禹父名。”案：“鮌”，一作“骹”，又作“鮌”“鯀”。　鯀産文命，是爲禹。《索隱》曰：“《尚書》云‘文命敷于四海’，孔安國云‘外布文德教命’，不云是禹名。”《帝王紀》云“禹名文命，字密”，宋衷曰“高密，禹所封國”，《名疑》曰“夏王禹，姒姓，禹名”，師古云“禹，字”，《史記》云“名文命”，《世本》云“字高密”，《帝王世紀》云“字密”，均非。禹爲崇伯之子，故稱伯禹，又稱大禹，治水成功，又稱神禹，古文“禹”作“𡴆”，又作“𥝒”。

　　黄帝居軒轅之丘，娶於西陵氏，西陵氏之子別本不重“西陵氏”三字。　謂之嫘祖《江漢叢談》：“西陵氏之國在楚，即今夷陵地。”案：“嫘祖”，“嫘”字一作“纍”，又作“傫”，《古今人表》作“絫”，《索隱》云“一作‘雷’”，《册府元龜》云“‘祖’，一作‘俎’”氏，産青陽及昌意。案：“氏”“是”古通用，故《世本》“氏”作“是”。《晉語》：“青陽，方雷氏之甥也。”《注》：“方雷，西陵氏之姓。黄帝娶西陵氏之子嫘祖，實生青陽。”皇甫謐云：“元妃，西陵氏女，曰嫘祖，生昌意。次妃，方雷氏女，曰女節，生青陽。”是其所見異也。《周書》“乃命少暤清”，清即青陽也。《漢律曆

志》及皇甫謐、宋衷皆以青陽爲少昊。青陽降居泜水，案：《史記》作
“江水”。《括地志》：“安陽故城，在豫州新息①縣西南八十里。”應劭及
《地理志》皆云：“安陽，古江國也。”昌意降居若水。《竹書紀年》：“軒
轅七十七年，昌意降居若水。”《帝王世紀》：“顓頊有聖德，父昌意雖黃帝
之嫡，以德劣降居若水。”《索隱》曰：“降，下也，言帝子爲諸侯。江水、若
水皆在蜀，即所封國也。”《水經》曰：“出旄牛徼外東南，至故關爲若水。
南過邛都，又東北至朱提縣，爲盧江水，是蜀有此二水也。”

　　昌意娶於蜀山氏，蜀山氏之子謂之昌濮案：“濮”，一作
“僕”，又作“蹼”氏，産顓頊。《正義》曰：“《華陽國志》及《十三州志》
云：‘蜀之先，肇于人皇之際，黃帝爲子昌意娶蜀山氏，後子孫因封焉。
帝顓頊高陽氏，黃帝之孫，昌意之子，母曰昌僕，亦謂之女樞。’《河圖》
云：‘瑤光如蜺貫月，正白，感女樞于幽房之宮，生顓頊。’”

　　顓頊娶於滕奔氏，案：《世本》作“滕隍”。李周翰注《文選》引
《帝繫》作“滕皇”。滕奔氏之子別本訛作“滕氏奔之子”。謂之女禄
一作“綠”氏，産老童。“童”，《文選注》作“僮”。案：“老童”，《史記》作
“卷章”。譙周曰：“老童，即卷章。”《楚世家》“卷章”注：“老童，名。”故
《世本》云：“老童生重黎。”《山海經》：“西海之外有瑤山，其上有人名曰
太子長琴。顓頊生老童，老童生祝融，祝融生長琴。”

　　老童娶於竭水氏，案：“竭”，一作“根”，一作“郎”，一作“即”，傳
寫遞訛也。竭水氏之子謂之高緺氏，産重黎及吳回。《吕刑
傳》：“重，即義也；黎，即和也。”《周禮説》：“顓頊氏有子曰黎，爲祝融，祝
以爲竈神。”《左傳》：“重爲句芒，黎爲祝融。”《楚語》：“顓頊命②南正重司
天以屬神，火正黎司地以屬民。”鄭氏曰：“祝融氏，名黎。”小司馬曰：“重

---

　①　原作“恩”，皇清經解續編本同，據《括地志》改。
　②　原作“名”，皇清經解續編本同，據《國語·楚語下》改。

氏、黎氏，二官代司天地，重爲木正，黎爲火正。”案：《左氏傳》：“少昊氏之子曰重，顓頊氏之子曰黎。”今以重黎爲一人，仍是顓頊之子孫者。劉氏云：“少昊氏之後曰重，顓頊氏之後曰重黎。”對彼重則單稱黎，若自言則稱重黎，故楚及司馬氏皆重黎之後，非關少昊之重，愚謂此解爲當。《潛夫論》：“黎，顓頊氏裔子吳回也。”孔穎達曰：“黎弟吳回，復居火正爲祝融。吳回生陸終，陸終生子六人。”**吳回氏產陸終。**

陸終氏娶於鬼方氏，鬼方氏之妹謂之女隤案：《風俗通義》作“嬇”，《世本》云“娶鬼方氏妹曰女嬇”**氏，產六子：孕而不粥，三年，啓其左脅，六人出焉。**《史記》：“陸終生子六人，坼剖而產焉。”《太平御覽》引《帝繫》曰：“孕而不育，三年，啓其母左脅三人出，右脅三人出。”《風俗通》所載亦相似。《古今人表》“女潰”注：“陸終妃生六子，一曰昆吾，二曰參胡，三曰彭祖，四曰曾乙，五曰曹姓，六曰季連。”《路史》：“陸終娶鬼方，孕三年，生子六人，曰樊、曰惠連、曰籛、曰求言、曰宴安、曰季連，以六月六日坼左而三人生，剖右而三人出。”**其一曰樊，是爲昆吾；**韋昭曰：“昆吾，祝融之孫，陸終第二子，名犖，爲己姓，封於昆吾，昆吾衛是也。其後夏衰，昆吾爲夏伯，遷於舊許。《傳》曰：‘楚之皇祖伯父昆吾，舊①許是宅。’”《世本》：“其一曰樊，是爲昆吾。又曰昆吾者，衛是。”宋衷曰：“昆吾，國名，己姓所出。”《左傳》曰：“衛侯夢見被髮登昆吾之觀。”案：今濮陽城中有昆吾臺。《鄭語》：“史伯曰：‘己姓昆吾、蘇、顧、溫、董，董姓鬷夷、豢龍，彭姓彭祖、豕韋、諸稽，秃姓舟人，妘姓鄔、鄶、路、偪陽，曹姓鄒、莒，羋姓夔、越、荆，斟姓無後。’”**其二曰惠連，是爲參胡；**《世本》：“參胡者，韓是。”宋衷曰：“參胡，國名，斯姓無後。”**其三曰籛，**案：虞翻作“翦”。**是爲彭祖；**劉向《列仙傳》：“彭祖者，殷大夫也，姓籛，名鏗，帝顓頊之孫，陸終氏之仲子。”韋昭曰：

---

① 原作“薛”，據皇清經解續編本及《左傳·昭公十二年》改。

“大彭，陸終第三子。”《釋文》：“彭祖，堯臣，封於彭城，歷虞夏至商，年七百歲，故以久壽見聞。”《世本》：“籛鏗在商爲守藏史，在周爲柱下史，年八百歲。”籛，音翦，一云即老子也。王逸注《楚詞·天問》云：“彭鏗，即彭祖，事帝堯。彭祖至七百歲，帝嚳之元孫。”《續博物志》：“彭城縣，古彭祖國也。”**其四曰萊言**，《國語》《世本》俱作“求言”。**是爲云鄶人**；案：云，即邳。《説文》：“邳，祝融之後姓也。”《世本》：“求言，是爲鄶人。鄶人者，鄭是。”韋昭曰：“求言爲妘姓，封於鄶。鄶，今新鄭也。”宋衷曰：“求言，名也，妘姓所出，鄶國也。”《毛詩譜》：“昔高辛氏之土，祝融之墟，歷唐至周，重黎之後，妘姓處其地，是爲鄶國，爲鄭武公所滅也。”**其五曰安，是爲曹姓**；宋衷曰：“安，名也。曹姓者，諸曹所出也。”《史記正義》曰：“《括地志》云：‘故邾國，在黃州黃岡縣東南百二十一里。《史記》云邾子，曹姓也。’”**其六曰季連，是爲芊姓。**宋衷曰：“季連，名也。芊姓，諸楚所出。芊，音彌。”

　　季連産附祖氏，案：《史記》作“附沮”。**附祖氏産穴熊**，“穴”，一本訛作“内”，今從《史記》及《路史》。**季連之裔孫鬻熊**[①]，《史記·楚世家》：“周文王之時，季連之苗裔曰鬻熊。”**九世至於渠。**案：《楚世家》：“季連之苗裔曰鬻熊，鬻熊子早卒，其子熊麗，熊麗生熊狂，熊狂生熊繹，熊繹生熊艾，熊艾生熊䵣，熊䵣生熊勝，熊勝以弟熊楊爲後，熊楊生熊渠，所謂九世也。”

　　渠有子三人：其孟之名爲無康，案：“無”，《史記》作“毋”。“康”，《世本》作“庸”。**爲句亶王**；案：“亶”，《世本》作“袒”。《地理志》云：“江陵，南郡之縣也，楚文王自丹陽徙都之。”**其中子名爲紅**，案：

---

　　① 此句原作“季連之裔孫鬻融”，皇清經解續編本同，《大戴禮記》及王聘珍《大戴禮記解詁》、孔廣森《大戴禮記補注》均無此句，或因下句“九世至於渠”注引《楚世家》而誤衍。“融”字，《楚世家》原作“熊”，據改。

“中”“仲”古通用。《索隱》曰：“有本作‘襄紅’，音‘贄紅’。”讀《古史考》及鄒氏、劉氏等無音襄紅，恐非也。**爲鄂王**；《九州記》曰：“鄂，今武昌。”《括地志》：“武昌縣，鄂王舊都，今鄂王神，即熊渠子之神也。”**其季之名爲疵，爲越章王**。案：《史記》作“執疵”，《世本》無“執”字，“越”作“就”，一本訛作“戚”。《國語》：“羋①姓夔越。”《潛夫論》云：“或封于夔，或封于越。”《史記》：“熊渠曰：‘我蠻夷也，不與中國之謚號，乃立其長子康爲句亶王，中子紅爲鄂王，少子執疵爲越章王。’”

昆吾者，衛氏也。合下共六“氏”字，義與“是”字同。**參胡者，韓氏也。彭祖者，彭氏也。云鄶人者，鄭氏也。曹姓者，邾氏也。季連者，楚氏也**。

帝嚳卜其四妃之子，而皆有天下。《爾雅》：“妃，媲也。”鄭樵注：“媲，比偶也。”《續博物志》：“帝嚳有四妃，一生帝摯，一生帝堯，一生商之先，一生周之先。”**上妃有邰氏之女也，曰姜嫄**韋昭曰：“姜，姓。嫄，字也。”《路史·疏仡記》：“高辛氏上妃有駘氏，曰姜原，清淨專一而好稼穡，衣帝衣，履帝履，居耆而生棄。”《左傳》杜注：“駘，在始平武功縣。”《武功志》：“古斄城，在縣南八里漆村東，古有斄氏之國也。”案：“邰”“駘”“台”“斄”字並同。“嫄”，又作“原”**氏，產后稷**；《周本紀》：“周后稷名棄。”**次妃有娀氏之女也，曰簡狄**《淮南子》：“有娀在不周之北。”《史記正義》曰：“案：記云‘桀敗于有娀之墟’，有娀當在蒲州也。”《太平御覽》引《張掖記》曰：“黑水出縣界雞山，亦名玄圃。昔有娀氏女簡狄浴于玄止之水，即黑水也。”案：“娀”，或作“嵩”。“簡狄”，《史記》舊本作“易”，《淮南子》作“翟”，別本又作“逷”**氏，產契**；《索隱》：“譙周云：‘契生堯代，舜始舉之，必非嚳子。以其父微，故不著名。其母娀氏女，與宗婦三人浴于川，玄鳥遺卵，簡狄吞之，則簡狄非帝嚳次妃明

---

① 原作“羊”，據《國語》改。

也。'”案：“契”，古文作“㱿”。**次妃陳鋒氏之女也，曰慶都**此下各本有脱誤，今從《詩疏》所引訂正。案：高堂隆《北郊表》：“陳豐氏名褒，一名握褒。”“鋒”，又作“酆”。皇甫謐曰：“慶都，名也。”**氏，産帝堯；**《詩含神霧》：“慶都生伊堯。”皇甫謐曰：“堯以甲申歲生。”**次妃娵訾氏之女也，曰常儀**案：“娵訾”，或作“陬訾”。“常儀”，一作“常戲”，又作“尚儀”**氏，産帝摯。**《帝王紀》云：“帝摯之母於四人中，班最在下，而摯於兄弟最長，得登帝位，封異母弟放勳爲唐侯。”衛宏曰：“摯立九年，而唐侯德盛，因禪位焉。”

帝堯娶於散宜氏，散宜氏之子别本不重“散宜氏”三字。**謂之女皇氏。**《古今人表》“女皇”注：“堯妃，散宜氏女。”

帝舜娶於帝堯，帝堯之子謂之女匽氏。《列女傳》：“二妃，長曰娥皇，次曰女英。”《世本》作“女瑩”。案：《古今人表》“娥皇女瑩”注曰：“舜妃，其即女匽歟？”《名疑》云：“舜二妃，娥皇、女英。‘皇’，一作‘媓’，一作‘黄’。‘英’，一作‘罃’。”《史記正義》：“娥皇爲后，女英爲妃。”或云即《楚詞》湘君、湘夫人，妄。《禮記》云：“舜葬于蒼梧之野。”蓋三妃未之從也。《堯典》祗云釐降二女，而《禮》有三妃之文。鄭氏不得實，乃云舜但二妃，其云三妃舉其貴耳，此臆説也。《大戴》謂帝舜娶堯女匽氏，與娥皇、女英爲三。《路史》云：“舜元妃娥皇，盲無子；次妃女英，生子三人；三妃登比氏生女二人；庶媵生子九人。”“登比”，《姓纂》作“癸比”，《山海經》又作“登北”，豈即所謂女匽者耶？

鯀娶於有莘氏。有莘氏之子謂之女志氏。《郡縣志》：“故莘城，在汴州陳留縣東北三十五里故莘國。”《古今人表》“女志”注：“鯀妃有㜪氏女，生禹。”師古曰：“㜪，音所巾反。”案：《吳越春秋》作“女嬉”。又案：《史記正義》引《帝王紀》曰：“禹父鯀妻修己。”與此不同。**産文命。**

禹娶於塗山氏。《水經注》：“江州江水北岸有塗山，南有夏禹

廟、塗君祠,廟銘存焉。常璩、庾仲雍並言禹娶于此。"杜氏注《左傳》:
"塗山,在壽春東北。"皇甫謐云:"今九江當塗有禹廟。"《地理今釋》:"塗
山,在今江南鳳陽府懷遠縣東南八里。傅遜曰:'案:舊云塗山有四,一
會稽,二渝州,巴南舊江州,三濠州,四當塗縣。'又《尚書》《史記》皆云
'禹娶塗山'。孔安國云'塗山,國名'。"塗山氏之子謂之女憍氏,
產啓。《古今人表》"女趫"注:"禹娶塗山氏女,生啓。"《帝王世紀》引
《連山易》曰:"禹娶塗山之子,曰攸女,生余。"其說又異。案:"塗山",
《古文尚書》作"峚",《正韻》作"峹"。"憍",一作"趫",一作"僑",又作
"嬌",又作"喬"。《世本》云:"塗山氏女,名女媧。"皆所見不同也。《列
女傳》:"啓母,塗山之女,夏禹之妃。禹娶四日而去治水。啓既生,呱呱
而泣。禹三過其門不入,塗山獨明教訓,啓化其德,卒致令名。禹爲天
子,繼嗣而立,能繼禹之道。"

勸學第六十四

君子曰:學不可以已矣。青取之于藍,而青于藍;《韓
詩外傳》:"藍有青,而絲假之,青于藍;地有黃,而絲假之,黃于地。"《孫
卿子》:"青生于藍,而深于藍。"《淮南子》:"今以涅染緇,則黑于涅;以藍
染青,則青于藍。"賈公彥曰:"藍以染青。"水則爲冰,而寒于水。楊
倞曰:"以喻學則才過其本性也。"木直而中繩,輮而爲輪,案:"輮",
《說文》作"煣"。其曲中規,槁暴不復挺者,"槁",別本訛作"枯",
茲從《荀子》。輮使之然也。楊氏曰:"輮,屈。槁,枯。暴,乾。挺,直
也。"是故不升高山,不知天之高也;不臨深谿,不知地之厚
也;不聞先王之遺道,一作"言"。不知學問之大也。於越、楊
氏曰:"於越,猶言吳越。"戎貉之子,生而同聲,長而異俗者,教

使之然也。《吕氏春秋》:"戎人生乎戎而戎言,楚人生乎楚而楚言,不知其所受也。今使戎人長乎楚,楚人長乎戎,則楚人戎言,戎人楚言也。"是故木從繩則直,金就礪則利,《書·説命》:"惟木從繩則正。"又:"若金,用汝作礪。"君子博學而日參省乎己焉,一本無"省"字、"乎"字。故知明則一本作"而"行無過。《詩》云:"嗟爾君子,無恒安息。靖恭爾位,好是正直。神之聽之,介爾景福。"楊氏曰:"《詩·小雅·小明》之篇。介,助。景,大也。引此詩以喻勸學也。"神莫大于化道,福莫長于無咎。

孔子曰:"吾嘗終日思矣,不如須臾之所學;《韓詩外傳》:"不學而好思,雖知不廣矣。"吾嘗跂而望之,一作"矣"。不如升高而博見也。"《古逸書》:"黄帝曰:'登山而望,其何不臨,而何不見?'"升高而招,非臂加一作"之"長也,而見者遠;順風而呼,非聲加疾也,而聞者著;《吕氏春秋》:"順風而呼,聲不加疾也。際高而望,目不加明也,所因便也。"王應麟云:"《説苑》引《子思子》曰:'學所以益才也,礪所以致刃也。吾嘗處幽而深思,不若學之速;吾嘗跂而望,不若登高之博見。故順風而呼,聲不加疾,而聞者衆。登丘而招,臂不加長,而見者遠。故魚乘于水,鳥乘于風,草木乘于時。'與《大戴禮》《荀子·勸學》篇略同。"假車馬者,非利足也,而致千里;假舟檝者,非能水也,而絶江海。楊氏曰:"絶,過也。"君子之性非異也,而善假于物也。

南方有鳥,曰蚔鳩,案:《荀子》作"蒙鳩",注:"蒙鳩,鷦鷯也。"以羽爲巢,編之以髮,繫之葦苕,《説文》:"葦,大葭也。"《本草》:"苕,即今之紫葳,蔓生,附喬木之上。"《詩疏廣要》:"苕,陵苕,好生高阜。"風至苕折,子死卵破,巢非不完也,所繫者然也。《韓詩外傳》:"有鳥于此,架巢于葭葦之顛。天喟然而風,則葭葦折而巢壞,

何？其所托者弱也。"《文選注》引《韓詩》："鴟鴞，〔鸋〕鴂，鳥名也。鴟
鴞，所以愛養子者，適以病之。愛鄰養其子者，謂堅固其窠巢；病之者，
謂不知託于大樹茂枝，反敷之葦苕。風至苕折巢覆，有子則死，有卵則
破，是其病也。"《困學紀聞》："鵲上高城之堁，而巢于高榆之顛，城壞巢
折，凌風而起。故君子之居世者，得時則義行，失時則鵲起。"西方有
木，名曰射干，《文選・上林賦》注："射干，香草也。射，音弋舍切。"楊
氏曰："射，音夜。"莖長四寸，立一作"生"。于高山之上，而臨百
仞之淵，木莖非能長也，所立者然也。蓬生麻中，不扶自
直。蘭氏之根，《史記》："冬至短極，蘭根生。"懷氏之苞，案：《荀
子》作"蘭槐之根是爲芷"。漸之滫中，君子不近，庶人不服，楊氏
曰："蓬曲麻直。藍、槐，香草也。漸，漬也。滫，溺也。漸，子廉反。滫，
思酒反。"質非不美也，所漸者然也。是故君子靖居恭學，修
身致志，處必擇鄉，游必就士，所以防辟邪而道一作"通"中
正也。

　　物類之起，或譌作"從"。必有所始；或譌作"由"。案：《荀
子》"起""始"爲韻，下"來""德"爲韻。榮辱之來，各象其德。肉腐
出蟲，魚枯生蠹；怠慢忘身，一作"怠敖"。禍災乃作。彊自取
折，柔自取束；邪穢在身，怨之所構。布薪若一，火就燥；楊
氏曰："布薪于地，均若一，火就燥而焚也。"荀爽《易注》："陽動之坤而爲
坎，坤者純陰，故曰濕。陰動之乾而成離，乾者純陽，故曰燥。"平地若
一，水就濕。草木疇生，禽獸群居，物各從其類也。是故此
處舊注"一作'質'"，乃校書者語。正鵠張而弓矢至焉，《詩・齊
風》："終日射侯，不出正兮。"《考工記》："梓人爲侯，廣與崇方。參分其
廣，而鵠居一焉。"林木茂而斧斤至焉，《孟子》："斧斤以時入山林。"
樹成蔭而鳥息焉，《左傳》："鳥則擇木。"《吕氏春秋》："樹之盛，則飛

鳥歸之。"醯酸而蜹聚焉，《淮南子》："醯酸不慕蜹，而蜹慕于醯酸也。"故言有召禍，行有招辱，君子慎其所立焉。

積土成山，風雨興焉；虞翻曰："艮兑山，澤通氣。"積水成川，蛟龍生焉；《管子》："蛟龍，水中之神者也。"《尸子》："水積則生吞舟之魚，土積則生梗楠豫章，學積亦自生焉。"積善成德，神明自得，"得"，別本訛作"傳"，今從《文選·典引》注。聖心備矣。是故不積跬步，案：《荀子》作"蹞步"。楊氏注："半步曰蹞。""蹞"與"跬"同。《小爾雅》："跬，一舉足也。"《淮南子》："跬步不休，跛鱉千里。"《釋文》："蹞步讀爲跬，缺婢反，又邱弭反。一舉足爲跬，再舉足爲步。"無以致千里；不積小流，無以成江海；騏驥一躒，不能千里；《潛夫論》："騏驥之速，非一足之力也。"駑馬無極，功在不舍。案：《荀子》作"騏驥一躍，不能十步"，"無極"作"十駕"。楊氏注："言駑馬十度引車，則亦及騏驥之一躍。"《廣雅》："駑，駘也，謂馬中鈍者也。"《呂覽》："所爲貴驥者，爲其一日千里；旬日取之，與駑駘同。"楔而舍之，朽木不折；"楔"，《荀子》作"鍥"。《說文》曰："櫼也。"《爾雅》："根謂之楔。"注："門兩旁木柣。"楔而不舍，金石可鏤。

夫蟎"蟎"，別本訛作"蟥"。楊氏曰："蟎與蚓同。"高誘曰："蟎，蚯蚓也。"《古今注》："蚯蚓，一名蜿蟺，一名曲蟺，善長吟于地中。江東謂之歌女，或爲鳴砌。"無爪牙之利，筋脈《淮南子》作"筋骨"之彊，上食晞土，下飲黃泉者①，用心一也；楊泉《物理論》曰："檢身止欲，莫過于蚓，此志士所不及也。"蟹二螯八足，《埤雅廣要》："蟹八蜕而二螯。"非虵鮭之穴，《山海經》注："鮭，魚屬也。"案："鮭"，各本訛作

---

① 原无"者"，皇清經解續編本同，據《大戴禮記》及王聘珍《大戴禮記解詁》、孔廣森《大戴禮記補注》補。

“蛆”。而無所寄託者，用心躁也。是故無憤憤之志者，《論語》：“不憤不啓。”又：“發憤忘食。”無昭昭之明；無緜緜之事者，《博雅》：“緜緜，長也。”無赫赫之功。行歧塗者不至，案：“歧”，或譌作“跂”。事兩君者不容。目不能兩視而明，耳不能兩聽而聰。螣虵無足而騰，《爾雅》：“螣，螣蛇。”《淮南子》曰：“奔蛇。”《埤雅廣要》：“螣蛇，一名神蛇，亦曰靈蛇。”《慎子》：“螣蛇游霧。”楊氏曰：“龍類能興雲霧而游其中也。”鼫《荀子》作“梧”。鼠五伎而窮。蔡邕《勸學》篇：“鼫鼠五能，不成一伎術。”楊氏曰：“五伎，謂能飛不能上屋，能緣不能窮木，能游不能度谷，能穴不能掩身，能走不能先人。”《本草》：“螻蛄，一名鼫鼠。”《詩》云：“鳲鳩在桑，其子七分；淑人君子，其儀一分。其儀一分，心若結分。”朱子《曹風注》：“鳲鳩，秸鞠也，亦名戴勝，今之布穀也。”陸氏《詩疏》：“一名擊穀，一名桑鳩。”楊氏曰：“《詩·曹風·鳲鳩》之篇。鳲鳩之養七子，旦從上而下，夕從下而上，均平如一，故取以喻也。”姚舜牧曰：“君子之心，固結而不解，故其爲儀也一。”君子其結于一也。

　　昔者瓠巴鼓瑟，而沉魚出聽；《列子》：“瓠巴鼓琴而鳥舞魚躍。”《淮南子》注：“瓠巴，楚人，善鼓瑟。淫魚喜音，出頭于水而聽之。”伯牙鼓琴，或譌作“瑟”。而六馬仰秣。《韓詩外傳》：“伯牙鼓琴，鍾子期聽之。方鼓琴，志在山，鍾子期曰：‘美哉鼓琴，巍乎如泰山。’志在流水，鍾子期曰：‘善哉鼓琴，洋洋乎若江河。’鍾子期死，伯牙擗琴絶絃，終身不復鼓琴，以爲世無足與鼓琴也。”成公綏《琴賦》曰：“伯牙彈而駟馬仰秣。”高誘曰：“仰秣，仰頭吹吐，謂馬笑也。”夫聲無細而不聞，行無隱而不形[1]。玉居山而木潤，淵生珠而岸不枯。案：

---

① 原作“刑”，據皇清經解續編本改。

《荀子》《淮南子》皆作“草木潤”。《文子》：“玉在山而草木潤，珠生淵而岸不枯。”高誘曰：“玉，陽中之陰也，故能潤澤草木；珠，陰中之陽也，有光明故岸不枯。”爲善而不積乎？豈有不聞一作“至”者哉？

孔子曰：“鯉！別本訛作“野哉”，今從《説苑》訂正。君子不可以不學，見人不可以不飾。”不飾無貌，無貌不敬，不敬無禮，楊氏曰：“謂典禮之屬。”無禮不立。《論語》曰：“立于禮。”夫遠而有光者，飾也；近而逾明者，學也。譬之如洿邪，水潦瀦焉，莞蒲生焉，從上觀之，誰知其非源泉也。珠者，陰之陽也，《説文》：“珠，蚌之陰精也。”故勝火；《春秋考異郵》：“火者，陽之精。”玉者，陽之陰也，《説卦》曰：“乾爲金，爲玉。”故勝水；《春秋元命苞》：“水之爲言演也，陰化淖濡，流施潛行也。”其化如神。故天子藏珠玉，諸侯藏金石，大夫畜犬馬，百姓藏布帛。《説文》：“細布，十五升布也。纑，布縷也。絟，細布也。總，蜀布也。財貨源流曰帛。繒也。繒，帛之總名。”不然，則强者能守之，知者能秉之，賤其所貴而貴其所賤；不然，矜、寡、孤、獨不得焉。照案：以下與《家語·三恕》篇略同。

子貢曰：“君子見大川必觀焉，何也？”《書》：“若涉大川。”《周禮》：“兩山之間，必有川焉。”

孔子曰：“夫水者，君子比德焉。徧與之而無私，似德；王肅曰：“遍與諸生者，物德生而後生，水不與生而又不德也。”所及者生，所不及者死，似仁；《管子》：“水者，地之血氣，如筋脈之流通者也。”其流行庳下，倨句案：《荀子》作“埤下裾拘”，楊氏注：“埤，讀爲卑。裾與倨同，方也。拘，讀爲鉤，曲也。”王肅曰：“水之性，潤萬物而退下。”皆循其理，似義；其赴百仞之谿不疑，似勇；《説文》：“勇，氣也。"淺者流行,深淵不測,似智;《文子》:"神清,則智明。"弱約微通,似察;"微",或訛爲"危",今從《荀子》。受惡不讓,似包蒙;別本訛作"包裹",上又衍一"貞"字,今從《説苑》。不清以入,鮮潔以出,似善化;《晏子春秋》:"美哉水乎,其濁無不寀塗,其清無不灑除。"《韓詩外傳》:"夫水者,緣理而行,不遺小間,似有智者;動而下之,似有禮者;蹈深不疑,似有勇者;障防而清,似知命者;歷險致遠,似有德者。天地以成,群物以生,國家以寧,萬事以平,此智者所以樂于水也。"楊氏曰:"言凡物出入于水,則必鮮潔,似善化者之使人去惡就美也。"以注量必平,似正;案:"以注",各本作"必出",《荀子》作"主",《説苑》作"至",今從《四庫》新校本。《漢律曆志》:"五量起于黄鍾之龠,以子穀秬黍中者,千二百實其龠,以井水準其概。"《釋名》:"水,準也。準,平物也。"楊氏曰:"量,謂坑受水之處也。"盈不求概,似度;《考工記》:"槀氏槩而不税。"楊氏曰:"概,平斗斛之木也。"《字林》:"概,工内反,謂平斗斛者。"陳氏《禮書》:"概,以竹木爲之,五量資之以平也。"萬折必以東,似意:此處從《荀子》及《説苑》。楊氏曰:"折,縈曲也。必歸于東,似有志不可奪者。"是以君子見大川必觀焉。"別本或脱"君子"二字。

大戴禮記注補卷八

子張問入官第六十五

子張問入官於孔子，_{王氏肅曰："入官，謂當官治民之職也。"}孔子曰："安身取譽爲難也。"

子張曰："安身取譽如何？"

孔①子曰："有善勿專，_{原注："專，謂自納於己。"照補：王氏曰："雖有善，當與下共之，無專以爲己有者也。"}教不能勿撂，_{原注："'勿撂'，《家語》爲'勿怠'也。'進'，或聲誤爲'撂'，嫌其倦也。"}已過勿發，_{王氏曰："言人已過誤，無所傷害，勿發揚。"}失言勿踦，_{原注："踦，邪也。出言既失，勿爲邪途以成之。"照補：王氏曰："人有失言，勿掎角之。"}不善辭勿遂，_{原注："人言不中，勿貳遂之。"照案：王肅言"己有不善，不可遂行"，義亦通。}行事勿留。_{原注："凡行政事，勿稽留之。"照補：王氏曰："宜行之事，勿令留滯。"}君子入官，自行此六路者，則身安譽至而政從矣。_{原注："上六者可以自通，故稱路也。"照補：王氏曰："衆從其政，無違教也。"}

"且夫忿數者，_{案：惠氏棟、戴氏震校本俱疑"數"字爲"敖"字之}

---

① 原無"孔"字，皇清經解續編本同，據《大戴禮記》及王聘珍《大戴禮記解詁》、孔廣森《大戴禮記補注》補。

誤。照案："忿"，讀爲"煩"，《曾子本孝》篇"煩言不及於①己"，即忿言。獄之所由生也；距諫者，慮之所以塞也；慢易者，禮之所以失也；惰怠者，"惰"，或作"墮"。時之所以後也；奢侈者，財之所以不足也；原注："儉則有餘，奢則不足。"專者，事之所以不成也；歷者，獄之所由生也。原注："歷，歷亂也。"君子入官，除一本"除"字下，有"此"字。七路者，則身安譽至而政從矣。原注："七者，亦致亡之道也。"

　　"故君子南面臨官，大城而公治之，原注："大城列國。公，無私也。"照案：《家語》作"大域之中，而公治之"。精知而略行之，原注："精知者，當先是六路。略行者，謂度時而施。"照案：王氏曰："以精知之，略舉其要而行之。"合是忠信，考是大倫，存是美惡，而進是利，而除是害，而無求其報焉，而民情可得也。原注："能合是六路之忠信，及進除七路之利害，施焉而不求報，則民情不失矣。"故臨之無抗民之志，王氏曰："治民無抗揚之志也。"勝之無犯民之言，原注："勝，謂民辭情短。"照補：王氏曰："以慎勝民，言不犯民。"量之無狡民之辭，原注："狡，害也。猶言無害也。"養之無擾於時，愛之勿寬於刑，王氏曰："言雖愛民，不可寬於刑法，威克其愛，故事無不成也。"若此，"若"，別本譌作"言"。則身安譽至而民自得也。

　　"故君子南面臨官，所見邇，故明不可蔽也；原注："言所見先求於近者。《中庸》曰：'舜其大知也與！舜好問，而好察邇言也。'"照補：王氏曰："所見邇，未察於微也。"案："蔽"，各本作"弊"。所求

---

① 及於，原作"反於于"，皇清經解續編本同，據前《曾子本孝》篇改。

邇,故不勞而得也;原注:“言所求自近始,故《詩》曰:‘無田甫田,勞心忉忉。’”所以治者約,故不用衆而譽至也。法象在内,故不遠;原注:“言内有法象,則百姓亦有禮度。”源泉不竭,故天下積也;原注:“積,謂歸湊也。”照補:王氏曰:“法象近在於内,故不遠,而源泉不竭盡。”如木不寡短長,人得其量,原注:“量而用之,以泉木二用,諭君子之政。”故治而不亂。故六者貫乎心,藏乎志,原注:“志者,心之府也。”形乎色,發乎聲,原注:“聲,言也。”若此則身安譽至而民自得也。

“故君子南面臨官,不治則亂至,原注:“民錯亂也。”亂至案:二“至”字,一本作“生”則爭,爭之至,又反於亂。原注:“亂,反亂也。”照補:王氏曰:“小亂則爭,爭之甚者,又大亂至矣。”是故寬裕以容其民,慈愛以優柔之,而民自得也已。

“故躬行者,政之始也;原注:“身行之也。”照補:王氏曰:“行爲政始,言民從行不從言也。”調悦者,情之道也。原注:“言調悦者,治人情之道也。”照案:別説“‘道’,宜讀爲‘導’”,義亦通。善政行易,則民不怨,原注:“先王善政,能躬行之,使平易,則民悦。”照補:王氏曰:“善政行簡易,而民無怨者也。”言調悦,則民不辨法;原注:“謂不爭也。《周禮》曰:‘凡辨法者攷焉。’”照案:《家語》“法”字屬下句,云“法在身則民象之,明在己則民顯之。若乃供己而不節,則財利之生者微矣”。仁在身,則民顯以佚之也。王氏曰:“言法度常在身,則民法之。”財利之生微矣,案:“微”,各本訛作“徵”。貪以不得;善政必簡矣,原注:“初聞善政必記之。”照案:“得”,宜讀爲“德”。苟以亂之;善言必聽矣,原注“聞善言始亦聽之也。”詳以失之;原注:“後政不行,詳爲漏失。”照案:“詳”“佯”古通用。《家語》作“詳以納之,則規諫日至"，注："納善言也。"規諫日至，煩以不聽矣。原注："《詩》曰'老夫灌灌，小子蹻蹻'也。"

　　"言之善者，在所日聞；王氏曰："日聞善言，可行於今日也。"行之善者，在所能爲。原注："君子言之善者，在于終日言之；君子行之善者，在其能躬行。記聽而失之，則無益於言行也。"故上者，民之儀也；有司執政者，楊氏本有"者"字，各本脱。民之表也；邇臣便辟者，群臣僕之倫也。原注："倫，理也，言是群臣群僕之綱理也。"照補：王氏曰："便辟執事，在君之左右者。倫，紀也，爲衆之紀。"故儀不正則民失誓，表弊則百姓亂，邇臣便辟不正廉，而群臣服汙矣。原注："誓，勑也。服，事也。汙，濫也。言私謁也。"照案：上文"邇臣便辟者，群臣僕之倫也"，故此云"邇臣便辟不正廉，則群臣僕汙矣"，"僕""服"疑聲相近而誤也。故不可不慎乎三倫矣。

　　"故君子修身，反道察説，而邇道之服存焉。原注："修身當本於道，而省其説，則近道之事存。"照案：《家語》作"君子修身反道，察里言而服之，則身安譽至，終始在焉"，意義較爲明顯。是故夫工女必自擇絲麻，良工必自擇齎材，原注："《周禮‧巾車職》曰'毀折，入齎於職幣'，《家語》爲'完材'也。"賢君良上案：別本無"良上"二字。必自擇左右。是故佚於取人，案："是"，各本訛作"始"，"於"作"諸"，今從方本。勞於治事；勞於取人，佚於治事。原注："郭象曰：'主上無爲於親事，而有爲於用臣也。'"照案：一本作"主上無爲於日事，而有爲於用也"。

　　"故君子欲譽，則謹其所便；原注："便，所便習。"欲名，則謹於左右。故上者，辟如緣木者，務高而畏下者滋甚。原注："言在民上者，譬若此。《淮南子》曰：'君子之居民上也，譬以腐索御良馬。'"六馬之離，必於四面之衢；原注："衢，四達道。"民之離

道，必於上之佚政也。故上者尊嚴而絶，照案："絶"，疑作
"危"。百姓者卑賤如神，原注："《孟子》曰：'民爲貴，社稷次之，君爲
輕也。'"照補：王氏曰："君有愛思之心感於民，故謂如神。"民而照案：
"而"，讀爲"若"。愛之則存，惡之則亡也。

　　"故君子南面臨官而不驕富恭，案：一本作"貴而不驕，富而
能恭"二句。有本能圖，原注："本，謂身也。謂能謀其身也。"修業居
久而譚；原注："譚，誕也，謂安縱也。"情邇暢而及乎遠，察一而
關於多。案：《家語》作"貫乎多"。一物治而萬物不亂者，以身
爲本者也。

　　"故君子莅民，不可以不知民之性案：一本"性"下有"而"
字。達諸民之情，原注："性爲仁義禮智之等，情爲喜怒愛惡之屬。性
者，生之質；情者，人之欲。《詩》云：'天生烝民，有物有則。'"既知其
以生有習，然後民特從命也。原注："生，謂性也。習，調節也。"照
案：上言"不可以不知民之性而達諸民之情"，故此申之云"既知其性，又
習其情，然後民乃從命也"。疑正文有脱誤，幾不可句讀，當從《家語》訂
正。故世舉則民親之，原注："世舉，言治。"政均則民無怨。故
君子莅民，不臨以高，王氏曰："不抗揚也。"不道以遠，不責民
之所不能。今臨之一本有"以"字明王之成功，則民嚴而不迎
也，原注："明王之民，比屋可封，苟欲齊之，則憚而不能迎致王命。"照
補：王氏曰："迎，奉也。民嚴畏其上，而不奉迎其教。"道以數年之業
則民疾，原注："使成數年之業，則民困矣。"疾則辟矣。王氏曰："教
之以非其力之所堪，則民引而不從其教者矣。"故古者冕而前旒，所
以蔽明也；黈"黈"，各本訛作"統"，今從《玉篇》纊塞耳，所以弇聰
也。原注："《禮緯含文嘉》以懸黈垂旒爲閑姦聲、弇亂色，令不惑視聽，

則纊瑱之設，兼此二事也。綖，《莊子》爲‘黈’，黄也。”按：此記與莊説及著詩之義，則人君以黄絖充耳，大夫用素，皆尚以玉也。然毛、王之徒以爲石飾玉，及鄭謂充耳爲玉，名義乖錯，故未詳。照補：《論語古義》“冕衣裳”者，“冕”，鄭本作“弁”，云：“魯讀‘弁’爲‘絻’，今從，古《鄉黨》篇亦然。《大戴禮》：‘孔子曰：古者絻而前旒，所以蔽明也。’《説文》曰：‘冕，或作絻，從系。’”李善曰：“絻，古‘冕’字，今《論語》作‘冕’，蓋從《魯論》。又《説文》‘弁’作‘覍’，‘覍’與‘冕’字相似。包咸以‘冕’爲‘冠’，古‘覍’字之誤。”顔氏師古曰：“黈，黄色也。纊，綿也。以黄縣爲丸，用組懸之於冕，垂兩耳旁，示不外聽。”李氏善曰：“絖，古‘纊’字。弇，音‘奄’，《淮南子》作‘掩聰’。”吕氏向曰：“黈，黄玉，以縣裹之於冠兩邊以塞耳，所以示不聞下人之過。”故水至清則無魚，人至察則無徒。吕氏延濟曰：“水至清，魚無所隱，人至明察，人所疾畏，故孤立而無徒作黨援矣。”

　　“故枉而直之，使自得之；原注：“民有邪枉，教之使自得也。《孟子》曰：‘匡之直之，使自得之。’”照補：趙岐《孟子注》曰：“使自得其本善性也。”優而柔之，使自求之；原注：“謂寬教之。”照補：王氏曰：“優，寬也。柔，和也。使自求其宜也。”吕氏曰：“優柔寬容，使自求所宜也。”揆而度之，使自索之。原注：“謂量民之才，而施教之。”照補：王氏曰：“揆度其法以開示之，使自索得之也。”案：此數句，東方朔《客難》曾引之，系古語也。民有小罪，必以其善以赦其過，如死使之生，其善也，原注：“其善也，若死而使之復生也。”照案：一本刪去“其善也”三字，攷“赦其過”下，《家語》作“民有大罪，必原其故，以仁輔化，如有死罪，其使之生則善也。”是以上下親而不離。

　　“故惠者，《周禮》“施其惠”，鄭注：“賙衣食曰惠，《孟子》‘分人以財謂之惠’是也。”《説文》：“惠，仁也。”政之始也。政不正則不可教也，不習則民不可使也。故君子欲言之見信也者，莫若先虛其內也；原注：“謂內外相應。”照補：王氏曰：“虛其內，謂直道而行,無情欲也。"欲政之速行也者^①,莫若以身先之也;欲民之速服也者,莫若以道御之也。故不先以身,雖行必遴矣;_{原注:"遴,郤。"案:"郤",別本作"吝",正文作"必鄰也",今從方本。}不以其道御之,雖服必强矣。_{王氏曰:"民雖服,必以威强之,非心服也。"}故非忠信,則無可以取親於百姓矣;_{原注:"此忠信,寬於言行相顧也。上無此條者,以言行不違在忠信之間。"}外内不相應,則無可以取信者矣。四者,治民之統也。"_{原注:"四者,謂以身先之及以道御之,忠信及外内相應。"}

盛德第六十六

　　聖王之盛德,人民不疾,六畜不疫,五穀不災,_{原注:"陰陽順序,故人物不害也。"}諸侯無兵而正,小民無刑而治,蠻夷懷服。_{原注:"《國語》曰:'先王耀德不觀兵。'"}古者天子常以季冬攷德,以觀治亂得失:_{原注:"辨其法政也。"}凡德盛者治也,德不盛者亂也;德盛者得之也,德不盛者失之也。是故君子攷德,而天下之治亂得失,可坐廟堂之上而知也。_{原注:"言不出户庭,而周知海内之善惡也。"}惡盛則修法,德不盛則飾政,_{原注:"法,德法;政,禁令。"照補:王吉《疏》:"今俗吏所以牧民者,非有禮義科指可世世通行者也。"}法政而德不衰,故曰王也。_{原注:"王者,往也,民所歸也。"案:一本作"歸往"。}

　　凡人民疾、六畜疫、五穀災者,生於天道不順,_{案:各本}

---

　　① 原無"者"字,皇清經解續編本同,據《大戴禮記》及王聘珍《大戴禮記解詁》、孔廣森《大戴禮記補注》補。

脱此三字，今從《太平御覽》所引。天道不順，生於明堂不飾：案：
"飾"，同"飭"，謂整攝也。故有天災，則飾明堂也。原注："《淮南
子》云：'明堂之廟，行明堂之令，以調陰陽之氣，而知四時之節，以辟疾
之災也。'"照補：《禮書》曰："王者迎五氣，則於東、西、南、北之四郊；禮
六神，則以蒼、黃、青、赤、白、玄之牲玉；象四時以巡岳，順閏月以居門，
而天地之間罔不欽若。"

　　凡民之爲姦邪、竊盜、厤—作"靡"法、妄行者，生於不
足。原注："亂法者，生於不知足。"不足，生於無度量也。《漢書·
律厤志》："度者，分寸丈尺引也，所以度長短也，本起於黃鍾之長；量者，
龠合升斗斛也，所以量多少也，本起於黃鍾之龠。"無度量，則小者偷
惰，一作"墮"。大者侈靡而不知足，原注："偷，苟且。惰，懈惰。"
故有度量則民足，民足則無爲姦邪、竊盜、厤法、妄行者。
故有奸邪、竊盜、厤法、妄行之獄，則飾度量也。

　　凡不孝，生於不仁愛也。不仁愛生於喪祭之禮不明。
喪祭之禮，所以教仁愛也。致仁各本無"仁"字，今從王氏校本
增。愛，故能致喪祭。春秋祭祀之不絕，致思慕之心也。原
注："《孝經》曰：'春秋祭祀，以時思之也。'"夫祭祀，致饋養之道也。
王氏肅曰："言孝子奉祭祀不敢解，與生時饋養之道同之。"死且思慕
饋養，況於生而存乎？故曰喪祭之禮明，則民孝矣。故有
不孝之獄，則飾喪祭之禮也。原注："《經解》曰：'喪祭之禮廢，則
臣子之恩薄，而倍死忘生者眾。'"

　　凡弒上，生於義不明。義者，所以等貴賤、明尊卑。貴
賤有序，案：一本作"貴賤有別，尊卑有序"二句。民尊上敬長矣。
民尊上敬長而弒者，寡有之也。有子曰："其爲人也孝弟，而好犯

上者鮮矣。不好犯上而好作亂者,未之有也。"朝聘之禮,所以明義也,故有弒獄,一本作"弒上之獄"。則飾朝聘之禮也。原注:"《經解》曰:'朝聘之禮廢,則君臣之義失,諸侯之行惡,而倍畔侵陵之敗起矣。'"

凡鬥辨,生於相侵陵也。相侵陵,生於長幼無序,而教以敬讓也。案:戴氏校本疑此處有脱文,愚謂當作"生於長幼無序,而遺敬讓。鄉飲酒之禮,所以明長幼之序,而教以敬讓也",如此文義方順。故有鬥辨之獄,則飾鄉飲酒之禮也。原注:《經解》曰:'鄉飲酒之禮廢,則長幼之序失,而爭鬥之獄煩。'"

凡淫亂,生於男女無別、夫婦無義。昏禮一作"姻"享聘者,所以別男女、明夫婦之義也。原注:"享,謂享婦及召族黨也。"案:"召族黨",各本作"召闔"。故有淫亂之獄,則飾昏禮享聘也。原注:"《經解》曰:'昏姻之禮廢,則夫婦之道苦,而淫辟之罪多。'"

故曰刑罰之所從生有源,不務塞其源而務刑殺之,是爲民設陷以賊之也。原注:"《禮察》曰:'禮禁將然之前,法施已然之後也。'"刑罰之源,生於嗜慾好惡不節。原注:"總言百姓犯刑罰之所由。"

故明堂,天法也;原注:"天神所在也。王者於此,則天無私勤施之法。"照補:《明堂陰陽録》曰:"陰陽者,王者之所以應天也。明堂之制,周旋以水,水行左旋以象天。内有太室,象紫垣;南出明堂,象太微;西出總章,象五潢;北出玄堂,象營室;東出青陽,象天市。上帝四時各治其宫,王者承天統物,亦於其方以聽國事。"禮度,德法也,原注:"禮,謂三百三千也,惟有仁德也。"所以御民之嗜慾好惡,以順一作"慎"天法,以成德法也;原注:"天道不可成,順之而已。其禮度,則使成之。”刑罰者，案：“罰”，各本作“法”，兹從方本。所以威不行德法者也。原注：“天道遠，不責之。德法不行，則罰之。”

故季冬聽獄論刑者，所以正法也。法正，論原注：“歲終聽不行德法之刑，爲正德法而論也。”案：各本作“不德之刑”。吏公行之。是故古者天子孟春論吏一本有“之”字。德、行、能、功：原注：“攷群臣之德、行、能、功。”案：“能功”，別本作“能理功”。能得德法者爲有德，原注：“謂内外善也。”能行德法者爲有行，原注：“謂能皆行。”能理德法者爲有能，原注：“謂能綜理之，而又弗盡行。”能成德法者爲有功。原注：“謂内外成之，而未能善也。”故論吏而法行，事治而功成。季冬正法，孟春論吏，治國之要也。原注：“春論班賞，冬攷量刑，則莫不懲勸矣。”

德法者，御民之銜勒也；案：《通典》所引有“勒”字，各本皆脱。《潛夫論》：“法令者，人君之銜轡筞策也，而民者君之輿馬也。”吏者，轡也；刑者，筞也；《鄧析子》曰：“勢者，君之輿；威者，君之策；臣者，君之馬；民者，君之輪。勢固則輿安，威定則策勁，臣順則馬良，民和則輪利。爲國失此，必有覆車奔馬、折輪敗載之患。”天子，御者；内史、太史，左右手也。原注：“太史、内史，皆宗伯之屬。太史，下大夫二人；内史，中大夫一人，俱親王之官也。《書》曰：‘太史内史。’云‘内史、太史左右手’，則太史爲左史，内史爲右史焉。”照補：王氏曰：“内史掌王八柄及叙事之法，受納以詔王聽治，命孤卿大夫，則策命以四方之事，書而讀之。王制禄則書之策，賞則亦如之，故王以爲左右手。”古者以法一作“德法”爲銜勒，以官爲轡，以刑爲筞，以人爲手，故御天下數百年而不懈惰。原注：“‘史’，當字誤爲‘人’。”善御馬者，正銜勒，齊轡筞，均馬力，和馬心，故口無聲，手不搖，筞不用，而馬爲行也。<small>王褒《聖主得賢臣頌》云：“人馬相得也。”</small>善御民者，正其德法、飭其官，<small>《史記·五帝紀》：“信飭百官。”案：‘飭’，古‘勅’字。</small>而均民力，和民心。故聽言不出於口，刑不用而民治，是以民德美之。

夫民善其德，必稱其人。<small>王氏曰：“爲衆所稱舉也。”</small>故今之人稱五帝三王者，依然若猶存者，其法誠德，<small>原注：“法，天法也。”</small>其德誠厚。<small>原注：“謂禮度也。”</small>夫民思其德，必稱其人，朝夕祝之，升聞於皇天，上帝歆焉，故永其世而豐其年。不能御民者，棄其德法，譬猶御馬，棄轡勒，而專以筞御馬，馬必傷，車必敗，<small>《孔叢子》：“子曰：‘以禮齊民，譬之於御則轡也；以刑齊民，譬之於御則鞭也。執轡於此，而動於彼，御之良也。無轡而用策，則馬失道矣。’”《荀子》曰：“馬駭輿，則君子不安輿；庶人駭政，則君子不安位。馬駭輿，則莫若静之；庶人駭政，則莫若惠之。”</small>無德法而專以刑法御民，民必走，國必亡。<small>原注：“故《淮南子》曰：‘舜無佚民，造父無佚馬。’”照補：《鄧析子》：“明君之御民若乘，奔而無轡，履冰而負重也。”</small>亡德法，<small>一本有“則”字。</small>民心無所法循，迷惑失道，<small>原注：“謂民。”</small>上必以爲亂無道。<small>原注：“謂君。”</small>苟以爲亂無道，刑罰必不克，<small>原注：“又不能中。”</small>成其無道，上下俱無道。故今之稱惡者，必比之於夏桀殷紂，何也？曰：法誠不德，其德誠薄。夫民惡之，必朝夕祝之，升聞於皇天，上帝不歆焉。<small>《汲冢周書》：“殷末孫受德，迷先成湯之明，侮滅神祇，不祀，昏暴商邑百姓，其彰顯聞於昊天上帝。”</small>故水旱並興，災害生焉。故曰：德法者，御民之本也。

古之御政以治天下者，冢宰之官以成道，司徒之官以成德，原注："天性發施故爲道，地理含藏故主德。道德者，包五性内外之稱也。天地之官尊，故總焉。"照補：鄭氏《天官·冢宰》注："宰，主也。"干寶曰："濟其清濁，和其剛柔，而納之中和曰宰。"《舜典》："女作司徒，敬敷五教在寬。"《春秋傳》："祝鳩氏，司徒也。"宗伯之官以成仁，原注："木爲仁也。"司馬之官以成聖，原注："聖，通也。夏氣物充達。又征伐者，所以平通天下。"照補：《漢官叙》曰："三司之職，司馬主兵。"司寇之官以成義，原注："金爲義。"司空之官以成禮。原注："不主智者，已兼司馬。凡宗社之設，城郭之度，宮室之量，典服之制，皆冬官所職也。"故六官以爲轡，司會均入以爲軜。原注："軜在軾前，斂六轡之餘。《詩》云：'鋈以觼軜。'司會，冢宰之屬，中大夫二人。會，計也，主天下之大計，《王制》曰'司會以歲之成，質於天子也'。"照補：王氏曰："軜，驂馬轡，轡繫軾前者。司會掌邦之六典八法之戒，以周知四方之治，冢宰之副，故不在其六轡，而當軜故位。"故御四馬，執六轡，御天、地與人與事者，亦有六政。原注："六政，謂道、德、仁、聖、禮、義也。"

是故善御者，正身同轡，原注："《詩》云：'六轡既均。'"均馬力，齊馬心，惟其所引而之，原注："不違於節，故任其馳。"以取長道，遠行可以之，急疾，原注："言皆從人心也。"可以御。天、地與人、事，此四者，聖人之所乘也。原注："四者，天、地與人與事。"

是故天子御者，太史、内史左右手也，六官亦六轡也。天子三公合以執六官，原注："三公無官，佐王論道而已。"照補：吕氏祖謙曰："三公三孤，天子之所與，謂精裋之原而無所治者也。統萬事而分治之，則六官之職。"均五政，齊五法，原注："五政，謂天子、公、卿、大夫、士。五法，謂仁、義、禮、智、信。"以御四者，故亦惟其所引而之。

以之道則國治，_{原注：“治典經邦國。”}以之德則國安，_{原注：“教典安}邦國。”以之仁則國和，_{原注：“禮典和邦國。”}以之聖則國平，_{原注：}“政典平邦國。”以之義則國成，_{原注：“刑典詰邦國。”}以之禮則國定：_{原注：“體國經野，事官之職。”}照補：王氏曰：“冢宰治國，禮之用和爲貴，則國安。德教成，以之仁則國和，通治遠近則國平。義，平也。刑罰當罪則國成，事物以禮則國定也。”此御政之體也。

過，失也。人情莫不有過，過而改之，是不過也。是故官屬不理，分職不明，法政不一，百事失紀，曰亂也，亂則飭冢宰。地宜不殖，財物不蕃，萬民饑寒，教訓失道，風俗淫僻，百姓流亡，人民散敗，曰危也，危則飭司徒。父子不親，長幼無序，君臣上下相乖，曰不和也，_{金氏履祥：“上下者，尊卑貴賤之等儀。和則不僭不逼，各安其分，有序則和也。”}不和則飭宗伯。賢能失官爵，功勞失賞禄，爵禄失則士卒疾怨，兵弱不用，曰不平也，_{《周官》：“司馬掌邦政，統六師，平邦國。”呂氏曰：“平邦國之不平者。”}不平則飭司馬。_{《白虎通》：“司馬主兵，不言兵而言馬者，陽物，乾之所爲，行兵用馬，不以傷害爲文，故言。古者兵車，一車四馬，故以馬名官。訓馬爲武者，取其遠行也。”}刑罰不中，暴亂姦邪不勝，曰不成也，不成則飭司寇。_{《周官》：“司寇掌邦禁，詰奸慝，刑暴亂。”}百度不審，立事失理，財務失量，曰貧也，貧則飭司空。_{原注：“冢宰掌六典，司徒掌十二教，宗伯掌五禮，司馬掌九伐，司寇掌五刑。《小宰職》曰：‘一曰治職，以平邦國，以均萬民，以節財用；二曰教職，以安邦國，以寧萬民，以懷賓客；三曰禮職，以和邦國，以諧萬民，以事鬼神；四曰政職，以服邦國，以正萬民，以聚百物；五曰刑職，以詰邦國，以糾萬民，以除盜賊；六曰事職，以富邦國，以養萬民，以生百物。’司馬之屬，司勳掌六卿之賞田，以等其功；又司士之官，掌群吏之數，以詔}

其爵禄，凡度量財物考工，猶有其事。"照補：《尚書大傳》："天子三公，一曰司徒公，二曰司馬公，三曰司空公。百姓不親，五品不訓，則責之司徒；蠻夷猾夏，寇賊奸宄，則責之司馬；溝瀆壅遏，水爲民害，則責之司空。"《韓詩外傳》："三公者何？司空、司馬、司徒也。司馬主天，司空主土，司徒主人。故陰陽不和，四時不節，星辰失度，災變非常，則責之司馬；山陵崩竭，川谷不流，五穀不殖，草木不茂，則責之司空；君臣不正，人道不和，國多盜賊，下怨其上，則責之司徒。故三公典其職，憂其分，舉其辨，明其隱，此三公之任也。"《白虎通》："司空主土，而不言土，而言空者，空尚主之，而况於實乎？"故曰：御者同是車馬，或以取千里或數百里者，所進退緩急異也；治者同是法，或以治或以亂者，亦所進退緩急異也。

明堂者，古有之也。原注："明堂之作，其代未得而詳也。案：《淮南子》言神農之世，祀於明堂，明堂蓋四方。又漢武帝時，有獻《黄帝明堂圖》者，四面無壁，中有一殿。然其由，或始於此也。"照補：《春秋説題辭》："房心爲明堂，天王布政之宫。"《釋名》："明堂，猶堂堂，高顯貌也。"《三輔黄圖》："明堂，所以正四時、出教化，天子布政之宫也，黄帝曰合宫，堯曰衢室，舜曰總章，夏后氏曰世室，殷人曰陽館，周曰明堂。"凡九室，一室而有四户八牖，案："牖"一作"聰"。聰，即"窗"字，"聰""窗"古通用。三十六户、七十二牖。《攷工·匠人》鄭氏注："窗助户爲明。每室四户八窗。"《白虎通》："三十六户法三十六雨，七十二牖法七十二風。"阮諶《三禮圖》曰："明堂者，布政之宫。周制五室，東爲木室，南爲火室，西爲金室，北爲水室，土室居中。秦爲九室十二階，各有所居。"以茅蓋屋，原注："茅，取其潔質也。"照補：《晏子春秋》："明堂之制，土事不文，木事不鏤，示民知節也。"桓氏寬曰："古者采椽不斲，茅屋不翦。"上圓下方。桓譚《新論》曰："王者造明堂，上圓下方，象天地。"明堂者，所以明諸侯尊卑。原注："明堂，非所以朝諸侯。於祀也,諸侯亦備焉。"照補:《明堂位》曰:"朝諸侯於明堂之位,天子負斧扆,南鄉而立。明堂也者,明諸侯之尊卑也。"**外水曰辟雍**,原注:"《韓詩説》:'辟圓如璧,雍以水。'不言圓言辟者,取辟有德。不言辟水言雍,雍,和也。"照補:《王制》:"天子曰辟廱。"注:"辟,明也。廱,和也。所以明和天下。"服氏虔曰:"天子水匝爲辟雍。諸侯水不匝,至半爲泮宫。"

南蠻、東夷、北狄、西戎。原注:"言四海之君於祭也,各以其方列於水外。"照補:《明堂大道録》曰:"八蠻在南門之外,九夷在東門之外,五狄在北門之外,六戎在西門之外。"《漢書・郊祀志》:"周公相成王,王道大洽,制禮作樂,天子曰明堂辟雍,諸侯曰泮宫。郊祀后稷以配天,宗祀文王於明堂以配上帝,四海之内各以其職來助祭。"

《明堂月令》:原注:"於明堂之中,施十二月之令。"照補:蔡氏邕曰:"因天時制人事,天子發號施令,祀神受職,每月異禮,故謂之月令,所以順陰陽、奉四時、效氣物、行王政也。成法具備,各從時月,藏之明堂,所以示承祖考神明,明不敢褻瀆之義,故以明堂冠月令。"**赤綴户也**,原注:"綴,飾也。"照補:《楚詞・招魂》"網户朱綴",注:"朱,丹也。綴,緣也。"**白綴牖也。**《説文》:"户,半門也。牖,穿壁以木爲交窗也。"《周禮・地官》"掌蜃,共白盛之蜃",注:"盛,猶成也。謂飾墙使白。"鄭氏注《考工》:"白盛,蜃灰也。盛之言成也。以蜃灰堊墙,所以飾成宫室。"案:白盛,所以耀門窗而益之明也。**二九四、七五三、六一八。**原注:"《記》用九室,謂法龜文,故取此數以明其制也。"照補:《建武禮圖》曰:"建武三十一年作明堂,上圓下方,十二堂法日辰,九室法九州。室八窗,八九七十二,法一時之王①。室有十二户,法陰陽之數。"熊氏朋來《辨河圖洛書》:"洛書方位,莫如《大戴禮記・明堂》篇所

---

① 原作"一",皇清經解續編本同,《後漢書・光武帝紀》注引《禮圖》作"王",據改。

謂二九四七五三六一八者,最爲明白。本注:‘法龜文也。’二九四是其前三位,七五三是其中間三位,六一八是尾後三位。龜文方位,無可疑矣。”毛氏奇齡曰:“夫戴九履一,始於《大戴禮》‘二九四七五三六一八’之文,即明堂九室制也。東漢儒者竊其説,以爲太乙下九宮法,《後漢書·張衡傳》猶載之。”惠氏棟曰:“二九四,九宮之法,《坤》二《離》九《巽》四;七五三,《兑》七、中央五、《震》三;六一八,《乾》六《坎》一《艮》八。《坎》《離》《震》《兑》爲四正,《乾》《坤》《艮》《巽》爲四維。一九六四二八七三乘五皆合於十五。”**堂高三尺,東西九筵,南北七筵,**《考工記》:“周人明堂度九尺之筵,東西九筵,南北七筵,堂崇一筵,五室,凡室二筵。”注:“每筵長九尺。”賈氏公彦曰:“夏度以步,殷度以尋,周度以筵,是王者相改。照案:《周禮》“堂崇三尺”“堂崇一筵”,《禮記》“天子之堂九尺”,皆指堂基而言。又案:《匠人》謂東西九筵合八丈一尺,南北七筵合六丈三尺。**上圓下方。九室十二堂,室四户,户二牖,**《明堂月令》説其制度數各有所法:“堂方百四十四尺,《坤》之策也。屋園屋徑二百一十六尺,《乾》之策也。太廟明堂方三十六丈,通天,屋徑九丈,陰陽九六之變也。圓蓋方載,六九之道也。八闥以象八卦,九室以象九州,十二宮以應辰,三十六户七十二牖,以四户八①牖,乘九室之數也。户皆外設而不閉,示天下不藏也。通天屋高八十一尺,黄鍾九九之實也。二十八柱列於四方,亦七宿之象也。堂高三丈以應三統,四鄉五色者象其行;外廣二十四丈,應一歲二十四氣;周以水象四海,王者之大禮也。”照案:有以九室三十六户七十二牖,似秦相吕不韋作,春秋時説者所益,未必盡合古制。中郎之説確有精理,故附注於此。**其宮方三百步。在近郊,近郊三十里。**”原注:“淳于登説:‘明堂在國之陽三里之外、七里之内、丙巳之地。’《韓詩説》:‘明堂在南方七里之郊。’然三十里無所取也,再言方圓及户牖之數亦繁重。”照案:《孝經援神契》:“明堂

---

① 原作“九”,皇清經解續編本同,正文作“四户八牖”,據改。

在國之陽。”鄭氏康成曰:“在國之陽,三里之外。”或以爲明堂者,文王之廟也。原注:“明堂與文王之廟不爲同處,或説謬也。”照補:《孝經》:“宗祀文王於明堂,以配上帝。”《吕氏讀詩記》:“明堂祀上帝,而文王配焉。故《周頌·我將》,詩雖祀文王之樂歌,必先言祀天,而次言祀文王。”照案:《周禮》《孝經説》以明堂爲文王廟。又盧植《禮記注》:“明堂,即太廟也。天子太廟,上可以望氣,故謂之靈臺;中可以序昭穆,故謂之太廟。”

朱草日生一葉,至十五日生十五葉,十六日一葉落,終而復始也。原注:“《孝經援神契》曰:‘朱草生,蓂莢挈,嘉禾成,蓂莆生。’蓂莢,堯時夾階而生,以記朔也。朱草可食,王者慈仁則生。其形無記朔之狀,蓋説不詳。”照補:《帝王世紀》:“堯時爲天子,蓂莢生於庭,爲帝成曆。始一日生一莢,至月半生十五莢,至晦日而盡,小月而一莢厭不落。”《抱朴子》:“朱草,長三尺,枝葉皆赤,莖似珊瑚也。”《路史》:“朱草者,百草之精,狀如小桑,栽子長三四尺,枝莖如珊瑚,生名山石巖之下,刺之如血,其葉生落隨月晦朔,亦如蓂莢之類耳。”《尚書大傳》:“德光地序,則朱草生。”《鶡冠子》:“聖王之德及萬靈,則朱草生。”王氏應麟曰:“蓂莢謂之歷草。”周時德澤洽和,蒿茂大以爲宫柱,名蒿宫也。原注:“《晏子春秋》曰:‘明堂之制,下之潤濕不及也,上之寒暑不入也。木工不鏤,示民知節也。’然或以蒿爲柱,表其檢質也。明堂别有圖論,不復詳焉。”照補:《竹書紀年》:“周德既隆,草木茂盛,蒿堪爲宫室。”《吕覽》:“茅茨蒿柱,土階三等。”《拾遺記》:“條陽山出神蓬,如蒿,長十丈,周初國人獻之,以爲宫柱,所謂蒿宫也。”此天子之路寢也,不齊不居其屋。原注:“路寢亦爲此制。”照補:《禮疏·月令》:“孟春居青陽左个,仲春居青陽太廟,季春居青陽右个,以下所居,各有其處,是每月就其時之堂也。云卒事反宿路寢,亦如明堂每月異所。反居路寢,謂視朔之一日也,其餘日即在燕寢,視朝則恒在路門外也。”鄭氏注《禮記》：“天子路寢，制如明堂。”《禮經補逸》：“王者向明而治，古之堂，今之殿也。《孝經》以爲宗祀之所，《孟子》以爲王政之堂，然則是人君之路寢，猶後世大朝會之正衙也。”唐氏仲友曰：“古人以辟雍、太廟、明堂同制而異名，是起於《大戴禮》。”惠氏曰：“明堂門，即路寢門也。”《尚書大傳》：“諸侯之宫三門三朝，其外曰皋門，次曰應門，又次曰路門。其皋門内曰外朝，應門内曰内朝，路門内曰路寢之朝。”**待朝在南宫**，原注：“將視朝時。”**揖朝出其南門**。原注：“《周禮·司士職》曰：‘正朝之位，辨其貴賤之等。王南向，三公北面東上，孤東面北上，卿大夫西面北上；王族故士①、虎士在路門之右，南面東上；太僕、太右、太僕從者在路門之左，南面西上。司士擯孤卿特揖，大夫以其等旅揖，士旁三揖。王還，揖門左、揖門右。太僕前正視朝位。王入内朝，皆退也。”

---

① 原無“士”字，據皇清經解續編本及《周禮·夏官·司士》補。

大戴禮記注補卷九

千乘第六十七

公曰："千乘之國，受命于天子，通其四疆，教其書社，修其灌廟，"修"別本作"循"。建其宗主，設其四佐，列其五官，《曲禮》："天子之五官曰司徒、司馬、司空、司士、司寇。"處其朝市，《考工記》："匠人營國，面朝後市。"爲仁如何？"

子曰："不仁，國不化。"

公曰："何如之謂仁？"

子曰："不淫于色。"

子曰案：上句有"子曰"字，此又用"子曰"，疑上下有脫文，否則衍文也。："立妃設如太廟然，鄭氏《易傳》："嘉耦曰妃。"乃中治；中治，不相陵；《祭義》："既內自盡，又外求助，昏禮是也。故國君取夫人之辭曰：'請君之玉，女與寡人共有弊邑，事宗廟社稷也。'"《周禮·天官》："內宰以陰禮教六宮九嬪。"不相陵，斯庶嬪違；《釋名》："天子妾有嬪。嬪，賓也，諸妾之中見賓敬也。"《集韻》："違，諸良切。"案："違"與"章"同，爲彰顯明辨之意。違，則事上靜；靜，斯潔信在中。朝大夫必慎以恭，《白虎通》："大夫之爲言大扶進人者也。"出會謀事必敬以慎言，長幼小大必中度，此國家之所以崇也。

　　“立子設如宗社，一本無“如”字。《左傳》：“太子奉宗祀、社稷之粢盛。”宗社先示威，威明顯見，辨爵集德，是以母弟官子咸有臣志，莫敢援于外。《左傳》：“先王之命曰：‘王后無適，則擇立長，年鈞以德，德鈞以卜，王不立愛，公卿無私，古之制也。’”大夫中婦私謁不行，《史記》：“孔子去魯，歌云：‘彼婦之謁，可以死敗。’”《説苑》：“湯曰：‘女謁盛邪？’”此所以使五官治、執事正也。“正”，一作“政”。夫政以教百姓，百姓齊以嘉善，故蠱佞不生，此之謂良民。國有道則民昌，此國家之所以大遂也。

　　“卿設如大門，《白虎通》：“卿之爲言章，章①善明理也。”大門顯美，小大尊卑中度。《魯語》：“卿大夫朝考其職，晝講其庶政，夕序其業，夜庀其家事。”開明閉幽，内禄出災，《表記》：“受禄不誣。”以順天道。近者閑焉，遠者稽焉。君發禁，宰受而行之別本脱“受”字。以時通于地，散布于小。理“理”，一作“治”。天之災祥，地寶豐省，及民共饗其禄，共任其災，此國家之所以和也。

　　“國有四輔。輔，卿也。卿設如四體，《書》：“股肱惟人。”《穀梁傳》：“大夫，國體也。”注：“君之卿佐，是謂股肱，故曰國體。”《四子講德論》：“蓋君爲元首，臣爲股肱。”毋易事，毋假名，毋重食。凡事，尚賢進能，《祭義》：“卿大夫有善，薦于諸侯。”使知事，爵不世，能官之不怨。各本脱“官”字。《公羊傳》：“世卿非禮也。”《王制》：“大夫不世爵，使以德、爵以功。”凡民，戴名以能，食力以時成、以事立，此所以使民讓也。民咸孝弟而安讓，此以怨省

────────────

　　① 原缺“章”字，皇清經解續編本同，《白虎通》作“卿之爲言章，章善明理也”，據補。

而亂不作也，此國家之所以長也。別本無"家"字。

　　"下無用，則國家富；上有義，則國家治；長有禮，則民不爭；立有神，則國家敬。兼而愛之，則民無怨心；以爲典令，"典令"，別本訛作"無命"。則民不偷。偷，惰慢也。昔者先王本此六者而樹之德，此國家之所以茂也。一本無"之"字。

　　"設其四佐而官之：司徒典春，鄭氏《目録》："司徒主衆徒，《周禮》乃立地官司徒，使帥其屬而掌邦教，以佐王安擾邦國。"《王制》："司徒修六禮以節民性，明七教以興民德，齊八政以防淫，一道德以同風俗，養耆老以致孝，恤孤獨以逮不足，上賢以崇德，簡不肖以絀惡。"以教民之不則治、不若、不令，"治"，別本訛作"時"。成長幼老疾孤寡，《吕氏春秋·二月紀》："養幼少，存諸孤。"《京房占》："春當退貪殘，進柔良，恤幼孤，賑不足。"以時通于四疆。有閻而不通，有煩而不治，則民不樂生，不利衣食。凡民之藏貯，以及山川之神明加于民者，發圖功謀。"圖"，他本訛作"國"。下舊注"一作'同'"，乃校書者語。齋戒必敬，會時必節，日、歷、巫、祝，執伎以守官，俟命而作，祈王年、禱民命及畜穀、蜚征、馬融《廣成頌》"用蜚征"，婁機曰："蜚，古飛字。"庶虞百草。別本脱"百"字。照案：庶虞，蓋山虞、澤虞之屬。方春三月，緩施生育，動作百物，《素問》："春三月，此謂發陳天地，俱生萬物以榮。"于時有事，享于皇祖皇考，朝孤子八人，以成春事。《周禮·天官》"外饔"注："孤子者，死王事之子也。"《郊特牲》："春饗孤子，秋食耆老。"《明堂月令》："仲春安萌芽，養幼老，存諸孤。"皇侃曰："春是長養之時，故饗孤子。"方愨曰："窮民有四，止及孤者，以爲人後，存之助陽氣尤大也。"

　　"司馬司夏，《周禮》："乃立夏官司馬，使帥其屬而掌邦政，以佐王平邦國。"以教士車甲。《白虎通》:"士者,事也,任事之稱也。"凡士執伎論功,《太平御覽》引作"執役論力"。修四衛,强股肱,質射御,才武聰慧,治衆長卒,何休曰:"司馬事省,上下卿各一。若有軍事,上士相上卿,下士相下卿。"可以爲儀綴于國。"可",別本訛作"所"。照案:《商頌》"爲下國綴旒朱",注:"綴,猶結也。旒,旗之垂者也。言爲天子而爲諸侯所係屬,如旗之縿爲旒所綴著也①。"《國語》及《内則》注皆以綴爲連結之義,大約喻其固結而不散也。"出可以爲率,誘于軍旅,四方諸侯之遊士,國中賢餘秀與閱焉。"與",別本作"興"。方夏三月,養長秀、蕃庶物,于時有事,享于皇祖皇考,爵士之有慶者七人,以成夏事。《淮南子》:"立夏之日,天子親率三公、九卿、大夫,以迎歲於南郊,還乃賞賜,封諸侯,修禮樂,饗左右。命太尉贊傑俊,選賢良,舉孝悌,行爵出禄,佐天長養。"

"司寇司秋,以聽獄訟,治民之煩亂,《王制》:"司寇正刑明辟,以聽獄訟。"《周禮》:"乃立秋官司寇,使帥其屬而掌邦禁,以佐王刑邦國。"執權變民中。凡民之刑,萌本以安閒,"之"下別本有"不"字。"萌",訛作"崩";"安",訛作"要"。作起不敬,《周官・司寇》:"掌邦禁,詰姦慝,刑暴亂。"以欺惑憧愚。作于財賄、六畜、五穀曰盜;《周官》:"以糾萬民,以除盜賊。"誘居室家及幼子曰不義;別本訛作"有君子曰義"。子女專曰娸;飭五兵及木石曰賊。以中情出,小曰閒,大曰講;"講",當作"構"。利辭以亂屬曰讒;以財投長曰貨。凡犯天子之禁,陳刑制辟,以追罔民之不率上教者。"罔",別本作"國"。夫是故一家三夫道行,三人

---

① 原作"爲旒历綴着也",皇清經解續編本及鄭玄《詩經・商頌注》均作"爲旒所綴著也",據改。

飲食，哀樂平，無獄。方秋三月，收斂以時。于時有事，嘗新于皇祖皇考，食農夫九人，以成秋事。

“司空司冬，《周官·司空》：“掌邦土，居四民，時地利。”以制度制地事，準揆山林，規表衍沃，畜水行，衰濯浸，以節四時之事。治地遠近，以任民力，以節民食，太古一本無“太古”二字。食壯之食，攻老之事。”

公曰：“功事不少，而餱糧不多乎？”

子曰：“太古之民，秀長以壽者，食也。在今之民，贏醜以皆者，事也。太古無游民，食節事時，民各安其居、樂其宮，“各”，或訛“宮”。“居”下，別本有“室”字。服事信上，上下交信，地移民聚。各本脱“聚”字。在今之世，上治不平，民治不和，百姓不安其居、不樂其宮，老疾用財，壯狡用力，于茲民游，薄事貪食，于茲民憂。

“古者殷書爲成男成女名屬升于公門，《周禮》“鄉大夫以歲時登其夫家之衆寡”，又“司民掌登萬民之數，自生齒以上，皆書于版，辨其國中，與其都鄙，及其郊野，異其男女，歲登下其死生。及三年大比，以萬民之數詔司寇。司寇及孟冬祀司民之日，獻其數于王。王拜受之，登于天府。”此以氣食得節，作事得時，民勸有功；別本脱“民”字。夏服君事不及喝，冬服君事不及凍。是故年穀順成，“順”，別本訛作“不”。天之饑饉，《爾雅》：“穀不熟爲饑，蔬不熟爲饉。”《穀梁傳》：“二穀不升謂之饑，三穀不升謂之饉。”李巡曰：“五穀不熟曰饑，可食之菜皆不熟爲饉。”道無殣者。在今之世，男女屬散，名不升于公門，此以氣食不節，作事不時，“時”，一本作“成”。天之饑饉，于時委民，不得以疾死。

　　“是故立民之居，必于中國之休地，因寒暑之和，六畜育焉，五穀宜焉。《周禮・地官・司徒》：“辨有十二土之名物，以相民宅而知其利害，以阜人民，以蕃鳥獸，以毓草木，以任土事。”鄭鍔《周官・職方氏注》：“辨其人民，則以廣谷大川異制，民生其間異俗，衣服飲食異宜，器械異制；辨其材用，則以布帛材貨所資者不同；辨其九穀，則以土之所宜，或四種五種各不同；辨其六畜，則以物之所産，或四擾三擾各不同故也。”辨輕重，制剛柔，和五味，以節食時事。

　　“東辟之民曰夷，精以僥，《周官・職方氏》：“掌天下之圖，以掌天下之地，辨其邦國、都鄙、四夷、八蠻、七閩、九貉、六狄之人民，與其材用、九穀、六畜之數要，周知其利害。”至于大遠，有不火食者矣。《小戴記》：“未有火化，食草木之實，鳥獸之肉。”南辟之民曰蠻，信以朴，至于大遠，有不火食者矣。西辟之民曰戎，勁以剛，至于大遠，有不火食者矣。北辟之民曰狄，肥以戾，至于大遠，有不火食者矣。《周官・大司徒》：“以土會之灋，辨五地之物生：一曰山林，其動物宜毛物，其植物宜皁物，其民毛而方；二曰川澤，其動物宜鱗物，其植物宜膏物，其民黑而津；三曰丘陵，其動物宜羽物，其植物宜覈物，其民專而長；四曰墳衍，其動物宜介物，其植物宜莢物，其民晳而瘠；五曰原隰，其動物宜臝物，其植物宜叢物，其民豐肉而庳。”及中國之民，曰五方之民，咸有安居和味，一本脱“咸”字；“居”，訛作“民”。咸有實用利器，知通之，信令之。

　　“及量地度居，邑①有城郭，立朝市，地以度邑，邑以度民，以觀安危。距封後利，先慮久固，依固可守，爲奥可久，

　　────────────

　　① 原無“邑”字，皇清經解續編本同，據王聘珍《大戴禮記解詁》、孔廣森《大戴禮記補注》補。後“邑以度民”中“邑”字，王、孔兩書無。

案:"奥""隩"古字通。能節四時之事,霜露時降。方冬三月,草木落,庶虞藏,五穀必入于倉。于時有事,蒸于皇祖皇考,息國老六人,以成冬事。民咸知孤寡之必不末也,"末",他本訛作"未"。咸知有大功之必進等也,咸知用勞力之必以時息也。《周禮·均人》:"凡均力政,以歲上下,豐年則公旬用三日焉,中年則公旬用二日焉,無年則公旬用一日焉,凶札則無力政。"推而内之水火,案:"内""納"古字通。入也弗之顧矣,而況有强適在前,案:"適""敵"古字通。有君長正之者乎?"

公曰:"善哉!"

四代第六十八

公曰:"四代之政刑,四代,虞、夏、商、周也。論其明者,可以爲法乎?"

子曰:"可哉! "可",一作"何"。四代之政刑,皆可法也。"

公曰:"以我行之,其可乎?"

子曰:"否,不可。臣願君之立知而以觀聞也。四代之政刑,君若用之,則緩急將有所不節;不節,君將約之;約之,卒①將棄法;棄法,是無以爲國家也。"

公曰:"巧匠輔繩而斲,《書·説命》:"惟木從繩則正。"《屈原傳》:"巧匠不斲,孰察其揆正?"胡爲其棄法也?"

子曰:"心未之度,習未之狎,"未之",別本作"之未"。此以

---

① 原作"則",皇清經解續編本同,據王聘珍《大戴禮記解詁》、孔廣森《大戴禮記補注》改。

數踰而棄法也。夫規矩、準繩、鈞衡，此昔者先王之所以爲天下也。《漢志》："權與物均而生衡，衡運生規，規圓生矩，矩方生繩，繩直生準，準正則平衡而均權矣，是爲五則。百工緜焉，以定法式。冬權夏衡，秋矩春規，中央爲繩。厥法有品，各順其方，而應其行。"小以及大，近以知遠。今日行之，可以知古，可以察今，其此耶！水、火、金、木、土、穀，此謂六府，蔡沈曰："六府，即水、火、金、木、土、穀也。六者，財用之所自出，故曰府。"王炎曰："謂之府者，天地之藏，其出不窮者也。"廢一不可，《左傳》："天生五材，民並用之，廢一不可。"進一不可，民並用之。今日行之，可以知古，可以察今，其此耶！ 昔夏商之未興也，伯夷謂此三常之眇。"三常"，又見《虞戴德》篇。"常"，或訛作"帝"，因又訛爲"二帝"。《文選注》："伯夷爲虞舜典天、地、人、鬼之禮。"《周書·陰符》曰："凡治國有三常，一曰君以舉賢爲常，二曰官以任賢爲常，三曰士以敬賢爲常。"

公曰："長國治民恒幹：論政之大體以教民辨，歷大道以時地性，《左傳》："則天之明，因地之性。"興民之陽德以教民事，上服周室之典以順事天子，修政勤禮以交諸侯，大節無廢，小眇其後乎？""小"，或訛作"少"。

子曰："否，不可後也。詩云'東有開明'，案："启明"爲"開明"，漢人避景帝諱也。于時雞三號，《青史子書》說："雞者，東方之牲也。"《史記索隱》："三號，三鳴也。言夜至雞三鳴則天曉。"以興庶虞，庶虞[1]動，蟄征作。嗇民執功，百草咸淳，地傾水流之。是以天子盛服朝日于東堂，以教敬示威于天下也。《玉藻》："朝

----

[1] 原無"庶虞"二字，皇清經解續編本同，據王聘珍《大戴禮記解詁》、孔廣森《大戴禮記補注》補。

日于東門之外。"陳氏《禮書》曰:"言朝於日出之朝朝之也。"《魯語》:"天子大采朝日,與三公九卿祖率地德。"注:"朝日執鎮圭,繅藉五采。"《郊特牲》:"祭之日,王被袞以象天,戴冕繅十有二旒,則天之數也。"是以祭祀昭有神明,《少儀》:"祭祀主敬。"《詩·大雅》:"敬恭神明。"燕食昭有慈愛,宗廟之事昭有義,率禮朝廷昭有五官,無廢甲胄之戒《説卦傳》:"離爲甲胄。"《説命》:"惟甲胄起戎。"昭果毅以聽。天子曰崩,諸侯曰薨,大夫曰卒,士曰不禄,庶人曰死,《白虎通》:"天子稱崩,何? 別尊卑,異生死也。薨之言奄也,奄然亡也。"鄭康成曰:"異死名者,爲人褻其無知,若猶不同然也。自上顛壞曰崩。薨,顛壞之聲。卒,終也。不禄,不終其禄。死之言澌也,精神澌盡也。"《五經通義》引《春秋説題辭》曰:"大夫曰卒,精耀終也,卒之爲言絶於邦也。不禄,爲言削名章也。"《通典》引《石渠禮議》:曰:"聞人通漢問云:'《記》曰君赴于他國之君曰不禄,夫人曰寡小君不禄,大夫士或言卒死。皆不能明。'戴聖對曰:'君死未葬曰不禄,既葬曰薨。'又問:'尸服卒者之上服,士曰不禄,言卒何也?'聖又曰:'夫尸者所以象神也,其言卒而不言不禄者,通貴賤,尸之義也。'通漢對曰:'尸,象神也,故服其服。士曰不禄,諱辭也。孝子諱死曰卒。'"《釋名》:"人始氣絶曰死。死,澌也,就消澌也。不禄,不復食禄也。卒,言卒竟也。"昭哀。哀慶無失節,"慶",一本作"愛"。是以父慈、子孝、兄愛、弟敬。此昔先王之所先施于民也。君而後此,則爲國家失本矣。"

公曰:"善哉,子察教我也。"

子曰:"鄉也君之言善,執國之節也。君先眇而後善,中備以君之言,"之",或作"子"。可以知古,可以察今,奂然而與民壹始。""與",或訛"興"。

公曰:"是非吾言也,吾一聞于師也。"

子吁焉其色曰："嘻，<small>鄭康成曰："嘻，悲恨之聲。"</small>君行道矣。"

公曰："道耶？"

子曰："道也！"

公曰："吾不能知人，未能取人。"

子曰："君何爲不觀器視才？"

公曰："視可明乎？"

子曰："可以表儀。"

公曰："願學之。"

子曰："平原大藪，瞻其草之高豐茂者，必有怪鳥獸居之。<small>《尚書大傳》："山，草木生焉，禽獸蕃焉。"《禮斗威儀》："草木豐茂。"</small>且草可財也，<small>案："財""材"古通用。</small>如艾而夷之，<small>案："艾""刈"古通用，"夷""薙"古通用。《周禮·薙氏》："掌山澤，芟除草菅。"</small>其地必宜五穀；高山多林，必有怪虎豹蕃孕焉；深淵大川，必有蛟龍焉。<small>《太平御覽》引曰："高山多林，虎豹蕃孕焉；深泉大川，魚龍交焉。"與此小異。《逸周書》："泉深而魚鱉歸之，草木茂而禽獸歸之。"《呂氏春秋》："水源深則魚鱉歸之，樹木盛而飛鳥歸之，庶草茂則禽獸歸之，人主仁則萬民歸之，故聖王不務歸之，而務其所歸。"《韓詩外傳》："水淵深廣則龍魚生之，山林茂盛則禽獸歸之，禮義修明則君子懷之。"《孫卿子》曰："積水成川，蛟龍生焉。"</small>民亦如之，君察之[①]，可以見器見才矣。"<small>陳仁錫曰："取人之法，以山川爲師。"</small>

公曰："吾猶未也。"

<small>① 此處原有"此"字，皇清經解續編本同，據王聘珍《大戴禮記解詁》、孔廣森《大戴禮記補注》删。</small>

子曰："群然,《易‧繫辭》"物以群分",《疏》曰:"群黨共在一處。"戚然,《釋名》:"戚,蹙也。"頤然,《釋名》:"頤,養也,動于下,止于上。"《小爾雅》:"頤,深也。"睪然,《荀子》:"睪睪廣廣,孰知其德。"《玉篇》:"睪睪,生也,樂也。"照案:睪,音"繹"。惠棟又以爲"睪"字同"皋",讀古勞切。踖然,《論語疏》:"踧、踖,恭敬也。"柱然,《釋名》:"柱,住也。"抽然,《詩箋》:"抽,猶出也,又收也。"《廣韻》通作"紬",亦引也。首然,《釋名》:"首,始也。"《禮記集説》:"首者,標表之義。"僉然,《韻會》:"皆也,咸也。"湛然,《方言》:"湛,安也。"《增韻》:"澄也,澹也。"淵淵然,淑淑然,《説文》:"清湛也。"齊齊然,《爾雅》:"蔪,齊也。"案:《祭義》"齊齊乎",讀子禮反。節節然,《爾雅》:"裁節也。"穆穆然,皇皇然。《爾雅》:"穆穆、肅肅,敬也。"見才色修聲不視聞,怪物怪命不改志,"怪命",或訛"㤢命"。舌不更氣。君見之舉也,得之取也,有事事也。事必與食,食必與位,無相越踰。昔虞舜天德嗣堯,《尚書大傳》:"舜以天德嗣堯。"取相十有六人如此。"照案:十六相,即八元八愷十六族也。

公曰："嘻,美哉。子道廣矣。吾恐惛而不能用也。何以哉?"

子曰："由德徑徑。"別本脱"子"字,下五字訛在"子道廣矣"之下。

公曰："請問圖德何尚?"

子曰："聖,知之華也;《洪範》:"思曰睿,睿作聖。"知,仁之實也;仁,信之器也;《表記》:"仁之爲器重。"信,義之重也;《武成》:"惇性明義。"義,利之本也。《乾‧文言》:"利者,義之和也,利物足以和義。"委利生孽。"

公曰:"嘻,言之至也! 道天地以民輔之,聖人何尚?"

子曰:"有天德,有地德,有人德,此謂三德。《鹿門子》:"天有造化,聖人以教化禆之;地有生育,聖人以長養禆之。"三德率行,乃有陰陽,陽曰德,陰曰刑。"董子曰:"陽爲德,常居大夏,生育長養;陰爲刑,常居大冬,積于虛空不用之地。以此見天之任德不任刑。"小司馬曰:"水主陰,陰刑殺,故急法刻削。"

公曰:"善哉,再聞此矣! 陽德何出?"

子曰:"陽德出禮,禮出刑,刑出慮,慮則節事于近,而揚聲于遠。"

公曰:"善哉! 載事何以?"

子曰:"德以監位,位以充局,局以觀功,功以養民,民于此乎上。"

公曰:"禄不可後乎?"

子曰:"食爲味,味爲氣,氣爲志,馬睎孟曰:"味生于形,臭生于氣,故形成而後有味,氣化而後有臭。"《唐書·裴潾傳》:"潾曰:'味以行氣,氣以實志。'"發志爲言,發言定名,名以出信,信載①義而行之,禄不可後也。"

公曰:"所謂民與天地相參者,何謂也?"

子曰:"天道以視,地道以履,人道以稽。廢一日失統,恐不長饗國。"

公愀然其色。

子曰:"君藏玉惟慎,用之惟慎,"惟"或訛"雖"。敬而勿

---

① 原作"戴"字,皇清經解續編本同,據王聘珍《大戴禮記解詁》、孔廣森《大戴禮記補注》改。

愛。民亦如之。執事無貳，五官有差，喜無並愛，卑無加尊，淺無測深，小無招大，惠棟曰：“招，讀如‘招過’之‘招’。”此謂楣機。案：《爾雅・釋宮》：“梲謂之閍，根謂之槉，楣謂之梁，樞謂之椳。”鄭樵注：“楣，門戶上橫木，所以跨槉者，樞門闔戶扉開①闢之機也。”未知是此義否？姑引以俟考。楣機賓薦不蒙。昔舜徵薦此道于堯，堯親用之，不亂上下。”

公曰：“請問民徵。”

子曰：“無以爲也，難行。”

公曰：“願學之，幾必能。”惠棟曰：“‘幾’與‘冀’同。”

子曰：“貪于味不讓，妨于政；願富不久，妨于政；慕寵假貴，妨于政；治民惡衆，妨于政；爲父不慈，妨于政；爲子不孝，妨于政；大縱耳目，妨于政；好色失志，妨于政；好見小利，妨于政；《論語》：“見小利，則大事不成。”變從無節，妨于政；撓弱不立，妨于政；剛毅犯神，妨于政；鬼神過節，妨于政。幼勿與衆，克勿與比，依勿與謀，放勿與遊，徼勿與事。

“臣聞之弗薦，“薦”，一本訛作“慶”。非事君也。君聞之弗用，以亂厥德，臣將薦其簡者。“薦”，別本亦訛作“慶”。蓋人有可知者焉：貌色聲衆有美焉，必有美質在其中者矣；貌色聲衆有惡焉，必有惡質在其中者矣。此皆伯夷之所後出也。”“皆”，一本作“者”。

子曰：“伯夷曰：‘別本脱“曰”字。建國建政，修國修政。’”“修”，一作“循”。

---

① 原作“門”，皇清經解續編本同，鄭樵《爾雅鄭注》作“開”，據改。

公曰:"善哉。"

虞戴德第六十九

公曰:"昔有虞戴德何以? 深慮何及? 高舉安取?"

子曰:"君已聞之,"已",別本作"以"。唯丘無以更也。君之聞而未成也,黃帝慕修之。""修",別本亦作"循"。

曰:"明法于天明,此下各本衍一"開"字,又一本重一"明"字。施教于民,行此,以上明于天化也,開物畢起,別本脫"開"字;"畢",又作"必"。是故民聽命而弗改也。"一本脫"聽"字。

公曰:"善哉! 以天教于民,可以班乎?"

子曰:"可哉。雖可而弗由,此上知所以行斧鉞也。"此"下別本衍一"以"字。父之于子,天也。君之于臣,天也。有子不事父,有臣不事君,是非反天而倒行耶? 故有子不事父,不順;有臣不事君,必刃。順天作刑,地生庶物。是故聖人之教于民也,率天而祖地,能用民德。是以高舉不過天,深慮不過地,質知而好仁,能用民力。此以三常之禮明而名不蹇。惠棟云:"別本此下有'以'字,劉氏本無。"

"禮失則壞,名失則惛。是故上古不諱,正天名也;《春秋胡傳》:"古者死而無謚,不以名爲諱,後世忌諱繁,名實亂矣。"天子之官四通,正地事也;天子御珽,《玉藻》"搢珽"注:"《相玉書》曰:'珽玉六寸,明自照。'"《五經異義》:"天子笏曰珽,珽直無所屈也。"《説文》:"珽,大圭也。"王應麟曰:"珽,玉笏也。"諸侯御荼,《考工·弓人》云:"寬緩以荼。"注曰:"荼,古文'舒',假借字。鄭司農云:'荼,讀爲舒。

舒,徐也。’”《玉藻》:“荼前詘後直。”《荀子·大略》篇:“諸侯御荼。”注:
“古‘舒’字,玉之上圓下方者。”按:《史記·建元以來侯者年表》“荊荼是
徵”,小司馬《索隱》注:“荼,音‘舒’。”**大夫服笏**,《玉藻》:“笏:天子以
球玉,諸侯以象,大夫以魚須文竹,士以竹本,象可也。笏度二尺有六
寸,其中博三①寸,其殺六分而去一。凡有指畫于君前,用笏造,受命于
君前,則書于笏。”《釋名》:“笏,忽也,備忽忘也。”《廣韻》:“笏,一名手
版,品官所執。”照案:《說文》無“笏”字。《儀禮》“竹笏”注云:“今文‘笏’
作‘忽’。”《鄭氏尚書》曰:“予欲聞六律、五聲、八音在治曶。”注云:“曶
者,臣見②君所秉,書思對命者也。”《穆天子傳》:“帗帶摺曶。”又按:《太
平御覽》“御斑”下注云:“斑然,方正于天下。”“御荼”下注云:“荼前詘後
直,下天子也。”“服笏”下注云:“前后詘。”疑是盧氏原注文。**正民德
也。斂此三者而一舉之,戴天履地,以順民事。天子告朔
于諸侯**,《周禮·春官·太史》:“正歲年以序事,頒告朔于邦國。”鄭氏
注:“《春官·太史》曰:‘天子頒朔于諸侯,諸侯藏之祖廟。’”干寶注:
“《周禮》:‘周正建子之月,告朔日也。’”**率天道而敬行之**,《明堂大道
錄》曰:“明堂,天法,王者順時行政,故云:‘率天道而敬行之。’”**以示威
于天下也;諸侯內貢于天子**,內,即納也。《周禮·職方氏》:“制其
貢,各以其所有。”《大行人》:“邦畿方千里,其外方五百里謂之侯服,歲
壹見,其貢祀物;又其外方五百里謂之甸服,二歲壹見,其貢嬪物;又其
外方五百里謂之男服,三歲壹見,其貢器物;又其外方五百里謂之采服,
四歲壹見,其貢服物;又其外方五百里謂之衛服,五歲壹見,其貢材物;
又其外方五百里謂之要服,六歲壹見,其貢貨物;九州之外謂之蕃國,世
壹見,各以其所貴寶爲贄。”**率名敳地實也**,“敳”“效”古通用。**是以**

---

① 原作“二”,皇清經解續編本同,據《禮記·玉藻》改。
② 原作“是”,皇清經解續編本同,鄭玄注作“見”,蓋“是”“見”形近致訛,
據改。

不至必誅;《國語》:"甸服者祭,侯服者祀,賓服者享,于是乎有刑不祭,伐不祀,征不享。"諸侯相見卿爲介,《聘義》:"上公七介,侯伯五介,子男三介,所以明貴賤也。"《聘禮》:"卿爲上擯,大夫爲承擯,士爲紹擯。"以其教士畢行,使仁守,會朝于天子。

　　"天子以歲二月爲壇于東郊,《周官義疏》:"《覲禮》:'天子爲宮方三百步,四門。壇十有二尋,深四尺,加方明于其上。'鄭注《司儀》:'爲壇三成。成,猶重也。三重者,自下差之爲三等,而上有堂焉。堂上方二丈四尺,上等、中等、下等,每面十二尺。'"賈《疏》:"將合諸侯,爲壇于國外以命事。天子春帥諸侯拜日于東郊,則爲壇于國東;夏禮日于南郊,則爲壇于國南;秋禮山川邱陵于西郊,則爲壇于國西;冬禮月與四瀆于北郊,則爲壇于國北。既拜禮而還,加方明于壇上而祀焉。四方之壇,宜在近郊之内,東方八里,南方七里,西方九里,北方六里。"建五色,鄭康成云:"五色、六章,畫繢事也。"設五兵,《周禮》"司兵掌五兵"注:"五兵者,戈、殳、戟、酋矛、夷矛,車之五兵也。步卒之五兵,則無夷矛而有弓矢。"《世本》:"蚩尤以金作兵,兵有五,一弓矢、二殳、三矛、四戈、五戟。"孔穎達曰:"古者謂戰器爲兵。"具五味,鄭氏曰:"五味,酸、苦、辛、鹹、甘也。"陳六律,《漢書·律曆志》:"黄帝使伶倫自大夏之西,崑崙之陰,取竹于嶰溪之谷。以生而空竅,厚薄均者,斷兩節,閒而吹之,以爲黄鍾之宮。制十二筩,以聽鳳皇之鳴。其雄鳴爲六,雌鳴亦六,以比黄鍾之宮而皆可以生之,故曰:'黄鍾,律吕之本。'"《國語》:"伶州鳩曰:'夫六中之色也,故名之曰黄鍾,所以宣養六氣九德也。由是第之,二曰太蔟,所以金奏贊陽出滯也。三曰姑洗,所以修潔百物考神納賓也。四曰蕤賓,所以安靖神人獻酬交錯也。五曰夷則,所以詠歌九則平民無貳也。六曰無射,所以宣布哲人之令德示民軌儀也。'"奏五聲,鄭氏曰:"五聲,宫、商、角、徵、羽也。"《釋文》:"五聲,宫爲君,商爲臣,角爲民,徵爲事,羽爲物也。"方慤曰:"五聲比而爲六律,六律偶而爲十二管。"聽明教。置離,抗大侯,規鵠,豎物。"豎",一本訛作"堅"。九卿佐三公,三公佐天子。天子踐位,諸侯各以其屬就位,乃升諸侯之教士。各本重"諸侯"二字,方氏本不重。教士執弓挾矢,揖讓而升,履物以射,《射義》:"古者諸侯歲貢士于天子,天子試之于射宮。"其心志端,各本訛作"其地心端",今從方本。色容正,時以敦伎。時有慶以地,不時有讓以地。

"天下之有道也,有天子存;國之有道也,君得其正;家之不亂也,有仁父存。是故聖人之教于民也,以其近而見者,稽其遠而明者。

"天事曰明,地事曰昌,人事曰樂,別本脱"樂"字。比兩以慶。違此三者,謂之愚民。愚民曰姦,姦必誅。是以天下平而國家治,民亦無貸。

"居小不約,居大則治。衆則集,寡則繆,"繆""穆"古字通用。祀則得福,《禮器》:"孔子曰:'我祭則受福。'"以征則服,此惟官民之上德也。"

公曰:"三代之相授,必更制典物,道乎?"

子曰:"否。猷德保。保惛乎前,以小繼大,變民視也。"視",一作"示"。"

公曰:"善哉! 子之察教我也。"孔穎達曰:"子者,有德之稱。"

子曰:"丘于君惟無言,言必盡,于他人則否。"

公曰:"教他人則如何?"

子曰:"否,丘則不能。昔商老彭及仲傀,《困學紀聞》:"《論語》'老彭'鄭注云:'老聃、彭祖。'"何焯評《困學紀聞》鄭注下云:

“老聃之生，在彭祖之後，不應反居其上，故朱子定從包咸之説。”高誘曰：“彭祖，殷之賢臣，治清静，壽七百歲，即《論語》老彭是也。”照案：仲傀，即仲虺。趙岐注《孟子》：“仲虺，即萊朱也。”高誘曰：“仲虺居薛，爲湯左相。”政之教大夫，官之教士，技之教庶人，揚則抑，抑則揚，綴以德行，不任以言。任庶人以言，別本脱“任”字。猶以夏后氏之祔懷袍褐也，一本脱“袍”字。行不越境。”

公曰：“善哉！我則問政，子事教我！”

子曰：“君問已參黄帝之制，制之大禮也。”賈誼《新書》：“上緣黄帝之道而行之，學黄帝之道而賞之，加而弗損，天下亦平也。”朱子曰：“黄帝聰明神聖，得之于天，天下之禮無不知，天下之事無不能。上而天地陰陽造化，發育之源；下而保神練氣愈疾，引年之術。庶事萬物之理，巨細精粗，洞然于胸次。”

公曰：“先聖之道，斯爲美乎？”

子曰：“斯爲美。雖有美者，必偏，屬于斯。昭天之福，迎之以祥；作地之穑，“穑”，或訛作“福”。制之以昌；《莊子》：“一曰，昌皆生于土而反于土。”興民之德，守之以長。”

公曰：“善哉。”

誥志第七十

公曰：“誥志無荒，以會民義，齋戒必敬，《祭統》：“齋之爲言齊也，齊不齊以致齊者也。”《禮器》：“七日戒，三日宿，慎之至也。”會時必節，犧牲必全，《曲禮》：“天子以犧牛，諸侯以肥牛，大夫以索牛，士以羊豕。”《周禮·小宗伯》：“毛六牲，辨其名物，而頒之于五官，使其奉之。”齊盛必潔，《公羊傳》：“御廩者，粢盛委之所藏也。”《楚語》：“天子禘郊之事，王后必自春其粢；諸侯宗廟之事，夫人必自春其盛。"上下禋祀，《春官·大宗伯》："以禋祀祀昊天上帝。"外内無失節，其可以省怨遠災乎？"

子曰："丘未知其可以省怨也！"

公曰："然則何以事神？"

子曰："以禮會時。夫民見其禮，則上不援，"不"，別本譌作"下"。不援則樂，別本脫"不"字。樂斯毋憂，此以省怨而亂不作也。"此以"，別本作"以此"。夫禮會其四時，四孟四季、《淮南子》："四時者，天之吏也。"五牲五穀《月令》："仲秋命宰祝，循行犧牲，視全具。"案：芻豢瞻肥瘠，察物色，必比類，量小大，視長短，皆中度，五者備當，上帝其饗。《職方氏》："其穀宜五種。"順至，必時其節。此下別本衍"也"字。丘未知其可以遠災也。"此下別本衍"爲"字。

公曰："然則爲此何以？"

子曰："知仁合則天地成，天地成則庶物時，庶物時則民財敄，"敄"，別本譌作"敬"。《方言》："敄，會也，秦晉凡會物謂之敄。"民財敄以時作，時作則節事，節事以動衆則有極，各本重"動衆"二字，今從楊氏本。有極以使民則勸，勸則有功，有功則無怨，無怨則嗣世久，世久惟聖人。別本脫下"世久"二字。

"是故政以勝衆，非以陵衆；衆以勝事，非以傷事；事以靖民，非以徵民。故地廣而民衆，非以爲災，長之禄也。

"丘聞周太史曰：'政不率天，此下別本衍"下"字。不由人，則凡事易壞而難成。'虞史伯夷曰：'《書正義》："《堯典》雖唐事，本虞史所録，以五帝之末，接三王之初。"王應麟曰："《鄭語》：'史伯曰：姜，伯夷之後也。伯夷，能禮于神以佐堯者也。’注謂四岳之族。”**明，孟也。幽，幼也。明幽，雌雄也。雌雄迭興，而順至正之統也。**’虞喜云：“歲，雄在閼逢，雌在攝提格。月，雄在畢，雌在觜，觜則陬訾之宿。日，雄在甲，雌則在子。”**日歸于西，起明于東；**《淮南子》：“日出于暘谷，浴于咸池，拂于扶桑；日入崦嵫，經于細柳，入虞淵之池，曙于蒙谷之浦。”**月歸于東，起明于西。**’《法言》：“月未望則載魄于西，既望則終魄于東。”**虞夏之歷，建正于孟春。**“建正”，各本作“正建”，今從《晉志》所引。《易説》：“三王之郊，一用夏正。夏正，建寅之月也。”《史記·曆書》：“昔自在古，曆建正作于孟春。”《索隱》：“案古曆者，謂黃帝《調律》以前，有《上元》《太初曆》等，皆以建寅爲正，謂之孟春也。及顓頊、夏禹亦以建寅爲正。惟黃帝及殷、周、魯，並建子爲正。而秦正建亥，漢初因之。至武帝元封七年，始改用《太初曆》，仍以周正建子爲十一月朔旦冬至，改元《太初》焉。”今案：此文至于十二月節，皆出《大戴禮》虞史伯夷之辭也。**于時冰泮，發蟄，百草權輿，**案：《藝文類聚》作“孟春冰泮，百草權輿”。《爾雅》：“權輿，始也。”《劇秦美新》：“權輿，天地未袪也。”**瑞雉無釋。**《史記·曆書》引此，其文小異。案：褚遂良曰：“昔秦文公時，童子化爲雉，雌者鳴陳倉，雄者鳴南陽。童子言曰：‘得雄者王，得雌者霸。’文公遂以爲寶雞，祠。漢光武得雄，遂起南陽，有四海，是古以雉爲瑞也。”**物乃歲俱生于東，次順四時，**“次”，或作“以”。**卒于東方。**“方”，一作“分”。《史記索隱》：“卒于東分。卒，子律反。分，音如字。卒，盡也。言建曆起孟春，盡季冬，則一歲事具也。冬盡之後，分爲來春，故云東分也。”**于時雞三號，卒明。載于青色，**《索隱》云：“三號，三鳴也。言夜至雞三鳴則天曉，乃始爲正月一日，言異歲也。徐廣曰：‘卒，一作平，又作斯，于文皆便。’”**撫十二月節，卒于丑。**《史記正義》：“撫，猶循也。自平明寅至雞鳴丑，凡十二辰，辰盡丑又至明朝寅，使一日一夜，故曰幽明。"照案：《天官書》及《爾雅》"丑爲赤奮若"，李巡云："言陽氣奮迅若順也。"日月成歲，歷再閏以順天道，此謂虞汋月。"此謂"下，別本有"歲"字。郭璞曰："叶，和也。"杜子春曰："叶，協也，或爲汋。"鄭司農曰："叶，當爲汋。"《方言》："汋，叶也。"

"天曰作明，日與，惟①天是戴；《左傳》："君履后土而戴皇天。"地曰作昌，韋昭曰："作，起也。昌，盛也。"日與，惟地是事；人曰作樂，日與，惟民是嬉。案：三"日"字，別本訛作"曰"字。民之動能，不遠厥事，惠棟曰："'事'，一作'享'。"民之妃色，"妃"，別本訛作"悲"。不遠厥德。此謂表裏時合，物之所生，而蕃昌之道如此。

"天生物，地養物，物備興而時用常節，程子曰："氣化之在人與在天，一也，聖人于其間，有功用而已。"曰聖人。主祭于天，曰天子。《春秋繁露》："天祐而子之，稱天子。"天子崩，孔穎達曰："自天墜下曰崩。王者如從天墜下，故曰崩也。"步于四川，代于四山，卒葬曰帝。《檀弓》："國子高曰：'葬也者，藏也；藏也者，欲人之弗得見也。'"鄭康成曰："立主曰帝，同之天神。"

"天作仁，地作富，人作治。樂治不倦，財富時節，是故聖人嗣則治。文王治以俟時；《論語》："三分天下有其二，以服事殷。"湯治以伐亂；禹治以移衆，衆服以立天下；堯貴以樂治時，舉舜；舜治以德使力。

"在國統民而恕，在家撫官如國。安之勿變，勸之勿

① 原作"維"，皇清經解續編本同，據《大戴禮記》及王聘珍《大戴禮記解詁》、孔廣森《大戴禮記補注》改。後"惟地是事""惟民是嬉"中"惟"字同前改。

沮,民咸廢惡而進良,上誘善而行罰,百姓盡于仁而遂安之,此古之明制之治天下也。

　　"仁者爲聖,貴次,力次,美次,射御次,古之治天下者必聖人。聖人有國,則日月不食,星辰不孛,《昏義》:"男教不修,陽事不得,謫見于天,日①爲之蝕。"《釋名》:"日月虧曰食,稍稍侵虧,如蟲食草木葉也。"《左傳·昭公五年》:"有星孛于大辰,西及漢。"鄭康成曰:"星,謂五緯也。辰,謂日月所會十二次也。"《穀梁傳》:"星孛入北斗。"《天文録》:"孛星者,彗星之屬也,偏指曰彗,芒氣四出曰孛,孛謂孛孛然也。"孫炎曰:"妖星也。"胡安國曰:"孛者,惡氣所生,闇亂不明之貌。"王應麟云:"孔子曰:'古之治天下者,必聖人。聖人有國,則日月不食,星辰不孛。'慈湖謂堯、舜、禹之時,歷年多無日食。至太康失邦,始日食。曆家謂:'日月薄食可以術推者,衰世之術也,而亦不能一一皆中,歸之君德。'頗與孔子之言合。一行之術精矣,而有此論,則誠不可委之數。"海不運,河不滿溢,川澤不竭,山不崩解,陵不阤,《文選》注引此作"陵不絶阤"。別本訛作"施",下又衍一"谷"字。川谷不處,深淵不涸。李周翰曰:"和氣流通。"于時龍至不閉,"閉",一作"閑"。鳳降忘翼,《山海經》:"丹穴之山有鳥焉,其狀如鶡,五采,名曰鳳皇。是鳥也,飲食自歌自舞,見則天下安寧。"蟄鳥忘攫,爪鳥忘距,蝝蜇不螫《説文》:"蟲行毒也。"嬰兒,《釋名》:"人始生曰嬰兒。胸前曰嬰,抱之嬰前而乳養之,故曰嬰兒。"《復古編》:"女曰嬰,男曰兒。"蟁虻不食夭駒,《淮南子》:"蜂蠆螫指,而神不能憺;蟁虻噆膚,而性不能平。"注:"憺,音'淡'。"《莊子》:"蚊虻噆膚。"雒出服,河出圖。《文選》注:"《周易》曰:'河、雒出圖書,聖人則之。'《尚書傳》曰:

---

　　① 原作"月",皇清經解續編本同,據《禮記·昏義》改。

'伏羲氏王天下，龍馬出河，遂則其文，以畫八卦，謂之《河圖》。'又曰：'天與禹，洛出書，謂神龜負文而出，列于背。'《春秋説題詞》：'河以通乾出天苞，洛以流坤吐地符。河龍圖發，洛龜書感。圖有九篇，書有六篇。'王充曰：'河神故出圖，洛靈故出書。'張衡曰：'龍圖授義，龜書畁㠯。'"自上世以來，莫不降仁，《家語·禮運》："孔子曰：'用民必順，故無水旱昆蟲之災，民無凶饑夭孽之疾。天不愛其道，地不愛其寶，人不愛其情，是以天降甘露，地出醴泉，山出器車，河出馬圖，鳳皇麒麟皆在近郊，龜龍在宮沼，其餘鳥獸及卵胎皆可俯而窺也。'"董仲舒曰："諸福之物，可致之祥，莫不畢致。"孔安國曰："序美行之驗也。"國家之昌，國家之臧，信仁。是故不賞不罰，如民咸盡力。車不建戈，遠邇咸服。胤使往來，地濱畢極，無怨無惡，率惟懿德。此無空禮，無空名，賢人並憂，殘毒以時省；舉良良，舉善善，恤民使仁，日敦仁賓。"此下各本有"也"字，今從楊氏本。

大戴禮記注補卷十

文王官人第七十一

王曰："太師！慎維深思，内觀民務，察度情僞，原注："謂視中觀隱也。"變官民能，歷其才藝，女維敬哉！原注："試以衆位，歷觀其才也。"女何慎于非倫，原注："倫，理次也，宜所慎。"倫有七屬，屬有九用，用有六徵："徵"，他本訛作"微"。照案：唐太宗《帝範》曰："古之明王，用人必先六徵以嘗之，然後任之。"蓋本此語也。一曰觀誠，二曰攷志，《周書》作"攷言"。三曰視中，《周書》作"視聲"。四曰觀色，五曰觀隱，六曰揆德。"原注："其説在下。"

王曰："於乎，女因方以觀之。富貴者，觀其有禮施也；原注："觀其禮及其施。《曲禮》曰：'積而能散。'"貧窮者，觀其有德守也；原注："觀其德與其守。孔子曰：'君子固窮。'"嬖寵者，觀其不驕奢也；隱約者，觀其不懾懼也。原注："《曲禮》曰：'富貴而知好禮，則不驕不淫；貧賤而知好禮，則志不懾。'"其少，觀其恭敬好學而能弟也；孔穎達曰："在貌爲恭，在心爲敬。"黄炎曰："斂容正色，肅然端莊之外著爲恭；閑邪主一，凛然敬惕之中存爲敬。"其壯，觀其潔廉務行而勝其私也；孔穎達曰："三十血氣定，故曰壯。"《釋名》："潔，確也，確然不群貌也。廉，斂也，自檢斂也。"其老，觀其憲慎，各本"憲"上衍"意"字。**强其所不足而不踰也。**原注:"孔子射于瞿相之圃,蓋觀者如堵墻,使公罔之裘、序點揚觶而語。公罔之裘揚觶而語曰:'幼壯孝弟,耆耋好禮,不從流俗,修身以俟死者,不在此位也。'蓋去者半,處者半。序點又揚觶而語曰:'好學不倦,好禮不變,旄期稱道不亂者,不在此位也。'蓋廑有存者。"**父子之間,觀其孝慈也;兄弟之間,觀其和友也;君臣之間,觀其忠惠也;**原注:"父慈、子孝,兄友、弟和,君惠、臣忠也。"照補:吳澄曰:"國之倫,君臣爲大,上下次之;家之倫,父子爲大,兄弟次之。有分有義,有恩有情。"**鄉黨之間,觀其信憚也。**原注:"信而敬憚。"

　　"省其居處,觀其義方;省其喪哀,觀其貞良;省其出入,觀其交友;省其交友,觀其任廉。原注:"任以恩相親信也。"**攷之,以觀其信;絜之,以觀其知;**"絜",一本訛作"挈"。**示之難,以觀其勇;**《一切經音義》:"勇,臾腫反,謂雄武果決也。"**煩之,以觀其治;**《逸周書》作"煩之以事,以觀其治"。《春秋繁露》:"意勞者神擾。"**淹之以利,以①觀其不貪;藍之以樂,以觀其不寧;**原注:"藍,猶濫也。"**喜之以物,以觀其不輕;怒之,以觀其重;醉之,以觀其不失也;縱之,以觀其常;遠使**一本無"使"字。**之,以觀其不貳;邇之,以觀其不倦。探取其志,以觀其情;攷其陰陽,以觀其誠;**原注:"陰陽,猶隱顯也。"**覆其微言,以觀其信;**《釋名》:"信,申也,言以相申束,使不相違也。"**曲省其行,以觀其備。**此下別本有"成"字。**此之謂觀誠也。**《越絶書》:"賢君用臣,略責於絶,施之職而成其功。遠使以效其誠,内告以匿以知其性,與

――――
　　① 原無"以"字,皇清經解續編本同,《大戴禮記》及王聘珍《大戴禮記解詁》、孔廣森《大戴禮記補注》均有之,今從各本補。

之講事以觀其智,飲之以酒以觀其態。"《荀子》:"效之以禮,而觀其能安敬也;與之舉錯遷移,而觀其能應變也;與之安燕,而觀其能無陷也;接之以聲色權利、忿怒患險,而觀其能無離守也。"《呂氏春秋》:"凡論人,通則觀其所禮,貴則觀其所進,富則觀其所養,聽則觀其所行,止則觀其所好,習則觀其所言,窮則觀其所不受,賤則觀其所不爲。喜之以驗其守,樂之以驗其癖,怒之以驗其節,懼之以驗其特,哀之以驗其人,苦之以驗其志。"《淮南子》:"論人之道,貴則觀其所舉,富則觀其所施,窮則觀其所不受,賤則觀其所不爲,貧則觀其所不取。視其更難以知其勇,動以喜樂以觀其守,委以財貨以論其仁,振以恐懼以知其節,則人情備矣。"照案:此篇本之于《逸周書》,而《越絶》《荀子》《呂氏春秋》《淮南子》以及《説苑》時有相同者,蓋周秦漢人著書常采舊説,故相類也。

"二曰:方與之言,以觀其志。志殷而澸,原注:"殷,盛也。澸,蓋深也。"其氣寬以柔,其色儉而不諂,其禮先人,其言後人,見其所不足,曰日益者也;原注:"言日就益。"好臨人以色,"好",他本訛作"如"。高人以氣,賢人以言,防其不足,原注:"不欲見之。"照補:徐師曾曰:"凡人有偏心者,多執己見而不復思;有忌心者,懼形己短而不肯屈。"伐其所能,《廣韻》:"自矜曰伐。"曰日損者也。其貌直而不侮,《洪範》:"二,五事:一曰貌。"案:"侮",他本訛作"傷"。其言正而不私,不飾其美,不隱其惡,不防其過,原注:"如日月之食。"曰有質者也;其貌固嫗,其言工巧,原注:"嫗,以耽色下人,謂形柔而辭巧。"飾其見物,務其小徵,原注:"有浮淺之事,則工飾之,而務尚其小成。"以故自説,原注:"言以事自解説。"曰無質者也。喜怒以物而色不作,煩亂之而志不營,原注:"營,猶亂也。"深道以利而心不移,原注:"道也者,導也。"臨懾以威而氣不卑,《儒行》:"儒有委之以貨財,淹之以樂好,見利不虧其義；劫之以衆，沮之以兵，見死不更其守。"曰平心而固守者也；喜怒以物而變易知，煩亂之而志不裕，示之以利而易移，臨懾以威而易懼，《吳越春秋》："子貢曰：'明主任人不失其能，臨財分利則使仁，涉患犯難則使勇。'"曰鄙心而假氣者也。"假"，別本譌作"勢"。執之以物而遬決，《周書》作"數決"。驚之以卒而度料，上文"決"字，別本譌在"驚"字下。原注："言引之以卒然之事，而能應時度焉。"不紊而性辨，"紊"，他本譌作"學"。案：《周書》作"不文而辨"。曰有慮者也；難投以物，原注："物，事。"難説以言，知一而不可以解也，原注："言因一端。"困而不知其止，無辨而自順，"順"，一作"慎"。曰愚戇者也。"戇"，別本譌作"怒"。原注："謂闇狠也。"照補：《説文》："戇，亦愚鈍也。無知專愚曰戇也。"《廣雅》："戇，頑嚚也。"營之以物而不虞，原注："虞，度也，至則攻辨之，不豫計度。"犯之以卒而不懼，"之"，別本譌作"人"。置義而不可遷，臨之以貨色而不可營，曰絜廉而果敢者也。原注："果敢，謂不虞不懼也。絜廉，謂不營于貨色。在義而不可遷，則兼之也。"易移以言，存志不能守固，"固"，或作"錮"。已諾無斷，原注："言止慎諾于人，又不能自裁斷。"曰弱志者也。順與之弗爲喜，非奪之弗爲怒，沉静而寡言，多稽而儉貌，原注："稽，攷也。"曰質静者也。辨言而不固行，"固"，一作"顧"。又別本此下衍"有道而先困"五字。自順而不讓，"順"，一作"慎"。失當而强之，《周書》作"非是而强之"。曰妒誣者也。"妒"上，別本衍"始"字。原注："謂妬賢誣善。"照補：《説文》："以惡取善曰誣。"微情而能發，"微情"，別本譌作"微清"。原注："謂攻發幽賾也。"度察而能盡，曰志治者也。"志治"，別本譌作"治志"。華而誣，巧言、令色、足恭，一也，皆以無爲有者也。原注："孔子曰：'巧言令色，鮮矣仁。'"照補：《後漢書》注引《孟子》逸篇曰："阿諛事貴，脅肩所尊，俗之情也。"此之謂攷志也。"謂"，一作"爲"。原注："攷度其志。"

"三曰：誠在其中，此見于外，原注："此，上之諸志。"以其見，占其隱，原注："案其陽，察其陰。"以其細，占其大，原注："據其小，省其大。"以其聲，處其氣。原注："聽處其聲氣也。"氣初生物，原注："謂物在于胞胎。"照補：《人物志》："五常既備，包以澹味，五質内充，五精外章。"物生有聲，聲有剛有柔，有濁有清，有好有惡，咸發于聲也。《人物志》："夫容之動作，發乎心氣，心氣之微，則聲變是也。"心氣華誕者，其聲流散；心氣順信者，其聲順節；心氣鄙戾者，《一切經音義》："鄙，陋也。"《字林》："戾，曲也，乖也。"其聲斯醜；原注："'嘶'當聲誤爲'斯'。《春秋左傳》曰：'蜂目豺聲，忍人也。'夫音之美惡，尚通于金石，而況于身乎！"心氣寬柔者，其聲溫好。信氣中易，義氣時舒，原注："義者剛，其氣亦充，故舒縱也。"智氣簡備，原注："簡，通。"勇氣壯直。聽其聲，處其氣，攷其所爲，觀其所由。別本此下有"察其所安"句，乃後人因《論語》加入，方氏本無之。傅玄曰："聞言不可不審也，聞言未審而以定善惡，則是非有錯而飾辯巧言之流起矣，故聽言不如觀事，觀事不如觀行。聽言必審其本，觀事必校其實，觀行必考其迹，參三者而詳之，近少失矣。"以其前，占其後，原注："以前行，占後行。"以其見，占其隱，以其小，占其大。此之謂視中也。

"四曰：民有五性，喜、怒、欲、懼、憂也。原注："喜、怒、欲、懼、憂，以其俱生于人而有常，故亦謂之性也，此五者之性，人心兼盡。"喜氣内畜，雖欲隱之，陽喜必見；怒氣内畜，雖欲隱之，陽怒必見；欲氣内畜，雖欲隱之，陽欲必見；懼氣内畜，雖欲隱之，陽懼必見；憂悲之氣内畜，雖欲隱之，陽憂必見。五氣誠于中，發形于外，民情不隱也。張裴《律序》曰："情者，心也，心戚則情動于中而形于外。"《毛氏詩傳》曰："有諸中，必形于外也。"喜色由然以生，原注："'由'，當爲'油'，油然新生于外。"怒色拂然以侮，欲色嫗然以偷，原注："偷，苟且也，言惟求悦人。"懼色薄然以下，憂悲之色纍然而静。原注："《玉藻》曰'喪容纍纍也'。"誠智必有難盡之色，誠仁必有可尊之色，誠勇必有難懾之色，《人物志》："誠仁必有温潤之色，誠勇必有矜奮之色，誠智必有明達之色。"與此小異。誠忠必有可親之色，誠絜必有難污之色，誠静必有可信之色。質色皓然，固以安；僞色縵然，亂以煩。"縵"，《周書》作"蔓"。雖欲故之中，"故"，《周書》作"改"。色不聽也，原注："言雖欲故隱之于中，而無奈色見于外，故子夏問孝，子曰色難。是以君子戒慎，不失色于人。"雖變可知。此之謂觀色也。

　"五曰：生民有黔一本作"靈"。陽，一本作"民生有黔有陽"。《説文》："黔，雲覆日也。從雲，今聲。"臣鍇案：《漢書》曰："浮雲爲我陰。"照案：㑑、㑒、隂、侌、瘖、㓜、陥、隖并俗書"阴"，皆與"陰"同。原注："言人含陰陽之氣，生而有知，有知故生機僞也。"人多隱其情，飾其僞，"人"下，各本衍"有"字。以賴于物，以攻其名也。有隱于仁質者，有隱于知理者，有隱于文藝者，有隱于廉勇者，有隱于忠孝者，有隱于交友者。如此者，不可不察也。小施而好大得，小讓而好大爭，"爭"，他本譌作"事"。言願以爲質，原注："'愿'，當聲誤爲'願'也。"僞愛以爲忠，面寬而貌慈，假節以示人，原注："假節，假仁質之節。"故其行以攻其名：《周書》作"尊其行"。如此者,隱于仁質也。原注:"故其行者,故爲是行。"推前恃忠府知物焉,"恃",別本訛作"惡"。原注:"謂有詢議之攻其所不知者,則推援于人而恃以爲忠府,而形貌又如曉然也。"首成功,少其所不足,原注:"謂先有功者因首之,有不足者因薄之,詐以爲知。"慮誠不及,佯爲不言,内誠不足,色示有餘,故知以動人,自執而不讓,"執",別本作"順"。原注:"及其不知也,觀人之動止,因執爲意,而不推讓于人也。"錯辭而不遂,莫知其情:原注:"本非其意,故辭情不終。《詩》云:'蚘蚘碩言,出自口矣。'"如是者,隱于知理者也。素動人以言,原注:"謂先徧習之及于衆前,爲方欲陳説也。"涉物而不終,原注:"務廣聞而不究其言也。"問則不對,詳爲不窮,"詳""佯"古字通用。色示有餘,有道而自順,用之物《逸周書》"有"作"假","用"作"因","之"下缺一字,"物"作"初"。窮則爲深:原注:"妄言深遠。"如此者,隱于文藝者也。廉言以爲氣,原注:"苟作廉言,以見俠氣自然。"矯厲以爲勇,"矯",別本訛作"驕"。内恐外悻,"悻",別本訛作"悴"。無所不至,敬再其説,"敬再",當從《逸周書》作"亟稱"。原注:"言苟自矯厲,持以爲勇,終必恐懼,而更至恭佞也。"以詐臨人:如此者,隱于廉勇者也。自事其親,①好以告人,乞言勞醉,原注:"醉,言悴也。"而面于敬愛,飾其見物,故得其名,名揚于外,不誠于内,伐名以事其親戚,以故取利,原注:"以如此故,要取其利。"分白其名,以私其身:《周書》作"自以名私其身"。如此者,隱于忠孝者也。陰行以取名,原注:"陰行,謂竊求諸人也。"比周以相譽,原注:"迭相親比,交

---

① 此處原有"而"字,皇清經解續編本同,據《大戴禮記》及王聘珍《大戴禮記解詁》、孔廣森《大戴禮記補注》删。

相談譽。”明知賢可以徵，與左右不同而交，交必重己，原注：
“言知其賢而不與交，交必取重己者也。”心説之而身不近之，身近
之而實不至，而懽忠不盡，懽忠盡見于衆而貌克：原注：“雖
盡其懽忠及衆人之前，猶相克争。”如此者，隱于交友者也。此之
謂觀隱也。

　“六曰：言行不類，終始相悖，陰陽克易，“克”，一作“交”。
外内不合，雖有隱節見行，曰非誠質者也。原注：“隱節，隱于
仁質之等。”其言甚忠，其行甚平，其志無私，施不在多，静而
寡類，原注：“不好狎。”莊而安人，曰有仁心者也。“仁”，或訛
“行”。事變而能治，物善而能説，浚窮而能達，原注：“浚，深
也。”錯身立方而能遂，曰廣知者也。少言而行，恭儉以讓，
有知而不伐，有施而不置，原注：“心不形于色也。”照案：“置”，當
讀如“德”。曰慎謙良者也。微忽之言，久而可復，原注：“謂微
細及忽然之語。”幽間之行，獨而不克，原注：“克，好勝人也。”行其
亡，如其存，原注：“謂奉先君及祖考之教令。”曰順信者也。貴富
雖尊，恭儉而能施，衆强嚴威，有禮而不驕，曰有德者也。
隱約而不懾，安樂而不奢，勤勞之不變，喜怒之而度晰，曰
有守者也。原注：“晰，明也。有喜怒之來，能置量度而明焉。”置①方
而不毁，原注：“不瓦合也。”廉絜而不戾，强立而無私，“强立”，別
本訛作“立强”。曰有經者也。正静以待命，原注：“命，期命。”不
召不至，不問不言，言不過行，行不過道，曰沉静者也。忠
愛以事其親，歡欣以致之，“致”，或訛“敬”。盡力而不面，敬以

───────

　① 原作“直”，皇清經解續編本同，據王聘珍《大戴禮記解詁》本、孔廣森
《大戴禮記補注》改。

安人，以故名不生焉，"故"字，別本在"名"字下。曰忠孝者也。
合志而同方，共其憂而任其難，行忠信而不相疑，迷隱遠而
不相舍，曰至友者也。心色辭氣，其入人甚俞，原注："甚俞，
言無已。"進退工故，原注："工，能也。"其與人甚巧，其就人甚
速，其叛人甚易，曰位志者也。原注："位志，言其不一，如爵位及
人志也。位有高卑，人各有志也。"飲食以親，貨賄以交，《周禮》鄭
注："金玉曰貨，布帛曰賄。"《通俗文》："財帛曰賄。"接利以合，故得
望譽征利而依隱于物，曰貪鄙者也。原注："'妄'，當聲訛爲
'望'。征，行也。隱，據也。"質不斷，辭不至，原注："言心既不能裁
斷，而辭又不及。"少其所不足，謀而不已，曰僞詐者也。言行
亟變，從容謬易，"謬"，別本訛作"交"。原注："安然反覆。"好惡無
常，行身不類，曰無誠志者也。小知而不大決，小能而不大
成，顧小物而不知大論，案："論"，宜讀如"倫"。亟變而多私，
曰華誕者也。《一切經音義》："誕，謾也，欺也。"規諫而不類，道
行而不平，原注："云①能規諫而反不類，言以道行復不平也。"曰巧
名者也。"巧"，一作"竊"。故曰事阻者不夷，畸鬼者不仁，原
注："恃禱祀而不自修也。"面譽者不忠，飾貌者不情，照案：古"靜"
與"情"通。《逸周書》："飾貌者不靜。"《小戴記》"義而順，文而靜"，注
云："'靜'，或爲'情'。"隱節者不平，原注："隱節者，亦謂六隱之等。"
多私者不義，揚言者寡信。《春秋繁露》："不仁不知而有才能，將
以其才能以輔其邪枉之心，而贊其僻違之行，適足以大其非而甚其惡
耳。"此之謂揆德也。"原注："謂揆度于德也。"

---

① 原作"言"字，皇清經解續編本同，《大戴禮記》盧辯注各版本均作"云"
字，蓋汪照注涉下句"言"字而訛，據改。

王曰：“太師！女推其往言，以揆其來行；聽其來言，以省其往行；原注：“孔子曰‘始吾於人也，聽其言而信其行；今吾於人也，聽其言而觀其行也’。”觀其陽以攷其陰，察其内以揆其外。是故隱節者可知，僞飾無情者可辨，質誠居善者可得，忠惠守義者可見也。”

王曰：“於乎，敬哉！女何慎乎非心①？何慎乎非人？原注：“言當内慎其心，外慎於人。”照補：《韓詩外傳》：“狐卷子曰：‘望人者不至，恃人者不久。君欲治，從身始，人其可恃乎？’”人有六徵，六徵既成，以觀九用，九用既立。一曰取平仁而有慮者，二曰取慈惠而有理者，三曰取直愍而忠正者，“愍”下，舊注“一作‘質’”，乃校書者語，非盧注也。四曰取順直而察聽者，五曰取臨事而絜正者，六曰取慎察而絜廉者，七曰取好謀而知務者，“好”下，舊注“一作‘巧’”，亦校書者語。八曰取接給而廣中者，原注：“接給，謂應所問而勤。廣中，謂博于聞識也。”照案：接給，猶捷給也，“接”“捷”古通。九曰取猛毅而度斷者，此之謂九用也。平仁而有慮者，使是治國家而長百姓；原注：“國，諸侯；家，采邑。”慈惠而有理者，使是長鄉邑而治父子；原注：“鄉，鄉遂；邑，公邑。”直愍而忠正者，使是苫百官而察善否；原注：“于《周禮》，則治官。”慎直而察聽者，使是長民之獄訟，出納辭令；原注：“于《周禮》，則刑官。”臨事而絜正者，使是守内藏而治出入；原注：“于《周禮》，則天官。”慎察而絜廉者，使是分財臨貨主賞賜；原注：“于《周禮》，則司禄、司勳。”好謀而知

---

① “乎非心”原作“于悲心”，據皇清經解續編本改。

務者,使是治壤地而長百工;原注:"于《周禮》則遂人、匠車之等。"接給而廣中者,使是治諸侯而待賓客;原注:"于《周禮》,則行人、掌客。"猛毅而度斷者,使是治軍事衛邊境。原注:"于《周禮》,則政官也。"因方而用之,此之謂官能也。《周禮》:"制其職,各以其所能。"《亢倉子》曰:"政術至要,力于審士。士有才行比于一鄉,委之鄉;才行比于一縣,委之縣;才行比于一州,委之州;才行比于一國,委之國政,而後迺能無伏士矣。"

"九用有徵,乃任七屬:一曰國則任貴,原注:"《周禮》曰:'長以貴得民。'"二曰鄉則任貞,原注:"幹事曰貞。《周禮》曰'吏以治得民'也。"三曰官則任長,原注:"《周禮》曰:'大事聽其長,小事則專達。'"四曰學則任師,原注:"《周禮》曰:'師以賢得民。'"五曰族則任宗,原注:"《周禮》曰:'宗以族得民。'"六曰家則任主,原注:"《易》曰:'家人有嚴君焉,父母之謂也。'"七曰先則任賢。"

正月,王親命七屬之人曰:"於乎! 慎維深思,內觀民務,本慎在人。女平心去私,慎用六證,原注:"六證,六徵也。'"論辨九用,以交一人,原注:"一人,文王自謂也。'"予亦不私。女廢朕命,亂我法,罪致不赦。"三戒然後及論,原注:"三戒之後亂法者,則有司課其罪。'"王親受而攷之,然後論成。

諸侯遷廟第七十二

成廟將遷之新廟。吳澄曰:"成廟,新成之廟也。"《周禮·春官·守祧》"掌守先王先公之廟祧",注謂:"太祖太廟及三昭三穆,遷主所藏曰祧。"范寧曰:"親過高祖,則毀其廟,以次而遷。"君前徙三日,齋。祝、宗人及從者皆齋。原注："謂親過高祖則毀廟,以昭穆遷之。《春秋穀梁傳》曰:'作主壞廟,有時日,于練焉壞廟。壞廟之道,易簷可也,改塗可也。'范寧云:'將納新神,故示有所加焉。'鄭玄注《士虞禮》曰:'練而後遷也。'《禮志》云:'遷廟者,更釁其廟而移故主焉。'按:此篇成廟之文,與《穀梁》相傳也。"照補:吳澄云:"古之祭者,七日戒,三日齋。祝,主祭贊詞者。宗,謂主人。"

徙之日,君玄服,從者皆玄服。原注:"《周禮·司服職》曰:'公之服,自袞冕而下,如王之服;侯伯之服,自鷩冕而下,如公之服;子男之服,自毳冕而下,如侯伯之服;孤之服,自絺冕而下,如子男之服;卿大夫之服,自玄冕而下,如孤之服。'《玉藻》曰:'君命屈狄,再命褘衣。'《内司服職》曰:'辨外内命婦之服,鞠衣、展衣、緣衣、素紗。'其于祭也,君與夫人皆申其服,《祭統》曰'公袞冕立于阼,夫人副褘立于東房'是也,臣及命婦助祭于君,皆盡其服。自祭于家,咸降一等,陰爵不敢申也。《雜記》曰:'大夫冕而祭于公',《特牲饋食禮》曰'主婦纚笄宵衣,立于房中'是也。然鄭氏頓貶公侯,使一同玄冕以祭于己,非其差也。且諸侯專國,禮樂車服,王命有之,何獨抑其服乎?《玉藻》曰:'玄端以祭,褌冕以朝。'孫炎云:'端,當爲冕。玄冕,祭服之下也。其祭先君,亦褌冕矣。'孫説爲合,下未即吉,故略同爵弁也。君命屈狄與再命褘衣者,謂其夫爲君,則命其妻以屈狄,加再等之命,則上公夫人乃褘衣。孫、鄭等改鞠衣,非也。又云一命展衣者,此則申子男臣妻之服耳。言小國臣妻一命者,亦展衣。不命者,則亦緣衣。鄭玄又分公卿大夫及其妻爲三等,而升降其服,經云:'孤絺冕,卿大夫玄冕。'何爲易之,又命小國之卿及内子更同列國之卿,孤絺冕與鞠衣錯易其次,尤非宜也。"從至于廟,原注:"廟,殯宮。"群臣如朝位。原注:"列于廟門外,如路門之位。"君入,立于阼階下,西向。有司如朝位。原注:"立于門内,如門外之位。"照補:吳氏曰:"朝位者,朝覲之位也。"宗人擯舉手曰:"有司其^①請升。"

君升，祝奉幣從在左，北面原注："祝，主辭，故在左。神將
遷，故出在户牖間南面矣。"再拜，興。

祝聲三曰："孝嗣侯某，敢以嘉幣告于皇考某侯：'原注：
"言嗣以遷代，不言國，未忍有之也。"成廟將徙，敢告。'"原注："卒不
奠幣者，禮畢矣，于此將有事于新廟。"

君及祝再拜，興。祝曰："請導。"君降，立于階下。奉
衣服者，皆奉以從祝。原注："不言奉主而稱奉衣服者，以毀易祖
考，誠人神之不忍。從祝者，祝所以導神也。言皆者，衣服非一^②稱。
《周禮·守祧職》曰：'掌先王先公之廟祧，其遺衣服藏焉。'"奉衣服者
降堂，君及在位者皆辟也。奉衣服者至碑，《祭義》："君牽牲入
廟門，麗于碑。"《儀禮·聘禮》"當碑南陳"，注："宮必有碑，所以識日影、
引陰陽也。凡碑引物者，宗廟則麗牲焉，以取毛血。其材，宮廟以石，窆
用木。"君從，有司皆以次從，出廟門。奉衣服者升車，乃步。
君升車，從者皆就車也。原注："皆就車，謂乘貳車者。"凡出入門
及大溝渠，祝下擯。原注："神車，祝爲左，故于步處則下。"

至于新廟。筵于户牖間，原注："始自外來，故先于堂。"樽于
西序下，原注："四時之祭，在室筵奧中，在堂筵序下。是以設樽恒于東
方。今惟布南面之席，故置樽于西，以因其便矣。"脯醢陳于房中，原
注："房，西房也，諸侯左右房也。"設洗當東榮，鄭氏《儀禮注》曰："榮，
屋翼也。"南北以堂深。原注："記因卿士，當言東霤。"

---

① 原作"具"，皇清經解續編本同，據王聘珍《大戴禮記解詁》、孔廣森《大
戴禮記補注》改。

② 原無"一"字，皇清經解續編本同，據《大戴禮記》盧辯注及王聘珍《大
戴禮記解詁》、孔廣森《大戴禮記補注》補。

有司皆先入，如朝位。祝導奉衣服者乃入，君從。奉衣服者入門左，原注：“門左，門西。”照補：朱子釋宫門之内外，東方曰門東，西方曰門西。《特牲饋食禮》注曰：“凡鄉内以入爲左右，鄉外以出爲左右。”《士冠禮》注曰：“出以東爲左，入以東爲右。以入爲左右，則門西爲左，門東爲右。”在位者皆辟也。奉衣服者升堂，皆反位。君從升。奠衣服于席上，祝奠幣于几東。君北向，祝在左。贊者盥，升，適房，薦脯醢。君盥，酌，奠于薦西，反位。君及祝再拜，興。祝聲三曰：“孝嗣侯某，敢用嘉幣，告于皇考某侯：《釋名》：“父死曰考。考，成也。亦曰槁也，槁於義爲成。凡五材，膠漆陶冶皮革，乾槁乃成也。”‘令月吉日，可以徙于新廟，敢告。’”再拜。

君就東廂，西面；祝就西廂，東面，原注：“東西俟也。祝就西廂，因其便也。”在位者皆反走。原注：“走，疾趨也。”辟，如食間。吳澄曰：“食間，食頃也。”擯者舉手曰：“請反位。”

君反位，祝從在左。卿大夫及衆有司諸在位者，皆反位。祝聲三曰：“孝嗣侯某，絜爲而明薦之享！”原注：“《詩》曰：‘吉蠲爲饎，是用孝享。’”

君及祝再拜，君反位，原注：“東郊之位。”祝徹反位。原注：“西郊之位。”照案：兩“郊”字，别本作“廂”。

擯者曰：“遷廟事畢，請就燕。”

君出廟門，卿大夫、有司、執事者皆出廟門。

告事畢，原注：“事，謂内主藏衣服、斂幣、徹几筵之等。”乃曰擇日而祭焉①。原注：“所以安神。”照補：吳氏曰：“擇吉日以行禮。”

---

① 原無“焉”字，皇清經解續編本同，據王聘珍《大戴禮記解詁》、孔廣森《大戴禮記補注》補。

諸侯釁廟第七十三

成廟，釁之以羊。原注：“廟新成而釁者，尊而神之。祭器名者成，則釁之以豭豚。”照補：《夏官·羊人》：“凡祈珥，共其羊牲。”陳氏《禮書》：“釁者，塗釁以血，交神明之道也。廟成則釁，室成則不釁，以室不可以神之也。”吳澄曰：“成廟，廟之新成者。宗廟新成，以牲血塗釁之者，尊神明之居也。其牲用羊血。血者，幽陰之物也。”君玄服，立于寢門內，南向。《爾雅》：“室有東西廂曰廟，無東西廂有室曰寢。”祝、《説文》：“祝，祭主贊詞者，從示從人口，一曰從兌省。《易》曰：‘兌爲口爲巫臣。’”鍇案：“《易》：‘兌，悦也，巫所以悦神也。’”宗人、宰夫、《儀禮·聘禮》注：“宰夫，主酒食者也。”雍人案：“雍”，與“饔”同。《左傳注》：“饔人，食官。”皆玄服。原注：“以神事，故亦同爵弁。《小戴》‘君朝服’者，謂不與也。”照補：《雜記》：“祝、宗人、宰夫、雍人皆爵弁純衣。”

宗人曰：“請命以釁某廟。”君曰：“諾。”遂入。

雍人拭羊，原注：“拭，挩。”照補：鄭玄云：“拭，静也。”孔氏《雜記疏》：“雍人，是廚宰之官。拭羊，拭静其羊，拭于廟門外。但初受命于寢門內之時，君與祝、宗人、宰夫、雍人等皆著元服，謂朝服、緇衣、素裳等。”乃行，入廟門，碑南，北面東上。原注：“東上者，宰夫也。宰夫，攝主也。”雍人舉羊，升屋自中，中屋南面，刲羊，血流于前，孔氏《雜記疏》：“雍人舉羊升屋者，熊氏云：‘謂抗舉其羊升于屋上①。自中者，自，由也。謂升屋之時，由屋東西之中，謂兩階之間而升

---

① 原無“上”字，皇清經解續編本同，據《禮記疏》引熊氏言補。

也。中屋南面者,謂當屋棟之上,亦東西①之中,而南面刲割其羊,使血流于前,雍人乃降。’”《易‧歸妹》:“士刲羊無血。”《説文》:“刺也,割也。”《復古編》:“刲,刺也,從刀、圭,別作‘剀’‘撻’,並非。”乃降。右釁廟。

門以雞。孔氏《雜記疏》:“門,廟門也。減于廟室,故釁不用羊也。門則當門屋之上,中割雞使流血,故云‘門當門’。”《春官‧雞人》:“凡釁,共其雞牲。”有司當門北面,原注:“有司,宰夫、祝、宗人也。”雍人割雞屋下,當門。右釁門。

郊室割雞于室中,有司亦北面也。右釁郊室。原注:“郊室,門郊之室,一曰東西廂也。釁東西室,有司猶北面統于廟也。《雜記》曰:‘雍人舉羊,升屋自中,中屋南向,刲羊,血流于前,乃降。門、郊室,皆用雞。先門而後郊室,其衈皆于屋下。割雞,門當門,郊室中室。有司皆鄉室而立,門則有司當門北面。’按:《小戴》割雞亦于屋上,記者不同耳。此不言衈,略也。”

既事,宗人告事畢,鄭氏《雜記注》:“告者,告宰夫。”皆退,反命于君。君寢門中南向。《雜記疏》:“釁事既畢,宗人告攝主、宰夫以事畢,宰夫及祝、宗②人等乃退,反報君命于路寢。君受命之時,南鄉于路寢門内,南面而立。”宗人曰:“釁某廟事畢。”君曰:“諾。”宗人請就燕,孔氏曰:“謂與賓客燕會。”君揖之,乃退。右釁畢。

---

① 原無“西”字,皇清經解續編本同,據《禮記疏》引熊氏言補。
② 原作“宗祝”,皇清經解續編本同,據《禮記疏》乙正。

大戴禮記注補卷十一

小辨第七十四

公曰："寡人欲學小辨，以觀于政，其可乎？"_{原注："小辨，謂小辨給也。"}

子曰："否，不可。社稷之主愛日，_{原注："曾子曰：'君子愛日以學。'《書》云：'日昃不遑也。'"}日不可得，學不可以小辨。_{原注："不可輕有所學。"}案：別本脱一"小"字。是故昔者先王學齊大道，以觀于政；天子學樂辨風，_{原注："別四方之風也。"}制禮以行政；_{原注："政，禁令也。"}諸侯學禮辨官政，以行事，以尊事天子；_{原注："官政不錯，則百事不紊也。"}大夫學德別義，_{原注："別，猶辨也。"}矜行以事君；_{原注："矜，猶莊也。"}案："莊"字，他本作"厲"，或作"慎"，或作"尚"，今從《永樂大典》本。士學順，_{原注："學順成之道。"}辨言以遂志；_{原注："致命遂志，士之節也。"}庶人聽長辨禁，農以行力。_{原注："辨禁，識刑憲也。"}如此，猶恐不濟，奈何其小辨乎？"

公曰："不辨，則何以爲政？"

子曰："辨，而不小。夫小辨破言，小言破義，小義破道，道小不通，通道必簡。_{原注："簡，約也，言約而有統。《易》曰：}

'乾以易知,坤以簡能。'"照補:《淮南子》引孔子曰:"小辨破言,小利破義,小藝破道,小見不達,大禮必簡。"是故循弦以觀于樂,足以辨風矣;爾雅以觀于古,《釋名》:"爾雅,爾,昵也,昵,近也;雅,義也,義,正也。五方之言不同,皆以近正爲主也。"張氏揖曰:"即《爾雅》也。《爾雅》之名,始見于此。"照案:郭威謂《爾雅》周公所制,而有"張仲孝友"等語,疑之,以問揚雄,雄曰:"記有孔子教魯哀公學《爾雅》。《爾雅》之出遠矣。自古學者皆云周公作,當有所據。其後孔子弟子子游、夏之儔又有所記,以解釋六藝,故有"張仲孝友"等語。"又案:《爾雅疏》:"《釋詁》一篇,蓋周公所作。《釋言》以下,或言仲尼所增,子夏所足,叔孫通所益,梁文所補。"足以辨言矣;原注:"爾,近也。謂依于《雅》《頌》。孔子曰:'《詩》可以言,可以怨,邇之事父,遠之事君,多識于鳥獸草木之名也。'"傳言以象,王氏應麟曰:"象者,象胥,舌人之官也。"反舌皆至,可謂簡矣。夫道不簡則不行,不行則不樂。原注:"《易》曰:'簡則易從,易從則有功,有功則可大,可大則賢人之業。'"夫奕案:"奕",各本作"亦",下又衍"固"字,今據方氏本。十棊之變,案:"棊",各本作"稘",今從楊氏本。《方言》:"圍棊者,自關東齊魯之間謂之奕。"由不可既也,案:"由""猶"古通用。而况天下之言乎?"原注:"公于十棊之中,變數尚不可盡,天下之言,其可窮乎? 故至道以不言爲辨。"

曰:案:一本作"公曰"。"微子之言,吾壹樂辨言。"

子曰:"辨言之樂,不若治政之樂。辨言之樂不下席,治政之樂皇于四海。夫政善則民説,民説則歸之如流水,親之如父母。《管子》:"民之戴上如日月,視君若父母。"諸侯初入而後臣之,安用辨言?"

公曰:"然則吾何學而可?"

子曰:"禮樂而力忠信,案:各本此處衍"其"字。君其習可乎?"

公曰:"多與我言忠信,而不可以入患。"原注:"備與我言忠信,而使不入于患。"

子曰:"毋乃既不明忠信之備,案:他本脱"不"字,今從楊本。又倦其居,案:他本作"而口倦其居",今從楊本。則不可而有;原注:"謂言而不行。"明忠信之備,而又能行之,則可立待也。君朝而行忠信,百官承事,忠滿于中而發于外,刑于民而放于四海,天下其孰能患之?"原注:"言所推無不準。"

公曰:"請學忠信之備。"

子曰:"惟社稷之主,實知忠信。若丘也,綴學之徒,案:綴,《玉篇》云:"緝也。"猶言補綴也。劉歆《書》:"綴學之士。"安知忠信?"

公曰:"非吾子問之而焉也?"原注:"焉,問之乎。"

子三辭,將對。公曰:"彊避!"原注:"謂避彊①也。一曰:'公以夫子三辭,欲避左右之彊者也。'"

子曰:"彊侍。丘聞大道不隱,原注:"言不可隱蔽也。"丘言之,君發之于朝,行之于國,一國之人莫不知,何一之彊避?丘聞之,忠有九知:陳氏仁錫曰:"忠者,中心之自知也。"知忠必知中,原注:"能内思自盡也。"知中必知恕,原注:"能自盡知,故能知人。"知恕必知外,原注:"内恕,故外能處于度物也。"知外必知德,知德必知政,知政必知官,知官必知事,知事必知患,知患

---

① 原作"强",皇清經解續編本同,王聘珍《大戴禮記解詁》、孔廣森《大戴禮記補注》本引原注均作"彊",據改。

必知備。若動而無備，患而弗知，原注：“死亡而弗知。”案：此注
各本作正文，今從方氏本。安與知忠信？内思畢心曰知中，案：
“心”，各本作“必”。中以應實曰知恕，内恕外度曰知外，外内
參意曰知德，德以柔政曰知政，正義辨方曰知官，官治物則
曰知事，事戒不虞曰知備。毋患曰樂，樂義曰終。”原注：“于
知事而越言知備者，因義言之，足明于上也。”

用兵第七十五

公曰：“用兵者，其由不祥乎？”原注：“祥，善。”照補：《老子》
曰：“兵者，不祥之器。”

子曰：“胡爲其不祥也？ 聖人之用兵也，以禁殘止暴于
天下也。原注：“言非利金攘土，將以存亡繼絶，平天下之亂也。”照補：
《尉繚子》曰：“兵，所以誅暴亂、禁不義也。”《淮南子》曰：“兵者，禁暴
討亂也。”及後世貪者之用兵也，以刈百姓、危國家也。”原注：
“刈，翦。”照補：韓氏安國曰：“接兵覆衆，伐國墮城。”《北堂書鈔》引《孟
子》逸語曰：“戰者，危事也。”

公曰：“古之戎兵，何世安起？”

子曰：“傷害之生久矣，與民皆生。”原注：“人含五常之氣以
生，有喜則和親，怒則離害，其相害者，皆由兵也。”照補：《吕氏春秋》：
“兵之所自來者上矣！ 與始有民俱。”

公曰：“蚩尤作兵歟？”《山海經》：“蚩尤作兵，犯黄帝。乃令應
龍攻于冀州之野。”《管子》：“葛盧之山，發而爲水，金從之，蚩尤受而制
之，以爲劍鎧矛戟。”《世本》：“蚩尤以金作兵，一弓、二殳、三矛、四戈、五
戟。”《隋書·經籍志》：“《黄帝蚩尤兵法》一卷。”《路史》《史記》《逸周書》

《大戴禮》文所云炎帝、赤帝皆謂蚩尤。照案：《小戴·王制》：“天子將出征,禡于所征之地。”注：“禡,師祭也,爲兵禱其神,蓋蚩尤。”《詩·大雅·皇矣》：“是類是禡。”朱子《傳》：“禡,至所征之地而祭。始造軍法者,謂黃帝及蚩尤。”《漢書·高祖本紀》：“秦二世元年,高祖乃立爲沛公,祠黃帝祭蚩尤于沛庭而釁鼓。高祖二年,立蚩尤之祀于長安。”《史記·天官書》：“蚩尤之旗。”孟康曰：“熒惑之精也。”《漢書·天文志》：“蚩尤之旗,類彗而曲,象旗,見則王者征伐四方。”及《封禪書》《郊祀志》所云蚩尤,蓋天之星也。至古之蚩尤,《魚龍河圖》以爲兄弟八十一人,並獸身人語,銅頭鐵額。《歸藏啓筮》以爲出自羊水,八股八趾,孔氏、小司馬氏以爲諸侯,《陰遁甲》以爲炎帝之後,孔氏《尚書傳》以爲九黎之君,應劭以爲古天子。或謂殺之于中冀,或謂殺之于青邱,或謂殺之于凶黎之谷,疑以傳疑,存而不論可也。

子曰：“否! 蚩尤,庶人之强者也,_{原注}：“或云：‘蚩尤,古之諸侯。’妄耳。一曰：‘衆人之貪者也。’”_{照補}：臣瓚注《漢書》引《孔子三朝記》云：“蚩尤,庶人之貪者。”《五經異義》曰：“謹案：《三朝記》曰：‘蚩尤,庶人之强者。’”王氏鳴盛曰：“斥蚩尤爲庶人,以其凶德故,非真無爵土。如果庶人,何能與黃帝戰?”及利無義,不顧厥親,以喪厥身。《鶡冠子》注：“黃帝百戰,與炎帝戰于版泉之野三,與蚩尤戰于涿鹿之野七十二。”《平陽志》：“黃帝年三十七,戰于版泉,戮蚩尤。”蚩尤惛慾而無厭者也,何器之能作? 蜂蠆挾螫_{原注}：“言如蜂蠆之挾毒也。”_{照補}：《説文》：“蜂,飛蟲螫人者。”陸氏佃曰：“其毒在尾,垂穎如鋒①,故謂之蜂。”顔氏師古曰：“蠆,蝎也。”螫,《説文》曰：“蟲②行毒也。《詩·周頌》：‘莫予荓蜂,自求辛螫。’”《廣韻》亦作“蠚”。師古《漢書注》：“蠚,毒也。”而生見害,_{原注}：“謂黃帝殺之于涿鹿之野。”而_{校案}：讀者以“挾

---

① 原作“蜂”,《埤雅》卷十作“鋒”,據改。
② 原作“螫”,皇清經解續編本同,據《説文》改。

螫而生見害而校"爲句。不知注文何以横亘中間，致誤以"而生見害"爲句。以衛厥身者也。原注："止教習干戈，自衛身，非作者也。"照補：《吕氏春秋》："蚩尤非作兵也，利其械矣。未有蚩尤之時，民固剥林木以戰，争鬥之所自來者久矣。"人生有喜怒，故兵之作與民皆生，聖人利用而弭之，亂人興之喪厥身。《左傳》："子罕曰：'兵之設久矣，所以威不規而昭文德也。聖人以興，亂人以廢。'"詩云'魚在在藻，厥志在餌'，原注："由心在于利，用兵以取危。蓋逸《詩》也。"'鮮民之生矣，不如死之久矣'，原注："《小雅·蓼莪》之三章也，亦困于兵革之詩也。"照補：朱子曰："窮獨之民，生不如死也。"'校德不塞，嗣武于一本無"于"字。孫子'。原注："亦同上二章，但用兵革，喪除其德，不以塞亂，而徒傳續武事于子孫者也。"

　　"聖人愛百姓而憂海内，及後世之人，思其德，必稱其人。案："人"，一本作"仁"。故今之道堯、舜、禹、湯、文、武者，猶依然至今若存。此處從方氏本，别本"依然至"訛作"威致王"。夫民思其德，必稱其人，朝夕祝之，升聞皇天，上神歆焉，《爾雅·釋天》疏："尊而君之，則稱皇天。"《漢山陽太守祝睦後碑》引孔子曰："民人登祝，上天歆焉。"李氏善曰："皇天，神也。"故永其世而豐其年也。

　　"夏桀、商紂赢一本作"嬴"。暴于天下，暴極不辜，殺戮無罪，原注："《詩》云：'無罪無辜，亂如此憮。'"照補：《謚法》："賊人多殺曰桀，殘義損善曰紂。"不祥于天；粒食之民，布散厥親；原注："雖親，莫能相養。"疏遠國老，《泰誓》曰："播棄犁老。"《微子》篇："咈其耇長，舊有位人。"幼色是與，原注："言疏遠老成而與幼色者，若楚恭王遠申叔時而用子反也。"而暴慢是親，讒貸處穀，原注："《千乘》

曰：‘以財投長曰貸。’穀，禄也。”**法言法行處辟**；原注：“辟，罪辟也。”
殀替天道，逆亂四時，禮樂不行，而幼風是御；原注：“任幼童之
人，使專政。”**歷失制**，原注：“君臣皆亂，時候錯緒。”**攝提失方**，原注：
“攝提，左右六星，與斗杓相直，恒指中氣。《尚書中候》曰：‘攝提移
居。’”照補：《爾雅》：“歲在寅，爲攝提格。”李巡云：“言萬物承陽起，故曰
攝提格。格，起也。”《元命苞》：“攝提之爲言提攜也，言能提斗攜角以接
于下也。”《天官書》：“大角兩旁，各有三星，鼎足句之，曰攝提。攝提者，
直斗杓所指以建時節，故曰攝提格。”《漢書》：“顓頊命南正重司天，火正
黎司地。其後三苗亂德，二官咸廢，而閏餘乖次，孟陬殄滅，攝提失方。”
《漢書音義》：“攝提，星名，隨斗杓所指建十二月。若曆誤，春三月當指
辰而乃指巳，是爲失方。”**鄒大無紀**；原注：“‘邦’，當字誤爲‘鄒’，或
‘陬’聲誤爲‘鄒’也。”照案：《漢書》作“孟陬無紀”。**不頒朔于諸侯**，
原注：“《周禮・太史職》曰：‘正歲年以序事，頒之于官府及都鄙，頒告朔
于邦國也。’”照案：別本正文“頒”作“告”，注無“告”字。**玉瑞不行**，
原注：“玉者，所以等神祇、別人事，其用自重焉。”照案：別本無“自”字。
諸侯力政，不朝于天子，原注：“言以威力侵爭。《周書》曰：‘力爭則
力政，力政則無讓，無讓則無禮，無禮則雖得所好，民皆樂之乎？’”**六
蠻、四夷交伐于中國**。原注：“《周禮・職方氏》‘四夷、八蠻、七閩、
九貉、五戎、六狄’，此周所服‘四海’，其種落之數也。《明堂位》曰‘九
夷、八蠻、六戎、五狄’，此朝明堂時來者國數也。《爾雅》曰‘九夷、八狄、
七戎、六蠻’，其夏之所服與？殷之遺國，東方十，南方六，西方九，北方
十有三。然鄭玄以四夷爲四方，九貉爲九夷，又引《爾雅》，其數不同，及
五六文闕而不定，是終使學者疑于所聞也。”**于是降之災，水旱臻
焉，霜雪大薄**，案：楊氏本作“薄”，他本俱作“滿”。**甘露不降**，《援
神契》：“王者德至，天則降甘露。”《應瑞圖》：“甘露者，味清而甘，降則草

木暢茂，食之令人壽。"百草殰黄，五穀不升，《書·洪範》："日月歲時既易，百穀用不成。"民多夭疾，六畜薢殨，原注："'瘁'，當字誤爲'薢'也。瘁，病也。殨，瘦也。"照案："瘦"，一作"癃"。惠氏棟曰："疑當作'殨'，瘦也。"此太上之不論不議也。原注："帝皇之世無災疫，故百姓不議。"祅傷厥身，失墜天下。夫天之報殃于無德者也，案：他本作"夫天下之報"。必與其民。"原注："故《書》曰'天明威，自我民明威'也。"

公懼焉，曰："在民上者，可以無懼乎哉？"

少閒第七十六

公曰："今日少閒，我請言情于子。"

子愀然一作"焉"。變色，遷席而辭曰："孔氏穎達曰："席，坐席。"《曲禮》："君子問更端，則起而對。"鄭康成曰："起對，謂離席而對。"君不可以言情于臣，臣請言情于君，君則不可。"

公曰："師之而不言情焉，其私不同。"原注："言己師禮事夫子，故不使言情也，其私人不同于此也。"

子曰："否。臣事君而不言情于君，則不臣；君而言情于臣，案："君而"下，各本衍一"不"字。則不君。有臣而不臣，猶可；有君而不君，民無所措手足。"

公曰："吾度其上下，咸通之；原注："使上下皆達也。"權其輕重，居之；原注："謂事役及刑罰。"準民之色，目既見之；鼓民之聲，耳既聞之；動民之德，心既和之；通民之欲，兼而壹之；原注："言皆稱百姓之欲也。"愛民親賢而教不能：民庶説乎？”

子曰：“説則説矣，可以爲家，不可以爲國。”

公曰：“可以爲家，胡爲不可以爲國？ 國之民，家之民也。”

子曰：“國之民，誠家之民也。然其名異，不可同也。同名同食曰同等。原注：“名位不同，禮亦異數。”惟不同等，民以知極。原注：“《周禮·大司徒職》曰‘以儀辨等，則民不越’也。”故天子昭百神于天地之間，案：“百”，他本訛作“有”。以示威于天下也；原注：“《祭法》曰：‘有天下者，事百神。’”諸侯修禮于封内，以事天子；大夫修官守職，以事其君；士修四衛、執技論力，以聽乎大夫；原注：“四衛，四方之職。《曲禮》曰：‘地廣大，荒而不治，此亦士之辱也。’”庶人仰視天文，俯視地理，力時使，以聽乎父母。原注：“《孝經》曰：‘用天之道，分地之利，謹身節用，以養父母，此庶人之孝也。’”此惟不同等，民以可治也。”

公曰：“善哉！ 上與下不同乎？”

子曰：“將以時同時不同。原注：“言有可同不可同也。”上謂之閑，下謂之多疾。原注：“不正之政，君謂之閑，民謂之多疾，同所惡也。”君時同于民，布政也；原注：“施善政也。”民時同于君，服聽也。上下相報，而終于施。原注：“施，施恩也。”大猶已成，案：“猶”“猷”同。發其小者；遠猶已成，發①其近者；原注：“遠大之謀，緣近小始。”將持“持”，一作“行”。重器，先其輕者。原注：“將持重器，必先效輕者，亦以諭政也。”先清而後濁者，天地也。原

---

① 原作“終”，皇清經解續編本同，據王聘珍《大戴禮記解詁》、孔廣森《大戴禮記補注》改。

注：“清濁，謂陰陽也。”照補：《易乾鑿度》：“輕清者上爲天，重濁者下爲地。”《廣雅》：“太初，氣之始也，清濁未分；太始，形之始也，清者爲精，濁者爲形。”天政曰正，《易》曰：“乾道變化，各正性命。”地政曰生，人政曰辨。原注：“辨，別。”苟本正，則華英必得其節以秀乎矣。原注：“言專務其本，則華英得陰陽之節而秀乎矣。”此官民之道也。”原注：“官人當取終始。”

公曰：“善哉！請少復進焉。”

子曰：“昔堯取人以狀，原注：“觀其容狀施發。”舜取人以色，禹取人以言，湯取人以聲，文王取人以度原注：“觀其度量。”四代、五王之取人以治天下如此。”原注：“四代據文距殷。或曰：‘文王取人以度四代，謂兼之也。’”

公曰：“嘻！善之不同也。”原注：“嘻，歎惜之聲。公謂五王取人，德有不同也。”

子曰：“何爲其不同也？”

公曰：“同乎？”

子曰：“同。”

公曰：“人狀可知乎？”原注：“問四代以人狀得善之事。”

子曰：“不可知也。”

公曰：“五王取人，各有以舉之，胡爲人之不可知也？”

子曰：“五王取人，比而視，相而望。五王取人，各以己焉，是以同狀。”原注：“聖王通而虛己，故于求人，雖言色不同，而善惡無異。”

公曰：“以子相人何如？”

子曰：“否，丘則不能。原注：“言不能如五王。”五王取人，丘也傳聞之，以委于君，丘則否，原注："能傳聞而已，不能如也。"
案：注首"能"字，舊本大書作正文，誤。亦又不能。"原注："又不能備
文也。"

　　公曰："我聞子之言，始蒙矣。"原注："言自蒙亂。"

　　子曰："由君居之，成于純，胡爲其蒙也？原注："由，用也。
言能居之，則成純，何爲其蒙也。"雖古之治天下者，豈生于異州
哉？昔虞舜以天德嗣堯，原注："凡質以天德，文以地德。《禮緯含
文嘉》曰：'殷授天而王，周據地而王也。'"布功散德制禮，朔方幽
都來服，南撫交趾，《續文獻通考》："安南，古交趾國也。"出入日
月，《中庸》："日月所照。"莫不率俾。原注："俾，使。"西王母來獻
其白案：一本有"玉"字。琯，原注："西王母，神也，其狀如人。琯，所
以候氣。漢明帝時，于舜廟下，得白玉琯一枚也。"照補：《尚書大傳》逸
語："舜以天德嗣堯，西王母來獻白玉琯。"《集仙錄》："西王母獻舜玉琯，
吹之以和八風。"《三墳補逸》：《山海經》稱西王母豹尾虎齒，當與人類殊
別。考《穆天子傳》云："天子賓于西王母，觴于瑤池之上。西王母爲天
子謠，天子執白圭元璧，及獻錦組百，純組三百，西王母再拜受之。"則西
王母服食語言，絕與常人無異，並無所謂豹尾虎齒之象也。《竹書紀
年》："虞舜九年，西王母來獻白玉環玦。"則西王母不始見于周時。《莊》
《列》俱言西王母，亦不言其詭形。惟司馬相如《大人賦》有豹尾虎齒之
説，蓋據《山海經》耳。粒食之民，昭然明視。民明教，通于四
海，原注："民明于教，夷夏同風。"海之外肅慎、北發、渠搜、氐羌
來服。原注："北發，北狄地名，其地出迅步鹿。周武王時，肅慎貢楛矢
文麈，渠搜貢露犬，氐羌貢鸞鳥也。"照補：《晉書》："肅慎氏，一名挹婁。"
《尚書疏》："朔方郡有渠搜縣。"《漢書·武帝紀》："詔曰：'北發、渠搜、氐
羌徠服。'"注："北方，即可徵發渠搜而役屬之。"《北史·鏺汗國傳》："鏺

漢國，都蔥嶺之西五百餘里，古渠搜國也。”朱子曰：“氐羌，夷狄國，在西方。”孔氏穎達曰：“氐羌之種，其居在秦隴之西。”

“舜崩，案：他本脱“崩”字。有禹代興，禹卒受命①，《帝王世紀》：“舜年八十三而薦禹，九十五而使禹攝政，攝政五年南征，崩于鳴條。”乃遷邑姚姓于陳。原注：“遷邑姚姓于陳，謂改封虞氏後于陳，因使氏焉。《春秋左傳》曰：‘胙之以土，命之氏。’”照補：《帝王世紀》：“瞽叟妻曰握登，生舜于姚墟，故姓姚氏。”作物配天，《左傳·哀元年》：“伍員曰：‘少康復禹之績，祀夏配天，不失舊物。’”照案：古之帝王，生有配天之功，歿享配天之祭。《堯典》“曰若稽古帝堯”，鄭注云：“稽，同也。古，天也。言能順天而行，與之同功。《中庸》叙堯舜文武，即繼以天下至聖，凡有血氣者，莫不尊親，故曰配天，是古帝王配天之義也。”修德使力，民明教，通于四海，海之外肅慎、北發、渠搜、氐羌來服。

“禹崩，《吳越春秋》：“禹老，欸曰：‘吾②年壽將盡，止死斯乎？’乃命群臣葬于會稽之山。”十有七世，乃有末孫桀即位。皇甫氏謐曰：“自禹至桀，凡十九王，合四百三十二年。”桀不率先王之明德，乃荒耽于酒，淫泆于樂，德昏政亂，作宮室、高臺，原注：“《淮南子》云‘桀爲璇宮瑤臺，象箸玉杯也’。”汙池、土察，原注：“汙，窪也。察，深也。言洞地爲池也。”以爲民虐，原注：“逞其濫酷。”案：他本作“以民爲虐”。粒食之民，惛焉幾亡，乃有商履代興。原注：“履，湯名。《論語》曰：‘履，敢用元牡。’《王侯世家》曰：‘湯名天乙。’《白虎通》曰：‘湯王之後，更定名，爲子孫法，本名履也。’

---

① 此句原無，皇清經解續編本同，據王聘珍《大戴禮記解詁》、孔廣森《大戴禮記補注》補。

② 原作“五”，皇清經解續編本同，據《吳越春秋》改。

"商履循禮法以觀天子，天子不說，則嫌于死。原注："成湯怒，至于亂。"照案："死"，一作"亂"。成湯卒受天命，《商書》："受天明命，以有九有之師，爰革夏正。"不忍天下粒食之民刈戮，《商書》："爾萬方百姓，罹其凶害。"不得以疾死，故乃放移夏桀，散亡其佐，原注："伐之于南巢，放之于夏宮，而去其臣佐。"乃遷姒姓于杞。原注："封夏后氏之後于杞，亦命氏焉。"照補：《帝王世紀》："禹繼鯀治水，十三年而洪水平。堯美其績，乃賜姓姒氏，封爲夏伯。"《史記》："夏禹之後，殷時或封或絕，武王克殷，求禹後，得東樓公，封之于杞。"發厥明德，順天嗇地，案：各本作"順民天心嗇地"。作物配天，制典慈民。原注："發其明德，而順天之心。嗇，收也。"咸合諸侯，作八政，命于總章，原注："八政，《洪範》所云是也。總章，重屋之西堂，于此命事，取萬物之成功也。"照補：惠氏棟曰："殷尚右，故命于西堂。"案：黃帝合宮、有虞總章，皆明堂名。《東都賦》"總章"作"總期"。李善曰："章、期，一也。"服禹功以修舜緒，爲副于天。粒食之民，昭然明視。民明教，通于四海，海之外肅慎、北發、渠搜、氐羌來服。

"成湯既崩，案：方氏本作"既崩"，各本或訛"既爲年"，或訛作"卒下"。"武丁既崩"同。殷德小破，《史記正義》："自湯以下號商，自盤庚改號曰殷。"《乾鑿度》："妲姬擅寵，殷以之破。"二十有二世，乃有武丁即位。開先祖之府，取其明法，以爲君臣上下之節，《明堂大道錄》："先祖之府，即天府，《明堂月令》之政藏于明堂，故曰明法。"殷民更服。許氏謙曰："武丁舉傅說爲相，殷道復興。"案："服"，各本訛作"眩"。近者說，遠者至，粒食之民，昭然明視。原注："武丁，盤庚弟，小乙之子也。有雊雉之變，懼而修德，重興殷道，號爲高宗。"案：別本無"盤庚弟"三字。

　　"武丁既崩，殷德大破，九世乃有末孫紂即位。紂不率先王之明德，乃上祖夏桀行，《汲冢周書·克殷解》："尹逸策曰：'殷末孫受德，迷先成湯之明，侮滅神祇不祀。'"晉孔晁注曰："紂，字受德也。"荒耽于酒，《書·酒誥》："惟荒腆于酒。"王氏逸注："紂作糟邱酒池，長夜之飲。"淫洪于樂，《史記》："紂使師涓作新聲，北里之舞，靡靡之樂。"德昏政亂，作宮室、高臺，原注："謂傾宮、鹿臺之等也。"照補：《汲冢古文》："殷紂作瓊室，立玉門。"《晏子春秋》："殷之衰也，其王紂作爲傾宮。"汙池、土察，以爲民虐，《泰誓》："今商王受弗敬上天，降災下[1]民。沉湎冒色，敢行暴虐，罪人以族，官人以世，惟宮室、臺榭、陂池、侈服，以殘害于爾萬姓。"粒食之民，忽然幾亡。

　　"乃有周昌霸，諸侯佐之。《吳越春秋》注："《孔叢子》：'羊容問子思曰："周自后稷封爲王者之後，至太王、王季、文王，此爲諸侯，奚得爲西伯乎?"子思曰："吾聞諸子夏曰：殷帝乙之時，王季以九命作伯于西，受圭瓚秬鬯之賜，故文王因之，得專征伐。此諸侯爲伯，猶召公分陝謂之召伯也。"'"紂不說諸侯之聽于周昌，則嫌于死，乃退伐崇許魏，以客[2]事天子。原注："許、魏不在五伐，蓋時小伐也。客[3]事天子，謂忍而臣之也。"文王卒受天命，作物配天，制法任地，案：此句各本譌作"制無用"三字。行三明，親親尚賢，民明教，通于四海，海之外肅慎、北發、渠搜、氐羌來服。"《書序》："成王既伐東夷，肅慎來賀。"照案："肅"，馬融作"息"。

---

①　原作"于"，皇清經解續編本同，據《尚書·泰誓》篇改。
②　原作"之"，皇清經解續編本作"客"，據《大戴禮記》及王聘珍《大戴禮記解詁》、孔廣森《大戴禮記補注》改。
③　原作"宓"，據皇清經解續編本改。

“君其志焉，或徯將至也。”_{原注：}“君，哀公也。言今周衰之
盛，有繼之者將至也。”

公曰：“大哉，子之教我政也。列五王之德，煩煩如繁
諸乎！”_{原注：}“煩煩，衆也。如繁諸，言如萬物之繁蕪也。”_{照補：《爾}
_{雅》：“諸諸、便便，辯也。”案：“諸”，宜讀爲“庶”。}

子曰：“君無譽臣，臣之言未盡，請盡臣之言，君而財
之。_{案：“財”“裁”古字通用。”}

曰：“于此有功匠焉，_{原注：}“王非獨善，言有師保。”_{案：“功”}
_{“工”古通用。}有利器焉，_{原注：}“言有先王之禮度也。”有措扶焉，_原
_{注：“謂股肱之良也。”}以時令，其藏必周密，發而用之，_{原注：}
_{“《易》曰：‘藏器于身，待時而發。’”}可以知古，可以察今，可以事
親，可以事君，可用于生，又用之死。吉凶並興，禍福相生，
_{原注：“言識其並興及相生之義。《老子》曰‘禍兮福所倚，福兮禍所伏}
_{也’也。”}卒反生福，大德配天。”_{原注：“終爲福德，以配于天。”}

公愀然其色，_{原注：“變容色也。”}曰：“難立哉！”

子曰：“臣願君之立知而以觀聞也。_{原注：}“觀君博聞，以立
_{知焉。”}時天之氣，用地之財，以生殺于民。民之死，不可以
教。”_{原注：“謂辜極可以苟免也。”}

公曰：“我行之，其可乎？”

子曰：“惟此在君。_{原注：}“言行此在君也。”君曰足，臣恐其
不足；_{原注：“未足而君謂足，則臣恐未足，告以不足也。”}君曰不足，
臣恐其足。_{原注：“實足可行而君曰不足，則臣云足，所謂可否也？”}_照
_{案：各本無“臣恐其足”四字。惠氏校本曰：“‘臣恐其足’，疑是‘臣則曰}
_{足’四字。”}舉其前，必舉其後；舉其左，必舉其右。君既教矣，

安能無善？"原注："君道之，則民應以善。"

公吁焉其色，曰："大哉！子之教我制也。政之豐也，如木之成也。"

子曰："君知未成，言未盡也。凡草木根鞍傷，則枝葉必徧枯，原注："'敗'，當字誤爲'鞍'。"徧枯是爲不實。民亦如之。原注："君以民爲本。"案："民"，各本譌作"穀"。上失政，大及人，小及畜穀。"原注："政敗失，則傷及人物。"案：別本無"小及"二字。一本祇有"小"字，無"及"字。

公曰："所謂失政者，若夏商之謂乎？"

子曰："否。若夏商者，天奪之魄，不生德焉。"原注："言天地絕夏商之餘民，乃興商周之績。《春秋左傳》曰：'天奪其魄。'耳目有聰明之謂魄。'"照補：《國語》："天之所支，不可壞也；其所壞，亦不可支也。"

公曰："然則何以謂失政？"

子曰："所謂失政者，疆藪未虧，原注："言疆域與草木皆未易常也。"案："藪"，或作"蔞"。人民未變，鬼神未亡，原注："民神猶依附之。"水土未緷，原注："緷，猶亂。《韓詩外傳》曰：'陰陽相勝，氛祲緷緼也。'"糟者猶糟，《説文》："糟，酒滓也。"實者猶實，原注："糟以喻惡，實以喻善，亦言善惡之物未錯亂也。"玉者猶玉，原注："玉以喻善人，言尚賢其賢。"血者猶血，酒者猶酒，原注："血，憂色也。酒以喻樂。猶憂其可憂，而樂其所樂。"照補：《釋名》："血，濊也，出子肉，流而濊濊。"《説文》："酒，就也，所以就人性之善惡也。"《續古今考》云："此五語甚怪。意者謂政雖已失，未至大亂。總九句觀之，天地人三才，未全乖亂，人主好惡是非，未全顛倒，尚可爲也。"優繼以湛，案：各本作"優以繼慴"。政出自家門，此之謂失政也。原注："湛，猶久也，言天下安然,人物不札,方優以佚樂,繼之由其失政也。"案:"久",一作"忍"。非天是反,人自反。臣故曰：君無言情于臣,君無假人器,君無假人名。"原注:"《春秋左傳》曰'惟器與名,不可以假人'者也。"

　　公曰:"善哉!"

大戴禮記注補卷十二

朝事第七十七

古者聖王明義，以別貴賤，以序尊卑，以體上下，然後民知尊君敬上，而忠順之行備矣。是故古者天子之官，有典命官掌諸侯之儀，《春官·宗伯》：“典命掌諸侯之五儀，諸臣之五等之命。”鄭康成曰：“五儀，公、侯、伯、子、男之儀。五等，謂孤以下四命、三命、二命、一命、不命也。”大行人掌諸侯之儀，《秋官》：“大行人以九儀辨諸侯之命。”以等其爵。《汲冢周書》：“爵以明等極。”鄭氏曰：“爵，秩次也。”故貴賤有別，尊卑有序，上下有差也。《左傳》：“臧僖伯曰：‘明貴賤，辨等差。’”

典命掌諸侯之五儀，諸臣之五等之命：案：此處各本誤重“故貴賤有別”一段，今據《周禮》訂定。上公九命爲伯，鄭氏曰：“上公，謂王之三公，有德者加命爲二伯。二王之後，亦爲上公。”方愨曰：“上公，即九命作伯之上公也。王之三公，八命而已。以其加三公之一命，故以上言之。”其國家、宮室、車旌、衣服、禮儀，案：“旌”，《周禮》作“旗”。鄭氏曰：“國家，國之所居，謂城方也。公之城，蓋方九里，宮方九百步；侯伯之城，方七里，宮方七百步；子男之城，方五里，宮方五百步。”皆以九爲節；諸侯、諸伯七命，其國家、宮室、車旌、衣服、禮儀，皆以七爲節；子、男五命，其國家、宮室、車旌、衣服、禮儀，皆以五爲節。

王之三公八命，其卿六命，其大夫四命，及其封也，皆加一等，馬端臨曰：“天子三公八命，卿六命，大夫四命，上士三命，中士再命，下士一命。其出封各加一等。”方氏曰：“王之三公在朝則八命，而服七章之鷩冕。及其出封加一等，乃賜以九章之袞冕。袞雖三公可服，非有加則不賜，故曰不過九命，典命所謂以九爲節者也。”彭汝礪曰：“次國之君，謂侯伯卿，在内六命，出爲侯伯，則賜鷩冕七章之服，典命所謂以七爲節也；小國之君，謂子男大夫，在内四命，出爲子男，則賜鷩冕五章之服，典命所謂以五爲節也。”鄭氏曰：“四命，中下大夫也。出封畿内，封于八州之中，加一等，褒有德也。大夫爲子男，卿爲侯伯，其在朝廷，則亦如命數耳。王之上士三命，中士再命，下士一命。”王昭禹曰：“不言三孤，則與卿同命也。”其國家、宮室、車旌、衣服、禮儀，亦如之。

凡諸侯之適子，省于天子，案：《周官》“省”應作“誓”，鄭氏曰：“誓，猶命也，言誓者，明天子既命以爲嗣，樹子不易也。”《春秋·桓九年》“曹伯使其世子射姑來朝”，行國君之禮是也。未與誓者，執皮帛而朝會賓之，皆以上卿之禮。《禮記外傳》：“諸侯大子非天子所命者，有列會之事，則執皮帛，繼子男之下。”攝君，則下其君之禮一等；未省，則以皮帛繼子男。

公之孤四命，以皮帛視小國之君，鄭衆曰：“九命上公，得置孤卿一人。《春秋傳》：‘列國之卿，當小國之君，固周制也。’”康成曰：“視小國之君，列于卿大夫之位，而禮如子男也。”其卿三①命，《白虎

---

① 原作“二”，皇清經解續編本同，據《大戴禮記》及王聘珍《大戴禮記解詁》、孔廣森《大戴禮記補注》改。

通》：“卿之言嚮也，爲人所歸嚮也。”**其大夫再命，士一命，其宮室、車旗、衣服、禮儀，各視其命之數。**賈公彦曰：“孤尊既聘享，更自執束帛，以其摯見。若正聘，當以圭璋也。各視其命數者，謂四命者宮室四百步、貳車四乘、旗四旂、冕服四章。三命、再命、一命者，亦以其命數爲降殺也。”**侯伯之卿、大夫、士，亦如之。子男之卿再命，其大夫一命，其士不命。其宮室、車旗、衣服、禮儀，各如其命之數。**

《禮》**大行人以九儀別諸侯之命，等諸侯之爵，以同域國之禮，**案：改“邦”爲“域”，漢時避高祖諱也。**而待其賓客。**各本訛作“行其賓主”，今據《周禮》。

上公之禮：執桓圭九寸，繅藉九寸，《大宗伯》“公執桓圭”，鄭注：“公，二王之後及王之上公。雙植謂之桓。桓，宮室之象，所以安其上也。桓圭，蓋以桓爲瑑飾，圭長九寸。”《弁師》注：“繅，雜文之名也，合五采絲爲之繩，垂于延之前後。”照案：鄭司農云：“‘繅’，當爲‘藻’。繅，古字也，藻，今字也，同物同音。圭，藉也。”鄭鍔曰：“繅，即《禮記》所謂‘藻’也。易‘藻’爲‘繅’，繅，雜文之名，取其義之著者也。”**冕服九章，建常九斿，樊纓九就，**鄭氏曰：“九章者，自山龍以下。常，旌旗也。斿，其屬幓垂者也。樊纓，馬飾也，以罽飾之。每一處五采，備爲一就。就，成也。”應劭《漢官儀》：“冕，公侯九斿者也。”薛綜曰：“鞶，今之馬大帶也。纓，馬鞅也。”照案：“樊”“鞶”古字通。**貳車九乘，**鄭氏曰：“貳，副也。”**介九人，禮九牢；**鄭氏曰：“介，輔己行禮者也。禮，大禮饔餼也。三牲備，爲一牢。”呂大臨曰：“古者賓必有介。介，副也，所以輔行斯事，致文于斯禮者也。”**其朝位賓主之間九十步；**鄭氏曰：“朝位，謂大門外賓下車又王車出迎所立處也。王始立大門内，交儐三辭，乃乘車而迎之，齊僕爲之節。上公立當軹，王立當軫。”**饗禮九獻，**

食禮九舉。

諸侯之禮：執信圭七寸，《大宗伯》：“侯執信圭，伯執躬圭。”鄭注云：“‘信’，當作‘身’，聲之誤也。身圭、躬圭，蓋皆象以人形爲瑑飾，圭皆長七寸。”繅藉七寸，冕服七章，建常七斿，樊纓七就，貳車七乘，介七人，禮七牢；其朝位賓主之間七十步；饗禮七獻，食禮七舉。

諸伯執躬圭，鄭鍔曰：“信圭，象人身之伸者。躬圭，象人身之屈者。”歐陽謙之曰：“侯伯同七命，其車旗、衣服之節並同，故于圭文瑑飾之間少異，信、屈之制以辨尊卑。”其他皆如諸侯之禮。

諸子執穀璧《大宗伯》：“子執穀璧，男執蒲璧。”鄭注云：“穀，所以養人。蒲爲席，所以安人。二玉蓋或以穀或以蒲爲瑑飾，璧皆徑五寸。不執圭者，未成國也。”《説文》：“璧，瑞玉環也。”歐陽氏曰：“子、男同一位，穀璧、蒲璧同制異飾，以致其辨。”聶崇義曰：“璧圜，徑九寸。”《爾雅》：“肉倍好謂之璧。”郭注：“肉，邊也。好，孔也。好三寸，肉兩邊各三寸，共九寸。”《雜記》曰：“圭，公九寸，侯伯七寸，子男五寸。博三寸，厚半寸。剡上，左右各寸半玉也。藻，三采六等。”五寸，繅藉五寸，冕服五章，建常五斿，樊纓五就，貳車五乘，介五人，禮五牢；其朝位賓主之間五十步，饗禮五獻，食禮五舉。諸男執蒲璧，其他皆如諸子之禮。

凡大國之孤，執皮帛《大宗伯》：“孤執皮帛。”鄭注曰：“帛，束帛。皮，虎豹皮。”鄭鍔曰：“孔安國於書之三帛，以爲纁元黄，諸侯世子、公之孤、附庸之君執之。”以繼小國之君[1]。諸侯之卿，禮各

下其君二等，以下及大夫、士皆如之。陳氏《禮書》曰："禮窮則同也。"

天子之所以明章著此義者，以朝聘之禮也。是故千里之內，歲一見；《淮南子》："堯爲天子，于是天下廣狹、險易、遠近，始有道里。"照案：千里之內歲一見者，即《大行人》所云"侯服"也。千里之外，千五百里之內，甸服。二歲一見；千五百里之外，二千里之內，男服。三歲一見；二千里之外，二千五百里之內，采服。四歲一見；二千五百里之外，三千里之內，衛服。五歲一見；三千里之外，三千五百里之內，要服。六歲一見。《禮記義疏》："《虞書》：'弼成五服，至于五千。'每服一面五百里，合兩面千里。過五服，方五千里。又外薄四海，咸建五長，約五百里。《王制》州方千里，則縱廣方三千里。《周禮》九服，每服一面二百五十里，合兩面五百里，通九服四千五百里，合王畿千里爲方五千五百里，則縱廣方七千里。鄭因謂唐虞時方五千里以合《虞書》；夏衰四夷内侵，故疆最狹，止方三千里，以合《王制》；周公斥大疆域，中國地至方七千里，以合《周禮·職方》。"各執其圭瑞，服其服，乘其輅，建其旌旂，施其樊纓，從其貳車，委積之以其牢禮之數，《秋官》："掌客掌四方賓客之牢禮、餼獻、飲食之等數。"所以明一本無"明"字。別義也。

然後天子冕而執鎮圭案：《周禮》古本"鎮"作"瑱"。尺有二寸，藻藉尺有二寸，《考工記·玉人》："鎮圭尺二寸，天子守之。"鄭氏曰："鎮，安也，所以安四方，蓋以四鎮之山爲瑑飾。圭寸，尺有二寸。"照案：陳氏祥道曰："鎮圭，猶天府所謂玉鎮，非四鎮山之謂。"則與《考工記》注不同。賈氏曰："鎮圭，王祭祀所執。"《典瑞職》："王搢大圭，執鎮圭繅藉，五采五就，以朝日。"則餘祭祀亦執之。搢大圭，鄭衆曰：

“‘晉’，讀爲‘搢紳’之‘搢’，謂插于紳帶之間，若帶劍也。”《玉人》記：“大圭長三尺，杼①上，終葵首，天子服之。”**乘大輅，建大常十有二旒，樊纓十有再就，貳車十有二乘，率諸侯而朝日于東郊，所以教尊尊也。**《司常職》曰：“日月爲常。”敖繼公曰：“《巾車職》曰：‘玉路樊纓，十有再就，建大常，十有二斿以祀。’此載大常，則乘玉路矣。拜日于東鄉，其所出之處也。”鄭注《古文尚書》曰：“春分朝日，天官掌次朝日，則張大次小次，設重帟重案。”《穀梁傳》王者朝日，故雖爲天子必有尊也，貴爲諸侯必有長也。”《儀禮·覲禮》曰：“天子乘龍，載大斾，象日月，升龍降龍，出拜日于東門之外，反祀方明。”

退而朝諸侯，爲壇三成，宮旁一門。天子南鄉見諸侯。《説文》：“壇，祭壇場也。”《釋文》：“壇，築土也。”《周禮》“爲壇三成”《疏》：“言丘上更有一丘，相重累者。鄭氏曰：‘《司儀職》曰爲壇三成，成，猶重也，三重者，自下差之爲三等，而上有堂焉。堂上方二丈四尺，上等、中等、下等每面十二尺。將合諸侯，則令爲壇三成，宮旁一門。詔王儀，南鄉見諸侯。’”馬端臨曰：“天子與諸侯相見于方岳之下，築壇，與《覲禮》壇制同。其壇外爲土垺，方三百步，開四門；壇方九十六尺，高四尺。上爲堂，下爲三等，謂之三成，成每等高一尺。其堂上置司監之神謂之方明。”《小戴記》：“君之南鄉答陽之義也；臣北面，答君也。”**土揖庶姓，時揖異姓，天揖同姓，**鄭氏曰：“庶姓，無親者也。土揖，推手小下之。異姓，昏姻也。時揖，平推手也。天揖，推手小舉之。”**所以別親疏外内也。**賈氏曰：“先疏後親爲次。”

公侯伯子男，各以其旂就其位：鄭氏曰：“諸侯之上介，各以其君之旂置于宮内，以表立位之處。乃詔王升壇訖，諸侯皆就其旂而立其位。”**諸公之國，中階之前，北面東上；諸侯之國，東階之**

---

① 原作“抒”，皇清經解續編本同，據《周禮·冬官考工記·玉人》改。

東，西面北上；諸伯之國，西階之西，東面北上；諸子之國，門東，北面東上；別本或脱此兩句。案：《明堂位》有此十字。諸男之國，門西，北面東上。鄭氏曰："諸公中階之前，北面東上；諸侯東階之東，西面北上；諸伯西階之西，東面北上；諸子門東，北面東上；諸男門西，北面東上。尚左者建旐，公東上，侯先伯，伯先子，子先男，而位皆上東方也。諸侯入壇門，或左或右，各就其旐而立。王降階，南鄉見之，三揖，土揖庶姓，時揖異姓，天揖同姓，見揖，位乃定。"賈《疏》："言上者，皆以近王爲上。"及其將幣也，公于上等，侯伯于中等，子男于下等，別本脱此"二句"。所以别貴賤、序尊卑也。

奠圭，降拜，升，成拜，明臣禮也。敖氏曰："王既揖，于是諸侯皆升，奠瑞玉，公于上等，侯伯于中等，子男于下等，繼則皆拜于下。擯者總延之曰升，乃各升，成拜于奠玉之處。"奉國地所出重物而獻之，明臣職也。《周禮》："制其貢，各以其所有。"劉彝曰："任土作貢，隨其國之所有。"肉袒入門而右，以聽事也。敖氏曰："肉袒，示恐懼也。袒右，變于禮事也。爲之于廟門之東，亦變位。入而復右，已事更端也。告聽事者，告擯者以己于此聽事也。事，謂己所以得罪于天子之事。"明臣禮、臣職、臣事，所以教臣也。

率而祀天于南郊，配以先祖，所以教民報德不忘本也。《尚書大傳》："祀上帝于南郊，所以報天德，即春迎日于東郊，所以萬物先而尊事大也。"《白虎通》："祭天必在郊者，天體至清，故祭必于郊，取其潔清也。"《通典》："郊以明天道也，所從來尚矣。有虞氏禘黃帝而郊嚳，夏后氏禘黃帝而郊鯀，殷人禘嚳而郊冥。"率而享祀于太廟，所以教孝也。陳氏曰："天子宗廟，在雉門之外。"《坊記》："修宗廟，敬祀事，所以教民追孝也。"與之大射，以考其習禮樂，而觀其德行；鄭氏曰："大射者，諸侯將有祭祀之事，與其群臣射，以觀其禮。數中者

• 得與祭，不數中者不得與于祭。"大射儀，于五禮屬嘉禮。與之圖事，以觀其能；儐而禮之，三饗、三食、三宴，以與之習立一本無"立"字。禮樂。

　　是故一朝而近者三年，遠者六年。有德焉，禮樂爲之益習，德行爲之益修，天子之命爲之益行。然後使諸侯一本此處有"交"字。世相朝交，歲相問，殷相聘，《大行人職》云："凡諸侯之邦交，歲相問也，殷相聘也。"鄭氏曰："父死子立曰世。凡君即位，大國朝焉，小國聘焉。又，殷，聚也。"賈氏曰："諸侯邦交，謂同方嶽者，一往一來爲交。"以習禮考義，正刑一德，以崇天子。故曰：朝聘之禮者，所以正君臣之義也。鄭氏曰①："所以習禮考義，正刑一德，以尊天子也。"

　　諸侯相朝之禮，各執其圭瑞，服其服，乘其輅，建其旌旂，施其樊纓，從其貳車，委積之以其牢禮之數，所以別義也。介紹而相見，君子于其所尊，不敢質，敬之至也。陸佃曰："言紹，則上公七介，皆相繼傳命，蓋如是而後盡敬。"鄭氏曰："質，謂正自相當。"陳澔曰："質，正也。于所尊者，不敢正，自相當，故以介傳命，敬之至也。"君使大夫迎于境，卿勞于道，君親郊勞致館。及將幣，拜迎于大門外，《説文》："疆也，一曰竟也，言疆土至此而竟也。"賈氏曰："將幣，謂圭璋也。旅擯三辭于大門外。"而廟受北面拜貺，鄭氏曰："廟受，命祖之廟也。"又曰："貺，賜也。賓致命，公當楣再拜。聘君之恩惠，辱命來聘者也。"所以致敬也。三讓而後升，所以致尊讓也。孔穎達曰："主君在東，賓差退在西，相嚮三讓，乃入廟

_____

① 原作"小戴記"，皇清經解續編本同，然此句乃《儀禮注疏》卷十九《聘禮》第八賈公彥疏"聘禮第八"時引鄭注之文，故改。

門也。初入廟門一揖,當階北面又揖,當碑又揖。三揖,乃至階也。至階,主君讓,賓升,賓讓主君,如此者三。主君乃先升,賓乃升也。如此者,是賓致其尊讓主人之心也。"敬讓也者,君子之所以相接也。諸侯相接以敬讓,則不相侵陵也。鄭氏曰:"君子之相接,賓讓而主人敬也。"方慤曰:"侵,言自此以侵彼;陵,言自下以陵上。"此天子之所以養諸侯,兵不用而諸侯自爲正之具也。

　　君親致饔既,案:"既",即古"餼"字,牲腥曰餼,謂殺而未熟。還圭、饗食、致贈、郊送,黃淳耀曰:"賓還館,主君致贈送皆親之,使大夫送出于境。"所以相與習禮樂也。諸侯相與習禮樂,則德行修而不流也。故天子制之而諸侯務焉。《爾雅》:"務,彊也。"注:"事務以力勉彊。"《説文》:"趣也,從力孜聲。"

　　聘禮上公七介,侯伯五介,子男三介,所以明貴賤也。鄭氏曰:"此皆使卿出聘之介數也。"《大行人職》曰:"諸侯之卿,其禮各下其君一等。"方氏曰:"《周官·行人》:'上公介九人,侯伯七人,子男五人。'此言七介、五介、三介者,以大聘使卿各下其君一等故也。以爵有貴賤,則其介亦有多寡,故曰所以明貴賤也。"介紹而傳命,陳氏曰:"紹,繼也,其位相承繼也。"君子于其所尊不敢質,敬之至也。三讓而後傳命,三讓而後入門,三揖而後至階,三讓而後升,所以致尊讓也。君使士迎于境,大夫郊勞,君親拜迎大門之内而廟受,北面拜貺,拜君命之辱,所以致敬讓也。致敬讓者,君子之所以相接也。故諸侯相接以敬讓,則不相侵陵也。

　　卿爲上擯,照案:接賓以禮曰儐。儐,導也,相也。《周禮·春官》:"王命諸侯則儐。"《石經》從"手"作"擯"。大夫爲承擯,士爲紹擯。別本脱此一句，今據《儀禮》《禮記》補。孔氏曰：“主國之卿爲上擯，接迎于君。大夫曰承擯者，承副上擯也。士爲紹擯者，紹繼承擯也。”**君親醴，賓**孔氏曰：“行聘已訖，君親執醴以禮賓。”**私覿，致饗既**，“既”上別本加一“餼”字，誤也，今從《永樂大典》本。《文選注》：“銑曰：‘饗，熟肉也，謂車載酒肉以行也。’翰曰：‘熟曰饗，生曰餼。’綜曰：‘熟曰饗，腥曰餼。’”**還圭璋賄贈，饗、食、燕，所以明賓主君臣之義也。**孔氏曰：“行聘之日，主君使卿致饗餼之禮于賓館。賓將去時，君使卿就賓館，還其所聘之圭璋，故《聘禮》云‘君使卿皮弁還玉于館’是也。賄贈者，因其還玉之時，主人之卿并以賄而往。還玉既畢以燕者，主君設大禮以饗賓，設食禮以食賓，皆在朝也；又設燕以燕之，燕在寢也。故《聘禮》云‘公于賓一食再饗，燕與羞，儐獻無常數’是也。凡此君親禮賓，賓用私覿及致饗食之屬，或主人敬賓，或賓答主人，或君親接客，或使臣致之，是顯明賓客君臣之義也。”

　　故天子之制，諸侯交歲相問，殷相聘，鄭氏曰：“比年小聘，所謂歲相問也；三年大聘，所謂殷相聘也。”**相厲以禮。使者聘而誤，主君不親饗食，所以恥厲之也。諸侯相厲以禮，則外不相侵，內不相陵，此天子所以養諸侯，兵不用而諸侯自爲正之具也。**孔氏曰：“天子立制，使諸侯相敬，比年使大夫小聘，三年使卿大聘，使者行聘之時，禮有錯誤，則主君不親自饗食，所以使賓愧耻，自相勸厲。天子制此禮，使諸侯相親，是存養諸侯，無兵革之患，國家得正，由其外親諸侯也。”

　　以圭璋聘，重禮也。《考工·玉人》：“瑑圭璋，八寸。”孔氏曰：“半圭爲璋，合二璋則成圭。”徐師曾曰：“圭璋，瑑圭璋也，長八寸。圭以享王，璋以享后。”**已聘而還圭璋，輕財重禮之義也。**鄭氏曰：“圭，瑞也，圭璋之類。用之還之，皆爲重禮。禮必親之，不可以己之有,遥復之也。財,謂璧琮享幣也。受之謂輕財者,重賄反幣是也。"諸侯相厲以輕財重禮,則民作讓矣。

主國待客,出入三積,《夏官·懷方氏》:"治其委積、館舍、飲食。"鄭氏曰:"出入,謂從來訖去也。"鄭衆曰:"積,謂餼之芻米。"既客于舍,孔氏曰:"于舍,謂于賓館也。"五牢之具陳于内;米三十車,禾三十車,芻薪倍禾,皆陳于外;乘禽日五雙,群介皆餼牢,壹食再饗,宴與時賜無數,所以厚重禮也。孔氏曰:"五牢之具,謂餁一牢在賓館西階,腥二牢在賓館東階,餼二牢在賓館門内之西。是皆陳于内也。"《聘禮》:"米三十車,設于門東,東陳;禾三十車,設于門西,西陳。薪芻倍禾。"鄭注:"薪從米,芻從禾。乘禽,謂乘行群匹之禽,鷹、鶩之屬,于禮以雙爲數。聘卿,則每日致五雙也。"葉夢得曰:"餼、牢,天産陽物也,故陳于内;米、禾、芻、薪,地産陰物也,故陳于外。饗,所以訓恭儉也,故至于再。燕與時賜,以示慈惠也,故無數。"《秋官·掌客》:"群介①行人宰史,皆有牢。"又:"饗餼九牢。"又:"三饗,三食,三燕。"古之用財不能均如此,然而用財如此其厚者,言盡之于禮也。盡之于禮,則内君臣不相陵,而外不相侵。吕大臨曰:"古者制國用,量入以爲出。于國新殺禮,凶荒殺禮。故有祈以幣更賓以特牲者,則用財于賓客不皆如此之厚也。然禮存其數,將使富而奢汰者不敢過制,貧而儉嗇者不敢不盡,則盡之于禮。此天子所以養諸侯,使外不相侵陵之道也。"故天子制之而諸侯務焉。

古者大行人掌大賓之禮及大客之儀,"儀",或訛作"義",今從《周禮·秋官·司寇》"大行人掌大賓之禮及大客之儀,以親諸侯"。鄭注:"大賓,要服以内諸侯。大客,謂其孤卿。"以親諸侯。春朝諸

---

① 原無"介"字,皇清經解續編本同,據《周禮·秋官·掌客》補。

侯而圖天下之事，秋覲以比邦國之功，夏宗以陳天下之謀，冬遇以協諸侯之慮，《春官・大宗伯》：“春見曰朝，夏見曰宗，秋見曰覲，冬見曰遇。”鄭注：“六服之内，四方以時分來，或朝春，或宗夏，或覲秋，或遇冬。名殊禮異，更迭而徧。朝，猶朝也，欲其來之早。宗，尊也，欲其尊王。覲之言勤也，欲其覲王事。遇，偶也，若不期而偶至。”賈逵《解詁》：“一方四分之，或朝春，或覲秋，或宗夏，或遇冬。藩屏之臣，不可虛方俱行，故分趣四時助祭也。”賈公彦曰：“事由春始，故圖事；秋時物成，故比功；夏物盛大，故陳謀；冬物伏藏，故合慮。”時會以發四方之禁，殷同以施天下之政，時聘以結諸侯之好，殷眺以除邦國之慝，間問以諭諸侯之志，《春官・大宗伯》：“時見曰會，殷見曰同。”注：“時見，言無常期。諸侯有不順服者，王將有征討之事，則既朝覲，王爲壇于國外，合諸侯而命事焉，《春秋傳》‘有事而會’是也①。殷，猶衆也。十二歲，王如不巡狩，則六服盡朝。朝禮既畢，王亦爲壇，合諸侯以命政焉。”鄭司農曰：“衆來曰頫，寡來曰聘。”《三禮義宗》曰：“古者諸侯朝天子，四時禮外，有時會、殷同之法。殷同者，十二年王不巡狩，則六服諸侯，各當方而來赴，四時見王也。殷，衆也。四方諸侯，衆來見王。”《周官注》：“間問者，間歲一問諸侯，謂存省之屬。諭諸侯之志者，諭言語、諭書名其類也。”鄭鍔曰：“聘曰問，有問遺之意；頫曰視，有省視之意。”歸脤以教諸侯之福，案：“歸”，或作“饋”，古義通也。教即交，《秋官・大行人》：“歸脤以交諸侯之福。”注：“交，或往或來也。”《穀梁傳》：“脤者何？俎實也。”《説文》：“社肉，本作‘祳’，盛以蜃，故謂之脤。天子所以親遺同姓。”賀慶以贊諸侯之喜，《大宗伯》：“以賀慶之禮，親異姓之國。”致會以補諸侯之災。《大宗伯》：“以襘禮哀圍敗。”《説文》：“襘，福祭也。”杜子春曰：“襘，除也。”

---

① 原無“也”字，皇清經解續編本同，據《周禮・春官・大宗伯》鄭注補。

天子之所以撫諸侯者，歲徧在；鄭氏曰：“撫，猶安也。歲者，巡狩之明歲以爲始也。”案：“在”，《周禮》作“存”，義同。三歲徧眺；五歲徧省；劉彝曰：“存者，問其安否。眺者，視其治效。省者，察其風俗。”七歲屬象胥，諭言語，鄭氏曰：“屬，猶聚也，自五歲以後遂間歲徧省也。”鄭司農曰：“象胥，譯官也。”某謂“胥”讀爲“諝”。《王制》：“五方之民言語不通，嗜欲不同。達其志，通其欲，東方曰寄，南方曰象，西方曰狄鞮，北方曰譯。”此官正爲象者，是通言語之官爲象胥。諝，謂象之有才知者也。干寶曰：“象胥，若今鴻臚。”叶辭令；案：《周禮》作“協”，“協”“叶”古通用。九歲屬瞽史，諭書名，聽音聲；鄭氏曰：“辭令，文辭之命也。瞽，樂師也。史，大史、小史也。書名，書文字也，古曰名。《聘禮》曰：‘百名以上，七歲省而召其象胥，九歲省而召其瞽史，皆聚于天子之宮，教習之也。’”十有一歲，建瑞節，鄭氏曰：“瑞，信也，朝見所執以爲信。”《說文》：“節，信也，象相合之形。”同度量，《夏官·合方氏》：“同其數器①，壹其度量。”鄭氏曰：“度，丈、尺也。量，豆、區、釜也。數器，銓衡也。法，八法也。則，八則也。”成牢禮，《易袚》曰：“瑞節達于小行人之官，牢禮成于掌客之官。”同數器②，修法則；十有二歲，天子巡狩殷國。《白虎通》：“巡者，循也。狩，牧也。爲天下循行守牧民也。”《禮記外傳》：“天下廣大，四方隱僻。南面之君，多行威福，恐其不奉天子之制度，故有巡狩，亦憂民之至也。”郝敬曰：“所至之方，諸侯皆朝于方嶽下曰殷國。”

是故諸侯上不敢侵陵，下不敢暴小民。然後諸侯之國，札喪則令賻補之，《地官·大司徒》注：“大札，大疫病也。”鄭衆

① 原作“器數”，皇清經解續編本同，據《周禮·夏官·合方氏》乙正。

② 原作“器數”，據《大戴禮記》及王聘珍《大戴禮記解詁》、孔廣森《大戴禮記補注》乙正。

曰:"賻補之,謂賻喪家補助其不足也。"案:贈布帛曰賻。凶荒則令賙委之,王應電曰:"賙委,如縣都之委積以待凶荒,令邦國移民通財以賙卹之,即荒禮哀凶札也。"師役則令犒襘之,鄭氏曰:"師役者,國有兵寇以致匱病者也,使鄰國合會財貨以與之。"惠棟《左傳補注》:"《外傳》云:'以膏沐犒師。'服虔云:'以師枯犒,故饋之飲食。'高誘《淮南子注》曰:'酒肉曰餉,牛羊曰犒。'謹案:《禮記》言'犒',非古字,古文作'藁',或作'槁'。張揖撰《廣雅》始從牛旁高。洪氏《隸續》載漢碑有'勞醻'之語,'醻'與'犒'同。《公羊》注云:'牛酒曰犒。'故其字一從牛,一從西。漢隸皆然,非古文也。《説文》無'犒'字。《周禮·小行人》云:'若國師役,則令犒襘之。'注云:'故書犒爲橐。鄭司農云:橐當爲犒,謂犒師也。'先鄭不言字誤,明古'犒'字本作'橐',或作'槁',與服子慎'枯槁'之説合。張有《復古編》云:'鎬,餉也,從金高,別作犒,非。'《五經文字》注:'勞師借犒字爲之。'案《説文》:'鎬,溫器也。'以'鎬'爲犒勞字,無據。"照案:《説文》無"犒"字,然鄭司農云"謂犒師也",則"犒"字漢時已有之矣,《説文》偶遺脱耳。有福事則令慶賀之,王氏曰:"慶賀,所以樂之。"有禍災則令哀弔之。鄭氏曰:"禍災,水火。"王氏曰:"哀弔,即弔禮哀禍裁也。"凡此五物者,治其事故。王昭禹曰:"所作謂之事,所逢謂之故。"及其利害爲一書,王應電曰:"條録一書,將以興利除害。"其禮俗、政事、教治、刑禁之逆順爲一書,王氏曰:"此自政治言,順則因之,逆則革之。"其悖逆、暴亂、作慝、欲犯令者爲一書,鄭氏曰:"慝,惡也。"其札喪、凶荒、厄貧爲一書,其康樂、和親、安平爲一書。郎兆玉曰:"將以寬恤之,將以褒嘉之。"凡此五物者,每國別異之,《小行人》疏:"此總陳小行人,使適四方,所采風俗善惡之事,各各條録,別爲一書,以報上也。"天子以周知天下之政。李嘉會曰:"政者,必求其原委,而知其所以然也。"是故諸侯附于德服于義，則天下太平。

古者天子爲諸侯不行禮義，不修法度，不附于德，不服于義，故使射人以射禮選其德行，職方氏、大行人以其治國選其能功。諸侯之得失治亂定，然後明九命之賞以勸之，明九伐之法以震威之。《周禮注》：“諸侯之于國，如樹木之有根本，是以言伐。《周禮》：‘以九伐之法正邦國：憑弱犯寡，則眚①之；賊賢害民，則伐之；暴内陵外，則壇之；野荒民②散，則削之；負固不服，則侵之；賊殺其親，則正③之；放殺其君，則殘之；犯令陵政，則杜之；内外亂、鳥獸行，則滅之。’”尚猶有不附于德、不服于義者，則使掌交説之，故諸侯莫不附于德、服于義者。此天子之所以養諸侯，兵不用而諸侯自爲政之具也。

投壺第七十八

投壺之禮：《經典釋文》：“壺，器名，以矢投其中，射之類。”

主人奉矢，司射奉中，鄭康成曰：“矢，所以投者也。中，士則鹿中也。”《鄉射記疏》：“大夫兕中，士鹿中。中之形，刻木爲之，狀如兕鹿而伏，背上立圜圈以盛筭。鄭不云兕中，略之也。《鄉射記》曰：‘鹿中髹，前足跪，鑿其背，容八筭。’《舊圖》云：‘士之中，長尺二寸，首高七寸，背上四寸，穿之容筭，深尺二寸。’”陳祥道曰：“投壺禮輕于射，故但用中之下而已。”方慤曰：“矢將以授賓，故主人奉之中，將以待獲，故司射奉之。”使人執壺。方氏曰：“使人則不必有攸司也，夫人而爲之可也。”

---

① 原作“眥”，皇清經解續編本同，據《周禮·夏官·大司馬》改。
② 原作“人”，皇清經解續編本同，據《周禮·夏官·大司馬》改。
③ 原作“征”，皇清經解續編本同，據《周禮·夏官·大司馬》改。

主人請曰：“某有枉矢哨壺，請樂賓。”案：“哨”，各本譌作“峭”，今從《儀禮逸經》。鄭氏曰：“燕飲酒，既脱屨升堂①，主人乃請投壺也。否則或射，所謂燕射也。枉、哨，不正貌，爲謙辭。”

賓曰：“子有旨酒嘉殽，案：《儀禮》作“旨酒令芳。”又重以樂，應鏞曰：“用樂以宣達其情。”敢辭。”

主人曰：“枉矢哨壺，不足辭也，敢以請。”

賓曰：“賜某旨酒嘉殽，又重以樂，敢固辭。”鄭氏曰：“固之言如故也。言如故辭者，重辭也。”

主人曰：“枉矢哨壺，不足辭也，敢固以請。”

賓對曰：“某固辭，不得命，鄭氏曰：“不得命，不以命見許也。”敢不敬從。”右請投。

賓再拜，受。鄭氏曰：“拜受矢也。”主人般還曰避。孔穎達曰：“般還，曲折。”熊安生曰：“拜時般還，或可東西面相拜。”主人阼階上，再拜，送，鄭氏曰：“主人既避，進授矢兩楹之間也。拜送，送矢也。避，亦于其階上。”賓般還曰避。已拜，受矢，進即兩楹間，退，反位，鄭氏曰：“主人既拜送矢，又自受矢。進即兩楹間者，言將有事于此也。退乃揖賓即席，欲與偕進，明爲偶也。賓席、主席，席皆南鄉，間相去如射物。”揖賓，就筵。右受矢。

司射進度壺，反位，設中。右射壺，設中。

執八算，請于賓曰：“奏投壺之令曰：‘順投爲入，比投不釋算。勝飲不勝。正爵既行，請爲勝者立馬。三《釋文》俗本或此句下有“一馬從二馬”五字。《五禮通考》曰：“‘請賓曰’以下，

———

① 原作“說屨升坐”，皇清經解續編本同，據《禮記·投壺》鄭玄注改。

《大戴禮》比《小戴記》多‘奏投壺之令’一句，文義較備。‘比投不釋①’下，《大戴》多一‘算’字，亦較明。‘一馬從二馬’，《疏》云定本無此一句，但玩上下文義，有之爲備。今本《大戴禮》，豈後人又因《疏》言而去之耶?”**馬既立，慶多馬。’”請主人亦如之。**右請賓、主人。鄭氏曰：“度壺，度其所設之處也。壺去坐二矢半，則堂上去賓席、主人席邪行各七尺也。反位，西階上位也。設中，東面。既設中，亦實八算于中，橫委其餘于中西。執筭而立，以請賓俟投。請，猶告也。順投，矢本先入也。比投，不拾也。勝飲不勝，言以能養不能也。正爵，所以正禮之爵也。或以罰，或以慶。馬，勝筭也，謂之馬者，若云技藝如此，任爲將帥乘馬也。射、投壺皆所以習武，因爲樂。”陳祥道曰：“投壺筭長二尺。”又云：“漢人格五之法，有功馬、散馬，皆刻馬象而植焉。”

命弦者曰：“請奏《貍首》，鄭氏曰：“弦，鼓瑟者。《貍首》，《詩》篇名，今逸，《射義》所云《曾孫侯氏》是也。”方愨曰：“以弦歌《貍》節，故命弦者奏之。”熊朋來曰：“《貍首》之詩，古人以爲射節，在《騶虞》之下，《采蘋》《采蘩》之上。想見孔子删詩之時，其詩已逸。不然，則此詩未必見删于聖人也。首章必有‘貍首’二字，故以名其詩。《小戴·射義》所記，《大戴·投壺》篇所記，必第二、第三章也。不幸逸于詩家，而略傳于禮家，《小戴》得其一，而《大戴》尤詳。”**間若一。”**孔《疏》：“間若一，謂前後樂節中間疏數如一也。投壺者，當聽之以爲志，取投合于樂節也。”**太師曰：“諾”。又命工奏樂。**孔氏曰：“諾，承領之詞。”

左右告矢具，請拾投。鄭氏曰：“拾，更也。告矢具請更投者，司射也。司射東面立，釋算則坐。以南爲右、北爲左也。已投者退，各反其位。”**投入者，則司射坐而釋一算焉。賓黨于右，主黨于左。右卒投釋算。**

---

① 原作“設”，皇清經解續編本作“釋”，正文亦作“釋”，據改。

　　卒投，司射執餘算曰："左右卒投，請數。"二算爲純，一純以取，一算爲奇。有勝，則司射以奇算告曰："某黨賢于某黨，賢若干純。"方氏曰："干，猶枚也。"奇則曰奇，鈞則曰左右鈞。右卒投數算。鄭氏曰："卒，已也。賓主之黨畢已投，司射又請數所釋左右算，如數射算。一純以取，實于左手，十純則縮而委之，每委異之，有餘則橫諸純下，一算爲奇，奇則縮諸純下。兼斂左算，實于左手，一純以委，十則異之，其他如右獲。畢則司射執奇算，以告于賓與主人也。若告云某賢于某者，未斥主黨勝與賓黨勝與。以勝爲賢，尚技藝也。鈞，猶①等也，等則左右手各執一算以告。"孔穎達曰："此明投壺算數之儀。司射于壺西東面，執算請也。純，全也。二算合爲一全，一純則別而取之。一算，謂不滿純者。奇，隻也。遂以奇算告者，奇，餘也，謂左右數鈞之餘算，或左或右不定，故稱某賢。賢，爲勝者也。勝者若有雙數，則云若干純，假令十算，則云五純也。鈞，猶等也，等則左右各執一算以告。司射東面，則東西爲縮，每十雙則東西縮爲一委，每有十雙，更別委之，故曰每委異之。有餘，謂不滿十雙，或八雙、九雙以下，則橫于十純之西，南北置之。若惟有一算，則縮之零純之下，在零純西，東西置之。此數右算之法。若數左算，則總斂地之算，實于左手，每一純取以委地，滿十則異之，謂滿十純則總爲一委，其他所縱所橫如右獲也。"熊朋來曰："漢儒于禮經，輒改某字讀爲某名，如《投壺》二算爲純，則純爲全，就讀爲全。蓋因《儀禮·鄉射》經文亦有二算爲純，注曰：'純，猶全也。一算爲奇。奇，猶虧也。'今讀純爲全，不聞讀奇爲虧，如此類甚多。"

　　舉手曰："孔氏曰："司射命此酌酒者。"請勝者之弟子，爲不勝者酌。"酌者曰："諾。"已酌，皆請舉酒。當飲者皆跪奉

---

　　① 原作"有"，皇清經解續編本同，《禮記·投壺》鄭玄注作"猶"，下注引孔穎達言亦作"猶"，故改。

觙,《儀禮》注:"古文'觙'皆爲'觶',今文'觶'作'觙'。"《説文》曰:"觙,《禮經》'觶'。"《韓詩説》云:"三升曰觶。"《大射儀》云:"侍射者降,洗角觶。"《疏》云:"角觶,以兕角爲之。"鄭氏《駁五經異義》曰:"觶,角旁氏。汝潁之間,師讀所作。"案:觶,罰爵也。曰:"賜灌。"勝者跪曰:"敬養"。右罰爵。鄭氏曰:"司射又請于賓與主人,以行正爵。酌者,勝黨之弟子。升酌,奠于豐上,不勝者坐取,乃退而跪飲之。灌,猶飲也。言賜灌者,服而爲尊敬辭也。《周禮》曰:'以灌賓客。'各與其偶于西階上,如飲射爵。"馬晞孟曰:"奉觸曰賜灌,受之以禮而不怨;跪曰敬養,獻之以禮而不矜。"

司正曰:"正爵既行,請爲勝者立馬。"各直其算。右立馬。

上一馬從二馬以慶。慶禮曰:"三馬既立,請慶多馬。"《七經攷》古本"請慶多馬","馬"作"竿"。賓主人皆曰諾。右慶爵。朱子曰:"《鄉飲酒禮》《鄉射禮》皆曰:'相爲司正。'《燕禮》曰:'射人爲司正。'《投壺儀節》'行慶禮',注:'若勝者得二馬,劣者得一馬,則司射取劣者一馬益勝者,告曰一馬從二馬。'"

正爵既行,請徹馬。右徹馬。鄭氏曰:"飲不勝者畢,司射又請爲勝者立馬,當其所釋算時也。三立馬者,投壺如射,亦三而止也。三者,一黨不得三勝,其一勝者,并其馬于再勝者以慶之,明一勝不得慶也。飲慶爵者,偶親酌,不使弟子無豐。請徹馬,投壺禮畢,可以去其勝算也。既徹馬,無算爵乃行。"周則復始,既算。《五禮通考》曰:"案:'終則復始'一句,投壺禮畢,無算爵已行,不應有復始之事。"戴震云:"案:'既算'二字,當在前'舉手曰'之上。或云:'既'當作'記',衍一'算'字。"算多少,視其坐。惠棟曰:"此文倒,當從吳本作'算多少,視其坐。既算,周則復始'。"

矢八分,堂上七扶,室中五扶,庭下九扶。《韓非子》:"上失扶寸,下得尋常。"注云:"四指爲扶。"何休曰:"側手爲膚,案指爲寸。"
照案:孔《疏》:"'膚'與'扶'同。四指曰扶,扶廣四寸。五扶者,二尺也。
七扶者,二尺八寸也。九扶者,三尺六寸也。雖矢有長短,而度壺者皆
去賓主之席各二矢半也。室中去席五尺,堂上則去席七尺,庭中則去席
九尺也。"聶氏《三禮圖》:"投壺之地有三,日中則于室,日晚則于堂,太
晚則于庭,各就日光爲之。矢以扶計,四指曰扶,廣四寸。其長短之度,
各隨其地之廣狹。"算長尺二寸。右記壺、矢、算。鄭氏曰:"算長尺二
寸,其節三扶可也。"

堂下司正、司射、庭長鄭氏曰:"庭長,司正也。"及冠士立
者,皆屬賓黨;樂人及童子、使者,皆屬主黨。右記賓主黨。孔
氏曰:"冠士者,謂外人來觀投壺,成人加冠之士尊之,故令屬賓黨。若
童子賤,則屬主黨也。"鄭氏曰:"樂人,國子能爲樂者。使者,主人所使
薦饈者。"

降揖,其阼階及樂事,皆與射同節。

壺中置小豆,鄭氏曰:"取其堅且滑也。"爲其矢躍而出也。
壺去席二矢半。矢以柘若棘,無去其皮,鄭氏曰:"矢以柘棘,
取其堅且重也。舊説矢大七分。或以棘,取其無節。"《釋文》:"柘,木
名。"大七分。

曾孫侯氏,荀爽《禮傳》:"天子諸侯事曾祖已上,皆稱曾孫。"今
日泰"泰",當作"大"。射,戴氏校本云:"此下諸家本衍'干一張侯參
之日今日泰射'凡十一字,從方氏本删之。"照案:此十一字疑是注文,并
有脱字。又案:《射義》:"《貍首》詩曰'曾孫侯氏,四正具舉'云云。"無
"今日泰射"句,則正文"今日泰射"四字,恐係錯簡,否則,衍文也。四
正具舉。大夫君子,凡以庶士。小大莫處,御于君所。以
燕以射,則燕則譽。質參既設,執旌既載,干侯既亢。案:

“干”,同“豻”。惠氏校本,此下正文有“中獲既置”四字。

壺脰_脰,頸也。修七寸,口徑二寸半,壺高尺二寸,受斗五升,壺腹修五寸。案:此條當在“曾孫侯氏”之上。鄭氏曰:“修,長也。腹容斗五升,三分益一,則爲二斗,得圜囷之象,積三百二十四寸也。以腹修五寸約之,所得求其圜周。圜周以二尺七寸有奇,是爲腹徑九寸有餘也。”朱子曰:“今詳經文,不言壺之圍徑,而但言其高之度、容之量,以爲相求互見之巧。且經言其所容止于斗有五升,而注乃以二斗釋之,則經之所言者,圜壺之實數。而注之所言,乃借以方體言之,而算法所謂虛加之數也。”

“弓既平張,四侯且良。決拾有常,既順乃讓。乃揖乃讓,乃隮其堂。《周禮古義》:“保氏五射。”注:“鄭司農云:‘五射,白矢、參連、剡注、襄尺、井儀也。’”《釋文》云:“襄,音‘讓’。”惠棟案:“讓,亦音‘襄’,古字通。《詩·角弓》‘讓’與‘亡’叶。”乃節其行,既志乃張。射夫命射,射者之聲。獲者之旌,案:“獲者”,別本作“御車”。既獲卒莫。”王應麟曰:“此命射之詞也。”

凡《雅》二十六篇。其八篇可歌,歌《鹿鳴》《貍首》《鵲巢》《采蘩》《采蘋》《伐檀》《白駒》《騶虞》;八篇鄭氏曰:“《騶虞》《采蘋》《采蘩》,皆樂章名,在《國風·召南》,惟《貍首》在《樂記①·射義》。《騶虞》者,樂官備也。《貍首》者,樂會時也。《采蘋》者,樂循法也。《采蘩》者,樂不失職也。”《困學紀聞》:“《大戴禮·投壺》云:‘凡雅二十六篇,其八篇可歌,歌《鹿鳴》《貍首》《鵲巢》《采蘩》《采蘋》《伐檀》《白駒》《騶虞》;八篇廢,不可歌;七篇《商》《齊》,可歌也;三篇間歌。’《上林賦》‘揨群雅’,張揖注云:‘《詩·小雅》之材七十四人,《大雅》之材三十一人。’愚謂八篇可歌者,惟《鹿鳴》《白駒》在《小雅》,《貍首》今亡。鄭

---

① “樂記”疑“禮記”之訛,《禮記》有《射義》篇,云:“諸侯以貍首爲節。”

氏以爲《射義》所引曾孫侯氏之詩，餘皆《風》也，而亦謂之《雅》，豈《風》亦有《雅》歟？劉氏《小傳》或曰‘《貍首》《鵲巢》也，篆文似之’。此有《貍首》，又有《鵲巢》，則或説非矣。張揖言二雅之材，未知所出。”廢，不可歌；案：“史辟”以下八篇之名當即此，訛傳在下。七篇《商》《齊》，可歌也；三篇間歌。《史辟》《史義》《史見》《史童》《史謗》《史賓》《拾聲》《叡挾》。

　　魯命弟子辭曰：“鄭氏曰：“弟子，賓黨主黨年稚者也。爲其立堂下相褻慢，司射戒令之。”無荒無懲，無倨立，無踰言。若是者，有常爵。”右記令辭。鄭氏曰：“踰，遠談語也。常爵，常所以罰人之爵也。”案：《小戴》兼記魯薛異辭，此當有脱文。

　　“嗟爾不寧侯，爲爾不朝于王所，鄭氏曰：“寧，安也。亢，舉也，張也。曾孫諸侯，謂汝後世爲諸侯者。”王氏曰：“萇宏設射不來。不來者，諸侯不來朝者也。”故亢而射女，强食食案：此三字有脱誤。《考工記》作“强飲强食”。“食”與“福”爲韻。《周官》孔氏《疏》：“祭侯者，祭先有功德之侯。若射侯則射，不寧侯，有罪者也。”《白虎通》作：“嗟爾不寧侯，爾不朝于王所，以故天下失業，亢而射爾。”《小爾雅》：“射有張布謂之侯。”詒爾曾孫侯氏百福。”右記樂章。王氏曰：“此祭侯之辭也。與《梓人》同而略異。侯者，射埻也。因祭寓意，以爲諸侯之戒。”惠棟曰：“《曾孫侯氏》一詩而分爲三，橫加間隔。雖有吳幼清本可證，然不敢輒易。”照案：《漢書·郊祀志》：“周靈王即位時，諸侯莫朝。周萇宏乃明鬼神事，設射不來。”不來者，諸侯之不來朝者也。《封禪書》云：“設射《貍首》。”徐廣曰：“貍，一名不來。”其詩與祭侯之辭，皆言諸侯來朝之禮。不來者，不寧侯，故抗而射之。萇宏亦行古之禮也，緣《太公金匱》：“武王伐殷，丁侯不朝。尚父乃畫丁侯，射之。丁侯病，遣使請臣。尚父乃以甲乙日拔其頭箭，丙丁日拔目箭，戊己日拔腹箭，庚辛日拔股箭，壬癸日拔足箭。丁侯病乃愈。四夷聞乃懼，越裳氏獻白雉。”于是説者謂萇宏依物怪以致諸侯，妄也。然射不寧侯，當爲大射誓戒之辭。若《投壺》乃記主人與客燕飲，講論才藝之禮。未知《貍首》之《詩》，何以綴于後也！

大戴禮記注補卷十三

公冠第七十九

公冠，照案：冠，古亂反，各本訛作“符”。《説文》：“冠，首服，弁冕之總名。”政和《五禮新義》引《五經要義》曰：“冠，嘉禮也。冠者，首服既加，而後人道備。故君子重之，以爲禮之始矣。”自爲主。《小戴·坊記》：“天子四海之内無客禮，故莫敢爲主焉。”迎賓，揖，升自阼，原注：“入堂深，異于士。”照案：公冠，以卿爲賓，見《家語》。《史記·漢文帝紀》“辛亥，皇帝即阼”，《正義》曰：“主人階也。古時殿前兩階，無中間道，故以阼階爲天子之位。”敖氏曰：“主位謂之阼，故東階曰阼階。”立于席。照案：立于席北。既醴，鄭氏曰：“醴賓者，謝其勤勞也。”敖氏曰：“醴，亦謂以醴飲之也。”陳氏祥道曰：“冠必用醴，醴者，太古之物，所以示質也。”降自阼。原注：“君尊，故其降也，不使就賓階也。”照補：孔氏穎達曰：“阼，是主人接賓處。”其餘自爲主者，其降也自西階以異，原注：“不敢終于正。”照補：王氏肅曰：“西階，賓也。”其餘皆與公同也。原注：“謂迎賓、升阼之等。”

公玄端與皮弁，皆韠。原注：“玄端，緇布冠及玄冠之服也。《玉藻》曰：‘始冠，緇布之冠，自諸侯下達，冠而弊之可。’二服皆韠也。古者田狩而食其肉，衣其皮，先以兩皮，如韠以蔽其前後。及後世，聖人易之以布帛，猶存其蔽前，示不忘古。尊祭服，異其名，曰芾。其制，上廣一尺，下廣二尺，長三尺，其頸五寸，肩革帶博二寸。"案：別本無"革帶"二字。照補：《說文》："古文弁形，象合手。"《白虎通》："皮弁者，何謂也？所以法古至質，冠之名也。弁之爲言攀也，所以持髮也。上古先賢服鹿皮，取其文章也。"《三禮冠弁圖》："皮弁，以鹿皮淺毛黃白色者爲之，高尺二寸。"《說文》："韠，韍也，所以蔽前。"《玉藻》注："韠之言蔽，象裳色。"**朝服素韠**。原注："玄端，諸侯之朝服；皮弁，天子朝服。韠從裳色，皆素也。"照補：賈氏公彦曰："朝服，十五升布也。"師古曰："韠，亦謂之幨。"**公冠四加玄冕**。原注："'四'當爲'三'，'玄'當爲'袞'，字之誤。"案：二句舊本俱作注文，竊疑校書者旁注，亦未可定也。照補：《家語》"孔子曰公四加玄冕"，王肅注："天子五加袞冕。"賈氏曰："《大戴禮》：'公冠四加。'緇布冠、皮弁、爵弁後加玄冕，天子亦四加，後當袞冕。又《家語·冠頌》'王太子冠擬公'，則天子之元子亦四加。若諸侯之子，不得四加，與士同，三加可知。"楊氏復曰："諸侯始加緇布冠繢綏，其服玄端，再加皮弁，三加玄冕。天子始加元冠，朱組纓，再加皮弁，三加袞冕。"孔氏曰：《左傳》云：'公冠用祼享之禮行之，金石之樂節之。'其加則四而有玄冕，故《大戴禮》'公冠四加'也。諸侯四加，則天子亦當五加袞冕也。"《王制疏》："凡冕之制，皆玄上纁下。"《漢禮器制度》云："冕長尺六寸。"案：始加緇布冠，次加皮弁，次加爵弁。**饗之以三獻之禮**，原注："饗賓也，士于賓用一獻之禮也。"**無介**，原注："於饗而贊冠者，退爲衆賓者，君禮於臣，本無介也。"照補：《儀禮》："贊冠者爲介。"鄭康成曰："介，賓之輔，以贊爲之，尊之。飲酒之禮，賢者爲賓，其次爲介。"**無樂**，原注："亦饗時也，冠者成人代父始，宜盡孝子之感，不可以歡樂取之。孔子曰：'娶婦之家，三日不舉樂，思嗣親也。'然則冠禮不舉樂同也。《春秋左氏傳》曰'以金石之樂節之'，謂冠之時爲節也。"照案：別本"娶婦"下，無"之家"二字。**皆玄端**。原注："君臣同服。"照補：《釋名》："玄端，其袖下正直端方，與要接也。"鄭氏曰："玄端，士入廟之服也。”王氏肅曰：“玄端，緇布冠之服。”**其醴幣朱錦采四馬**，鄭氏曰：“醴，所以申暢厚意也。”照案：“朱錦采四馬”，《家語·冠頌》作“束帛乘馬”，二者字形相近，恐必有一誤。**其慶也同。**原注：“其慶賓亦如是。”

太子儗焉。原注：“儗公禮也。”案：“太子”，各本訛作“天子”，據下節注訂正。又案：“其慶也同”以上，記公冠禮。“太子儗焉”，是言天子之冠。**太子與庶子，其冠皆自爲主，**原注：“主，侯自主之。重言太子，誤也。《家語》曰‘王太子、庶子之冠儗焉’，非也。”**其禮與士同，其饗賓也皆同。**原注：“《士冠禮記》曰：‘天子之元子，猶士也，天下無生而貴者也。’”案：右記太子、庶子之冠。

成王冠，《周書》：“成王將加元服，周公使人來零陵取文竹爲冠。”《竹書紀年》：“成王名誦。元年秋，王加元服，武庚以殷畔周，文公出居于東。二年秋，大雷電以風，王迎周文公于郊。八年春，正月，王初莅阼親政。”譙周《五經然否論》：“《古文尚書》説：‘武王崩，成王年十三。’推武王以庚辰歲崩，周公以壬午歲出居東，癸未歲反。《禮·公冠記》：“周公冠成王，命史作祝詞告。是除喪冠也。周公未反，成王冠弁，開《金縢》之書，時十六矣，是成王十五，周公冠之而後出也。”許慎《五經異義》：“武王崩後，管蔡作亂，周公出居東，是歲大風，王與大夫冠弁，開《金縢》之書，成王年十四，是喪冠也者，恐失矣。按《禮傳》，天子之年，近則十二，遠則十五必冠矣。”賈氏曰：“襄九年《左氏傳》：‘晉侯問公年，曰十二年矣。國君十五而生子，冠而生子，禮也。君可以冠矣。’是諸侯十二而冠也。《尚書·金縢》：‘王與大夫盡弁，時成王年十五。’則知天子亦十二而冠。”**周公使祝之六反。雍祝**州又反。**王，**原注：“雍，太祝。當左與王，爲祝辭，于冠告焉。”**曰：“達而勿多也。”**原注：“辭多則史，少則不達。”**祝雍曰：“使王近于民，**原注：“視民如子。”照補：王氏曰：“常得民心也。”**遠于年，**王氏曰：“壽長。”案：《説苑》作“遠于伎”。嗇于時，王氏曰：“嗇，愛也，于時不奪民也。”惠于財，原注：“及時施惠。”親賢使能。”案：《成王冠辭》止此。

陛下離顯先帝之光耀，原注：“離，明也。”照案：《博物記》“離”作“摛”。《吕氏春秋》：“愛敬盡于事親，光耀加于百姓。”以承皇天嘉録。案：《博物記》“天”字下有“之”字。欽順仲春之吉日，原注：“古者冠以仲春。”照案：“春”，别本作“夏”，今從注文訂正。《博物記》作“欽奉仲春之吉辰”。《儀禮·士冠禮》：“始加，祝曰令月吉日，始加元服。”《楚詞》曰：“歷吉日。”鄭氏曰：“吉，善也。”遵並大道邠或，原注：“‘邠或’當爲‘芬彧’，聲字之誤也。”照案：《博物記》作“普遵大道郊域”。秉集萬福之休靈，案：一作“康阜萬國之休靈”。《博物記》“集”作“率”，“萬”作“百”。始加昭明之元服。《小爾雅》：“在首謂之元服。”推遠稚免之幼志，原注：“免，猶弱也。”照案：幼志，猶童心也。《博物記》“稚免”作“沖孺”。崇積文武之寵德，原注：“文皇帝、武皇帝。”照案：《博物記》“崇”作“蘊”，“寵”作“就”。肅勤高祖清廟，原注：“高祖皇帝也。”照案：《博物記》“祖”下有“之”字。六合之内靡不息，案：《博物記》作“靡不蒙德”。陛下永永，與天無極。照案：《博物記》無“陛下”二字。《淵鑒類函》引：“周公冠成王，命祝雍曰：‘祝王，辭達而勿多。’祝雍辭曰：‘使王近于民，遠于年，遠于佞，近于義，嗇于時，惠于財，禄賢使能。’其頌曰：‘令月吉日，王始加元服。去王幼志，服衮職以續。’”《漢書·禮儀志》及《博物記》校之，又各異。《孝昭冠辭》。原注：“漢孝昭帝冠辭。”照補：《漢書·昭帝紀》：“元鳳四年春正月丁亥，帝加元服。”惠氏棟曰：“‘孝昭冠辭’四字，目上文也。《毛詩》《樂記》《漢·禮樂志》中多如此。”

皇皇上天，照臨下土。集地之靈，降甘風雨。原注：“《禮運》曰：‘地秉陰竅于山川。’”庶物群生，各得其所，靡今靡古，原

注:"言覆施均。"維予一人某,敬拜皇天之祜。原注:"古祝辭,則云嗣王某,或曰一人某,王者親告之辭也。"照案:以上記祀天之辭。

薄薄之土,承天之神,原注:"薄,旁薄也。《易》曰乃順承天也。"興甘風雨,庶卉百穀,莫不茂者,既安且寧。維予一人某,敬拜下土之靈。照案:以上祭地之辭。

維某年某月上日,原注:"年,謂太歲所在。月,正月也。其天地祝辭皆爾省文,故'日'下明之也。"①明光于上下,勤施于四方,旁作穆穆。維予一人某,敬拜迎于郊。案:以上朝日辭。《洛誥》:"惟公德明光于上下,勤施于四方,旁作穆穆,迓衡。"注:"穆穆,和敬也。"《尚書大傳》:"迎日之辭曰:'維某年某月上日,明光于上下,勤施于四方,旁作穆穆,維予一人某,敬拜迎日于郊。'"以正月朔日,迎日于東郊。原注:"古者帝王以正月朝聘,率有司迎日于東郊也,所以爲萬品先而尊事天也。"照案:右附祭天、祭地、祭日月祝辭。《通典》:"凡祭日月,歲有四焉。迎氣之時,祭日于東郊,祭月于西郊。"王氏應麟曰:"《公符篇》載《孝昭冠辭》,其《后氏曲臺》所記歟?"

本命第八十

分于道王氏肅曰:"分于道,謂始得爲人。"謂之命;原注:"道,謂冥化自然之道也。人資始焉,或分得其長,或分得其短,其中修促謂之命。孔子曰:'死生有命。'"照補:《春秋元命苞》曰:"命者,天之命也。"又案:原注"人資始焉"句從《永樂大典》本,別本各有不同。形于

---

① 二句原作"其天地祝文皆爾省辭故于下明之也",皇清經解續編本同,據《大戴禮記》盧辯注及孔廣森《大戴禮記補注》改。

一王氏曰:"人各受陰陽以剛柔之性,故曰形于一。"謂之性;原注:"形,法象也。凡人稟于木,則象之以仁;受于金,則象之以義。孔子曰:'天命之謂性。'性者,資于未生之前,發于既生之後。原其所始,故于此言之。"照補:戴氏《孟子字義疏證》:"《大戴禮記》曰:'分于道,謂之命;形于一,謂之性。'分于道者,分于陰陽五行也。一言乎分,則其限之于始,有偏全、厚薄、清濁、昏明之不齊,各隨所分,而形于一,各成其性也。"化于陰陽、象形而發謂之生,原注:"象微昧。《易》曰'男女搆精,萬物化生'也。"化窮數盡謂之死。原注:"化窮者,身也。數盡者,年也。"故命者性之終也,原注:"命初分于道,則是生之始也。分道則修短已定,故爲生之終,是以始未舉也。"照案:《家語》作"命者,性之始也,死者,生之終也,有始則必有終矣"。此處脱去"始也死者生之"及"有始"共八字,意義遂不如《家語》之明曉。則必有終矣。

人生而不具者五:目無見,《釋名》:"目,默也,默而内識也。"不能食,不能行,不能言,不能化。三月而徹昀,原注:"昀,精也,轉視貌。'徹',或爲'微'也。"照案:"昀",別本訛作"盷",兹從《玉海》所引。《説苑》作"三月達眼而後能見"。王氏曰:"徹昀,睛轉也。"《廣韻》:"昀,亭年切,音田,目貌。"《集韻》:"眉貧切,音珉,視貌,與'旼'同。"然後能有見;八月生齒,然後食;期而生臏,然後能行;三年臗合,然後能言;原注:"三月萬物一成,朞年天道一備,三年而天道大成,故因之以變化也。"照案:臗,古"顋"字。《説苑》作"三年顋合而後能言"。十有六情通,案:《家語》作"精通"。然後能化。

陰窮反陽,陽窮反陰,原注:"夏至陽往陰動,冬至陰消陽長。"是故陰以陽化,陽以陰變。故男以八月而生齒,八歲而齔,案:"齔",各本作"毀齒"二字,兹據《文王世子疏》所引訂正。《説文》:"齒,口齗骨也。齔,毀齒也。"《博雅》:"毀齒謂之齔。"《後漢·閻后紀》

注引《大戴禮》曰：“男八歲而齔，女七歲而齔。”一陰一陽，然後成道，原注：“一陰一陽之謂道也。”二八十六，然後情通，然後其施行。原注：“施道行也。”女七月生齒，七歲而齔，二七十四，然後其化成。原注：“化道成陽，施而陰化，亦天地之道也。”照補：《韓詩外傳》：“天地有合，則生氣有精矣；陰陽消息，則變化有時矣。時得則治，時失則亂。故人生而不具者五：目無見，不能食，不能行，不能言，不能施化。三月微昫而後能見。七月而生齒而後能食。朞年髑就而後能行。三年腦合而後能言。十六精通而後能施化。陰陽相反，陰以陽變，陽以陰變，故男八月而生齒，八歲而齠齒，十六而精化小通。女七月生齒，七歲而齔，十四而精化小通。是故陽以陰變，陰以陽變，故不肖者精化始具而生氣感動，觸情縱欲，反施亂①化，是以年壽殀夭而性不長也。”合于三也，小節也。原注：“男女合于三十。”中古男三十而娶，女二十而嫁，合于五也，中節也。原注：“合于五十。”照補：《白虎通》：“男子三十而娶，女二十而嫁，何？陽數奇，陰數偶。男長女幼者，何？陽道舒，陰道促。男三十筋骨堅強，任爲人父，女二十肌膚充盈，任爲人母，合爲五十，應大衍之數，生萬物也。”高誘注《淮南子》：“三十而娶者，陰陽未分時，俱生于子。男②從子數，左行三十年立于巳；女從子數，右行二十年亦立于巳。合夫婦，故聖人因是制禮，使男子三十而娶，女子二十而嫁。其男子自巳數左行十得寅③，故人十月而生于寅，故男子數從寅起。女子自巳數右行得申，亦十月而生于申，故女子數從申起。”太古男五十而室，女三十而嫁，譙周曰：“太昊制嫁娶。”鄭氏《昏禮目録》云：“夫婦始自燧皇。”備于三五，合于八也。原注：“備三五十，合于八十也。不言大節，省文。”案：《周禮·媒氏職》曰：“令男

---

① 原無“亂”字，皇清經解續編本同，據《韓詩外傳》卷一補。
② 原作“男子”，皇清經解續編本同，據高誘《淮南子注》刪。
③ 原無“寅”字，皇清經解續編本同，據高誘《淮南子注》補。

三十而娶，女二十而嫁。"《内則》曰："二十而冠，三十而有室；十五笄，二十而嫁。"《尚書大傳》曰："男三十而娶，女二十而嫁。"《書》曰："有鰥在下曰虞舜。"《喪服》："爲夫之姑、姊妹之長殤。"然則古者皆以二十、三十爲昏姻之年，十六十四爲嫁娶之期。今有三十五十，則非也。故譙周云師言此説，似漢初學者所續焉。**八者，維綱也，**案："綱"，各本多作"剛"，兹從方氏本。**天地以發明，故聖人以合陰陽之數也。**原注："八，爲方維八卦之數也，天地以之明，聖人以之合陰陽，九六大衍之數也。"

　　禮義者，恩之主也。冠、昏、朝、聘、喪、祭、賓主、鄉飲酒、軍旅，此之謂九禮也。原注："君臣、冠、昏、朝、聘，五也。喪、祭，七也。鄉飲賓主，八也。軍旅，九也。"**禮經三百，**原注："禮經，統于心也。"**威儀三千。**原注："曲禮也，行于貌也。"**機其文之變也。**原注："機，危也。謂二禮動行，九事皆有其文，每變不同也。"**其文變也[1]，禮之象五行也，其義四時也。**原注："象五行，謂内外爵與五服。義，宜也。"**故以四舉：有恩、有義、有節、有權。**孔氏穎達曰："恩屬于仁，理屬于義，節屬于禮，量事權宜，非知不可。"**恩厚者，其服重，故爲父斬衰三年，**鄭氏康成曰："服莫重于斬衰也。《三年問》曰：'三年者，稱情而立文。'"**以恩制者也。**案：各本脱"也"字，今從方本。**門内之治恩掩義，門外之治義斷恩。資于事父以事君而敬同，貴貴尊尊，義之大者也，故爲君亦服斬衰三年，以義制者也。**原注："貴貴，謂爲大夫君。尊尊，謂爲天子、諸侯也。"**三日而食，**原注："食，食粥也。"**三月而沐，**原注："將虞時。"**朞

① 此句原無，皇清經解續編本同，據《大戴禮記》及王聘珍《大戴禮記解詁》、孔廣森《大戴禮記補注》補。

而練，毀不滅性，吕氏大臨曰："朞而小祥，既小祥，然後練冠練衣，蓋毀不可以久，久則滅性。"不以死傷生也，案：別本無"也"字。喪不過三年，苴衰不補，原注："異于吉，無飾也。"照補：鄭氏曰："補，猶治也。"墳墓不坏，《爾雅》："山再成曰坏。"《正韻》曰："以土封罅隙也。"同于邱陵，案：別本以此四字作注文。除之日鼓素琴，原注："漸有終，因省哀。"照補：鄭氏曰："鼓素琴，始存樂也。三年不爲樂，樂必崩。"示民有終也，以節制者也。資于事父以事母而愛同，天無二日，國無二君，家無二尊，以一治之也。父在爲母齊衰朞，案：別本"父"上有一"故"字。見無二尊也。吕氏曰："親莫隆于父母，父在爲母齊衰朞，其致一于父，雖母不得而抗也。"百官備，百制一作"物"具，不言而事行者，扶而起；原注："謂天子、諸侯。"言而後事行者，杖而起；原注："謂士大夫。"身自執事而後事行者，面垢而已。原注："謂庶人。"照案：垢，塵滓也。別本作"詬"，非。凡此，以權制者也。孔氏曰："不言而事行者，謂王侯也。喪具觸事，委任百官，不假自言而事得行，故許子病深，雖有扶病之杖，亦不能起，又須人扶乃起也。言而後事行者，謂大夫士，既無百官，百物須己，言而後喪事行，故不許。極病，所以杖而起，不用扶也。身自執事者，謂庶人也，卑無人可使，但身自執事，不可許。病，故有杖不得用，但使面有塵垢之容而已。子于父母，貴賤情同，而病不得一，故爲權制。"始死三日不怠，三月不解，鄭氏曰："不怠，哭不絕聲也。不解，不解衣而居，不倦怠也。"朞悲號，三年憂，恩之殺也。原注："東夷二連。其所不怠者，哭不絕聲。不解者，不脫絰帶也。"照案：一本無"所"字。聖人因殺以制節也。原注："謂卒哭、祥、禫之變。"照補：孔氏曰："朞悲哀者，謂朞間朝夕恒哭。三年憂，謂不復朝夕哭，但憂戚而已。恩之殺者，自初以降，是恩漸滅殺也。聖人因殺以制節者，言聖人因其孝子情有滅殺，制爲限節。”

　　男者，任也；子者，孳也；《白虎通》：“男，任也，任功業也。子，孳也，孳孳無已也。”男子者，言任天地之道而長萬物之義也，故謂之丈夫。丈者，長也；夫者，扶也，《説文》：“男，丈夫也。”言長萬物也。知可爲者，知不可爲者；知可言者，知不可言者；知可行者，知不可行者。是故審倫而明其別謂之知，所以正夫德也。案：“也”，各本作“者”，今從方本。

　　女者，如也；子者，孳也；女子者，言如男子之教而長其義理者也，故謂之婦人。婦人，伏于人也。《白虎通》：“以禮屈伏也。”是故無專制之義，有三從之道：《喪服傳》：“婦人有三從之義，無專用之道，故未嫁從父，既嫁從夫，夫死從子。”《郊特牲》：“婦人，從人者也，幼從父兄，嫁從夫，夫死從子。”在家從父，適人從夫，夫死從子，無所敢自遂也。原注：“從其教令。”不出閨門，《家語》作“教令不出閨門”。事在饋食之間而已矣。原注：“《易》曰：‘無攸遂，在中饋。’《詩》曰‘無非無儀，惟酒食是議’也。”是故女日及乎閨門之內，原注：“專其志，且遠嫌。”照案：“日及”，各本作“及日”，兹依方氏本。不百里而犇喪。原注：“言及日，故經成見星。”照補：《雜記》曰：“婦人非三年至喪，不踰封而弔。”鄭氏曰：“踰封，越境也。”案：注文“不百里”當是“不見星”之訛。事無獨爲、行無獨成之道，《易·文言》：“地道也，妻道也，臣道也。地道無成，而代有終也。”《穀梁傳》曰：“婦人不專行，必有從也。”參知而後動，可驗而後言，宵行以燭，案：各本作“宵夜行燭”，今從方本。宮事必量，六畜蕃于宮中，謂之信也，原注：“如此乃爲信固也。”所以正婦德也。

　　女有五不取：逆家子不取，亂家子不取，原注：“亂，淫亂也。"世有刑人不取，世有惡疾不取，喪婦長子不取。逆家子者，爲其逆德也；亂家子者，爲其亂人倫也；世有刑人者，爲其棄于人也；世有惡疾者，爲其棄于天也；喪婦長子者，爲其無所受命也。何休注《公羊傳》："婦人有五不娶：喪婦長女不娶，無教戒也；世有惡疾不娶，棄于天也；世有刑人不娶，棄于人也；亂家女不娶，類不正也；逆家女不娶，廢人倫也。"案："喪婦"句，自女之父言，故曰喪婦。《儀禮經傳通解》所引作"喪父"。

　　婦有七去：不順父母去，無子去，淫去，妒去，有惡疾去，多言去，竊盜去。不順父母，爲其逆德也；無子，爲其絶世也；淫，爲其亂族也；妒，爲其亂家也；有惡疾，爲其不可與共粢盛也；口多言，爲其離親也；原注："《詩》云：'婦有長舌，惟厲之階。'"盜竊，爲其反義也。

　　婦有三不去：有所取，案："取"，一作"受"。無所歸，不去；與更三年喪，不去；孔氏《禮疏》引此作"曾經三年喪"。前貧賤，後富貴，不去。

　　大罪有五：逆天地者，罪及五世；原注："欺造化及要君者。"誣文武者，罪及四世；原注："非聖人者。"逆人倫者，罪及三世；原注："非孝者，此皆大亂之道也。"照補：《商書》："刑三百，罪莫大于不孝。"《風俗通》："賊之大者，有惡逆焉。"誣鬼神者，罪及二世；《泰誓》逸語："誣神者，殃及二世。"王氏應麟曰："《漢郊祀志》劉向引《易大傳》曰：'誣神者，殃及三世。'愚案：《大戴禮·本命》篇：'誣鬼神者，罪及二世。'《易大傳》豈即此篇與？"照案：張晏以《易大傳》爲《易繫辭》。殺人者，罪止其身。原注："《周書》曰：'大命世，小命身。'"故大罪有五，殺人爲下。《家語》："手殺人者，罪止其身。故曰大罪有五，而殺人爲下矣。"

易本命第八十一

子曰："夫易之生人、案：別本有"民"字。禽獸、萬物、昆蟲，各有以生。原注："《易說》曰：'渾元之始，是曰太易，二象之所資，萬品之所生。'《易》曰：'易有太極，是生兩儀，兩儀生四象，四象生八卦。'《易說》曰：'太易者，未見氣也。太初者，氣之始也。太素者，質之始也。'《禮運》曰：'夫禮必本于太一，分而爲天地，轉而爲陰陽，變而爲四時。'然《禮》《易》之說雖殊，而會歸一。"照補：案《淮南子》作"萬物貞蟲"，高誘注："貞蟲，諸細腰之屬。"《一切經音義》"昆蟲"作"蜫蟲"，注云："古文'蚰'同，古魂反。"《禮記》"蜫蟲未蟄"，鄭康成曰："蜫，明也。明蟲者，陽而生，陰而藏。"《爾雅》："兩足而羽謂之禽，四足而毛謂之獸。"或奇或偶，朱子曰："伏羲仰觀俯察，見陰陽有奇耦之數，故畫一奇以象陽，畫一耦以象陰。"或飛或行，而莫知其情，惟達道德者，能原本之矣。"原注："孔子曰：'聖人智通于大道，應化而不窮，能測萬品之情也。'"

天一，地二，人三，三三而九，九九八十一。一主日，原注："天之神，日爲尊。"照補：《說文》："日者，實也，太陽之精不虧。"日數十，原注："甲乙之屬。"照補：《范子計然》曰："日者行天，日一度，終而復始，如環無端。"高誘曰："日數十，從甲至癸也。"案：《淮南·墜形訓》"日數十"下有"日主人"三字，補此三字，下句正可接。故人十月而生。原注："萬類，人爲貴也。"照補：《廣雅》："人一月而膏，二月而脂，三月而胎，四月而胞，五月而筋，六月而骨，七月而成，八月而動，九月而躁，十月而生。"八九七十二，偶以承奇，原注："貴偶用奇。"奇主辰，原注："辰方面各三也。"辰主月，月主馬，原注："月契天駟于上，馬統乾于下。"照補：《春秋感精符》："月者，陰之精，地之理。"《説文》："馬，怒也，武也。"故馬十二月而生。王氏肅曰："偶以承奇，陰以承陽，辰數十二，從子至亥也。"七九六十三，三主斗，原注："象次日月。"斗主狗，原注："斗之次似狗，故擇人也。"故狗三月而生。《春秋考異郵》："七九六十三，陽氣通，故斗運狗三月而生也。"宋均注："斗，狗之精所生也。"六九五十四，四主時，時主豕，原注："豕知時。《詩》云：'有豕白蹢，烝涉波矣。'"照補：王氏曰："時以次斗。《春秋説題詞》：'斗星時散精爲豕。'"故豕四月而生。《淮南子》："六九五十四，四主時，時主豕，故豕四月而生。"五九四十五，五主音，王氏曰："音不過五，故五而音。"音主猨，《説文》："猨，善援，禺屬也。"故猨五月而生。四九三十六，六主律，《爾雅》："律謂之分。"郭注："律管可以分氣。"《春秋元命苞》曰："律之爲言率也，所以率氣達會也。"注："率，猶導也。"律主禽鹿，原注："麋鹿角，長短大小似律。"照案："禽鹿"，《淮南子》作"麋鹿"。故禽鹿六月而生也。原注："麋鹿之屬，皆以六月生也。宋均曰：'以所包者多，故舉禽獸之名，雖有飛走之異，實亦通也。'"照案：注文恐有脱誤。《本草集解》："麋鹿孕六月而生子。"三九二十七，七主星，原注："二十八宿，方各七。"照補：《春秋説題詞》："星之爲言精也，榮也，陽之精也。陽精爲日，日爲星，故其字日生爲星。"星主虎，原注："虎炳文似星也。"照補：《春秋運斗樞》："樞星散爲虎。"《説文》："虎，山獸之君也。"故虎七月而生。二九十八，八主風，原注："風之大數盡于八也。"風主蟲，原注："蟲有蟄見，似風動息也。"故蟲八日而化也。原注："蟲多生非類也。"照案："日"，各本所訛作"月"。《説文》："風，八風也。東方曰明庶風，東南曰清明風，南方曰景風，西南曰涼風，西方曰閶闔風，西北曰不周風，北方曰廣莫風，東北曰融風。風動蟲生，故蟲八日而化。"其餘各以其類也。原注：

“謂貍兔魚鱉之屬，各以其類化者，然亦有本而生之也。”照案：郎氏瑛曰：“人物之生，《大戴禮》以物得生數，故鼠孕一月、貓二月、狗三月、猪四月、猨五月生也。人得成數，故十月生也。牛馬雖十二月，象三年，亦在生數。論與《淮南》所載主日主辰穿鑿之説似參勝之。予又以爲鹿乃六月而虎七月者，抑豈生數也耶？道理難窮，雖聖人常示人以當然，而不示人所以然也。”

鳥魚皆生于陰而屬于陽，原注：“生于陰者，謂卵生也；屬于陽者，謂飛游于虛也。”故鳥魚皆卵，案：《淮南》作“卵生”。魚遊于水，鳥飛于雲。原注：“釋上事也。”照案：《文選注》此四句作“曾子語”。故冬一作“立冬”燕雀入于海，化而爲蚧。原注：“以同生于陰而屬于陽，故有其形性也。”案：“海”字下，別本衍“故”字。

萬物之性各異類，故蠶食而不飲，蟬飲而不食，蜉蝣不飲不食，原注：“《淮南子》曰：‘蠶食而不飲，三十日而化；蟬飲而不食，三十日而死；蜉蝣不飲不食，三日而終也。’”照補：《春秋考異郵》：“蠶陽物，火惡水，故蠶食而不飲，陽立于三春，故蠶三變而後消，死于三七二十一日，故二十一日而繭。”《孝經援神契》：“蟬無力，故不食。”陸氏璣曰：“蜉蝣，方土語也，通謂之渠略，似甲蟲，有角大如指，長三四寸，甲下有翅能飛，夏月陰雨時地中出。”朱子曰：“蜉蝣，渠略也，似蛣蜣，身狹而長，有角，黃黑色，朝生暮死。”介鱗夏食冬蟄。原注：“熊羆魚蛇之屬。”照補：王氏曰：“介，甲蟲也。”

齕吞者，《説文繫傳》：“齕，齧也。臣鍇案：《禮》曰：‘食瓜，庶人齕之。’朱翱曰：‘胡兀反。’”八竅而卵生；原注：“鳥屬也。凡物之有異類者，《韓詩外傳》曰：‘鶴鵰胎生，孔子渡江見而異之者乎？’”照補：竅，空也。案：“空”與“孔”同，故《説文》作“空”，《一切經音義》作“孔”。《説文》：“凡物無乳者卵生。”鳥卵中黄爲陰，外白爲陽，魂魄相待也。《博物志》：“龜鱉黿諸類，皆卵生而影伏。”《文選注》：“翰曰：‘在腹曰胎。卵，鳥子也。'”咀嚌者，“嚌”，或作“嚽”。《説文》：“咀，含味也，慈吕切。”九竅而胎生；原注：“人及獸屬。《異物志》又曰：‘貍十有一種，囊貍卵生也。'”照補①：《吕氏春秋》：“人之竅九，一有所居則八虛。”《淮南子》：“跂行喙息，莫貴于人。孔竅肢體，皆通于天。天有九重，人亦有九竅。”四足者無羽翼，戴角者無上齒；原注：“董仲舒曰：‘受于大者，不取于小。'”照補：董仲舒曰：“與之齒者，去其角；傅其翼者，兩其足。”師古注：“謂牛無上齒則有角，其餘無角者，則有上齒。鳥不四足。”高誘曰：“物莫能兩大，故戴角者無上齒。”《釋名》：“戴角者，生于額角也。”無角者膏原注：“凝者爲膏。”而無前齒，原注：“無前齒者，齒盛于後，不用前也。”照案：別本脱去“無前齒者”四字。有角案：“角”，各本訛作“羽”。者脂原注：“釋者爲脂。”照補：鄭注《考工記》：“膏，豕屬。脂，牛羊屬。”《春秋元命苞》：“膏者，神之液。”《説文》：“戴角者脂。”《一切經音義》引《三蒼》曰：“有角者脂，無角者膏。”而無後齒。原注：“齒盛于前，不任後也。”照補：王氏曰：“無前後，謂鋭小也。”晝生者類父，夜生者類母。原注：“至陰至陽，類甚多也。至陰爲男至陽爲女者，即陰窮反陽陽窮反陰之義。”照案：“義”，一本作“類”，別本“類母”下有“至陰生牝，至陽生牡”二句。

　凡地東西爲緯，南北爲經。山爲積德，川爲積刑。原注：“山積陽，川積陰。陽爲德，陰爲刑。”高者爲生，下者爲死。邱陵爲牡，谿谷爲牝。蚌蛤龜珠，與月盛虛。原注：“月者，太陰之精，故龜蛤之屬，因之以盛虛。《吕氏春秋》曰：‘月望則蚌蛤實，月晦則蚌蛤虛。'《孝經援神契》曰：‘月虧于天，則陰類消于淵也。'”照補：《淮南子》曰：“月者，陰之宗也，是以月虛而魚腦減，月死而蠃蚌膲。”王氏

---

　　① 原無“照補”，皇清經解續編本同，盧辯注至此處止，下注爲汪照所補，據本書體例補之。

曰:"月盛則蠣蛤之屬滿,月虧則虛也。"案:"盛虛",別本作"盈虧"。

是故堅土之人肥,虛土之人大,原注:"肥者象地堅實,大者象地虛縱也。"照案:別本作"堅土之人剛,弱土之人肥"。沙土之人細,原注:"沙土養細乃薄也。"息土之人美,耗土之人醜。原注:"息土,謂衍沃之田。耗土,謂疏薄之地。地有美惡,故人有好醜也。《周禮·大司徒職》曰:'山林之民毛而方,川澤之民黑而津,邱陵之民專而長,墳衍之民皙而瘠,原隰之民豐肉而庫,此大辨五土之分。'"照補:《淮南子》:"堅土人剛,弱土人肥,壚土人大,沙土人細,息土人美,耗土人醜。"王氏曰:"息土細緻。耗土,龐疏者也。"

是故食水者,善游能寒;原注:"魚鼈之屬。"照案:"能",當讀爲"耐"。別本訛作"善走而寒"。食土者,無心而不息;原注:"蚯蚓之屬不氣息也,若魚無耳而聽,蟋蟀無口而鳴,皆自然之性也。"食木者,多力而拂;原注:"熊犀之屬拂戾也。"照補:王氏曰:"血氣不治。"《淮南子》曰:"多力而弗戾,亦不治之貌者也。"食草者,善走而愚;原注:"麋鹿之屬。"照補:《釋名》:"疾趨曰走。"食桑者,有絲而蛾;《爾雅·釋蟲》"蛾"疏:"此即蠶蛹所變者也。"《埤雅》:"繭生蛾,蛾生卵。"裴頠《崇有論》曰:"蠶以無胃而育。"食肉者,勇敢而悍;原注:"虎、狼、鷹、鶻之屬。"照案:"悍",各本訛作"捍"。食穀者,智惠而巧;食氣者,神明而壽;原注:"王喬、赤松之類也。西極亦有食氣之民也。"照補:《說文》:"壽,久也。"不食者,不死而神。原注:"伸于道者,則神而常存也。"照補:《淮南子》:"食水者,善游能寒;食土者,無心而慧;食木者,多力而拂;食草者,善走而愚;食葉者,有絲而蛾;食肉者,勇敢而悍;食氣者,神明而壽;食穀者,知慧而夭;不食者,不死而神。"

故曰:有羽之蟲三百六十,而鳳凰爲之長;《禽經》:"鳳,雄;凰,雌。亦曰瑞鶠,亦曰鸞鷟,羽族之君長也。"孔氏安國曰:"雄曰鳳，雌曰凰，靈鳥也。”又曰：“天老云：‘鳳，象麟前、鹿後、蛇頭、魚尾，龍文、龜背、燕頷、雞喙，五色備舉，出于東方君子之國，見則天下安寧。”**有毛之蟲三百六十，而麒麟爲之長**；許氏慎曰：“麒，仁①獸也。麟，牝麒也。”郭氏璞曰：“麒似麟而無角。”何法盛《徵祥記》曰：“麒麟者，毛蟲之長，仁獸也。”**有甲之蟲三百六十，而神龜爲之長**；《春秋運斗樞》：“瑤光星散爲龜。”《爾雅》：“一曰神龜，二曰靈龜，三曰攝龜。”《禮統》：“神龜之象，上圓法天，下方法地。”孫氏《瑞應圖》曰：“龜者，神異之介蟲也。”薛氏綜曰：“龜之老者神。”案：《廣韻》引作“甲蟲三百六十，四神魚爲之長”。**有鱗之蟲三百六十，而蛟龍爲之長**；《元命苞》：“龍之言萌也，陰中之陽，故言龍舉而雲興。”鄭氏康成曰：“鱗，龍蛇之屬。”高氏誘曰：“東方少陽，物②去太陰，甲散爲鱗③。”《説文》：“龍，鱗蟲之長。”又曰：“蛟龍屬也。魚滿三千六百，則蛟龍爲之長。”**倮之蟲三百六十，而聖人爲之長。此乾坤之美類**，王氏曰：“乾天坤地。”**禽獸萬物之數也。**原注：“三百六十，乾坤之中央，萬一千五百二十，當萬物之數也。”

　　故帝王好壞巢破卵，則鳳凰不翔焉；好竭水搏魚，則蛟龍不出焉；《尚書大傳》：“舜好生惡殺，鳳凰巢其樹。”陸氏贊曰：“卵胎不傷，麟鳳方至；魚鱉咸若，龜龍乃游。”**好剖胎殺夭，則麒麟不來焉**；《尚書大傳》：“堯時麒麟在郊藪。”《王制》：“不殺胎。”**好填谿塞谷，則神龜不出焉。**《家語》：“孔子曰：‘剖胎殺夭，則麒麟不至其郊；竭澤而漁，則蛟龍不處其淵；覆巢毀卵，則鳳凰不至其邑。何則？君子違傷其類者也。’”《吕覽》：“夫巢覆毀卵，則鳳凰不至；剖獸食胎，則麒麟

① 原作“二”，據皇清經解續編本及《説文解字》改。
② 原無“物”字，皇清經解續編本同，據高誘《淮南子注》補。
③ 原作“麟”字，皇清經解續編本同，據高誘《淮南子注》改。

不來；乾澤涸漁，則龜龍不往。"《淮南子》："獸胎不贕，鳥卵不孵。"《春秋繁露》："恩及羽蟲，則麒麟至；張網焚林，則麒麟去。"

故王者動必以道，静必以理。《逸周書》："旦聞禹之禁：春三月，山林不登斧，以成草木之長；夏三月，川澤不入網罟，以成魚鱉之長。且以并農力執，成男女之功。夫然則有生而不失其宜，萬物不失其性，人不失其事，天下不失其時，以成萬財。萬財既成，放此爲人，此謂正德。"動不以道，静不以理，則自案："自"，一本作"身"。夭而不壽，《廣雅》："夭，折也，字从大丿，形不申也。又，不盡大年，謂之夭，取其義也。"訞孽數起，師古注《漢書》："'訞'，同'妖'。"神靈不見，風雨不時，暴風水旱並興，人民夭死，五穀不滋，《一切經音義》"五穀"案："《禮記·月令》'天子春食麥'鄭玄注云：'麥實有孚甲，屬木；夏食菽，菽，豆也，菽實孚甲堅全，屬水；季夏食稷，稷，五穀之長，屬土，土，中央；秋食麻，麻有文理，屬金；冬食黍，黍秀舒散，屬火。皆順時而食之，以安其性也。'"服氏虔曰："滋，宜也，聲類孳，蕃也。'孳''滋'古字通。"六畜不蕃息。《急就章》："六畜蕃息豚豕猪。"師古曰："六畜，牛、馬、羊、豕、雞、犬，人所畜養者也。"《一切經音義》："蕃，謂滋多也。息，塞滿也。"

大戴禮記注補附錄

　　盧氏文弨曰：“《大戴》者，孔門之遺言、周元公之舊典，多散見於是書。宋元以來，諸本日益譌舛，馴至不可讀。余嘗謂此書之極精粹者，《曾子》數篇而已，而《立事》一篇，尤學者所當日三復也；‘博學而孱守之’，余素服膺斯言；自爲棘人，每誦‘君子思其不可復者而先施焉’數語，輒不禁淚之盈眥也。《孔子三朝記》其文不能閎深，疑出漢後人所傅會，學者當分別觀之。”

　　惠氏棟曰：“此書始於三十九，終於八十一。宋韓元吉謂中間①缺者四篇，重出者一篇。”今案：《明堂》篇第六十七，實即在《盛德》篇中，今不別出，則以下次第皆當遞遷，實無重出。

　　又曰：“此書有注者，止二十四篇，其餘十五篇無注，但間有校正字句異同之處。相其文義，實出於近代人所爲，不類本注。”

　　又曰：“此書俗本字多譌誤，今訪求宋元舊刻校正。其間與《周禮》《周書》《小戴》《荀卿》諸書之文小小異同及字

---

　　① 原脱“中間”二字，皇清經解續編本同。南宋韓元吉序原文爲“《大戴》篇始三十九，終八十一，當爲四十三篇，中間缺者四篇，而重出者一篇”，故據韓序補之。

句或多或少之處，皆一依此書原本，不敢以他書之文私相竄易。然如‘利省之不唪’，自當從《史記》作‘利爵之不唪’，以‘爵’與‘省’形近而訛，且有《儀禮》可考也。”

又曰：“書中有古通用字，如‘猶’之爲‘由’，‘而’之爲‘如’，‘徧’之爲‘辨’，‘免’之爲‘勉’，‘潔’之爲‘絜’，‘效’之爲‘敩’，‘邇’之爲‘爾’，‘峇’之爲‘鄰’，‘倒’之爲‘到’，‘佯’之爲‘詳’，‘餼’之爲‘既’，‘慧’之爲‘彗’又爲‘惠’，‘忒’之爲‘貣’，‘貣’又爲‘貸’，今皆一仍其舊。又有雖俗字，而其來已久，經籍中相承用之，如‘景’之別作‘影’，‘弟’之別作‘第’又別作‘悌’之類，亦皆不改。他若‘藂’乃‘叢’字而訛爲‘聚’，‘互’乃‘氏’字而訛爲‘玄’，‘羌’乃‘差’字而訛爲‘羌’，音義全別，不復沿襲，以滋後學之惑。”

戴氏震《大戴禮記目録後語》云：“鄭康成《六藝論》曰：‘戴德傳《記》八十五篇。’《隋書·經籍志》曰：‘《大戴禮記》十三卷，漢信都王太傅戴德撰。’今是書傳本卷數與《隋志》合，而亡者四十六篇。《隋志》言‘戴聖删大戴之書爲四十六篇，謂之《小戴記》’，殆因所亡篇數傅合爲是言與？其存者《哀公問》及《投壺》，《小戴記》亦列此二篇，則不在删之數矣。他如《曾子大孝》篇見於《祭義》，《諸侯釁廟》篇見於《雜記》，《朝事》篇自‘聘禮’至‘諸侯務焉’見於《聘義》，《本命》篇自‘有恩有義’至‘聖人因教以制節’見於《喪服四制》。凡大小戴兩見者，文字多異。《隋志》已前未有謂小戴删大戴之書者，則《隋志》不足據也，所亡篇目不存或兩見實多耳，然因《隋志》而知隋唐間所存已厪三十九篇。史

繩祖謂《大戴記》雜取《家語》之書，其説不然。《家語》，王
肅所私定，竊取其書爲之，史氏誤連讀《公冠》篇‘孝昭冠
辭’爲‘成王冠辭’而云：‘祝辭内有先帝及陛下字，周初豈
有此？《家語》止稱王，當以爲正。’此史氏不審章句，謬加
譏評也。王肅襲取爲《冠頌》，已章句不辨，《家語》襲《大
戴》，非《大戴》取《家語》，就此一條，亦其明證。”

又曰：“《太傅禮》見存三十有九篇，不題作注人姓名。
朱子引明堂之説‘二九四七五三六一八’，鄭注曰：‘法龜
文。’以注爲康成作也。惟王伯厚指盧景宣辯之注。是書
自漢迄今，注獨此一家，而脱誤特多。余嘗訪求各本，得舊
本五，參互校正。今春正月盧編修召弓，以其校本示余，余
又得改正數事。盧編修本所失者，則余五本中或得之。若
疑文闕句無從攷得，姑俟異日。鄭康成注《樂記》引《武王
踐阼》，孔沖遠以‘師尚父亦端冕’及‘西折而南’皆爲鄭所
加。又丹書之言曰：‘敬勝怠者强，怠勝敬者亡。’瑞書則
曰：‘敬勝怠者吉，怠勝敬者滅。義勝欲者從，欲勝義者
凶。’今各本不與沖遠所見同，殆俗儒未省照，徒據康成稱
引竄改也。《公冠》篇‘太子儗焉’，各本訛作‘天子’，吳幼
清《儀禮逸經》亦然。幸盧注可考。其‘公冠’之訛爲‘公
符’，王伯厚《困學紀聞》已莫是正。許叔重《五經異義》論
明堂稱‘戴記禮説’‘盛德記’，語在今《明堂》篇中。《魏
書·李謐傳》《隋書·牛閎傳》俱稱‘盛德篇’，或稱‘泰山盛
德記’，蓋隋唐以前故書，無所謂《明堂》篇者。今目錄兩七
十四，晁公武亦云，然陳振孫云兩七十二，熊朋來、吳幼清

皆云兩七十三,此《盛德》第六十六後篇題竄改之證。朱子稱引《明堂》,不稱《盛德》,自唐宋間已分合竄易,非復前人之舊,舉若斯矣。書十有三卷,凡五卷無注,卷之四、卷之五'立事'至'天圓'十篇篇題並冠以'曾子',即《藝文志》之《曾子》書尚存于是。卷之九《千乘》《四代》《虞戴德》《誥志》,卷之十一《小辨》《用兵》《少間》,王伯厚以爲即《漢志》'《孔子三朝》七篇',中隔以卷之十,篇帙淆亂也。注中徵引漢魏晉之儒,有康成、譙周、孫炎、宋均、王肅、范甯、郭象及楊孚《異物志》,然則爲景宣注甚明矣。"

戴氏震《與盧侍講召弓書》:"《大戴禮記》刻後印校,俗字太多,恐傷壞版,姑正其甚者,不能盡還雅也。所有誤字,曓未竅出,如《保傅》注'謂俎豆傳列及食之等','謂'訛作'男','食'訛作'嗜';'環,旋也','旋'訛作'短'。《曾子本孝注》'處安易之道','之'訛作'也'。《曾子天圓注》'山川言牲,互文','牲'因正文訛作'牷','互文'訛作'玄之'。《子張問入官注》'繅瑱之設','瑱'訛作'須'。《盛德注》'禮察曰'訛作'祭禮曰'。《諸侯遷廟注》'未即吉','吉'訛作'告';'孫、鄭等改鞠衣','鞠'訛作'褘';'又云一命展衣者','云'訛作'下'。《少間注》'汙,窪也','窪'訛作'深'。《朝事》'致饗餼''既饗'錯見。凡此類,既就印本改正。又《保傅》'有司參夙興端冕'注'參職謂三月朝也'下案云:'注職字疑衍,是疑參與三月嫌文,或別有意也。'然古人立文,絕無有如此者在。《內則》爲三月之末擇日以子見於父,此見之南郊,亦三月時事。正文當作'有司齋夙端冕',

注文當作‘齋夙謂三月朝也’。明嘉靖癸巳袁氏,依宋本重刊之。《大戴禮記》‘齊’皆作‘夆’,後人不識古字,遂訛作‘參’,而‘夙’字不可通,於下加‘興’字。《魏書‧李彪傳》引此作‘有司齊肅端冕’無‘興’字,其竄誤無疑。注乃并‘夙’字訛作‘職’,字形轉寫之謬,前改正者皆是也。凡例末一條云:‘又有雖俗字,而其來已久,魏晉六朝皆用之,如準之作准,殺之作煞,陳之作陣,景之作影,亦皆不改。’震之愚竊以爲‘景’與‘影’,今異字異形,古通用‘景’,葛洪始加彡作‘影’,義有可通,無妨後人掌益。‘准’字,雖《魏書》有云:‘欲知其名,淮水不足。’非避寇萊公諱。吕忱《字林》用“准”爲“平準”之“準”,見《佩觿》。忱,晉人,是此時俗字。然許叔重之書,變亂常行,猥曰:‘馬頭人爲長,人持十爲斗。虫者,屈中也。苟之字,止句也。’皆不合孔氏古文,謬於《史籀》,怪舊藝而善野言,則《魏書》之稱‘淮水不足’,設許氏見之,必且譏爲野言者也。苟害六書之義,雖漢人亦在所當改,何況魏晉六朝? 此書中仍有未盡俗繆者,準准、殺煞、陳陣,參差互見,宜使之畫一,以免學者滋惑。震愚昧,徑行改易,其存疑未敢改者,《夏小正》‘初歲祭耒始用暢也。其日初歲云者,暢也者,終歲之用祭也。言是月始用暢也’。細繹文義,正月所繫之事,他處不言初歲,至此獨言初歲,故解之曰:‘暢乃終一歲所用之於祭,而用之自是始,惟其爲終一歲之所用,故曰初歲以見終歲皆用之。’訛作‘其曰初云爾’,已不可通,又移就下‘言是月’句,失其倫次。‘緹縞’下‘何以謂之? 小正以著名也’,《爾雅疏》連引此文,本繫此處無疑，朱子移置篇題之下，以是爲解‘小正’二字，究無所發明，古人必不用此贅文以解篇題，合綜前後，‘何以謂之’凡兩見，以四字爲句。前‘雊震呴’條，‘正月必雷，雷不必聞，惟雊爲必聞’中間，用‘何以謂之’設問，申之曰：‘雷則雊震呴，相識以雷。’此云‘小正以著名也’，乃申上‘緹先見者也’，又與後文‘有見梯而後始收，是小正之序也。小正之序時也，皆若是也’，可參觀。名者，命之也；小正以著名者，謂小正立言之體。以緹著而先見，故不曰縞緹，而名其物候曰緹縞，著，即動而後著之著。謹陳鄙見，惟有道正之。”

《又與盧召弓書》云：“前《大戴禮記》一書，今正復檢一過，又得若干事，後因窮處多繁雜①，未及訂定。兹略舉大致，以乞教正。《王言》篇‘則正亦不勞矣’，‘正’當作‘政’；‘百步而堵’，‘堵’疑‘晦’之訛；‘千步而井’不可通，‘千步’疑‘方里’之訛；‘昔者明王以盡知天下良士之名’，篇内‘主’字並‘王’字之訛，惟此一處各本仍作‘王’，當據之以表徵。《哀公問于孔子》篇，‘然後言其喪葬’，別本多作‘喪算’，義長。《禮察》篇‘倍死忘生之禮’，‘禮’當作‘徒’，字形之訛。《夏小正》篇‘震也者，鳴也。呴也者，鼓其翼也’，徐堅《初學記》兩引此文，皆作‘呴者，鳴也。震者，鼓其翼’，殆後人因‘雊震呴’之言而改之，以就先震後呴，與‘初歲祭耒’，止此四字屬《夏小正》元文，自‘始用暢

① 原作“雅”，據皇清經解續編本改。

也’以下皆爲解説，不必重‘初歲祭末始用暢也’字，似文義更明。‘歲再見爾’，‘爾’上當有‘云’字，脱在‘蓋記時也’下。‘而不食於母也’，當從别本‘於’作‘其者’。‘堇，菜也’，朱子《儀禮經傳通解》載此文，‘菜’作‘采’，與上‘大舍采也’字正一例。‘推之不必取之’，各本無句末‘之’字。‘取必推而不言取’，‘取必’當作‘故言’，字形訛舛。‘突穴取與之室何也’，各本皆然，‘突’當作‘突’，王逸《注》：‘楚之突厦云突，複屋也。’洪興祖《補注》云：‘突，深也，隱暗處，蓋突厦猶言深厦。’此突穴指燕所爲巢深隱也。下云‘謂之室何也’，是書‘謂’字或訛作‘與’，或訛作‘爲’，不勝畢舉，因‘與’字又誤衍‘取’字。‘故言摯云’各本無‘言’字，《通解》載此文止作‘摯云’，於古人文體尤合。‘之離而生’，‘之’當作‘以’，字形之訛。‘穴也者，言摯也’，各本無‘穴也者’三字。‘於時月也萬物不通’八字，應屬《小正》元文。若説《小正》者，則‘是’字直用‘是’不用‘時’，篇内可攷，義亦非解‘嗇人不從’。《保傅》篇‘固舉之禮’，《魏書·李彪傳》引此文作‘因舉以禮’及下‘齊肅端冕’句可證‘參夙興’之訛。‘《尚書》及《周禮説》而文與此同’，《通解》載此注‘而’作‘古’，當是‘《古尚書》及《周禮説》與此同’，轉寫致訛，又衍‘文’字，許叔重《五經異義》稱古今尚書説、古尚書説，是其證。‘言人性本雖無善’，《通解》載此注作‘本或有所不能’，似朱子所改。‘使諫撃之，以自聞也’，《通解》載此注‘諫’下有‘者’字。‘大夫諫足以義使于瞽瞍’，‘足’當作‘之’，‘使’當作

'後'，別本'叟'作'史'，此以解正諫在瞽史、樂工後也。'殷周之前以長久者'，'前'當作'所'，字形之訛①。'强猶强也'當作'猶勸也'，《周禮·司諫注》有此訓。'暑而渴'，宋元本'渴'並作'喝'，《通解》載此文作'喝'，注之云'喝，傷暑也'，'渴''喝'皆字形之訛。'宴室，郟室，次于宴寢也'，《通解》載此注作'夾室，次宴寢也'，今是書'夾'並作'郟'，《內則注》云'側室謂夾之室，次宴寢也'，亦一旁證，"以七月就宴室"當從《通解》作'比七月就宴室'。'太史持銅而御戶左'當作'太師'，注同。'衝在中，牙在傍'，《通解》載此注作'璜在傍，衝牙在中'，亦似朱子所改，此截注'衝牙'二字，'璜'屬上注矣。又《玉藻疏》皇氏説亦分衝牙爲二，與此注同。'納于衡璜之間'，《通解》'之間'上有'衝牙'二字。'坐不邊蹕'，'蹕'上脱'立不'二字。'誦詩'上，脱'夜則令瞽'四字。'形容端正'上，脱'生子'二字。'任子之時'，'任'即'妊'，上云'孕子之禮'，'孕'亦當作'任'。'敬'，《白虎通》'敬'當作'故'。'欲左欲右'當重'左''右'字。'以其前爲慎於人也'，'前'亦當作'所'，'慎'當作'順'。'而置屍於北堂'，篇末'而猶汝矣'之注當在此。'鄒衍、樂毅以齊至'當作'自齊魏至'，《韓詩外傳》下衍二十二字。'以魏齊至之'亦脱誤，攷《外傳》'燕昭王得郭隗，鄒衍、樂毅是以魏、趙興兵而攻齊'。是書注，例'閔王名地'，當注'云齊王地也'，脱'地'字。《曾子立事》

篇‘朝忿忘身’辭不足，當是‘一朝之忿忘其身’脱誤。‘思唯可復’當作‘無不可復’。‘不唱流言’，‘唱’當作‘倡’。‘謂時事須殺也’，‘殺’當作‘繁’，字形之譌。‘忿怒而爲惡’，‘爲’當作‘無’，注内兩説，前説謂忿怒妄動不必心以爲惡而怒，後説謂人本無惡而妄怒，據後説‘爲’字舛謬明矣，義則前説尤善。‘自執而輕於善’，‘輕’當作‘誣’，字形之譌。《本孝》篇‘痺’當作‘庳’。‘謂三者之孝’，‘三’當作‘王’。《制言上》‘曰反之也’，‘曰’當作‘曾’，字形脱誤。《制言中》‘《詩》云：行有死人，尚或墐之’，此十字亦注文，故不注某詩之幾章，正文語勢亦顯然，不可引詩横隔。‘以役其身’，‘役’當作‘殁’，前《立事》篇可據證。《疾病》篇‘如長日加益，而不自知也’，長，竹丈切，謂己身之長，故曰不自知，注云‘如日之長’，袁氏本無‘日’字，空此一格，當作‘如身之長’。《天圓》篇‘施，施也’當作‘賦也’，《周禮·内宰注》云‘施，猶賦也’，是其義。‘温暖如陽’，‘陽’當作‘湯’，此注本《漢書·五行志》劉向語。《武王踐阼》篇‘於百姓’，朱文端本作‘十百世’，蓋‘十’譌作‘于’轉而爲‘於’，妄改者不知其此解。‘其量十世百世也，雖夜解怠’，‘怠’當作‘息’，‘解’謂釋帶也。‘屨履之銘’當作‘履屨’，屨不名履，履之言踐也。‘論慎屨’，‘屨’當作‘履’。‘勞與富’，‘勞’當作‘福’，‘福’‘富’同音，正文作‘富’，注兼取‘福’義，故曰音義兩施互取焉。《衛將軍文子》篇‘言下國信蒙其富’，‘富’當作‘福’。‘云先生者猶難之’，一本作‘云先生猶有難之’。‘言偃，魯人也’，‘魯’字疑‘吴’之譌。

'言未至者未及也'當作'言未至未及者'。'晉侯也'當作'晉侯彪也'。'祁徯，祁午也'當作'祁午之父也'。'羊舌肸，羊舌職之父'當作'羊舌大夫，羊舌肸也，羊舌職之子'。《五帝德》篇'黃帝黼黻衣'，'帝'字衍。'知民之急'，袁氏本'急'作'悥'，義當作'隱'。《帝繫》篇'及象產傲'，《禮記疏》引此文作'及產象敖'，'敖'字之衍久矣。《史記》'卷章'，此訛爲'老童'，王逸注《楚辭》作'老僮'。'什祖'，各本'什'多作'付'，與《史記》作'附沮'合。《史記》'穴熊疵越章王'，此訛'穴'爲'内'，'疵'爲'庇'，'越'爲'戚'，韋昭注《國語》不知楚之別封有越，而誤謂勾踐羋姓，失之也。《鄭語》曰：'羋姓，夔越王。'《潛夫論》亦曰：'或封於夔，或封於越，皆楚之越章耳。楚自鬻熊，九世至熊渠。'此於'内熊'下有'九世至於渠婁緐出自'九字，蓋當云'其裔孫鬻融，自鬻融九世至於熊渠'，下乃接'熊渠有子三人'，然無善本可以訂正。'昆吾者，衛氏也'已下，六'氏'字不可通，皆當從《世本》作'是'，聲之訛也。'次妃陳隆氏'，別本作'陳鋒'，與《史記》合。《勸學》篇'殆教亡身'，'亡'字當從《荀子》作'忌'；'痺下'當作'庳下'；'必出量'當作'以注量'。《子張問入官》篇'恒言無害也'，'恒'當作'猶'。'詳爲陋矣'，'詳'即'佯'，'陋'當作'漏'，聲之訛，別本'矣'作'失'，漏失遺忘也。郭象曰：'主上無爲於親事，而有爲於用臣也。'《莊子·天道》篇注文，此訛'親'爲'日'，又脱'臣'字。'今云惑視聽'，'今云'當作'令不'。《盛德》篇'君臣之義失'，別本'義'作'位'，與《禮記》本文合。'以慎天法'，'慎'當作'順'。'正朝之位'，'朝'下脫'儀'字。《千乘》篇'執事政也'，'政'當作'正'。'故年穀不成'，'不'當作'順'。'不知者'，誤讀下文，妄改爲'不'。《文王官人》篇'以觀其不寧'，當從《逸周書》作'不荒'。'如臨人以色'，'如'當從《逸周書》作'好'。'其貌固嘔'，篇內'嘔'字並'嫗'之訛。'執之以物而遬驚，決之以卒而度料'，以《逸周書》'設之以物而數決，敬之以卒而度應'互相訂，'執'即'設'之訛，'遬''數'義同爲速，速決宜連文，'驚之'脫誤爲'敬之'。'不學而性辯'，《逸周書》作'不文'，當作'不紊'。'始妒誣者也'，《逸周書》作'始誣者也'，'始'即'妒'之訛，此文與注並衍一'始'字，因訛致衍，如《保傅》篇'《學禮》曰'一段'而'訛作'如'，'如'又訛作'始'，各本遂作"而始"。凡'順'之爲'慎'，'而'之爲'如'，'謂'之爲'與''爲'爲'，'政'與'正'之錯互類，皆方音溷同致舛，不得云古字通，以數語中二字錯施彼此交易，正可決古人用字不宜如是滋惑，雖改正之可也。'察其愿'，'愿'當作'陰'，袁氏本作'應'，'陰'與'應'聲之訛，不知者遂改'應'爲'愿'。'人有多隱其情'，'有'字衍。'推前惡忠府'，據注'惡'疑'情'之訛。'謂有詢義'之'義'當作'議'。'自順而不讓'，據注'順'疑'執'字訛耳。'及其所不知正也'，'正'字疑衍。'爲先偏習之'當作'謂先徧習之'。書內'爲'當作'謂'者不具列。'有道而自順'，'有'當從《逸周書》作'假'。'以見佚氣自然'，'佚'當作'佾'。'驕厲以爲勇'當從《逸周書》作'矯厲'，注同。'内恐而外悴'，當從《逸周

書》作'外誇①'。'敬再其説','敬再'當從《逸周書》作'亞
稱'。'陰陰竊謂求諸人也',次'陰'字別本作'陽',以正文
訂之,當作'陰行,謂竊求諸人也',《逸周書》'日有守者
也',此脱誤爲'日守也'。《諸侯遷廟》篇'於練焉壞'下脱
一'廟'字,'納新神'上脱一'將'字。'房,西房也','西'字
別本或作'曰'或作'由',據禮訂之,當作'東房'。《諸侯釁
廟》篇'拭帨','帨'當作'挩'。《用兵》篇'云蚩尤古之諸侯
或妄耳',當作'或云','或'字脱誤在'諸侯'下。'贏暴於
天下','贏'當作'嬴'。'雖諸夏能相養'當作'離散莫能相
養',因字形訛舛耳。'與斗應相植','應'疑'杓'字之訛。
'深'當作'陬',或'深'聲誤爲'鄒'也。'周禮太師職曰',
'師'當作'史'。'頒,告朔于邦國也',脱'告'字,別本多脱
'朔'字。'周書'下脱'曰'字,似仍脱'力爭則力正'一語,
此《逸周書・度訓》篇文。'此周所次四海伏'當作'服',下
同,此朝明堂時來者。'數國也'當作'國數'。《少閒》篇
'同名同食曰同等',別本'食'作'位',義長。'緣近小治',
'治'當作'始'。'又不能備問也','問'當作'聞'。'其人
迅走若鹿',《逸周書》曰'發人鹿鹿者,若鹿迅走',謂北發
之人貢似鹿獸耳。'渠搜貢虛犬','虛'字誤,《逸周書》曰
'渠搜以鼢犬',鼢犬者,露犬也,能飛食虎豹,'虛'或當作
'露'。'如繁者','者'當作'諸'。'言職其並興','職'當
作'識'。'如以觀聞也'當作'而以聞觀也',別本或訛作

‘閒觀’。‘縠亦如之’，‘縠’當作‘民’。‘大及小人畜縠’，‘小’字衍。‘疆蔓未虧’不可通，‘蔓’當作‘藪’。《朝事》篇‘諸臣之五等之命’，‘命’上脫‘之’字，衍十八字。‘及大客之義’，‘義’當作‘儀’。‘以成邦國之貳’，當從《周禮》作‘以除邦國之慝’。‘致會’當作‘致檜’。《投壺》篇‘以其算告’，當從袁氏本作‘奇算’。《公冠》篇‘其徑五寸’，‘徑’當作‘頸’。‘肩博二寸’，‘肩’下脫‘革帶’二字。‘諸侯之服’，‘服’上脫‘朝’字。‘娶婦’下，《通解》載此注有‘之家’二字。‘併下一舉樂可也’，袁氏本亦作‘可’。《本命》篇‘人資始焉’，袁氏本作‘人莫違焉’，‘資始’二字似後人所改。‘八者維剛也’，‘剛’當作‘綱’。‘以治之也’，‘治’上脫‘一’字。‘故經成見星’，袁氏本‘經’作‘莖’。《易本命》篇‘易説卦曰’，‘卦’字衍，此引《乾鑿度》語。‘氣之始’下脫‘也’字。‘所以苟者多’當作‘以所包者多’。‘故舉禽獸之名’，‘禽’下仍脫一‘禽’字。‘言亦有生而生之也’，‘有生’當作‘有本’。‘日月屬於天’，‘日’字衍，‘屬’當作‘虧’，字形之訛。

　　今春又得一本，尚刻正文，前亦有韓元吉、鄭元祐二序，雖非善本，有數處頗可據。《王言》篇‘雖有國焉’作‘國焉’，不必借證於王肅所私定之《家語》矣。《哀公問五義》篇‘其心不買’作‘不置’，與《文王官人》篇‘有施而不置’注云‘不形於心色也’，義可互訂，此言不以己之盡忠信於人置諸心，而責人置忠信也，惟自勵於躬行，不以己厚責人薄，是之謂‘躬行忠信，其心不置’。因推尋下句‘仁義在己,而不害不知’,可取訂於《制言中》所謂‘有知之則願也,莫之知茍吾自知也’,此蓋謂己有仁義之實,雖人不知何害?‘知’或作‘志’者訛。《子張問入官》篇‘統絖塞耳’,‘統’作‘絓’,取證于《漢書・東方朔傳》‘黈纊充耳’,‘絓’即‘黈’之別字耳,注内云‘絖’,《莊子》作‘黈’,亦訛。謹録如上一二致確處,私心頗怡樂也。伏待垂擇,不無有可附於閣下前所訂數十條末者。”

照案:《大戴禮》逸語有散見於諸書,并有諸書所引與今本不同者,附録於後。

“有斧有柯”詩所引《大戴禮》。

《儀禮・喪服傳》“絞帶者,繩帶也”節《疏》引《大戴禮》曰:“大功以上唯唯然,小功已下額額然。”

《漢書・儒林・王式傳》“歌驪駒”注,服虔曰:“逸《詩》篇名也,見《大戴禮》,客欲去歌之。”文穎曰:“其辭云‘驪駒在門,僕夫具存。驪駒在路,僕夫整駕’也。”

《文選・西京賦注》引《大戴禮》曰:“獨坐不踞然。踞,却倚也,音據。”

《東都賦注》引《大戴禮・孔子三朝記》曰:“孔子受業而有疑,捧手問之,不當避席。”

班固《典引注》引《大戴禮》曰:“神明自得,聖心備矣。”

《太平御覽》引《大戴禮》曰:“天地積陰,温則爲雨,寒則爲雪。”

又:“司徒典春,以教民之不時、不若、不全,成長幼、老疾、孤寡,以時通于四疆,有閛而不通,有煩而不治,則民不樂生、不利衣食。凡民之藏貯，以及山川之神明加于民者，發圖功謀。齊戒必敬，會時必節。日、歷、巫、祀執之以守①官俟②命而作③，祈王④年，禱民命，及畜穀、蜚征、庶虞草。方春三月，緩施生育，動作百物，于時有事，享于皇祖皇考，朝孤子八人以成春事。"

又："古者天子孟春論吏之德行，能法者爲有行，能理德法者爲有能，盛得法者爲有功，故論吏而法行，事治而功成。季冬正法，孟冬論吏，治國之要也。"

又："諸侯相見，治卿爲介，以其教士畢行，使仁者守，會朝于天子。天子以歲二月爲壇于東郊，見五色，設五兵，具五味，陳六律，品奏五聲，聽明教，置離，抗大張侯，規鵠，堅物。九卿佐三公，三公佐天子。天子踐位，諸侯各以其局就位，乃升諸侯之教，士執弓挾矢，揖讓以升，履物以射其地，以心端色容正，以時效之有慶以地，不時有讓以地，天下之有道也。"

又："三代之禮，天子春朝朝日，秋暮夕月，祭日東壇，祭月西壇，故以別外。曰壇，端其政位。所以明有敬也。"教天子之臣也。

―――――

① 原作"侍"，皇清經解續編本同，據《太平御覽》卷十八《時序》部引文改。

② 原作"侍"，皇清經解續編本作"俟"，據《太平御覽》卷十八《時序》部引文改。

③ 原無"作"字，皇清經解續編本同，據《太平御覽》卷十八《時序》部引文補。

④ 原作"五"，皇清經解續編本同，據《太平御覽》卷十八《時序》部引文改。

又:"吞舟之魚大矣,蕩而失水則爲蟻所制。"

又:"曾子曰:'雀上高城之塘,而巢于高枝之巔,城壞凌風而起。'"

《曲禮疏》:"按:《大戴禮・王度記》云:'大夫俟放于郊,三年得環乃還,得玦乃去。'"

《禮記・雜記注》:"《王度記》:'百户爲里,里一尹。'"

《禮記疏》:"按:《别録》:'《王度記》云:似齊宣王時涫于髡等所説也。'"

《周禮疏》:"《王度記》云:'天子以鬯,諸侯以薰。'"

《三禮義宗》:"《王度記》云:'玉者,象君子之德。'"

《白虎通》引《王度記》曰:"子男三卿,一卿命于天子。"

又:"天子冢宰一人,爵禄如天子之大夫。"

又:"反之以玦。"

又:"玉者,有象君之德。"

又:"天子鬯,諸侯薰,大夫芷蘭,士蒹。"

《漢書・輿服志注》:"《逸禮・王度記》曰:'天子駕六馬,諸侯駕四,大夫三,士二,庶人一。'"

《淵鑒類函》卷十三引《大戴禮》曰:"古者天子孟春論吏之德行,能法者爲有行,能理得法者爲有能,任得法者爲有功。故論吏行而法行,事治而功成。季冬正法,孟春論吏,治國之要也。春論班賞,冬考良刑,則莫不懲勸也。"

又九十三卷引《大戴禮》曰:"禮之象五行也,其義四時也。"

《讀禮通考》卷六十四引《大戴禮》曰:"周公旦、太師望相嗣王,作《謚法》:'謚者,行之蹟也。號者,功之壯也。服者,位之彰也。是以大行受大名,細行受小名,行出于己,名出于人。謚,慎也,以人行之,始終悉慎,録之以爲名也。"

又九十五卷引《大戴禮》曰:"天子飯以珠,含以玉;諸侯飯以珠,含以璧;大夫、士飯以珠,含以貝。"

方氏苞曰:"余少閲《大戴禮》,稱'文王十三生伯邑考①,十五生武王。"照案:《韓門綴學》亦引之。

《十三經類纂》引《大戴禮》曰:"子曰:'鞭扑之子,不從父母之教,刑僇之民,不從君之令言,疾之難行,故君子不急斷不意使,以爲亂源。'"

《逸·大戴禮·政一作"昭"。穆篇》:"大學,明堂之東序。"見蔡邕《明堂月令論》及《詩正義》引。

補　　遺

《御覽》引《大戴禮》曰:"昔武王踐阼入于户,未嘗越履,往來過之不履影。"

又:"禹敷土。"司馬氏《索隱》云:"《大戴禮》作'傅土'。"

又:"五月五日,畜蒲爲沐浴。"

又:"季冬聽獄論刑者,所以正法。"

---

① 原作"秀",皇清經解續編本同。"伯邑考",文王之子,蓋因"秀""考"形近致訛,故改。

又:"《詩》曰:'禮義之不愆,何恤乎人言?'"

又:"君道當,則萬物皆得其宜。"

又:"古者大臣坐污穢淫亂,男女無別者,不曰污穢,曰帷薄不修。"

《左傳補注》引《大戴禮》曰:"慧種生聖,癡種生狂。"照案:此《越絕書》計倪之言也。

《藝文類聚》引《大戴禮》曰:"禮象五行也,其義四時也,故以四時舉,有恩、有義、有節、有權。"

照案:禮有《三正記》《王霸記》《瑞命記》,想亦《大戴禮》所逸之篇名也。

程子曰:"《禮記》雜出于漢儒,若閒居、燕居、三無、五起之説,文字可疑。"照案:《荀子》有"三至",《家語》有"七教",《管子》有"三本",《大戴·王言》篇"三至七教",似漢人子書。

照案:《逸周書·官人》篇曰:"醉之以酒,以觀其恭;縱之以色,以觀其常;臨之以利,以觀其不貪;濫之以樂,以觀其不荒。"方氏孝孺以爲:"訐術陷人,雖戰國之世,縱橫權數之徒,亦所不爲,而謂周公而以此取人乎?"其論甚正,今《大戴》謂文王以此試人,宜先儒之詆爲駮雜也。

朱子曰:"《夏小正》疑出迂儒之筆,非孔子所見夏時本文。"

方氏孝孺曰:"《夏小正》,凡三百九十餘言,先儒以孔子所謂行夏之時者,即此書且以時之正、令之善釋之。自今觀之,其書記十二月之候,有關于人事者二十有七,若采芸、采蘩、祭鮪、攝桑、剥瓜、剥棗、納蔚、取荼之類，皆備記之。求其大者，惟服公田、綏士女、萬用入學、剥鱓、頒冰、始蠶、祈麥、攻駒、頒馬、王狩、陳筋革十一事而已，豈所謂令之善者止于斯乎？孔子有取于夏時，以建寅之月爲歲首耳，豈誠謂此書乎？使此書果夏之遺書，孔子曷不編于《禹貢》《嗣征》之間乎？孔子儻見此書，奚不曰得《夏小正》，而曰得夏時乎？孔子未嘗指而言之。後乎孔子者，乃從而實之，豈固別有所受乎？或者信其説，遂謂《汲冢書》之《周月解》，吕不韋之《月令》，皆本諸此，果何以定其先後乎？聖人之經，傳之萬事而無惑者，以其明道也。于道苟無損益，雖謂出于孔氏之壁，成于堯舜之時，謂之古書則可矣，吾安敢信哉？”

　　《史記索隱》曰：“劉向《别録》云：‘孔子見魯哀公，問政，比三朝，退而爲之記，故曰三朝。’凡七篇，並入《大戴記》。”

附録一　汪照散見詩詞文彙編

詩　五　首

渡圓泖

晨光散菰蘆,虛舟漾寒渌。九峯浮彎環,三泖疊輕縠。
微風翛然來,明漪恣遐矚。芳杜净可搴,渚禽時相逐。沿
轉益清爽,涳濛洗煩縟。孤懷發元感,一理滄江曲。回思
塵網中,形神祇蜷跼。①

劉生鐵簫行

鐵笛老仙不可見,鐵簫今見劉卣亭。黝然深墨太古
色,非關幽隱藏奧屛。夔襄般匠法原準,棱節宛截篔簹形。
長餘二尺徑一寸,鎪鏤孔竅如明星。絳唇微齾半珪月,其
下穿洞堪垂綎。鴻爐冶煉黑金液,鎮以太乙摶模型。獨惜
良工解撇擶,昆刀曾未鑴遺銘。諦審勿敢定時代,諒閱唐
宋延千齡。不然摩挲鏽蝕處,兩掌何不霑微腥?
　　重光赤奮若十月,朔日庚午纔舒冀。桐疏蕉萎風漸

---

① 王昶輯《湖海詩傳》,上海古籍出版社,2013年,第355頁。《湖海詩
傳》輯録汪照詩四首,爲《渡圓泖》《劉生鐵簫行》《秋夜,林協君、諸殿掄、范凌
蒼、吳右積、錢學園、王幼興、毛又莗枉集草堂,分得秋字》《秦淮泛月》。

緊,霜華點點飄簪瓴。試從笑中發天籟,穌囉呕嘟聲瓏玲。
大氣貫注詎防裂,劃然沸渭輵雷霆。手容必恭頭容直,聯
縣絡繹神清寧。孔雀白鶴疑下舞,寐者驚覺醉者醒。銀箏
鐵撥那足數,銅琶鐵板齊爲停。紙甆玉石製亦雅,遜此鑌
鐵追九靈。君畜寶琴雷氏斲,石絃碧絃尹與邢。

　　平安小舫足鑑古,二友相對紅窗檻。慚余有琴典已
久,吹簫市上徒伶仃。劉生爾才如青萍,會當奏響登王廷。
奚爲落拓浮吳舲,翩翩襆被來西泠。夜深口吻吮宮徵,剛
健流利寒燈青。自寫長歌押强韻,詞源挽壑輸滄溟。劉生
劉生爾細聽,爲爾鑢錫磋新硎。鐵篴爲龍鐵簫鳳,飛騰五
采雲霄翎。①

秋夜,林協君、諸殿掄、范凌蒼、吳右積、錢學園、
王幼輿、毛又莀枉集草堂,分得秋字

　　明月滿南樓,高寒攬翠裘。論文多舊雨,把酒恰深秋。
霜落丹楓冷,天空碧漢流。相將看突兀,吾道問滄洲。②

秦　淮　泛　月

　　涼露娟娟漲暮潮,芙蓉花老暗香消。蘭橈徐蕩秦淮
水,秋月秋風送六朝。

　　點點遥山影黛螺,樓臺近水月明多。青簾白舫垂楊
外,猶按南朝玉樹歌。

　　沉沉香霧浸窗紗,畫檻朱闌古渡斜。一片清溪嗚咽

---

① 王昶《湖海詩傳》,上海古籍出版社,2013 年,第 355 頁。
② 王昶《湖海詩傳》,上海古籍出版社,2013 年,第 356 頁。

水,寒煙誰問故侯家。①

孫守中攜詩過訪題贈

江上新詩肯寄余,叩門遠慰寂寥居。乍驚劍氣龍文
現,轉歎鴒原雁影疏。謂喆兄緘三。雍隴千山詢客況,吳碑
三段訂殘書。時同增訂周雪客《天發神讖碑考》。西窗孤負熒熒
燭,夢送扁舟夜漏初。守中兩次過余齋中,至晚輒別去。②

詞三十八首

汪照詞作共 38 首,其中《美人香草詞》收 18 首,《月香綺
業》收詞 11 首,《碧雲詞》收詞 9 首,見王昶輯《練川五家詞》。
後《全清詞·雍乾卷》標點整理,現據《全清詞》録此以饗讀者。

憶王孫　春遊

春風白馬紫遊韁。出郭沿隄十里强。一水斜分燕尾
長。柳絲鄉。小閣花深對夕陽。

清平樂　避暑半蘭園

茶鐺書籠。移住蓮塘曲。一枕水亭黄妳足。夢覺半
窗晴緑。　　莫嫌疏懶逢迎。由來蕭散心情。自在先生
作伴,風標公子同盟。

---

① 王昶《湖海詩傳》,上海古籍出版社,2013 年,第 356 頁。
② (清)陳樹德輯、朱瑞熙標點《安亭志》卷十一,上海古籍出版社,2003
年,第 197 頁。從語意推測,小字注蓋爲汪照自注。結合汪照年譜來看,本詩
乃汪照晚年所作,故放置於後。

中興樂　中秋

桂花香賽小山秋。輕風低弄簾鈎。宴罷酒家，月當畫樓。　燈火闌珊未收。夜幽幽。游人歸盡，一群紅粉，丁字街頭。

漁家傲　席上

深巷夕陽門掩乍。棗枝纍纍叢篁亞。盛出春榮供奉鮓。團圞話。瓷罏小獸濃添麝。　改席偏宜精舍下。鄭侯書架徐熙畫。羌管胡琴都弄罷。紅燈射。關情半面屏風罅。

留　春　令

柳花飄絮，桃花零雨，梨花鋪霰。纔向樽前望花開，又落盡、青苔院。　可惜春光人未占。付嬌鶯姹燕。算縱有、明年再開時，怎挽得、今年轉。

霜　天　曉　角

平原古道。槲葉西風掃。玉勒雕鞍何處，寒煙外、際天草。　社鳥。飛去了。殘蟬吟晚照。試問秋來秋去，能消得、幾番老。

水調歌頭　次王耿仲笛牀別調韻二闋

中夜忽不樂，把酒盪心胸。爲予且覓綽板，高唱大江東。昔日風流名勝，今日江山陳迹，俯仰更愁儂。脱帽舞回鶻，盤薄氣如虹。　黃金盡，高樓廢，付蒿蓬。酒徒博侶，斷盡門外舊游蹤。自古只宜行樂，世事不須深論，一飲百千鍾。醉起叫閶闔，明月小庭空。

前　調

王謝號名士，劉項數英雄。而今一樣付與，殘照與西風。細算名韁利鞚，何似浮家泛宅，來往雪溪中。散髮唱銅斗，吹笛縱吟篷。　　所思在，七十二，洞庭峰。世人搖手戒我，此內怒濤洶。君自風塵走馬，我自煙波跨鯉，道固不相同。揮手謝時輩，戴笠伴漁翁。

女　冠　子

多情仙子。住在蕊珠宮裏。最風流。霞帔描連理，星冠繡並頭。　　桃花勻兩頰，秋水翦雙眸。暗與吹簫客，約秦樓。

前　調

劉郎去也。寂寞醮壇花謝。碧雲深。青鳥爲勤使，瑤函寄素心。　　曉風臨竹檻，夜月坐松陰。纖手勻珠淚，罷彈琴。

破陣子　送別

昨夜西樓風月，今朝南浦煙波。格格沙鷗堤畔拍，兩兩黃鸝柳外唆。斷腸分手初。　　一闋離歌慘咽，數行別淚挼挱。後日相思填臆處，應悔此時話未多。此時半句無。

少年遊　茗溪憶舊

柳絲和恨一條條。挂在小江臯。前度來時，玉香寓處，側靠畫闌橋。　　而今人去朱門舊，剩有綠裙腰。無語斜陽，無情流水，寂寞下空濠。

菩薩蠻　<small>迴文</small>

晚鴻飛盡秋雲淡。淡雲秋盡飛鴻晚。門掩獨銷魂。魂銷獨掩門。　遠鐘和夢斷。斷夢和鐘遠。斜月曉窗紗。紗窗曉月斜。

憶　蘿　月

芳心柔亂。睡起簾猶捲。瘦盡瓊姿天不管。幸有新來雙燕。　畫橋東畔江村。綠楊陰裏柴門。杜宇東風寒食,杏花微雨黃昏。

前　調

垂楊踠地。鼎鼎朱門閉。共道才情傾北里。夙慧當年曾記。　鵝溪絹斫花文。幾回憑仗桃根。乞取箇儂三絕,畫禪書聖針神。

如夢令　<small>題彈琴圖</small>

昨夜南湖風雨。涼到荒汀枯樹。石上理瑤琴,人在竹陰深處。山路。山路。殘照碧雲秋暮。

水仙子　<small>用清悶閒樂府韻</small>

藕絲裙軟杏衫輕。扶出香窩釵半橫。漫嫌紅燭窺芳徑,小銅荷、掩畫屏。　今朝午睡初醒。茶熟聞啼鳥,詩成對落英。一種閒情。

前　調

斜橋曲水繞紅樓。春色滿園只貯愁。柳絲初放如衰瘦,柂黃入細流。　雨餘芳徑泥柔。當年此地,有人共遊。曾印鞋鈎。

（以上《練川五家詞》本《美人香草詞》）

憶王孫

小園曲沼柳垂條。煙逕霏迷罨畫橋。人在歌樓醉碧桃。倚香嬌。夜月春風品玉簫。

前调

敲殘紅子玉楸枰。綵袖金鍾不厭斟。酒入芳心醞釀春。軟舊騰。人氣衣香撲醉魂。

漁家傲

八字鴉兒纔畫就。夾衣初試猶嫌厚。共約去尋百草鬥。隨伴走。東風拂拂珠裙縐。　　花裏歸來香滿袖。西樓漫把銅環扣。偎倚侍兒閒論究。憑欄久。牆東月上黃昏後。

小庭花

一瓣絲鞭鬢後拖。更衣帳底動流蘇。見人羞怯顫聲訛。　　戲打鴛鴦分對對，却教鸚鵡喚哥哥。不知真箇有情麼。

河滿子　舟中

靜婉腰肢第一，文君眉黛無雙。搖碧齊行圖障裏，往來並坐鳴榔。綠屟同薰爐火，青袍借染裙香。　　細浪觸橈清響，微風落面濃涼。十里橫塘明似練，枯楊殘照按黃。無數鄰船人看，都憑一面船窗。

阮 郎 歸

　　無風陰雨細如絲。落花能戀枝。畫樓春色暗霏微。　　一雙小燕飛。閒捲幔，静支頤。高窗野望時。多愁元不是相思。此情知爲誰？

醉 花 陰

　　春愁不解橫眉角。愛把描花學。漸自解梳頭，碧鳳珠翹，一一從娘索。　　綠楊樓外紗窗拓。蕊蕊芬華落。痛惜小桃紅，央及鸚哥，罵箇東風惡。

虞 美 人

　　願爲輕俊紅襟燕。飛入紗窗扇。願爲清瑩小菱銅。照見淡描濃抹、兩眉峰。　　願爲骄粟黄金釧。時在紅酥腕。此身欲化苦無由。拚却年年冷淚、爲伊流。

前 調

　　去年同倚東風裏。花與人俱麗。今年花似去年紅。少箇人兒仍此、倚東風。　　去年同坐三更悄。月與人俱僚。今年月似去年明。少箇人兒仍此、坐三更。

内 家 嬌

　　停橈楊柳岸，蝦鬚揭，人醉杏花樓。奈欲近旋遥，坐來未果，似真如夢，見了還休。分攜處、拗花簪翠珮，揎袖拭層眸。離恨一天，平分各半，春寒錦帳，暮雨扁舟。　　看看秋已晚，籬邊路，早挂數朵牽牛。腸斷霜凋烏桕，風綻雞頭。縱紫雁書來，行行隱語，青鸞書去，字字新愁。都是無聊蹤跡，無用綢繆。

感　恩　多

花開春色淺。花落庭蕪短。年年人未歸。燕雙飛。　　生別猶如死別，絕來期。絕來期。怎得東流有時。却向西。

（以上《練川五家詞》本《月香綺業》）

凭　闌　人　　採蓮

一棹凉拖菡萏風。杳杳歌聲入亂叢。荷花似面紅。折來愁殺儂。

其　　二

香動微風葉葉衣。小舫輕橈採罷歸。回看新婦磯。鴛鴦對對飛。

憶　江　南

江南憶，銀漢院牆深。閒屑粉香描並蒂，暗兜裙帶結同心。只在繡牀陰。

其　　二

江南憶，鴛侶舊曾諧。滿有憐心佯不睬，故藏笑臉俯兜鞋。虧殺侍兒呆。

其　　三

江南憶，細步到虛堂。似有人來天竹動，絕無人處木瓜香。曲录小迴廊。

歸　國　遥

金屋。滿院落花風薪薪。冬娘隱几眠熟。象紗衫袖麼。　　斷夢暗關心曲。半殘紅蠟燭。玉窗雙閉朝旭。小屏山水綠。

桂　殿　秋

殘蠟灺，曉簾篩。日高花影到罘罳。香濃寶鼎薰衣透，水暖金盆弄手遲。

西　江　月

芳草新煙門巷，紅霞霽色樓臺。獸爐香爆畫屏開。殘杏枝頭春在。　　敵面花風翦翦，弄情金柳鬖鬖。暮寒雙燕未歸來，捲上水晶簾待。

綺　羅　香

野色河橋，斜陽坊巷，歷歷仙源都記。訪藕尋蓮，柳下畫船頻艤。層樓出千樹，梨花小門，對一池春水。便鴛鴦、共宿何妨，誰教漂泊到如此。　　尋常簾幕不捲，慣自嬌多愁重，未忺梳洗。聞道新來，更比前時憔悴。寒宵短、好夢難詳，晴晝永、清吟無味。算誰堪、與説相思，新來雙燕子。

（以上《練川五家詞》本《碧雲詞》）

宮詞二十二首

《光緒嘉定縣志》卷二十八：“《十國宮詞》二卷。汪景龍諸人拈鬮分賦，景龍得吳、南唐。”[1]今據此判定汪照曾撰

---

[1] 上海市地方誌辦公室編《上海府縣舊志叢書·嘉定縣卷》，上海古籍出版社，2012年，第2535頁。

吴、南唐宫詞。該縣志吴閶本傳"以十國遺事，歐《史》所
略，其佚見他説者，鮮能博觀而盡識"，"乃與其子昭禹詳悉
分注，考證異同，時稱精審"，據此可知，宫詞注文爲吴閶子
昭禹所作。^① 汪照宫詞多用典，若無解讀恐難賞析，爲便於
對汪照宫詞文本的理解，今一一詳録原注文。

吴

太祖楊行密，傳子烈祖渥，被弑；弟高祖隆演立，薨；弟
睿帝溥立，讓位于南唐。歷四主，凡四十六年。

黑雲都外陣雲收，卅六英雄扈豫游。滁上甜梅新賜
號，蜂糖早又諱揚州。

孔傳《六帖》："楊行密有鋭士五千，衣以黑繒、黑甲，號黑雲都。"歐
陽修《五代史·吴世家》："行密所與起事劉威、陶雅之徒，號三十六英
雄。"劉斧《翰府名談》："楊行密據江淮，滁人謂荇溪爲菱溪、杏爲甜梅，
揚州民呼密爲蜂糖。"

郎君玉貌欸和來，忽地簫聲起鳳台。邂逅早聯兩姓
好，楊頭錢眼各無猜。

陶岳《五代史補》："楊行密嘗命宣州刺史田頵圍錢塘，錢鏐危急，遣
其子元璙修好于行密。元璙風神俊邁，行密見之甚喜，因以女妻之，遂
命頵罷兵。"又："先是，行密與鏐勢力相敵，行密嘗命以大索爲錢貫，號
曰穿錢眼。鏐聞之，每歲命以大斧斫柳，謂之斫楊頭。至以元璙通婚，

① 上海市地方誌辦公室編《上海府縣舊志叢書·嘉定縣卷》，上海古籍
出版社，2012 年，第 2265 頁。

二境漸睦，穿眼、斫頭之論始止。"

東院親軍署職優，射場無事更勾留。十圍地室光明
燭，夜夜麻衣試擊毬。

> 吳任臣《十國春秋・吳烈祖世家》："初，內營有親軍數千，屯于牙城
> 之內，王悉遷出于外，以其地爲射場。已而選壯士號東院馬軍，廣署親
> 信，以爲將吏。"陳彭年《江南別録》："景王居父喪，掘地爲室作音樂，夜
> 燃燭擊毬。燭大者十圍，一燭之費數萬錢。"

擁柱盤桓見白衣，真龍托夢是耶非。參軍慣作逢場
戲，又試金丸頂上飛。

> 《十國春秋・吳高祖世家》："徐温嘗夜夢入宫，見白龍繞殿柱，詰旦
> 見隆演衣白衣，擁柱而立，心異之。至是得嗣立。"又："徐氏專權，王幼
> 懦，不能自持。而知訓尤凌侮之。嘗與王爲優，自爲參軍，使王爲蒼鶻
> 以從。又泛舟濁河，王先起，知訓以彈彈之。"

俚謡傳唱渺無端，雪似楊花李玉團。江上樓船親試
覽，書生挾策話迎鑾。

> 《十國春秋・吳高祖世家》："武義元年，有童謡云：'東海鯉魚飛上
> 天。'又有謡云：'江北楊花作雪飛，江南李樹玉團枝。李花結子可憐在，
> 不似楊花無了期。'"又《吳睿帝本紀》："順義四年冬十月，王如白沙觀樓
> 船。太學博士王轂上書，請改白沙爲迎鑾，略曰：'日月所經，星辰盡爲
> 黄道；鑾輿所止，井邑皆爲赤縣。'王命更其名曰迎鑾鎮。"

辟穀長辭廟算勞，嵯峨殿牓列仙曹。丹陽何處尋漁
父，殘笛聲聲憶漸高。

《十國春秋·吴睿帝本紀》：“天祚三年冬十月己丑，齊主表請改江都宫殿名，皆于《仙經》内取之。帝常服羽衣，習辟穀術。”陸游《南唐書·烈祖本紀》：“昇元二年夏五月，讓皇屢請徙居。戊午，改潤州治爲丹陽宫，以平章事李建勳充迎奉讓皇使。甲寅，徙讓皇居丹陽宫。”《十國春秋·穆潭漁者傳》：“太祖初起廬州，稱八營都知兵馬使。巡警至穆潭，有漁父鼓舟至前，饋魚數頭曰：‘此猶公子孫鱗次而霸也。’”又《申漸高傳》：“漸高事睿帝爲樂工，常吹三孔笛。”①

南　唐

烈祖李昇傳子元宗璟，璟傳後主煜，降于宋，歷三主，凡三十九年。

木再呈奇月再延，維新鼎命百靈駢。内家從識駝蹄餤，夜捧金奴侍御筵。

龍衮《江南野録》：“李昇受徐温之禪也，其日江西楊化爲李，洪州李生連理。詔還李姓，國還號唐。”又：“南唐圜丘之際，太史奏月延三刻。”陸書《雜藝傳》某御廚，“烈祖受禪，御膳宴設賴之”，“其食味有鸞鸞餅、天喜餅、駝蹄餤、春分餤、密雲餅、鐺糟炙、瓏璁餤、紅頭簽、五色餛飩、子母饅頭”，舊法具存。陶穀《清異録》：“江南烈祖素儉，寢殿燭不用脂蠟，灌以烏桕子，但呼爲烏舅。”案：上捧燭鐵人，高尺五，云是楊氏時馬厩中物。一日黄昏急須燭，唤小黄門：“掇過我金奴來。”

圖畫天然摹雪夜，交煇棟甍小樓西。朝元纔了芳菲早，又縱宜春緑耳梯。

---

① 蟲天子編《香艷叢書》第一册，上海書店出版社，2014 年，第 439—441 頁。

　　鄭文寶《江表志》：“元宗友愛之分，備極天倫。太弟景遂，江王景逿，齊王景達，出處游晏，未嘗相舍。保大五年元日大雪，召太弟以下登樓展晏，咸命賦詩，夜分方散。侍臣皆有詩詠，徐鉉爲前後序，太弟合爲一圖，召名公圖繪，曲盡一時之妙。御容高冲古主之；太弟以下侍臣，法部絲竹，周文矩主之；樓閣宫殿，朱澄主之；雪竹寒林，董元主之；池沼禽魚，徐崇嗣主之。圖成，無非絶筆。”《清異録》：“宜春王從謙，嘗春日與妃侍游宫中後圃。妃睹桃花盛開，意欲折而條高，小黄門取彩梯獻。從謙乘駿馬擊毬，乃引輊至花底，痛采芳菲，顧謂嬪妾曰：‘我之緑耳梯何如？’”

裘衫杳渺去青城，無復金門羽客迎。别試承漿鎔雪手，内廷重款耿先生。

　　《十國春秋·南唐譚峭傳》：“峭字景昇，師嵩山道士，得辟穀養氣之術。夏則服烏裘，冬則緑衣衫，或臥風雪中，後入青城山仙去。”陳舜俞《廬山記》：“保大中，道士譚紫霄，賜號金門羽客，亦曰玄流真侣。”按：景昇號紫霄真人。吴淑《江淮異人録》：“保大中，南海貢龍腦漿，能補益。元宗嘗以漿調酒服之。耿先生曰：‘未爲佳也。’乃以縑囊貯龍腦懸于琉璃缾中。食頃，曰：‘已漿矣。’元宗聞滴瀝聲，少頃，視之一勺水矣。明日發之，已半瓶，香氣馥然。”《江表志》：“耿先生大雪時取雪投熾炭中，灰埃甚起，徐以灰周覆之。過食頃取出，赫然者銅，置之于地，及冷，爛然爲鋌銀。視其下，如垂酥滴乳之狀。”陸書《方士傳》：“耿先生者，父雲軍大校。少爲女道士，玉貌鳥爪，嘗著碧霞帔，自稱比丘先生，始因宋齊丘進。”

敲枰圍坐畫屏隈，陪試春場鞠一回。宿諾深銜真不爽，銀鞲新著謝恩來。

　　陸友仁《硯北雜誌》：“周文矩畫重屏圖，江南中主兄弟四人圍棋，紙上著色，人皆如生前。"鄭文寶《南唐近事》："元宗嘗謂馮謹曰：'我富貴日，爲爾置銀韡。'及保大初，因擊鞠賜銀三十斤，謹命工鍛韡穿之。"

韝扇輕颺碧箭抽，蒼苔紅葉總非儔。飲香亭外秋如水，侍輦同參馨列候。

　　《清異録》："俗以開花風爲風韝扇。"陳爛文《天中記》："南唐元宗廬山百花亭刻石云：'蒼苔迷古道，紅葉亂朝霞。'"《清異録》："保大二年，國主幸飲香亭賞新蘭，詔苑令取瀧溪美土，爲馨列侯壅培之具。"案：列，一本作烈。

北苑新妝的乳茶，六宮清讌内香誇。帳中別有留眷法，蓺取鵝梨一穗斜。

　　毛先舒《南唐拾遺記》："建陽進茶油花子，大小形製各別。官嬪縷金于面，皆淡妝，以此花餅施額上，號北苑妝。"宋庠《楊億談苑》："江左李氏別令取茶之乳作片，或號'京鋌的乳'及'骨子'等名。"《清異録》："保大七年，召大臣宗室赴内香燕。凡中國外夷所出，以至和合煎飲、佩帶粉囊，共九十二種，江南所無。"馮贄《南部烟花記》："江南李主帳中香法，以鵝梨蒸沉香用之。"

硯官尊並墨官尊，小殿龜頭細與論。禿盡翹軒諸葛穎，千秋祖帖勒昇元。

　　羅願《新安志》："龍尾山，在婺源東南。南唐元宗時，歙守獻硯，薦工李少微擢硯官。"陳師道《後山叢話》："南唐于饒州置墨務官，歲貢有數。李氏本姓奚，賜國姓，世爲墨官云。"《十國春秋·南唐元宗本紀》："帝在位，嘗構一小殿，謂之龜頭，常居處以視事。左右偵其所在，必問曰：'大家何在？龜頭裏？'"《清異録》："宣城諸葛筆，勁妙甲當時，號翹軒寶帚。”《十國春秋・南唐元宗本紀》：“保大七年，命倉曹參軍王文炳，摹勒古今法帖上石。”原案：“馬傳慶言後主命徐鉉以所藏法帖入石，名曰昇元，即此貼也。”

停觴久爲聽歌聲，花外乘除空復情。一笑當筵除拜普，仙僚同話李家明。

　　馬令《南唐書・談諧傳》：“王感化善謳歌。元宗嗣位，晏樂擊毬不輟，嘗乘醉命感化奏《水調詞》，感化惟歌‘南朝天子愛風流’一句，如是者數四。元宗輒悟，覆杯歎曰：‘使孫、陳二主得此一句，不當有銜璧之辱也。’”又：“李家明談諧敏給，工爲諷諞。元宗好游，家明常從。元宗賞花後苑，率近臣臨池垂釣，臣下皆登魚，元宗獨無獲。家明進詩曰：‘玉甃垂鈎興正濃，碧池春煖水溶溶。凡鱗不敢吞香餌，知是君王合釣龍。’元宗大悦。”又：“景遂、景逖、景達皆以皇弟加爵，而恩未及臣下，因置酒殿中。家明俳戲，爲翁媪列坐，諸婦進飲食，拜禮頗煩，翁媪怒曰：‘自家官，自家家，何用多拜也？’元宗笑曰：‘吾爲國主，恩不外覃。’于是百官進秩有差。”原注：“江浙謂舅爲官，謂姑爲家。”

燒槽拜賜出東房，新破番番迭和長。要倩重瞳頻醉舞，麝囊花底按霓裳。

　　馬書《女憲傳》：“後主昭惠后周氏，通書史，善音律，尤工琵琶。元宗賞其藝，取所御琵琶，時謂燒槽者賜焉。”又：“後主嘗演《念家山》舊曲，后復作《邀醉舞》《恨來遲》新破，皆行于時。”陸書《后妃傳》：“昭惠國后嘗雪夜酣燕，舉杯請後主起舞。後主曰：‘汝能創爲新聲，則可矣。’后即命箋綴譜，喉無滯音，筆無停思，俄項譜成。所謂《邀醉舞破》也。”又《後主本紀》：“後主一目重瞳子。”《清異録》：“廬山僧有麝囊花一叢，色正紫，類丁香，號紫風流。江南後主詔取，植于移風殿，賜名蓬萊紫。”《江南野録》：“《霓裳羽衣曲》自兵興之後，絶無傳者，江南周后按譜尋之，盡得其聲。"

匝匼春陰錦洞天，纖裳高髻鬥嬋娟。花香拂拂隨人影，鳳子紛黏綠鬢邊。

> 《清異録》："李後主每春盛時，梁棟、窗壁、柱栱、階砌並作隔筒，密插雜花，榜曰錦洞天。"陸書《后妃傳》："昭惠后創爲高髻纖裳及首翹鬢朵之妝，人皆效之。"《十國春秋·南唐列傳》："宮人秋水，喜簪異花，芳香拂水，嘗有蝶繞其上，撲之不去。"

親迎銀鵝繡被陳，金錢四撒帳生春。明珠依舊深宵展，恰照香階衩襪人。

> 馬書《女憲傳》："繼室周后將納采，後主先令校鵝代白雁，被以文繡，使銜書。及親迎，民庶觀者，或登屋極，至有墜瓦而斃者。"董逌《錢譜》："李唐撒帳錢，其文曰：'長命富貴，金玉滿堂。'又有'忠孝傳家，五男二女''天下太平，封侯拜相'之類。"王銍《默記》："江南大將獲李後主寵姬，見燈輒閉目，云'烟氣'，易以蠟燭，亦閉目，云'烟氣愈甚'。曰：'然則宮中未嘗點燭耶？'云：'宮中本閣至夜，則懸大寶珠，光照一室，如日中也。'"馬書《女憲傳》："后自昭惠殂，常在禁中。後主樂府詞有'衩襪步①階，手提金縷鞋'之類，多傳于外，至納后，乃成禮而已。"

主香長日奉柔儀，鋪殿花光望欲飛。等得新涼秋露滿，忙收天水染羅衣。

> 《清異録》："李煜偶長秋，周氏居柔儀殿，有主香宮女，其焚香之器

---

① 此處疑脱"香"字。宮詞原文作"恰照香階衩襪人"；該句見李後主《菩薩蠻》："花明月暗籠輕霧，今宵好向郎邊去。剗襪步香階，手提金縷鞋。畫堂南畔見，一向偎人顫。奴爲出來難，教君恣意憐。"

曰把子蓮、三雲鳳、折腰獅子、小三神、卍字金鳳口罌、玉太古容華鼎,凡數十種。”郭若虛《圖畫見聞志》:“江南徐熙輩,有于雙縑幅素上畫叢豔疊石,傍出藥苗,雜以禽鳥蜂蟬之妙,乃是供李主官中掛設之具,謂之鋪殿花。”《宋史·南唐李氏世家》:“煜妓妾嘗染碧,經夕未收,會露下,其色愈鮮明,煜愛之。自是宮中競收露水染碧以衣之,謂之天水碧。”案:天水,趙之望也,天水碧時謂逼迫之徵。

小亭窄窄幂紅羅,葉格香籤貯不多。密意難傳祇勸酒,萬花叢映醉顏酡。

> 《十國春秋·南唐繼國后周氏傳》:“後主常于群花中作亭,幂以紅羅,押以玳牙,雕鏤華麗,而極迫小,僅容二人,每與后酣飲其間。”焦竑《國史經籍志》:“李後主妃周氏《擊蒙小葉子格》一卷。”香籤注見前。

紅羅疊間白羅層,檐角河光一曲澄。碧落今宵誰得巧?淩波妙舞月新升。

> 《五國故事》:“南唐後主每①夕延巧,必命紅白羅白②匹,以豎爲月宮天河之狀。”《丹青志》:“後主嘗坐碧落宮中,張八尺琉璃屏,畫《夷光獨立圖》。”《道山新聞》:“李後主宮嬪窅娘,纖麗善舞。後主作金蓮,高六尺,蓮中作品色瑞蓮,令窅娘以帛纏足,纖小屈上,如新月狀,著素襪,舞金蓮中,回旋有淩波之態。唐鎬詩‘蓮中花更好,雲裏月常新’,爲窅娘作也。”

牙籤萬軸手親儲,玉貌何曾下玉除。妒殺黃羅團扇女,懷中偷展錯刀書。

---

① 此處原空一字,疑爲“七”字。
② “白”疑作“百”。

　　馬書《女憲傳》:"保儀黄氏,容態華麗,冠絶當時。顧盼矉笑,無不妍妓。其書學伎能,出于天性。後主雖屬意,會小周專房,進御稀而品秩不加,第以掌墨寶而已。"顧起元《客座贅語》:"南唐宫人慶奴,後主嘗以黄羅扇書詞賜之,云:'風情漸老見春羞,到處魂銷感舊游。多謝長條似相識,强垂烟態拂人頭。'"夏文彦《圖繪寶鑑》:"後主能文善書畫,書作顫筆樛曲之狀,遒勁如寒松霜竹,謂之金錯刀。"

鴛鴦寺主感銷零,譜在流珠指上聽。還證多生花佛諦,細摹金字施心經。

　　《清異録》:"李煜在國,微行娼家,遇一僧張席。煜遂爲不速之客,乘醉大書右壁曰:'淺斟低唱,偎紅倚翠,大師鴛鴦寺主,傳持風流教法。'僧妓不知爲誰也。"《十國春秋·南唐列傳》:"流珠,後主嬪御也,性通慧,工琵琶。後主嘗製《念家山破》,昭惠后製《邀醉舞》《恨來遲》二破,流傳既久,樂籍多忘之。後主追念昭惠后,理其舊曲,顧左右無知者,流珠獨能追憶無失。"《默記》:"李後主手書金字《心經》一卷,賜宮人喬氏,後入太宗禁中,聞後主薨,出舍相國寺西塔以資薦,且自書于後云:'故李氏國主宮人喬氏,伏遇國主百日,謹舍昔時賜妾所書《般若心經》一卷,在相國寺西塔院。伏願彌勒尊前,持一花而見佛。'云云。"[1]

文　七　篇

圓元院購復銅鐘記

崑山之東南四十五里,曰安亭江,其上有圓元院焉。

---

　　[1]　蟲天子編《香艷叢書》第一册,上海書店出版社,2014 年,第 441—447 頁。

余嘗薄遊其地，蓬窗清夜，聞有聲訇礚而若震者，則圓元院之鐘也。既而得觀其鐘，身鏤龍文，質古斑駁，其體有銑有于，有鼓有鉦；其旋有帶有篆，有枚有景，不窕不槬，近亮而遠彰，斯所謂應秋分之音、受氣多而聲大者歟？里人爲余言：“院之廢也已久，法器亦無復存者。鐘雖懸，其爲盜所竊也屢矣。幸善士楊君購而復諸院，於是里中父老子弟鳩工庀材，不賦而集。今院得復新，皆楊君復此鐘而有以啓之也，願吾子記焉。”

余惟古之爲鐘者，自朝廷、宗廟奏以合樂，至梵宮、道院各置華鐘，扣之者神和而意揚，聞之者朝警而夕惕。院自元至正辛卯以迄於今，幾五百年，而銅鐘巋然獨存，似亦有神天默佑之者，其與絲竹羽籥、匏土革木鏗鏘而攢雜者異矣。楊君之復是鐘也，雖非邀福於不可知之數，然嘗考齊侯之銘曰“用祈眉壽”，又曰“永保其身”；遲父之銘“蘄丐多福”，則華鯨一振，音聲和協，將安亭江上人德同熙矣。聽之無射者，寧獨楊君一人而已哉！於是書諸貞瑉，且以壽此鐘於勿替也。楊君名國煐，號玉亭。時在乾隆三十有一年記。[1]

宋 詩 略 序

編唐詩者不下數十家，兩宋之詩獨少專選。東萊《文鑒》所録寥寥，王半山、曾端伯曾有輯録，前賢嘗病其偏任

---

[1]（清）陳樹德輯、朱瑞熙標點《安亭志》，上海古籍出版社，2003 年，第 95 頁。

己見,今已罕有流傳。若《西崑酬唱》《濂洛風雅》亦集僅數家,精而未備。内鄉李于田《藝圃集》,搜採頗多,然以五代、金源諸家廁其間,體例未合。曹石倉《十二代詩選》,去取尤爲草率,而潘訒菴、吴薗次、吴以巽、王子任之所選,詳略雖殊,其未能饜人意則均也。惟石門吴孟舉之《宋詩鈔》、嘉善曹六圃之《宋詩存》有功於宋人之集,而未經决擇;厲樊榭《宋詩紀事》網羅遺佚,殆無掛漏,然以備一代之掌故,非以示學者之準則。苟非掇其菁英,歸諸簡要,何以别裁僞體而新風雅哉? 余故與姚子和伯,取宋人全集暨諸家選本,採其佳什,而俚俗淺率者俱汰焉。書既成,釐爲十八卷,雖不克盡宋詩之美,然其崖略已具於此,求宋詩之專選者,或有取焉。至作者里居出處,恪遵史傳,標舉大凡。其論詩可採、逸事可書及鄙見所得亦附載之,祈不背於知人論世之義云。乾隆三十四年己丑十二月朔,嘉定汪景龍題於香草軒。[1]

文房肆考圖説序

象犀珠玉之寶,非素侯不能購;即羅致滿堂,衹以塗飾美觀,不若文房器物爲懷鉛握槧者之所摩挲而翫弄也。故廊房窈窕,軒檻清閒,茗椀爐香、牙籤錦贉位置楚楚,亦

① 清汪景龍、清姚壎輯《宋詩略》十八卷,清乾隆三十五年(1770)刻本,西南大學圖書館編《中國古籍珍本叢刊·西南大學圖書館卷》(第41册),國家圖書館出版社,2015年,第3頁。《宋詩略》,《中國古籍善本書目》及王學泰《中國古典詩歌要籍叢談·第一輯歷代詩歌總集》、高磊《清人宋詩選本叙録》均著録。

足頤名流之情志。若詩則表聖著評，書則懷瓘估直，文則彥和程材，畫則洪古傳法，莫不藉其清譚，廣我湫見。苟真贋迭出，紅紫紛陳，不能表其指歸，晰其出處，何異紈綺者之謬托雅事哉？唐子衡銓總角操觚，便能漁獵，或剪窗西之燭，或囊研北之螢，醓醓丙丁之書，甄録唐宋而下，著成《文房肆考》，辨青松之微烟，品緑沉之柔翰，鼉磯龍尾，金綫紅絲，五色香皮，百番魚卵，一一繪之丹青，摹成式樣，非直尚卿、回氏、佩阿、淬妃，探其玄怪，資彼綺談；至於雕戈鈎帶、彝鼎壺尊、敦卣鬲甗、鉦鐸鈁甬之款識，詔告敕令、牋表頌啓、奏記封事、揭帖零丁之濫觴，并官哥汝定之瓷碗，縹碧霽紅之秘色，三椏五葉之仙卉，紫雲紅米之咀咬，校練既精，根據亦覈，可稱藝苑之支流，而文心之別録矣。昔衡銓大父仁嚴先生，道風未淪，玉粹金昭，尊甫桐園藏輝蘊寶，兩世著書，未經鑴棗，而蘭交松契，都有贈言，彙附卷末，增晉昌家乘之光。凡七禽三鏡、紫囊緑珞之説，雖探淵奥，不著於篇，疥駝之譏，餦餛之醜，庶或免乎？往哲研京練都，殆將一紀。今衡銓以稚弱之齡，已有等身纂輯。是編之成，如入五都巨肆，珠寶服贄，各安其所，使詐偽苦窳之器，不能眩惑，博古者尤亟賞焉。刻既竣，因條其大概而爲之序。乾隆丙申春正月，少山汪炤書於過學齋。①

---

① 汪照《文房肆考圖説・序二》，唐秉鈞著、虞曉白點校《文房肆考圖説》卷八，浙江人民美術出版社，2018年，第3—4頁。

書　札　二　則

汪岑華書

　　別來又半月矣。秋風鎩羽，戢景無聊，深負知己屬望，慚恧何似？功名得失，亦有何常？特累堂上屢添白髮，此則寢食不安者也。尊著《禹貢圖書指掌》，他人所數千言不能悉者，先生以一二語了之，是真能抉經之心者。且明白易看，最便塾中課讀。若付梓人，佇見紙貴。至所畫諸州興圖，弊館中苦無善本參考，然稍加校對，先生之繪註，不虛指掌之名，實無可復贅一詞也。李司馬處近日未知何如？夙承關注，不敢再瀆。他若金閶一帶，此道中人雖少，館塾原未嘗廢。苟有相知可以推薦，正課固不待言，即教詩教字，雖不才亦可兼任。此係爲貧所累，非相好如吾先生，不敢爲此言，亦不可聞此言也。耑此奉候近禧，統惟垂照不宣。桐園學長先生足下，汪景龍拜上。①

汪少山札

　　連日少候爲歉，捧讀大著《長生指要》，平易純正，並無靈奇虛渺之語，足徵先生學問之醇，而利濟于世人者無窮也。承屬序言，不敢搦管亂寫，俟稍有暇晷，脱稿呈削。刻下收拾行李，兼之應酬冗雜，未遑趨晤，先將稿本繳上。羈

---

　　① （清）唐秉鈞著、虞曉白點校《文房肆考圖説》卷八，浙江人民美術出版社，2018 年，第 307 頁。

遲疏闊之愆，惟祈格外原之耳。晚汪照頓首。①

批 題 二 則

《鶴谿文稿·華萼堂記》尾批

余既闢華萼之堂，欲作箴以自警，而并以訓我子孫，牽於冗俗，未暇爲也。先生能善道人意中事，文筆爾雅，亦可法可傳。余華萼之堂，將藉是文以不朽矣。汪照拜读。②

《鶴谿文稿》題記

新歲酬應紛如，讀一篇未竟，輒有冗事擾之。今連兩竟日門稀剥啄，始得焚香卒業，間出己意，時附评语於後。特余之於古文，如扪燭扣槃，毫未有當，爲可媿耳。戊申二月三日，汪照記。時春雪初消，氣候頗寒，簷前滴瀝聲尚未静也。③

---

① （清）唐秉鈞著、虞曉白點校《文房肆考圖説》卷八，浙江人民美術出版社，2018 年，第 311 頁。按：王鳴韶《鶴溪文稿》手稿有《長生指要序》一文，可參看。
② 見王鳴韶《鶴溪文稿》，湖南省圖書館藏清手稿本。文後鈐有"少山"二字方印。標題乃編者所加。
③ 見王鳴韶《鶴溪文稿》，湖南省圖書館藏清手稿本。文後鈐有"汪照觀"三字篆體方印和"顧流傳勿損汙"六字篆體長印。

附録二　汪照年譜

雍正九年辛亥(1731)生。

　　據湖南省圖書館所藏王鳴韶手稿《鶴谿文稿・少山汪先生哀詞》"以戊申七月二十日感疾卒,得年五十八歲"推算,汪照生於該年。

　　照,或作炤、炤。《安亭志・汪照傳》:"字逸翁,原名景龍。居嘉定城,祖籍歙州,懷蓮花峰、雲海諸勝,自號蓮雲居士,又號少山。"①王鳴韶《少山汪先生哀詞》稱:"先世本新安,遷於嘉定數世矣。先世皆爲賈,君始從事於學。"

乾隆五年庚申(1740)10歲。

　　入學善屬文,時文之外兼善詩古文詞。《安亭志・汪照傳》:"十歲能屬文,長益肆力於學。"②《鶴谿文稿・少山汪先生哀詞》稱:"少時從童子師,即知時文之外,有所謂詩古文詞者。然當其時,人皆不習,咸非笑之,而君不顧也。"

---

　　① (清)陳樹德輯、朱瑞熙標點《安亭志》卷十八,《江南名鎮志》,上海古籍出版社,2003年,第327頁。
　　② (清)陳樹德輯、朱瑞熙標點《安亭志》卷十八,《江南名鎮志》,上海古籍出版社,2003年,第327頁。

乾隆十年丙寅(1745)15歲。

少有詩名,與諸廷槐等人詩歌唱和,位居"練川十二家"之列。"乃招集同志之士林大中、印照、王鳴韶、王元勳、汪景龍、顧金祥、張允武、毛思正、王初桐及妹婿錢塘、弟子張崇愫結社,月有詩會。燈紅酒綠,每一詩成,互相推敲,時名鵲起,所謂練川十二家是也。"①《安亭志·汪照傳》:"賦詩染翰,才情蘊藉,與寶山毛大瀛齊名。"②

汪照與友人談詩論詞、推敲文字這段崇尚風雅的經歷,可通過時人王元勳的回憶來探尋。王元勳《憶昔行寄汪少山照、諸雪堂廷槐、印菽園照、張僖若允武、吳右箴闓、張孝則仲素兼示竹所弟》:"憶昔論詩嚴取捨,樹幟騷壇爭上下。分茅設蕝各有辭,鼓瑟吹竽位容假。推敲一字羞雷同,抉擇群言尚風雅。較藝爭看壁壘新,當場或笑衣冠撦。同時數子相後先,汪汪鶴齡松研林林大中厚堂最是斷斷者。語久渾忘白日沈,談多每至青燈灺。是時座中亦有人,偶出片言眾如啞。翡翠鯨魚各異姿,黃金白錫同歸冶。忽忽無端四十年,故舊凋零此事寡。乍可陶情獨自吟,何堪弄筆空舒寫。浮名本自等朝華,樂事無過同汐社。難從海苦借蜃樓,擬蓋滄州茅一把。"③本詩作於乾隆甲辰、乙巳年間

---

① (清)李賡芸《稻香吟館詩文集》,《清代詩文集彙編》編纂委員會編《清人詩文集彙編》第435冊,上海古籍出版社,2010年,第800頁。
② (清)陳樹德輯、朱瑞熙標點《安亭志》卷十八,《江南名鎮志》,上海古籍出版社,2003年,第327頁。
③ (清)王元勳《易圖詩鈔》卷十一,國家圖書館藏清嘉慶三年(1798)翥雲堂刻本。

(1784—1785)，據"忽忽無端四十年"推斷，汪照等人詩詞唱和當在 1744 至 1745 年間，彼時汪照約 15 歲。

關於詩詞唱和，還可見王初桐所作詞《燕山亭·秋夜同林協君家叔華、印匯宗、范淩蒼、汪絅青、毛又葚、吳藍耕、張僖若孝則集諸佃楞嘯雪齋》，且汪照還有詩作《秋夜林協君、諸殿掄、范淩蒼、吳右積、錢學園、王幼輿、毛又葚枉集草堂，分得秋字》："明月滿南樓，高寒攬翠裘。論文多舊雨，把酒恰深秋。霜落丹楓冷，天空碧漢流。相將看突兀，吾道問滄州。"①此外，據《練川五家詞》卷二諸廷槐《螺庵詞》中《紗窗恨·和汪翼青詠蝶》（東君不管悠揚蝶）題名推斷，汪照有《紗窗恨·詠蝶》詞一首。

乾隆十五年庚午（1750）20 歲。

與諸廷槐爲同年諸生。據《明清嘉定諸生録》記載，汪照爲乾隆十五年庚午科諸生，與"練川五家"之一的詞人諸廷槐同年。②

乾隆二十年乙亥（1755）25 歲。

最晚此時已開始注解《大戴禮記》。王昶《大戴禮記解詁序》："《大戴記》之注，傳世者惟盧辯一家，而簡略無以發其博大精深，且傳寫日久，訛舛滋甚。予友盧學士文

① （清）王昶編《湖海詩傳》卷三十，《萬有文庫》第二集，上海商務印書館，1936 年，第 809 頁。
② 吕舜祥輯、上海市嘉定區地方志辦公室編《明清嘉定諸生録》，《嘉定歷史文獻叢書》第 2 輯，中華書局，2009 年，第 43 頁。此處諸生，指汪照經考試被録取而成爲生員，進入府學讀書。

弨、戴太史震,曾厘正其文字,而注解未及爲。汪君翎青,恐微言之將墜也,作爲《解詁》。糾集同異,採擷前説,一字之誤,必折衷於至當,蓋殫力者三十餘年矣。……青浦同學弟王昶序。右序作於乾隆乙巳、丙午間,時汪君客余西安官署,手寫稿本既成,屬予點定,因爲之序。"據乾隆乙巳、丙午(1785、1786)序和"三十餘年"兩条信息推測,汪照開始注解《大戴禮記》的時間當在 1755、1756 年間。此後《大戴禮記》注解工作伴隨遊幕生活展開。王鳴韶《少山汪先生哀詞》"其年二十餘,爲父母謀菽水,不得已遊人幕中,輒取故牘尾,寫自所爲書。自後遊日以廣,學以日富"也可佐證。

乾隆二十一年丙子(1756)26 歲。

最晚此時已結識王昶。王昶《練川五家詞·序》稱:"猶憶未通籍時,常往來焉,得盡識其才人巨儒。于時叔華、殿掄、翎青、禹美諸君子,方以詩歌相角逐,獨無言偷聲減字,跌宕於紅牙檀板間。"[1]王昶通籍是在 1757 年,練川詩詞唱和當在 1757 年前。

乾隆二十四己卯年(1759)29 歲。

汪照開始遊幕生涯。好友王鳴韶《少山汪先生哀詞》明確記載"其時年二十餘,爲父母謀菽水,不得已遊人幕

---

① (清)王昶《練川五家詞序》,清嘉慶刻本。

中"①。《鶴溪文稿・華萼堂記》篇還載有"逮今旅食二十餘
年，而始有此堂，而親已不及待矣"，據《安亭志・汪照傳》
"乾隆丙午(1786)，丁内艱，還家"，汪照"丁内艱"的時間爲
1786年，建造華萼堂當在其後。再結合"二十餘年"遊幕
和"旅食二十餘年"，汪照遊幕生涯大概開始於27至29歲
之間。綜合根據王鳴韶對汪照遊幕經歷記載如此清晰，以
及王鳴盛將汪照詩作選入《練川十二家詩》等推測，汪照很
可能進入王鳴盛幕府，且與王鳴盛及其弟鳴韶相交甚好。

　　當時嘉定地區文人迫于生計，大多選擇遊幕方式，汪
照好友諸廷槐的詩《別汪緗青》可參看："束髮事柔翰，結交
遂相因。子既攀往哲，予亦步後塵。謂可永展夕，無復悲
參辰。歲月互淹忽，年事難具陳。饑驅動君子，憂來傷賤
人。詰旦戒徒御，辭此平生親。臨歧紛積慮，贈別敢志言。
梁生東入越，蘇子西適秦。本爲湖海士，勿作兒女倫。去
去勿復道，令名以爲珍。"②詩中"子既攀往哲"，指汪照入幕
之事。汪照與諸廷槐自15歲起詩文結交，14年後兩人因
生活所迫各奔東西。"饑驅動君子，憂來傷賤人"兩句，道
出兩位友人被迫遊幕的辛酸與無奈。

乾隆二十六年辛巳(1761)31歲。

　　該年冬，諸廷槐、王元勳、毛又莨等人約賞海上冰山奇

---

　　①（清）王鳴韶《鶴谿文稿》，民國葉德輝、葉啓勳、葉啓發重編本，今藏湖
南省圖書館。
　　②　王鳴盛《練川十二家詩》卷三，清乾隆二十九年(1764)刻本。

觀,後相邀杭州、蘇州、無錫、南京之行,遊覽當地名勝。汪照《渡園泖》一詩蓋作於此時。

乾隆二十七年壬午(1762)32 歲。

入王杰幕。嘉慶《直隸太倉州志》載汪照“又工隸書,如《臨潼橫渠張子祠堂記》《崇福寺羅漢堂記》,皆其所書”。乾隆二十七年(1762),乃王杰中狀元的第二年,時值張子祠再次修善告竣,汪照大概於此時用隸書書丹《臨潼橫渠張子祠堂記》《崇福寺羅漢堂記》。

乾隆二十九年甲申(1764)34 歲。

汪照詩集《陶春館吟稿》一卷刊印。嘉定詩人頻繁的結社唱和帶來了當地文壇的興盛,王鳴盛有感於此,於是在乾隆二十九年編選《練川十二家詩》十二卷以弘揚嘉定文學風氣。《光緒嘉定縣志》卷二十八載:“《練川十二家詩》十二卷。十二家者,林大中、顧鑄、諸廷槐、汪景龍、王鳴韶、王元勳、印照、王丕烈、張允武、錢唐、毛詩正、張崇悰也。沈德潛序曰:‘唐、婁諸先生,大率筆勝於詩。今十二子詩,高華雄渾,風格出入三唐,直欲補鄉先生之不逮。’”①《練川十二家詩》受到清代批評家沈德潛的高度評價,嘉慶《直隸太倉州志》稱“衆謂照詩最工”②,汪照詩作之工,備受推崇。

---

① 上海市地方誌辦公室編《上海府縣舊志叢書·嘉定縣卷》,上海古籍出版社,2012 年,第 2530 頁。

② (清)清王昶等纂修《(嘉慶)直隸太倉州志》,《續修四庫全書》第 697 册,上海古籍出版社,2002 年,第 593 頁。

乾隆三十一年丙戌(1766)36 歲。

安亭江上圓元院購復銅鐘,汪照應里人之請撰寫記文,即《圓元院購復銅鐘記》,記文末尾題"時在乾隆三十有一年記"①,故系年於此。此文撰寫於圓元院修完之後,此前有錢大昕《募修圓元道院疏引》一文,記於"乾隆己卯(1759),孟陽之吉旦"②。圓元院的情況及後來的重修,《安亭志》卷十四可作補充:"在昆邑菜區南四圖。元至正間,道士周道甫建,屢經興廢。乾隆癸卯、壬子間,里人勸募重修"③,第三、四次重修在乾隆癸卯、壬子間即 1783、1792 年,此時汪照已去世數年。

乾隆三十三年戊子(1768)38 歲。

大約此時入京拜謁沈初(1729—1799)。沈初《文房肆考圖説·序》稱:"汪君少山博聞敦行,君子也。往者余官京師,少山時過旅邸,往往作竟夕談。其于經史百家、詩古文辭,靡不探源竟委;又精于鑒古,凡名人書畫法帖、銅瓷玉石等器新舊真贗、形式款識,剖抉微細,辨別毫釐,余心折之。……戊戌之秋,余奉命督學閩省,少山偕行。"④"余

---

① (清)陳樹德輯、朱瑞熙標點《安亭志》卷七,《江南名鎮志》,上海古籍出版社,2003 年,第 95 頁。

② (清)陳樹德輯、朱瑞熙標點《安亭志》卷七,《江南名鎮志》,上海古籍出版社,2003 年,第 123 頁。

③ (清)陳樹德輯、朱瑞熙標點《安亭志》卷七,《江南名鎮志》,上海古籍出版社,2003 年,第 263 頁。

④ (清)沈初《文房肆考圖説·序》,唐秉鈞撰、虞曉白點校《文房肆考圖説》,浙江人民美術出版社,2018 年,第 1 頁。

官京師",沈初在京師作官的時間指乾隆 32 年至 35 年間
(1767—1770),汪照時年 37 至 40 歲間,拜謁沈初,頗得其
賞識,故暫系年於此。

乾隆三十四年己丑(1769)39 歲。

　　汪照與姚壎合輯《宋詩略》,二人分別作序。據序文之
後的題記"乾隆三十四年己丑十二月朔,嘉定汪景龍題於
香草軒"可知汪照序文作於該年十二月初一;據"乾隆三十
四年歲在屠維赤奮若塗月,上浣練水姚壎書於竹雨山房",
姚壎序作于該年臘月上旬,比汪照序文稍晚几天。[1]

　　汪照致書唐桐園先生,即唐秉鈞著《文房肆考圖說》所
收錄《汪岑華書》一文[2]。該書信一則稱讚《禹貢圖書指掌》
"最便塾中課讀",二則爲貧所累,請求推薦金閶一帶的館
塾教職,且明言正課、教詩、教字、教學任務均不限。《禹貢
圖書指掌》一書已有兩篇序文,一爲王鳴盛所做,一爲沈德
潛所做。前者即"王西莊《禹貢圖書指掌序》",作於"乾隆
戊子重五,同學弟王鳴盛頓首拜題于吳閶小山書舍",即乾
隆三十三年(1768)年 5 月 5 日;後者即"沈歸愚《禹貢圖書
指掌序》",作於"乾隆己丑夏五,長州學弟沈德潛題,時年
九十有七",1769 年 5 月。汪照致唐桐園書約在此間,故暫
系年於此。

---

[1] （清）汪照、姚壎輯《宋詩略》,西南大學圖書館編《中國古籍珍本叢
刊·西南大學圖書館卷》(第 41 冊)、國家圖書館出版社,2015 年,第 3 頁。
[2] （清）《汪岑華書》,（清）唐秉鈞撰《文房肆考圖說》卷八,浙江人民美
術出版社,2018 年,第 307 頁。

乾隆三十五年庚寅(1770)40 歲。

汪照與王鳴盛女婿姚壎合輯《宋詩略》十八卷，於是年刊印成，即乾隆三十五年(1770)竹雨山房刻本，今藏蘇州大學圖書館、上海圖書館等 15 家圖書館，西南大學圖書館編《中國古籍珍本叢刊·西南大學圖書館卷》第 41 册影印，2015 年由國家圖書館出版社出版，較爲易見。

乾隆三十九年甲午(1774)44 歲。

再入王杰幕。① 王杰爲官西安時，汪照得以再次入幕，並擔任有莘、橫渠兩書院山長等職務，即嘉慶《直隸太倉州志》云："繼從杰游西安，歷主有莘、橫渠兩書院山長。"

乾隆四十一年丙申(1776)46 歲。

春正月，爲唐秉鈞所撰《文房肆考圖説》作序，題"乾隆丙申春正月，少山汪炤書於過學齋"，故系年於此。《文房肆考圖説》另收録有沈初序文一篇，可知大約該年汪照已入沈初幕。

乾隆四十三年戊戌(1778)48 歲。

秋，跟隨沈初往福建督學。沈初《文房肆考圖説·序》稱："戊戌之秋，余奉命督學閩省，少山偕行。"②

① （清）王昶等纂修《(嘉慶)直隸太倉州志》，《續修四庫全書》第 697 册，第 593 頁。
② （清）沈初《文房肆考圖説·序》，唐秉鈞撰、虞曉白點校《文房肆考圖説》，浙江人民美術出版社，2018 年，第 1 頁。

乾隆四十四年己亥(1779)49 歲。

入貢,即入京師國子監讀書。"既遊閩中,未幾,貢入成均,縉紳諸鉅公咸躧履起迎。"①"清代,凡初入學者皆謂之附生,歲科兩試等第高者可補爲增生、廩生。一般每年或兩三年,從府、州、縣學中選送資深廩生升入國子監肄業,稱爲歲貢。"②"貢入成均"即升入京師國子監讀書。"廩貢生"是指由廩生入貢。所謂廩生是明清府、州、縣學生員按照名額定數每月給廩膳,類似現在的公費制。汪照至四十八九歲,才成爲貢生,並受到京師王公大臣的敬重與歡迎。

乾隆四十五年庚子(1780)50 歲。

畢沅任陝西巡撫,聘請汪照主掌華原書院講席,汪照自京師轉陝西。"鎮洋畢公沅③,開府關中,聘主華原書院講席。"④按,1779 年畢沅因母親去世,離職守喪,次年正值守喪期間,陝西巡撫缺員,乾隆詔命畢沅署理陝西巡撫。

---

① (清)陳樹德輯、朱瑞熙標點《安亭志》卷十八,《江南名鎮志》,上海古籍出版社,2003 年,第 327 頁。

② 王光乾《〈竹人録〉作者金元鈺研究》,《文物天地》,2016 年第 8 期,第 93 頁。

③ (清)陳樹德輯、朱瑞熙標點《安亭志》卷十八,《江南名鎮志》,上海古籍出版社,2003 年,第 327 頁。開府即指高級官員建立府屬並自選幕僚。

④ 畢公沅(1730—1797),即畢沅,字纕蘅,號秋帆,江蘇鎮洋人。清乾隆二十五(1760)年進士,歷任陝西巡撫、河南巡撫、湖廣總督。治學範圍較廣,由經史旁及小學、金石、地理,也能詩文。有《靈巖山人文集》、《靈巖山人詩集》。其幕府延攬了許多當時擅長篆刻的文人,如鄧石如、桂馥、程瑤田、黃景仁等。

華原書院位於陝西省朝邑縣(今渭南市大荔縣朝邑鎮),乾隆三十四年(1769)由知縣楊衍嗣所建。汪照任講席時,華原書院才建成十餘年。

乾隆四十六年辛丑(1781)51歲。

從陝西轉至兩浙,輔佐王杰按部採訪,廣閲浙東、浙西藏書,手抄《崇文總目》。《安亭志·汪照傳》:“大學士韓城王公杰視學兩浙,時朝廷方開四庫館,詔録天下遺書。浙東、西故多藏書家,照佐王公按部采訪,卷軸汗牛充棟,部居類彙,博覽鈎索,多生平所未見書。”①王杰第三次視學兩浙,時間在1780年3月至1782年4月間,故暫系年於此。

入范氏天一閣,手鈔《崇文總目》一卷。據錢大昕回憶:“《崇文總目》一册,予友汪焰少山遊浙東,從范氏天一閣鈔得之。其書有目而無叙釋,每書之下,多注闕字,陳直齋所見,蓋即此本。”②汪照手抄《崇文總目》,該手抄本上有錢大昕跋文,意義不容忽視,該手抄本實乃錢東垣等人《崇文總目輯釋》的底本,今藏南京圖書館。

乾隆四十七年壬寅(1782)52歲。

王杰任四庫全書館副總裁,汪照隨王杰回京,參與《四庫全書》修訂工作。據阮元所編《王文端年譜》,乾隆四十

---

① (清)陳樹德輯、朱瑞熙標點《安亭志》卷十八,《江南名鎮志》,上海古籍出版社,2003年,第327頁。

② (清)錢大昕《十駕齋養新録》,陳文和編《嘉定錢大昕全集(增訂本)》第7册,鳳凰出版社,2016年,第397頁。

七年八月,王杰充四庫全書館副總裁。^① 王杰此時回京,汪照跟隨其參與《四庫全書》工作,故系年於此。

乾隆四十九年甲辰(1784)54 歲。

被王昶招攬,入其幕。《(嘉慶)直隸太倉州志》載"按察使王昶招入幕"^②,王昶《蒲褐山房詩話新編》亦云"予在陝西,相從者三載"^③。汪照輔助王昶分纂《金石萃編》一百卷。汪照跟隨王昶三年,乾隆丙午(1786)因母喪還家,故逆推"陝西相從"的時間當爲 1784 年。此前,王昶編《練川五家詞》,二人交往頻繁。

乾隆五十年乙巳(1785)55 歲。

汪照與王昶、申兆定、錢坫等宦游西安的舊友,遊覽名勝,搜訪金石碑刻,題名落雁峰。《安亭志》本傳:"維時青浦王廷尉昶、陽曲申大令兆定、同里錢別駕坫,宦遊在陝,皆與照有舊,相與縱覽關西名勝,題名落雁峯,搜訪秦、漢瓦當、古銅玉器,而於漢、唐碑刻廣施椎搨,以資博考。"^④

---

① (清)阮元《王文端年譜》。

② (清)王昶等纂修《(嘉慶)直隸太倉州志》,《續修四庫全書》第 697 册,上海古籍出版社,2002 年,第 593 頁。

③ (清)王昶《蒲褐山房詩話新編》一七三,齊魯書社,1988 年,第 111 頁。

④ (清)陳樹德輯、朱瑞熙標點《安亭志》卷十八,《江南名鎮志》,上海古籍出版社,2003 年,第 327 頁。申兆定,號鐵蟾,山西陽曲人,乾隆二十七年(1762)舉人,官定邊知縣,王昶輯《湖海詩傳》有傳:"工八分書,遇有漢魏碑碣,必於黯缺尋其點畫,凡偏旁波磔,反復考證,臨摹數十過乃已。所撰《涵真閣漢碑文字》,如《郙閣頌》、《張壽》、《泉君》諸碑跋,皆精深詳密,以訂《隸釋》、《隸辨》、《金石圖》之異同,故當自成一書。"

該年年底，完成手稿《大戴禮記解詁》（今名《大戴禮記注補》），請王昶作序。王昶《大戴禮記解詁·序》明言“右序作於乾隆乙巳丙午間，時汪君客余西安官署，手寫稿本既成，屬予點定，因爲之序”。

乾隆五十一年丙午(1786)56 歲。

因母喪還家。《安亭志·汪照傳》：“乾隆丙午，丁内艱，還家。”①

該年七月二十日後，得何匡山舊居，新建一座廳堂，王杰爲其題“華萼”二字。好友王鳴韶就此事撰寫《華萼堂記》一文，見湖南省圖書館藏王鳴韶手稿《鶴谿文稿》。

《鶴溪文稿·華萼堂記》篇載“逮今旅食二十餘年，而始有此堂，而親已不及待矣”。《華萼堂記》的撰寫時間，可以根據上引和“自秦中歸，始得何匡山故居，即宋荔裳所爲《竹罻草堂歌》者而安之。不及二年即殁”以及王鳴韶《少山汪先生哀詞》載汪照殁於乾隆五十三年七月二十日，“不及二年即殁”諸語推算，則得故居的時間當在該年七月二十日後。

該篇文后有“汪照拜讀”藏印，且有汪照親題的批語：“余既辟華萼之堂，欲作箴以自警，而並以訓我子孫，牽於冗俗，未暇爲也。先生能善道人意中事，文筆爾雅，亦可法可傳。余華萼之堂，將藉是文以不朽矣。”

---

① （清）陳樹德輯、朱瑞熙標點《安亭志》卷十八，《江南名鎮志》，上海古籍出版社，2003 年，第 327 頁。

乾隆五十二年丁未(1787)57 歲。

汪照與友人訪舊安亭江。《安亭志‧汪照傳》:"明年,訪舊安亭江上,忽喟然歎曰:'遲我十年,當營一畝之宮於此。藏書萬卷,法書、名畫、彝鼎、花木稱是,庶幾爲菟裘計。長此僕僕牛馬走,不且愚而可笑乎?'"①菟裘本是春秋魯地的一處古邑,後指士大夫告老退隱的處所。"長此僕僕牛馬走,不且愚而可笑乎"兩句,道出了學人遊幕的奔波勞苦。林存陽先生對乾嘉幕府的學術給予高度評價:"相較于清初、晚清甚至清朝以前的幕府,乾嘉四大幕府的獨特性,乃在於其體現出的學術性及文化功能,尤其是對經史之學的張揚和對新經學的塑造,這在很大程度上正彰顯了乾嘉學派與乾嘉學術興起、發展、興盛、趨於衰微的歷程。在乾嘉四大幕府的持續推動下,清初以來以經學濟理學之窮的學術潮流遂得到深化,並達到新的高度。"②

爲安亭江菩提寺大殿書《參佛題名》,此外汪照晚年摹寫《天發神讖碑》尤佳。《安亭志‧汪照傳》稱"工楷法篆隸,晚摹《天發神讖碑》尤佳,菩提寺參佛題名是也。刻章入古,藝林珍之。"③《安亭志》卷十二"藝文‧石刻目"所載"《參佛題名》,汪照書。乾隆丁未年。在菩提寺大殿",亦可佐證。

---

① （清）陳樹德輯、朱瑞熙標點《安亭志》卷十八,《江南名鎮志》,上海古籍出版社,2003 年,第 327 頁。

② 林存陽《乾嘉四大幕府研究》,中國社會科學出版社,2016 年。

③ （清）陳樹德輯、朱瑞熙標點《安亭志》卷十八,《江南名鎮志》,上海古籍出版社,2003 年,第 327 頁。

乾隆五十三年戊申(1788)58歲。

二月三日,評點王鳴韶文稿《鶴谿文稿》。王鳴韶文集手稿原名《禮傳堂文集》,葉啓勳於 1916 年、1919 年兩次購藏乃得全璧,編定題名《鶴谿文稿》,今藏湖南省圖書館。稿本上有汪照手書題記:"戊申二月三日,汪照記。時春雪初消,氣候頗寒,簷前滴瀝聲尚未静也。"①文後有"汪照觀"三字篆體方印和"願流傳勿損污"六字篆體長印。

參與菩提寺參佛立石一事,見《光緒嘉定縣誌》卷二十九所載"《重修菩提寺記》。乾隆三十三年,錢大昕撰,蔣元益書,秦大成篆額。在殿前廊壁","《參佛題名》,乾隆五十三年立石菩提寺"。②

爲好友孫岱《歸震川先生年譜》撰序。孫岱,字守中,讀歸有光之書而景慕之,撰《歸震川先生年譜》。汪照、錢大昕、王鳴盛先後爲其書作序。今存王序、錢序,汪照序原文未見,蓋佚。③錢大昕序文稱讚年譜修撰意義,"震川歸先生之文,近代之韓、歐陽也,韓、歐陽有年譜,而先生闕焉,是非後進之責歟?"據安亭孫君守中"歿于隆慶辛未(1571),距今二百一十有七載矣"推斷,錢大昕這篇序作於 1788 年;又王鳴盛序文稱"同里錢君大昕、汪君照已叙之矣",則汪照撰《歸震川先生年譜序》當在該年錢大昕序文

---

① （清）王鳴韶《鶴谿文稿》,湖南省博物館藏清手稿本。

② 上海市地方誌辦公室編《上海府縣舊志叢書·嘉定縣卷》,上海古籍出版社,2012 年,第 2559、2560 頁。

③ （清）陳樹德輯、朱瑞熙標點《安亭志》卷十八,《江南名鎮志》,上海古籍出版社,2003 年,第 85 頁。

後,故繫年於此。

　　汪照作詩《孫守中攜詩過訪題贈》,汪照自注:“時同增訂《周雪客〈天發神讖碑考〉》。守中兩次過余齋中,至晚則別去。”①

　　七月九日,與友人游安亭江上。《安亭志‧汪照傳》:“復過此,謂其友曰‘吾今病作,十年之期,恐不克踐矣。’”②“其友”蓋指孫岱。孫岱“以留心文獻爲已任,搜存補亡”,計畫編寫《安亭江志》。經過五年的努力,孫岱完成了《人物志》初稿四卷,但天不假年,孫岱突然病死,該《人物志》後來也稱《安亭人物志》,孫岱《安亭人物志‧寓賢》爲汪照作傳。③ 汪照傳是“寓賢”中的最後一個,注文稱“輯事實”,顯然孫岱對汪照晚年之事非常熟悉。

　　七月二十日感疾卒。《安亭志‧汪照傳》:“亟歸,越十日而卒,年五十八。”王鳴韶《鶴谿文稿》所載《少山汪先生哀詞》“以戊申七月二十日感疾卒,得年五十八歲”④。

　　王鳴韶言“余悲其博文力學,不遇以死”,而作《哀詞》:

---

　　①（清）陳樹德輯、朱瑞熙標點《安亭志》卷十一,《江南名鎮志》,上海古籍出版社,2003 年,第 197 頁。

　　②（清）陳樹德輯、朱瑞熙標點《安亭志》卷十八,《江南名鎮志》,上海古籍出版社,2003 年,第 85 頁。

　　③ 孫岱完成的“《安亭人物志》,省去了許多臨時搜羅資料的功夫”,陳樹德據其編入《安亭志》,合併爲三卷,即第十六、十七、十八卷。賢達、儒學爲卷十六,文藝、忠節、卓行、孝友、好義爲卷十七,技術、遺逸、寓賢、方外爲卷十八。

　　④ 陳鴻森《〈清史列傳‧儒林傳〉續考》,《中國典籍與文化》2012 年第 1 期,第 79—80 頁。

"忽聞訃音有道喪,失聲哽咽棘喉吭。讀書種子遭此殃,非獨爲友心悲傷。學行如君真珪璋,姓名却未賓于王。述作未盡登縹緗,籲嗟命也心淒涼。作歌寄哀徒彷徨,涕淚與並彌淋浪。"

廩貢生汪照墓。《光緒嘉定縣誌》卷三十一:"廩貢生汪照墓。陽三十圖爲圩阜涇角。"①

嘉慶一年丙辰(1796)去世 8 年。

汪照外甥徐杏將手稿《大戴禮記解詁》呈與王昶,王昶命人抄録副本收藏,見王昶《大戴禮記解詁·序》:"未幾汪君辭去,予又宦遊中外,垂十年始乞身歸里,而汪君下世已久。訪其遺書,幾不可復得。丙辰春,予主講婁東書院,兼修州志,網羅文獻。屬邑以詩文雜著送人藝文者頗多,而汪君之甥徐生杏,以是書來質,則楮墨如新,不勝人琴之感。隨命胥手繕録副本,藏諸家塾,未暇付梓也。"

嘉慶八年癸亥(1803)去世 15 年。

嘉定金元鈺、錢侗等人倡議刊刻《大戴禮記注補》,32人輸資捐助,見王昶《大戴禮記解詁序》:"去年四月,金生元鈺、錢生侗,以汪君爲其家鄉老宿,而撰述鮮傳;且《大戴禮》注,向無善本,奮然以募刻是書爲任,而遠近好學之士暨心儀汪君者,爭輸資捐助。……惟諸君募捐助刻,俾若滅若没之書一旦傳佈藝林,其敬恭桑梓之誼,有非流俗所

---

① 上海市地方誌辦公室編《上海府縣舊志叢書·嘉定縣卷》,上海古籍出版社,2012 年,第 2620 頁。

能幾及者。太史公云：'藏之名山，傳之其人。'若諸君者，非其人歟？"

嘉慶九年甲子（1804）去世 16 年。

《大戴禮記注補》刊成，是爲嘉慶本，見王昶《大戴禮記解詁·序》："不一年而事竣，復請予爲叙。余耄荒日甚，不能重讀是書，且其大旨已略具前序，可弗贅言。……余故書其緣起如此，爲好事者勸，並以慰汪君於九京云。嘉慶九年歲在甲子九月王昶書，時年八十有一。"

附錄三　汪照傳記資料及相關文獻彙編

汪　照　傳

汪照,初名景龍,字緗青,嘉定人,貢生,有《陶春館吟稿》。《蒲褐山房詩話》:"緗青少有詩名,在練川十二子之列。壯年從今大學士王公杰于浙江學幕,予在陝西,相從者三載。通金石,能八分,如《臨潼張子祠堂記》及《修長武縣學記》,皆其所書。又選《宋詩略》,最爲精當。晚年窮經義,有《齊魯韓三家詩義證》《大戴禮注》,今藏于家,尚未能鏤板以行。"

(王昶《湖海詩傳》①)

汪　照　傳

汪炤,初名景龍,字翌青,廩貢生。少能詩,通經義,覃心金石之學。注《大戴禮》數萬言,又纂集齊魯韓三家詩說,凡見於唐以前書者,片字必録,人服其博贍。性情安雅,與物無忤。兵部侍郎王杰任浙江學政,禮部侍郎沈初

---

① 王昶輯《湖海詩傳》,上海古籍出版社,2013年,第355頁。王昶編有《湖海詩傳》《青浦詩傳》兩種詩歌選本,每位作者皆附以小傳。該小傳又見王昶所撰《蒲褐山房詩話》一卷,清道光年間鄭喬遷抄本,今藏上海圖書館,文字全同。

任福建學政,皆屬以衡文。繼從杰游西安,歷主有莘、横渠兩書院山長。按察使王昶招入幕,與知縣申兆定、州判錢坫編次《金石彝編》①,所見益富。炤又工隸書,如《臨潼横渠張子祠堂記》《崇福寺羅漢堂記》,皆其所書。歸未幾,年五十八病歿。先是炤以詩名吴下,光禄寺卿王鳴盛選炤詩暨嘉定、寶山詩人林大中、顧鑄、王鳴韶、諸廷槐、王元勳、印照、王丕烈、張允武、錢塘、毛思正、張崇愫,凡十二家詩刻之。衆謂炤詩最工。大中,字協君,嘉定歲貢生。才倜儻,詩磊落,以振奇。中年忭縣令,逸至青浦,友邵玘匿於家。久之,會令遷去乃得歸,然終不遇以卒。鑄,字金祥,以縣監生入貲選廣西慶遠縣經歷,著《黔中游草》,又善推步,著《歷學彙編》十卷。照,字滙宗,乾隆三十五年舉人,有《菽園詩稿》。皆前歿。鳴韶、允武、塘別有傳,餘皆存。

(嘉慶《直隸太倉州志》②)

汪 照 傳

汪炤,初名景龍,字緗青,一字少山,諸生貢。負詩名。精考證,嘗佐青浦王侍郎昶分纂《金石萃編》。工八分,《臨潼張子祠堂記》《長武縣修學記》並炤所書。游陝右,歷主華原、横渠書院。與修《韓城縣志》。

(《光緒嘉定縣志》③)

---

① 《金石彝編》,今傳王昶著作爲"金石萃編"。
② 嘉慶《直隸太倉州志》卷三十七《人物·文學》,第 27 頁,清刻本。
③ 《光緒嘉定縣志》卷十九,上海市地方志辦公室編《上海府縣舊志叢書》,上海古籍出版社,2012 年,第 2264 頁。

汪　照　傳

汪照,字逸翁,原名景龍。居嘉定城。祖籍歙州,懷蓮花峯、雲海諸勝,自號蓮雲居士,又號少山。十歲能屬文,長益肆力於學。賦詩染翰,才情蘊藉,與寶山毛大瀛齊名。大學士韓城王公杰視學兩浙,時朝廷方開四庫館,詔録天下遺書。浙東、西故多藏書家,照佐王公按部采訪,卷軸汗牛充棟,部居類彙,博覽鈎索,多生平所未見書。既游閩中,未幾,貢入成均,縉紳諸鉅公咸躧履起迎。鎮洋畢公沅,開府關中,聘主華原書院講席。維時青浦王廷尉昶、陽曲申大令兆定、同里錢别駕坫,宦遊在陝,皆與照有舊,相與縱覽關西名勝,題名落雁峯,搜訪秦漢瓦當、古銅玉器,而於漢唐碑刻廣施椎搨,以資博考。乾隆丙午,丁内艱,還家。明年,訪舊安亭江上,忽喟然歎曰:"遲我十年,當營一畝之宫於此,藏書萬卷,法書、名畫、彝鼎、花木稱是,庶幾爲菟裘計。長此僕僕牛馬走,不且愚而可笑乎?"逾年,復過此,謂其友曰:"吾今病作,十年之期,恐不克踐矣。"呕歸,越十日而卒,年五十八。生平好書成癖,手鈔典籍積成千卷,丹鉛儼然,著述等身。其於《大戴禮》、齊魯韓《詩》攻苦尤深。工楷法篆隸,晚摹《天發神讖碑》尤佳,菩提寺參佛題名是也。刻章入古,藝林珍之。(輯事實)

(《安亭志》)①

---

① (清)陳樹德輯、朱瑞熙標點《安亭志》,上海古籍出版社,2003年,第327頁。

汪　照　傳

汪照,原名景龍,字紼青,亦嘉定人。貢生。少有詩名,在練川十二子之列。通金石,善八分書。嘗佐韓城王杰、青浦王昶幕。晚歲研窮經義,以《大戴禮記注》惟盧辯一家,餘姚盧文弨、休寧戴震雖曾釐正文字,未及解詁,乃糾集同異,采擷前説,一字之訛,折衷至當,肆力者三十餘年,成《大戴禮記補注》十三卷。昶序其書,言後世有復十四經之舊,照書當與孔賈並行,推重甚至。他著有《三家詩義證》《宋詩選略》《陶春館吟稿》。

(《清史列傳·儒林傳下一》①)

少山汪先生哀詞

少山先生,姓汪氏。先世本新安,遷於嘉定數世矣。先世皆爲賈,君始從事於學。少時從童子師,即知時文之外,有所謂詩古文詞者。然當其時,人皆不習,咸非笑之,而君不顧也。見秦漢金石文字,爲之考究詳説;見説經家言,爲之抄撮薈萃。至於地理、山川、小學之書,亦各有所論著。其時年二十餘,爲父母謀菽水,不得已遊人幕中,輒取故牘尾,寫自所爲書。自後遊日以廣,學日以富。

前數年畢秋帆中丞、王述庵方伯,俱在秦中,喜賢才、講學問。君往依之,相得甚歡。既而丁内艱歸,纔三年,以戊申七月二十日感疾卒,得年五十八歲。所撰有《大戴禮記解

---

① 國史館《清史列傳》卷六十八《儒林傳下》,中華書局,1928 年。金曰追、吳凌雲、汪照三人傳附在王鳴盛後。

詁《齊魯韓詩義證》,已付翰青,餘多未録清本。余悲其博文力學,不遇以死。以貧故,合家無居室。自秦中歸,始得何匡山之故居,即宋荔裳所爲《竹罌艸堂歌》者而安之。不及二年即殁。專心讀書之人,又缺一焉。故爲詞以哀之:

探經窮理聖道昌,握金鏡以捜珠囊,自少孳孳及老蒼。

嗟哉此人班與楊,力謀甘旨資輕裝,爲佐蓮幕文豹藏。

才如駃騠恣騰驤,詩裁百韻追三唐,撞鐘伐鼓聲鏗鏘。

書法顏柳筋骨張,大小篆學斯永良,官私小印珂琳琅。

此其餘技猶用長,曲台戴記寫禮堂。紛紛聚訟勞屏當,如行足徑逢周行,馬融鄭玄相頡頏。

韓嬰詩傳久逸亡,爬搜剔抉掇拾茫,儼然齊魯參翺翔。

吁嗟少山立品莊,檢身端整剛且方,孝養父母內行彰。

遠遊萬里走且僵,韓城相國密勿商,招君佐治文筆長。

軒車盤盤金鳳凰,相期握手笑語芳,忽聞訃音有道喪。

失聲哽咽棘喉吭,讀書種子遭此殃,非獨爲友心悲傷。

學行如君真珪璋,姓名却未賓于王,述作未盡登縹緗。

吁嗟命也心悽凉,作歌寄哀徒徬徨,涕淚與並彌淋浪。[①]

(王鳴韶《鶴谿文稿》)

汪焵小傳

廩貢生汪先生象。

先生名焵,初名景龍,字緗青,又字逸翁,號少山。廩貢生。精經史學,遊幕四方,善篆隸,工詩。乾隆丙午卒,

---

① (清)王鳴韶《鶴谿文稿》,湖南省圖書館藏清手稿本。

年五十八。著有《陶春館吟稿》，嘗修《韓城縣志》。

王侍郎昶曰：緗青少有詩名，在練川十二子之列。壯年從今大學士王公杰於浙江學幕。予在陝西，相從者三載。通金石，能八分。如《臨潼張子祠堂記》及《修長武縣學記》，皆其所書。又選《宋詩略》，最爲精當。晚年窮經義，有《齊魯韓三家詩義證》《大戴禮注》。

案：先生有《古石瑯玕》一書，博彩秦漢碑刻目録及著録之文，惟中多繁複，未及編次，而於嗜古家徵引援據不爲無助云。[①]

（程祖慶《練川名人畫像續編》）

汪　炤

《明清江蘇文人年表·人名索引》載："汪炤（嘉定，今上海嘉定）。"[②]

［（一七二九）清雍正七年。］嘉定汪炤（緗青）生。《練川名人畫像續編》下。[③]

［（一七八四）清乾隆四十九年。］嘉定汪炤、上元黄之紀、鎮洋王開沃等集西安，與王昶共作聯句，送吴泰來赴開封。《春融堂集》卷一八。之紀所編著有《編録堂文集》十二卷、《抑末

① （清）程祖慶繪撰、王光乾點校《練川名人畫像續編》卷下，上海市嘉定區地方志辦公室編《嘉定歷史文獻叢書》（第三輯），上海書店出版社，2014年，第46頁。

② 張慧劍《明清江蘇文人年表》，上海古籍出版社，1986年，第1621頁。《明清江蘇文人年表》是張慧劍先生的遺著，記録明洪武元年至清道光二十年鴉片戰爭發生那一年（1268—1840）間，江蘇省一個地區的文人活動，包括生卒、著述，定稿於1965年。

③ 張慧劍《明清江蘇文人年表》，上海古籍出版社，1986年，第1026頁。

録》四卷、《古詩刊誤》十卷、《經傳録異》三十卷、《史鑑通糾》三十卷。[①]

[（一七八六）清乾隆五十一年。]嘉定汪炤死，年五十八。《練川名人畫像續編》下。[②] 炤所著有《陶春館詩文集》十二卷、《毛詩訓詁考》八卷、《齊魯韓詩義證》六卷、《國朝詞話》九卷，所纂有《續玉臺新詠》二十四卷、《宋詩略》十八卷、寶山一地人詩《東海濤音》三卷、吳淞一地人詩《長笛滄波集》二卷。[③]

（張慧劍《明清江蘇文人年表》）

汪　照　傳

森案：光緒《嘉定縣志》卷一九作汪炤，云：炤，一字少山，"嘗佐青浦王侍郎昶分纂《金石萃編》。游陝右，歷主華原、橫渠書院，與修《韓城縣志》"。史傳不載汪氏生卒年壽，姜亮夫《歷代人物年里碑傳綜表》、江慶柏《清代人物生卒年表》並闕。余閱王鳴盛之弟鳴韶《鶴谿文編》稿本，中有《少山汪先生哀詞》，云："以戊申七月二十日感疾卒，得年五十八歲。

---

① 張慧劍《明清江蘇文人年表》，上海古籍出版社，1986 年，第 1228 頁。

② 案：張慧劍先生編汪照年表時依據的資料，是清人程祖慶所輯《練川名人畫像續編》。《練川名人畫像》四卷，輯録了自宋至清中葉嘉定地區的名人像傳。每人畫像依原本鈎摹，像後各附小傳。此書版畫傳神，鄭振鐸先生贊其爲"經心刻意之作"。該書成於道光年間，不過原版很可能在太平天國時期毀於兵火，後在光緒年間曾據道光本重刻，文字有修訂。因光緒印本絕少流傳，故張鴻年先生於民國十九年（1930）又檢點舊版，略加修補，重新印刷。《練川名人畫像》四卷附二卷續編三卷，清道光二十九年至三十年（1849—1850）程氏陔南草堂刻本，2 冊，今藏湖南省圖書館、江蘇師範大學圖書館。《練川名人畫像續編》三卷，清光緒四年（1878）刻本，1 冊，今藏蘇州大學圖書館。上海市嘉定區地方志辦公室編《嘉定歷史文獻叢書》（第三輯）依次收録有《練川名人畫像》《練川名人畫像續編》《秋霞小志》《知止盒筆記》四種綫裝本，上海書店出版社，2014 年。

③ 張慧劍《明清江蘇文人年表》，上海古籍出版社，1986 年，第 1237 頁。

所撰有《大戴禮記解詁》《齊魯韓詩義證》,已付翰青,餘多未録清本。"據是,則汪氏雍正九年(1731)生,乾隆五十三年(1788)卒。汪照《大戴禮注補》,有嘉慶九年刊本、《清經解續編》本;《三家詩義證》未見傳本,王昶《春融堂集》卷三六有《汪少山齊魯韓詩義證序》《汪少山大戴禮記解詁序》二文,可見其書之旨趣。其選宋詩,名《宋詩略》,乃汪照與王鳴盛女夫姚壎同輯者,有乾隆三十五年竹雨山房刻本,王鳴盛爲之序。

(陳鴻森《〈清史列傳·儒林傳〉續考》①)

汪 照 小 傳

汪景龍字緅青,號岑華,江蘇嘉定(今屬上海市)人。工詩古文,乾隆中與同邑姚壎編定《宋詩略》十八卷,刻以行世。尤好倚聲,嘗輯録當朝諸家詞話。與王初桐、吳泰來、諸廷槐等交,迭相倡和。著有《美人香草詞》《月香綺業》《碧雲詞》,王昶爲選入《練川五家詞》。

(《全清詞·雍乾卷》②)

汪少山《齊魯韓詩義證》序

《史記》稱漢興言《詩》,於魯則申培公,於齊則轅固生,於燕則韓太傅。班固謂三家或取《春秋》,或采雜說,皆不得其真,魯最爲近之。

攷隋唐《經籍》《藝文》兩志,《韓詩》二十二卷至唐猶存,而《外傳》十卷今尚完好。又諸書所引亦於《韓詩》獨

---

① 陳鴻森《〈清史列傳·儒林傳〉續考》,《中國典籍與文化》,2012年第1期,第79—80頁。
② 張宏生編《全清詞·雍乾卷》,南京大學出版社,2012年。

多，惟齊、魯之《詩》久亡，非獨其書不傳，即説《詩》之大旨，有不得而考者矣。雖然，魏應集《魯詩》，時京師諸儒會於白虎觀，講論五經同異，肅宗使專掌難問，親臨稱制，則《白虎通德論》所載如《相鼠》爲諫夫，其《魯詩》之遺歟？包咸亦習《魯詩》，何晏《論語集解》往往採包氏説，則如註"深淺厲揭"，亦《魯詩》之解歟？翼奉傳《齊詩》，言南方之情惡行廉貞，西方之情喜行寬大，以釋吉日庚午。又言《詩》有五際，而《詩緯·汜歷樞》謂：卯，《天保》也。酉，《祈父》也。午，《采芑》也。亥，《大明》也。亥爲革命，一際也；又謂天門出入候聽，二際也；卯爲陰陽交際，三際也；午爲陽謝陰興，四際也；酉爲陰盛陽微，五際也。與奉之言合，意《詩緯》亦傳自《齊詩》，故景鸞受河洛圖緯，列其占驗，亦《齊詩》之教歟？然奉與蕭望之、匡衡同師，望之入穀之議，衡政治得失之疏，所引《詩》義，當與齊故不殊歟？

昔王氏應麟常輯三家緒言粹爲一編，吾友汪君紉青以爲未備也，罔羅遺佚，抉摘瑣細，殆無遺者，又取諸書之説，旁推而曲證之，凡成書六卷。欲攷三家之大旨者，備於是矣。世人抱殘守匱，見古義古字之異，輒色然以駭，不知七十子之微言有存什一於是者，不可不寶也。

汪君名照，工詩文，嗜古博學，矮紙細字，日夜鈔撮不休，尤湛深於經術云。

（王昶《春融堂集》①）

---

① （清）王昶著，陳明潔、朱惠國、裴風順點校《春融堂集》卷三十六，上海文化出版社，2013年，第670頁。

華蕚堂記

華感四時之和氣以生，而承華者蕚也。汪子闢其居室，相國韓城公爲題其堂曰"華蕚"。汪子謂其友王鳴韶曰："君其爲我記之。"鳴韶曰："旨哉，相國之名堂意也。"

束廣微《補逸詩》曰："白華朱蕚，被于幽薄。"此比兄弟于華蕚，在林薄之中，若孝子之在衆雜，方于華蕚，自然鮮潔也。繼之曰："粲粲門子，如磨如錯。"次章曰："白華絳跌，在陵之陬。"繼之以"蒨蒨士子，涅而不渝。"三章曰："白華元足，在丘之曲。堂堂處子，無營無欲。"首章以訓門子之承祧者。二三章以訓衆子之輔翼其兄弟，以善承其祖父也，而皆取于《白華》者，言孝子養父母，常自潔如白華之無點污耳。

今汪子自少即奔走四方，求菽水以孝養其父母，而終鮮兄弟，求就養于左右而不可得；并求詩之所爲士子處子以奉侍，而亦不可得：其心有隱憂焉。故相國爲之書其堂，以慰其孝養之思。況汪子持身之絜白，而好學不倦，於大小《戴禮》，齊魯韓《詩說》既久，各有疏證，而詩古文，亦已超然入古人之堂奧。真無愧于斯堂者耶！逮今旅食二十餘年，而始有此堂，而親已不及待矣。韓文公詩"辛勤三十年，乃有此屋廬"，可爲汪子詠之矣。然則汪子之後人，其亦念乃父創業之艱難，而守之愈重。兄弟相戒，以持身力學，孝養其親。憫年華之易邁，思逮養之爲難。瞻相國名堂之意，"終晨三省"，亦如白華之無點也。庶無負于此堂也已。子夏《詩序》曰："白華廢，則廉恥缺矣。"可不慎哉？可不勉哉？因爲之銘。

銘曰：白華朱萼，生于叢薄。論學取友，可以爲錯。曾子三省，夙夜惟恪。倘蹉厥趺，頊頊畢陬。行無越思，舍命不渝。孝子不匱，念厥勤劬。知止知足，在彼一曲。惟儉與勤，庶無逸欲，以保其身，乃終不辱。

（王鳴韶《鶴谿文稿》①）

陶春館印譜歌爲汪大紳青作

六書久蕪小學廢，真行草隸徒紛紛。相斯史籀不可作，金剪玉筋誰窮論。莽新變制及文字，秦章漢印如絲棼。陽冰轉注得天授，指斥叔重苦未醇。楚金兄弟掩群雅，別裁僞體真斷斷。宣和天子盛文物，敦卣盨甗彝舟尊。款識亦足徵蚪篆，流傳不辨僞與真。惜哉收羅富章印，著譜垂世初無聞。宋元諸人逞妍媚，王顏姜晁同等倫。天水王孫最後出，妙處獨遡周兼秦。同時好手有吾衍，垂金屈玉何紛綸。風流未沫及明代，絕藝獨數三橋文。歸蘇朱王各樹幟，檀園一老世共尊。本朝名家不可數，鶴田雲美雙嶙峋。其餘程沈并徐許，各各造詣咸空群。年來好事頗中絕，金石著録無其人。知君嗜好與俗異，鷗波海岳不足云。明窗净几森羅列，銅斑玉血光璘璘。建饒之瓷青田石，硨磲琥珀雙烏銀。其鈕槖瓦及亭索，辟邪獅子悉綜甄。周官璽節漢斗檢，大篆小篆形模分。千年土花蝕不盡，波磔鈎畫微帶皴。字奇形古猝未辨，以指劃肚空吟呻。印以硃砂紙用

---

① 王鳴韶《鶴谿文稿》，湖南省圖書館藏清手稿本。

璽,不令過眼同烟雲。傳之奕世永寶惜,明誠永叔同千春。[1]

(諸廷槐,王昶《湖海詩傳》)

別 汪 紉 青

束髮事柔翰,結交遂相因。子既攀往哲,予亦步後塵。謂可永展夕,無復悲參辰。歲月互淹忽,年事難具陳。饑驅動君子,憂來傷賤人。詰旦戒徒御,辭此平生親。臨歧紛積慮,贈別敢志言。梁生東入越,蘇子西適秦。本爲湖海士,勿作兒女倫。去去勿復道,令名以爲珍。

(諸廷構,王鳴盛《練川十二家詩》卷三)

宋 詩 略 序

風雅頌之後有楚詞,楚詞後有樂府,沿而爲十九首,侈而爲六朝,風會遞遷,非緣人力。然考其源流,則一而已矣。唐用詩賦設科取士,聲律格調爰集大成。兩宋詩人變化于矩矱之中,抒寫性靈,牢籠物態,脱去唐人面目,而抨彈者,奉嘉隆間三四巨公之議論,直謂"宋人無詩"。蒼古也,而以爲邨野;典雅也,而以爲椎魯;豪雄也,而以爲粗獷。索垢指瘢,不遺餘力。矯其弊者,又甚而流爲打油、錠鉸之體。嗚呼! 豈知宋詩皆濫觴于唐人哉? 如晏元獻、錢文僖、楊大年、劉子儀諸公,則學李義山。王黄州、歐陽文

---

[1] 此文見王昶輯《湖海詩傳》卷三十,上海古籍出版社,2013 年,第355 頁。《湖海詩傳》記載:"諸廷槐,字殿掄,嘉定人,貢生,有《嘯雪齋吟稿》。"

忠,精深雄渾,始變宋初詩格,而一則學白樂天,一則學韓
退之。梅聖俞則出於王右丞,郭功父則出於李供奉。學王
建者有王禹玉,學陳子昂者有朱紫陽。又若王介甫之峭
厲,蘇子美之超横,陳去非之宏壯,陳無己之雄肆,蘇長公
之門有晁、秦、張、王之徒,黄涪翁之派有三洪、二謝、陳、
潘、汪、李之輩,俱宗仰浣花草堂,或得其神髓,或得其皮
骨,而原本未嘗不同。南渡之尤、楊、范、陸,絶類元和;永
嘉四靈,格近晚唐。晞髮奇奧,得長吉風流;月泉吟社,寒
瘦如郊島。以兩宋較諸三唐,宫商可以叶其音也,聲病可
以按其律也,正變可以稽其體也。譬諸伶倫之典雅樂,鏄
于方響,皆合鈞韶;仙靈之鍊神丹,金碧玄黄,都歸爐鞴。
使必拘拘然形貌之惟肖,萬喙同聲,千篇一律,亦何異捧西
施之心而抵優孟之掌哉? 翖青汪先生不棄樗昧,邀余商訂
宋詩,故推陳其源流如此。非敢援唐以入於宋,亦非推宋
以附於唐。要使尊宋詩者,無過其實;毁宋詩者,無損其真
而已。如必謂唐宋源流各異,則十九首及六朝未嘗以楚
詞、樂府而廢,楚詞、樂府亦未嘗緣風雅頌而廢,奈何獨以
唐人而廢宋詩也? 乾隆三十四年歲在屠維赤奮若涂月上
浣練水姚壎書於竹雨山房。

(姚壎《宋詩略》①)

---

① 姚壎《宋詩略序》,清汪景龍、清姚壎輯《宋詩略》十八卷,清乾隆三十五年(1770)刻本,西南大學圖書館編《中國古籍珍本叢刊·西南大學圖書館卷》(第41册),國家圖書館出版社,2015年,第3—4頁。"歲在屠維赤奮若涂月上浣"指己丑歲臘月上旬。

宋 詩 略 序

　　宋承唐後，其詩始沿五季之餘習。至太平興國以後，風格日超，氣勢日廓，迨蘇黄輩出而極盛焉。乃其所以盛者，師法李杜而不襲李杜之面貌，宗仰漢魏而不取漢魏之形樵。此其卓然成一朝之詩而不悖於正風者矣。顧後之學詩者，率奉所謂唐音以抹煞後代，故有稱宋詩者則群譏之曰庸、曰腐、曰纖。夫五帝不相襲禮，三王不相沿樂。詩者樂之章而心之聲也，《書》曰"詩言志，歌永言"，蓋詩與樂同源而一途。宋之禮樂政治，固自有與唐異者，獨於詩而曰不唐之若，則其謾説而無當也，何足與言詩？且規仿聲調之不足爲詩也，如三百篇爲詩之祖，倘欲揣摩於形似之際，則必襲虞之賡歌、夏之五子矣。況周以《二南》爲《風》始而何？以《風》之詩不必同于《南》，《雅》之音不必同於《頌》也。惟宋人早見於此，而氣勢所到、力量所及，又足以別異于唐，卓然能自樹立成一代之風雅，而爲一世之元音矣。若並爲唐音，必不能自勝於唐，則亦祇可爲唐之附庸，而何以成其爲宋詩也哉？

　　予向有《南宋文鑑》之編，以文爲主而不專于詩，顧未嘗於宋詩有專選也。會同里汪子緗青暨予壻姚子和伯共訂定宋詩，名之曰略者，蓋謂宋一代之風格流變，已可得其大略已耳。既刻成，和伯請予序其端。予讀之竟而嘻曰："此固予未竟之志也，而能引而伸之，觸類而通之。"是書也，可使天下後世考見宋人之真詩。學西崑者，承唐末之餘瀋而非宋也；師擊壤者，開道學之流派而非詩也；輕滑率易者,係晚宋之末流而非宋之真也。若宋之詩,則沈雄博大者其氣,鏤肝刻髓者其思,新異巧妙者其才。若僅以派別論之,猶拘於壚也。且宋人之集浩如烟海,竟歲不能窺其全。得此集之甄綜而條貫焉,亦可以爲學詩者之指南矣夫。乾隆三十五年二月西莊居士王鳴盛書。

(王鳴盛《宋詩略》①)

吴香嚴十國宮詞序

　　宮詞之體創於唐,而宋以後承之。龍標、青蓮,懷恩寫怨,近於騷者也;王建紀述逸事,近於史者也。厥後花蕊夫人、王珪、宋徽宗各有宮詞,以及楊允孚之《灤京雜咏》、張昱之《輦下曲》,皆仿王建之例,取材博贍,往往可補舊史之闕,非特供詞人談助而已也。五季之世,群雄割據,列爲國者凡十,歐《史》紀載既略,其軼時見於野乘、詩話、諸家文集,而文人津逮者少,未有託諸吟咏者。予友吴君香嚴,博聞强記,尤工於韻語。曩歲偕王易圃、諸雪堂、汪少山、王鶴谿、王耿仲及予家溉亭等,分賦宮詞各十二首,業流布人口;而香嚴又舉九國而盡賦之,共得一百二十首,并以所采書籍分注其下。其詩清新婉麗,絶去堆垛,既不悖於騷人之旨,而注重考證異同,辨論精審,洵足爲薛、歐之功臣,劉、吳之益友者也。今少山、鶴谿、溉亭先後奄逝,遺稿頗

---

　　① 王鳴盛《宋詩略序》,清汪景龍、清姚壎輯《宋詩略》十八卷,清乾隆三十五年(1770)刻本,西南大學圖書館編《中國古籍珍本叢刊·西南大學圖書館卷》(第41冊),國家圖書館出版社,2015年,第1—2頁。按:此篇爲王鳴韶代筆,見湖南省圖書館藏王鳴韶《鶴谿文稿》手稿,付刻時王鳴盛略有修改。

多散失，而香嚴詩格益高，鄉邦賴以提唱。此集雖嘗鼎一
臠，然生平汲古之功，亦可窺其梗槩，因慫恿先刻以公同
好云。

（錢大昕《潛研堂文集》①）

　　① 錢大昕撰《潛研堂文集》卷二十六《序》四，陳文和、曹明升點校，陳文
和主編《嘉定錢大昕全集（增訂本）》（第 9 册），鳳凰出版社，2016 年，第 408—
409 頁。吳香嚴，即吳闉，《光緒嘉定縣誌》卷十九載：“初名玉田，字右箴，一
字香嚴，諸生。敦行誼，負才名。詩冲和淡遠，別饒韻致，兼善填詞。汪照等
分撰《十國宫詞》，合百二十首，闉遍和之。又以十國遺事，歐《史》所略，其佚
見他説者，鮮能博觀而盡識，乃與其子昭禹詳悉分注，考證異同，時稱精審。
卒年七十。”《上海府縣舊志叢書•嘉定縣卷》之《光緒嘉定縣志》，第 2265 頁。

附録四　汪照著作叙録

汪照著作傳本叙録

《大戴禮記注補》十三卷，目録一卷，附録一卷。

　　即本書核心内容，見點校説明。

詩集《陶春館吟稿》一卷，乾隆二十九年（1764）竹雨山房刻
　　《練川十二家詩》本。

　　《練川十二家詩》十二卷，王鳴盛輯，乾隆二十九年王鳴
盛自序刊本，六册，今藏日本京都大學人文科學研究所。除
汪照詩集《陶春館吟稿》一卷外，其他十一家分别爲林大中
撰《金庭山房稿》一卷，顧鑄撰《黔遊草》一卷，諸廷槐撰《嘯
雪齋吟稿》一卷，王鳴韶撰《逸野堂集》一卷，王元勳撰《南行叢
稿》一卷，印照撰《菽園詩稿》一卷，王丕烈撰《罐壑山人稿》一
卷，張允武撰《海樵詩鈔》一卷，錢塘撰《默耕齋集》一卷，毛思
正撰《醉嘯軒吟稿》一卷，張崇愫撰《硯傳堂詩稿一卷》。

詞集《月香綺業》《美人香草詞》《碧雲詞》，見《練川五家詞》
　　《全清詞》。

　　《光緒嘉定縣志》卷二十八：“《練川五家詞》五卷。五

家詞者,王丕烈《杯湖欸乃》《羹天閣琴趣》《雲藍詞》,諸廷槐《蜻庵詞》《吹蘭厄語》,王元勳《樵玉山房詞》《涉江詞》《幻花別集》,汪景龍《月香綺業》《美人香草詞》《碧雲詞》,錢唐《響音閣詞》《玉葉詞》。青浦王昶序曰:'諸君所造,各出其奇,而綺不入魔,琢不傷巧,可謂異曲同工。'"①清人無名氏《國朝香奩詞選》②記載汪照有詞集《月香綺業》,收錄其詞作九首。

《宋詩略》十八卷,與姚壎同輯,乾隆三十五年(1770)竹雨山房刻本。

南京圖書館、上海市圖書館等 15 家圖書館藏。《光緒嘉定縣志》卷二十八:"《宋詩略》十八卷。汪照、姚壎同輯,王鳴盛序。汪照曰:'宋詩崖略已具,作者里居、出處,遵史傳標舉大凡。其論詩可采、軼事可書及鄙見所得,亦附再焉。'王昶曰:'是編抉擇精當。'"③《宋詩略序》雖題王鳴盛,實則爲其胞弟王鳴韶代筆,該文又見湖南省圖書館所藏王鳴韶手稿《鶴谿文稿》中,詳見附錄之"王鳴韶《宋詩略序》"。

《十國宮詞》,撰吳、南唐兩部分宮詞,各十二首。

《十國宮詞》,清吳閶編,2 冊,清嘉慶刻本,見《中華古籍資源庫》;《十國宮詞》一卷,有《叢書集成新編》本(第 70

① 上海市地方誌辦公室編《上海府縣舊志叢書·嘉定縣卷》,上海古籍出版社,2012 年,第 2535 頁。

② (清) 無名氏《國朝香奩詞選》,清代抄本,現藏於國家圖書館。

③ 上海市地方誌辦公室編《上海府縣舊志叢書·嘉定縣卷》,上海古籍出版社,2012 年,第 2530 頁。

册文學類）。另,《香艷叢書》第二集卷三第七册收録:"《十國宮詞》一卷,吴省蘭撰,宣統二年排印。"《香艷叢書》的常見版本,還有 1969 年台北古亭書屋本、人民文學出版社 1992 年本等。

《光緒嘉定縣志》卷二十八:"《十國宮詞》二卷。汪景龍諸人拈鬮分賦,景龍得吴、南唐,王元勳得前蜀、後蜀,諸廷槐得南漢、楚,林大中得吴越、閩,王丕烈得荆南、北漢。每國十二首。毛詩正遍和之。趙曉榮、范雲鵬序。"①錢大昕爲《十國宮詞》撰序文一篇,題爲《吴香巖十國宮詞序》。該序文先追溯宮詞體的發展歷程,又申明五代十國宮體編輯的意義,進而説明編輯情況:"吴君香、王易圃、諸雪堂、汪少山、王鶴谿、王耿仲及錢溉亭等曾分賦宮詞,各十二首,業流布人口,而香巖又舉九國而盡賦之,共得一百二十首。"最後申明《十國宮詞》的風格和注釋特色:"並以所采書籍分注其下。其詩清新婉麗,絶去堆垛。既不悖於騷人之旨,而注中考證異同,辯論精神,洵足爲薛歐之功臣,劉吴之益友者也。"②詳見本書附録"錢大昕《吴香巖十國宮詞序》"。

《崇文總目》,手鈔。

1781 年,汪照從陝西轉至兩浙,輔佐王杰按部採訪浙

---

① 上海市地方誌辦公室編《上海府縣舊志叢書・嘉定縣卷》,上海古籍出版社,2012 年,第 2535 頁。

② （清）錢大昕《吴香巖十國宮詞序》,（清）吴桓《（嘉慶）嘉定縣誌》卷十一《藝文考二》,嘉慶十六年(1811)刻本。又見《潛研堂文集》卷二十六,《嘉定錢大昕全集》。

東、浙西藏書,手抄《崇文總目》,今藏南京圖書館。

《金石萃編》,輔佐王昶分纂。

1784年,輔助王昶分纂《金石萃編》一百卷。"按察使王昶招入幕"①,王昶亦云"予在陝西相從者三載"②。輔助王昶分纂《金石萃編》一百卷。

《韓城縣誌》二卷。與修。

《練川名人畫像續編》汪照本傳,稱汪照"嘗修《韓城縣誌》"。③《光緒嘉定縣志》卷二十五有"《韓城志》二卷。汪照著",④查《韓城縣志》並未題汪照名,大概是汪照只參編其中兩卷。

汪照著作未見傳本叙録

《陶春館詩文集》二十卷。

見《光緒嘉定縣志》卷二十七:"《陶春館詩文集》二十

---

① （清）王昶等纂修《（嘉慶）直隸太倉州志》,《續修四庫全書》第697册,上海古籍出版社,2002年,第593頁。

② （清）王昶《蒲褐山房詩話新編》一七三,濟南:齊魯書社,1988年,第111頁。

③ （清）程祖慶繪撰、王光乾點校《練川名人畫像續編》卷下,上海市嘉定區地方志辦公室編《嘉定歷史文獻叢書》（第三輯）,上海書店出版社,2014年,第46頁。

④ 上海市地方誌辦公室編《上海府縣舊志叢書·嘉定縣卷》,上海古籍出版社,2012年,第2456頁。

卷。汪照著。"①

《續玉台新詠》二十四卷。

　　《光緒嘉定縣志》卷二十八載:"《續玉台新詠》二十四卷。汪照輯。下同。原書十卷,陳徐陵編,皆梁以前緣情之作。照續輯是書。《東海濤音》三卷,照讀書寶山,選其邑中友朋詩。《長笛滄波集》二卷,照寓吳淞江上,沿江文士以詩就正,匯録成集,凡十八家,居本邑者六、寶山者二、松江者一、青浦者五、上海者一、昆山者三。取袁海叟'年年長笛送滄波'句名之。"②

《五代詩選》。

　　見汪照《宋詩略·凡例》所自稱:"宋詩自王黃州後風氣方開,故鈔始黃州,以識宗派所自。至陶谷、徐鉉輩,余另有《五代詩選》,集中姑爲删却。"③

《國朝詞話》九卷。

　　據《光緒嘉定縣誌》卷二十八記所載:"《國朝詞話》九卷,汪照輯。"④

　　① 上海市地方誌辦公室編《上海府縣舊志叢書·嘉定縣卷》,上海古籍出版社,2012年,第2510頁。
　　② 上海市地方誌辦公室編《上海府縣舊志叢書·嘉定縣卷》,上海古籍出版社,2012年,第2530頁。
　　③ 汪照、姚壎輯《宋詩略》,西南大學圖書館編《中國古籍珍本叢刊·西南大學圖書館卷》(第41册),國家圖書館出版社,2015年,第5頁。
　　④ 上海市地方誌辦公室編《上海府縣舊志叢書·嘉定縣卷》,上海古籍出版社,2012年,第2535頁。

《四六叢説》四卷。

《光緒嘉定縣誌》卷二十八:"《四六叢説》四卷。汪照輯。金以埏曰:'此書所采,唐宋居多。擇其詞句清新、辨論精審者,得三百餘條。'"①金以埏評《四六叢説》時還稱:"少山編纂駢體文話,皆採取古今説部,于唐宋爲尤多。"

金以埏,字樂圃,乾隆三十九年甲午(1774)科舉人②,銓儒官鳳陽府訓導、婺源教諭,引疾不赴。父金惟駿輯《卧游齋印譜》,摹揚秦漢迄明代金玉晶石古印,凡二卷,金以埏續輯四卷。金以埏另有《虎薈續集》四卷,《別集》《餘集》《閏集》各兩卷,自序。《姓氏聯珠》三卷,汪照序。有子元鈺、元銘。金元銘雅愛收藏,乃藏書家瞿中溶妹夫。金元鈺(? —1831),字寶所,號堅齋,又號堅亭,江蘇嘉定人,所著《竹人録》被奉爲"嘉定竹刻的《聖經》"。③

《毛詩訓詁考》八卷,《齊魯韓詩義證》六卷。

汪照好友王鳴韶《鶴谿文稿·少山汪先生哀詞》稱其"見説經家言,爲之抄撮薈萃。"王昶序《齊魯韓詩義證》曰:"王應麟輯《詩考》一卷。汪君又取諸書之説,旁推而曲證

---

① 上海市地方誌辦公室編《上海府縣舊志叢書·嘉定縣卷》,上海古籍出版社,2012年,第2533頁。

② 《嘉慶嘉定縣誌》卷十三《人物考二》,光緒《嘉定縣誌》卷十四《科頁表》。

③ 王光乾《〈竹人録〉作者金元鈺研究》,《文物天地》,2016年第8期第92頁。

之,網羅遺軼,抉摘無遺。"①

《古石琅軒》二十卷,《東漢石刻》二十卷。

《光緒嘉定縣誌》卷二十五載"《古石琅軒》二十卷。汪照輯。是書博采秦漢碑文,中多繁複,未及編定,而於考據家不爲無助。《東漢石刻》二十卷。"②汪照好友王鳴韶《鶴溪文稿·少山汪先生哀詞》稱其"見秦漢金石文字,爲之考究詳説;見説經家言,爲之抄撮薈萃。至於地理、山川、小學之書,亦各有所論著"。

《陶春館印譜》四卷。

《光緒嘉定縣誌》載:"《陶春館印譜》四卷。汪照著。《石香樓印存》,章駿業著。孫岱序曰:'印譜始宋宣和,南渡後晁克一、王球、顏叔夏、姜夔、王厚之輩各著譜録。元則有吾、趙諸人之論説。明文三橋別開生面,集摹印家之大成。皚岑承文氏之學,印存一編盛行於浙。'《林於山房印略》。姚壎編。《信芳館印存》四卷。錢繹輯。瞿中溶序。《樂斯堂印存》錢侗著。此自鐫之印,古渾雄勁。"③可見,乾隆朝嘉定文人多擅印譜雅好。

王昶《湖海詩傳》卷三十收諸廷槐《陶春館印譜歌爲汪

① 程其珏《(光緒)嘉定縣誌》卷二十五《藝文志二》,光緒七年(1881)刻本。

② 程其珏《(光緒)嘉定縣誌》卷二十五《藝文志二》,光緒七年(1881)刻本。《上海府縣舊志叢書·嘉定縣卷》之《光緒嘉定縣誌》,第 2462 頁。

③ 上海市地方誌辦公室編《上海府縣舊志叢書·嘉定縣卷》,上海古籍出版社,2012 年,第 2474 頁。

大绁青作》。《鶴溪文稿・少山汪先生哀詞》稱"書法顏柳筋骨張,大小篆學斯永良,官私小印琱琳琅。"

　　汪照兼擅金石書法篆刻:"通金石,能八分,如《臨潼張子祠堂記》及《修長武縣學記》,皆其所書";①"工楷法篆隸,晚摹《天發神讖碑》尤佳,菩提寺參佛題名是也"②;"刻章入古,藝林珍之"。③

《竹器小譜》一卷。

　　《竹器小譜》一卷,記"竹器之見於詩文者"④。

《天發神讖碑續考》1 卷。

　　汪照與孫岱二人一起增訂《天發神讖碑》,汪照著有《天發神讖碑續考》1 卷。

---

　　①（清）程祖慶《練川名人畫象續編》卷下,清道光二十九年(1849)刻本。

　　②（清）王昶等纂修《(嘉慶)直隸太倉州志》,《續修四庫全書》第 697 册,第 593 頁。

　　③（清）王昶等纂修《(嘉慶)直隸太倉州志》,《續修四庫全書》第 697 册,上海古籍出版社,2002 年,第 593 頁。

　　④（清）金元鈺《竹人録》卷首《凡例》,上海市嘉定區地方志辦公室編《嘉定歷史文獻叢書》(第二輯)。

後　記

　　汪照《大戴禮記注補》點校整理是 2015 年全國高等院校古籍整理研究工作委員會直接資助項目，在課題主持人馬曉玲博士的努力下，歷經七載終於成稿。

　　古籍整理是枯燥的專項工作，必須耐得住寂寞、孤獨，並投入熱情、激情和淚水，才能整理出有價值、有溫度的成果。期間的艱辛和快樂，只有親歷者才能體味。

　　古籍整理也是一種文化使命。中國自古以來就有紹述典籍的傳統，通過古籍整理傳承優秀文化和思想，是歷代知識分子一以貫之的文化自覺，更是文化自信。中國文明五千年綿延不絕，這種文化自覺、自信亦發揮了積極作用。

　　一流大學需要由一批一流學科來支撐，要建成一流大學，必須建設一批一流學科。南陽師範學院高度重視哲學社會科學研究工作，圍繞南陽豐厚的漢文化研究資源，整合文學、歷史、藝術、體育等學科研究力量，持續投入建設經費，傾力打造中原漢文化特色學科群，期以高品質的學術成果助推學校高質量發展，本書即爲漢文化學科群建設重要成果之一。

　　需要强調的是,南陽師範學院漢文化學科群學科帶頭人張寶鋒教授對本書的出版十分關心,本書的順利出版正得益于漢文化學科群建設經費的資助。

　　在本書點校出版過程中,先後得到了中國人民大學徐正英教授、南陽師範學院龔世學教授等專家學者的指導幫助。上海古籍出版社的奚彤雲總編和袁嘯波編審爲本書的修改完善及最後出版給予了諸多寶貴意見,在此一併表示誠摯的感謝。

王春陽於南陽卧龍崗上

圖書在版編目(CIP)數據

大戴禮記注補／(清)汪照撰；馬曉玲，王春陽點
校. —上海：上海古籍出版社，2023.11
　　ISBN 978－7－5732－0950－4

　　Ⅰ.①大… 　Ⅱ.①汪… ②馬… ③王… 　Ⅲ.①《大戴
禮記》－注釋　Ⅳ.①K892.9

中國國家版本館 CIP 數據核字(2023)第 214742 號

大戴禮記注補

〔清〕汪　照　撰

馬曉玲　王春陽　點校

上海古籍出版社出版發行

(上海市閔行區號景路 159 弄 1－5 號 A 座 5F　郵政編碼 201101)

(1) 網址：www.guji.com.cn

(2) E-mail：guji1@guji.com.cn

(3) 易文網網址：www.ewen.co

上海顓輝印刷廠有限公司印刷

開本 890×1240　1/32　印張 13.125　插頁 3　字數 340,000

2023 年 11 月第 1 版　2023 年 11 月第 1 次印刷

印數：1—1,300

ISBN 978－7－5732－0950－4

K·3512　定價：68.00 元

如有質量問題,請與承印公司聯繫